Kartenverzeichnis

Zeichenerklärung für die Karten und Pläne

Autobahn	Δ Campingplatz	𝒊 Information
Bundesstraße	Badestelle	Schloss/Burg
Hauptverkehrsstraße	Aussichtspunkt	Kirche
Nebenstraße	Rastplatz/Picknickplatz	Ⓜ Museum
Wanderung (mit GPS-Punkt)	★ Allgem. Sehenswürdigkeit	Hafenanlage
Fahrradtour (mit GPS-Punkt)	Quelle	P Parkplatz
Nationalparkgrenze		

(1) Schwerin → S. 66

Die inoffiziellen Landesfarben Blau und Grün prägen auch Schwerin, die charmante Hauptstadt Mecklenburg-Vorpommerns. Umgeben von sieben Seen, Wald und einem eleganten Schlosspark ist die ehemalige Residenzstadt ein echtes Highlight am Rand der Seenplatte: das prächtige Schloss auf einer kleinen Insel, klassizistische Bauten am Seeufer, der imposante gotische Dom und malerische kleine Gassen rund um den Markt in der Altstadt.

(3) Um die Müritz → S. 136

Die Müritz – das „Kleine Meer" – und der östlich angrenzende Müritz-Nationalpark sind das Herz der Mecklenburgischen Seenplatte. Hier kommen (Rad-)Wanderer ebenso auf ihre Kosten wie Wasserwanderer, umgeben von herrlicher, unberührter Natur, in der man nicht selten Adler, Kranich, Reh und Hase vor die Linse bekommt. Hauptort ist das geschäftige Waren, das sich als Luftkurort bei vielen Gästen großer Beliebtheit erfreut, etwas ruhiger ist Röbel am Westufer des zweitgrößten deutschen Binnensees.

(2) Im Westen der Seenplatte → S. 92

Ein abgelegener, dünn besiedelter Landstrich, sanfte Hügel mit Wäldern, Feldern und Wiesen, und hin und wieder rückt ein See in den Blick. Abseits der touristischen Hauptrouten liegen im Westen zwei kleinere Naturparks (Nossentiner/ Schwinzer Heide und Sternberger Seenland), als größter See der Plauer See und als kunsthistorisches Highlight die Barlachstadt Güstrow mit sehenswertem Schloss und Barlach-Museum am See.

(4) Die Kleinseenplatte → S. 192

Das Eldorado für Kanuten liegt südlich des Müritz-Nationalparks in Richtung Brandenburg. Unzählige kleine und größere Seen werden hier durch Kanäle miteinander verbunden – man hat die Qual der Wahl, wo es langgehen soll. Doch auch an Land lohnt sich der eine oder andere Zwischenstopp – z. B. in Mirow mit seiner Schlossinsel und dem Drei-Königinnen-Palais, Wesenberg mit wuchtiger Burg oder aber Rheinsberg mit seinem berühmten Schloss.

Kleiner Wanderführer _____ 292

⑤ Neustrelitz und die Feldberger Seenlandschaft →S. 220

Die quasi vom Reißbrett geplante, barocke Residenzstadt am Zierker See ist ein Gesamtkunstwerk mit besonders schönem Schlosspark. Östlich davon erstreckt sich mit dem Naturpark Feldberger Seenlandschaft eine der schönsten und idyllischsten Gegenden, die Mecklenburg zu bieten hat: verwunschene Seen und uralte Buchenwälder, weite Felder und so manchen Aussichtsberg, dazu viele beschauliche Dörfer wie z. B. Carwitz, die Heimat Hans Falladas, oder das versteckte Thomsdorf.

⑥ Neubrandenburg und der Tollensesee → S. 250

Backsteingotik in der Vier-Tore-Stadt Neubrandenburg. Um den See herum liegen in hügeliger Landschaft die mittelalterlichen Burgen Stargard und Penzlin sowie das Schloss Hohenzieritz mit schönem Landschaftspark. Freunde der norddeutschen Mundartdichtung sind in der Reuterstadt Stavenhagen richtig, die Fritz Reuter ein eigenes Museum gewidmet hat.

⑦ Die Mecklenburgische Schweiz → S. 272

Stattliche Gutshäuser und Schlösser ohne Ende, das Ganze vor einer Bilderbuchlandschaft – eine echte Schweiz eben, wie schon der Fürst von Strelitz im 19. Jh. befand. Zur ländlichen Idylle passen die sanften Hügel, bunten Felder und Weiden, Seen gibt es dagegen nicht allzu viele. Dafür aber beschauliche Dörfer mit uralten Backsteinkirchen und eine erstaunliche Dichte an schicken Schlosshotels, in denen man sich ebenso erstaunlich günstig nach Gutsherrenart betten kann ...

Mecklenburgische Seenplatte

1000 Seen und ein kleines Meer

... und sogar eine Schweiz gibt es hier. Nicht zu vergessen die schmucke Landeshauptstadt Schwerin, die sehenswerten Residenzstädte und malerischen Dörfer, den weitläufigen Nationalpark mit intakten Naturräumen und, und, und ... Es sind zauberhafte Landschaften rund um die Mecklenburgische Seenplatte:

Vom Schweriner See im Westen bis zur Feldberger Seenlandschaft, von der gewundenen Warnow bis zur verzweigten Havel, vom weitläufigen Kummerower See am Rand der Mecklenburgischen Schweiz bis zur vielgestaltigen Kleinseenplatte an der Grenze zu Brandenburg – zahllose Flüsse und Kanäle verbinden die mecklenburgischen Seen zu einem dichten, vielgestaltigen Netz von Wasserwegen. In dessen Mitte erstreckt sich die Müritz, „das Kleine Meer", Deutschlands

größter Binnensee mit dem herrlichen Müritz-Nationalpark. Entlang der gewundenen Flussläufe und der zergliederten Seen verstecken sich lauschige Badebuchten und unberührte Natur, lebhafte kleine Häfen und idyllische Anlegestellen, tiefe Wälder und sanfte Hügel, prächtige Schlösser und malerische Dörfer ... Kurzum: In Mecklenburg findet man eine Seenlandschaft von faszinierender Schönheit, die in Deutschland ihresgleichen sucht.

Mecklenburg vom Wasser aus

Wunderbar entschleunigend wirkt die Fortbewegung auf dem Wasser. Mit dem Hausboot macht man zwar sicher nur bescheiden Strecke, aber man kommt voran und erlebt die herrliche Natur entspannt mit Komfort und Langsamkeit. Das Kanu dagegen bietet zwar nicht so viel Stauraum wie das Hausboot – und paddeln muss man auch –, dafür aber sind Ufer erreichbar, die jedem motorbetriebenen Boot verwehrt bleiben, da sie unter stren-

gem Naturschutz stehen. Ein abwechslungsreicheres und landschaftlich schöneres Wasserwanderrevier wird man hierzulande schwerlich finden. Aber auch ohne eigenes Boot sollte man sich unbedingt mal aufs Wasser wagen. Fast überall werden Ausflugsfahrten angeboten, von der einstündigen Seenrundfahrt bis zur ganztägigen Viel-Seen-Tour. Fazit: Die Mecklenburgische Seenplatte muss man auch vom Wasser aus erleben.

Mecklenburg aktiv

Nicht nur Kanuten und Wasserwanderer finden in Mecklenburg ein herrliches Aktionsfeld und ideale Bedingungen, auch Segler können auf den weiten Flächen der großen Seen auf günstige Winde und immer eine Handbreit Wasser unterm Kiel hoffen. Wer das Wasser dagegen lieber vom Land aus betrachtet und dabei dennoch sportiv vom Fleck kommen will, dem bietet sich ein weitläufiges Radwegenetz an mit überwiegend guten Wegen und zumeist überwindbaren Steigungen. Das Rad erweist sich als geradezu erstklassiges Fortbewegungsmittel, wenn man mit dem Auto im Nationalpark nicht weiterkommt – oder der Ehrgeiz eine Seeumrundung in den Raum stellt. Aber auch Wanderer können sich daran machen, das ein oder andere (kleinere) Gewässer zu umrunden, und finden vielerorts guten Untergrund und eingängige Markierungen. Und: So manch attraktives Ziel wie die versteckte kleine Badebucht wird man nur zu Fuß entdecken.

Schwerin und andere Residenzen

Dass die Landeshauptstadt Mecklenburg-Vorpommerns am Wasser liegt, erscheint unmittelbar einleuchtend, aber es war keine Hansestadt, auf die 1990 die Wahl fiel, sondern etwas überraschend die beschauliche Residenzstadt am Schweriner See. Schwerin besticht nicht allein durch die idyllische Lage zwischen Wasser und

Mecklenburgische Seenplatte

Wald, durch sein prächtiges Schloss im See samt schmuckem Schlossgarten und sein unbedingt sehenswertes Stadtbild. Es ist vor allem die angenehme und (für einen Regierungssitz) unaufgeregte Atmosphäre, die den Charme der kleinsten Landeshauptstadt der Republik ausmacht.

Aber Schwerin ist nicht die einzige prächtige Residenz, die in Mecklenburgs wechselvoller Geschichte entstand. Ein eindrucksvolles Schloss findet sich auch in Güstrow, dem schmucken Städtchen, das sich dank des berühmten Künstlers Ernst Barlach als Barlachstadt einen Namen gemacht hat. Residenzstadt war auch Neustrelitz, das zwar seines Schlosses verlustig gegangen ist, nichtsdestotrotz aber über ein einzigartiges Stadtbild samt schönem Schlosspark verfügt. Und schließlich ist, Kurt Tucholskys literarischem Reisevorschlag folgend, auch das brandenburgische, aber nahe Rheinsberg einen Abstecher wert.

Im Land der Schlösser

Doch man muss nicht unbedingt in die Residenzstädte reisen, um prächtige, gutsherrliche Behausungen zu besichtigen. Die Dichte an Schlössern und Gutshäusern auf dem Land und vor allem in der Mecklenburgischen Schweiz ist bemerkenswert. Das Spektrum reicht vom eher schlichten Gutshaus über den klassizistisch erhabenen Herrensitz bis zum verspielt tudorgotischen Schloss. Viele der Schlösser beherbergen heute Hotels, in denen es sich komfortabel und ein wenig wie anno dazumal logieren lässt. Zumeist verfügen die noblen Herbergen auch über eine angemessen noble Küche, volle Weinkeller und großzügige Wellnessbereiche. Und wie es sich gehört, umgibt so manches Schloss ein herrlicher Landschaftspark, dabei oft so alt wie das Gemäuer selbst und nach englischem Vorbild als romantisches Idyll gestaltet.

Ein Grund zum Feiern findet sich allemal

... und das Angebot ist immens. Von der anzug- und abendkleidpflichtigen Kulturveranstaltung wie den hochklassigen Konzerten der Festspiele Mecklenburg-Vorpommern über die leichtere Abendunterhaltung, sei es eine Operette im gepflegten Rahmen der Schlossgarten-festspiele Neustrelitz, eine actiongeladene Aufführung der Müritzsaga in Waren oder eine traditionelle Regatta, bis zum bodenständigen Hafen-, See-, Altstadt- oder Schützenfest – irgendwo wird immer etwas geboten. Auch für private Veranstaltungen oder Betriebsausflüge bieten sich jede Menge Möglichkeiten: ein Schiff chartern für die versammelte Verwandtschaft, einmal die gesamte Abteilung durch den Hochseilgarten jagen oder im romantischen Schlosshotel heiraten...

Natur erleben

Es gibt vor allem einen Grund, seinen Urlaub in Mecklenburg zu verbringen – und das ist die herrliche Natur. Dem Schutz der wunderbaren Landschaften wird in Mecklenburg ein hoher Stellenwert eingeräumt – sei es an Land, am Ufer oder im Wasser, in unzugänglichen Mooren oder Bruchwäldern, im urwüchsigen Nationalpark, in den Naturparks und Naturschutzgebieten, in den landwirtschaftlich genutzten Kulturlandschaften oder auch in den gepflegten Landschaftsgärten. Und die Natur dankt es mit erstaunlicher Artenvielfalt. Als Beispiel sei hier nur die Vogelwelt genannt: Die Kraniche machen in Mecklenburg Rast von ihren langen Flügen, See- und Fischadler beherrschen den Luftraum, Waldschnepfen und Rohrdommeln tapsen zeternd durch Unterholz und Schilf, Störche staksen über Felder und Untiefen, bunte Eisvögel und die seltenen Silberreiher, Schwarzstörche oder Schreiadler finden Orte zum Brüten... Wo sonst sollte man sie noch zu Gesicht bekommen, wenn nicht in den zauberhaften Landschaften Mecklenburgs?

Sonnenaufgang über dem Schweriner See

Hintergründe & Infos

Hügel und Felder prägen die Mecklenburgische Schweiz

Geografie und Landschaft

Täler und Hügel aus Grund- und Endmoränen, Seen, Niederungen und Senken aus Gletscherzungen, Tunneltälern und Söllen: Das Relief der Landschaften Mecklenburgs wurde vom Eis geformt.

Mecklenburg wurde in seinen Grundlagen von der letzten *Eiszeit* geschaffen, der so genannten *Weichseleiszeit*, die vor etwa 115.000 Jahren begann und vor rund 10.000 Jahren endete. Gigantische Gletscher wanderten in mehreren Schüben über das Land und schmolzen wieder ab, so dass sich das Relief des Landes bildete – unter hohem Druck geformt, geschabt, zermalmt, ausgespült und gepresst. Während ihres Vorstoßens rissen die Gletscher Sedimentschichten auf und transportierten gewaltige Geröllmassen, so genanntes Geschiebe. Zeugen dieses Vorgangs sind u. a. die großen Gesteinsbrocken, die sich bis heute verstreut über das Land finden: Die *Findlinge*, auch „Wanderer des Nordens" genannt, wurden vom Eis aus Skandinavien herangetragen und blieben nach dem Rückzug der Gletscher in Mecklenburg-Vorpommern liegen.

Das eigentliche Ergebnis dieser gewaltigen Bewegungen aber sind die Grund- und Endmoränen. *Grundmoränen* entstanden unter den Gletschern, sind meist eben und haben als Sediment den so genannten Geschiebemergel, den der Gletscher mit sich führte und nach dem Abtauen zurückließ. *Endmoränen* nennt man die Hügelformationen, die sich am äußeren Rand der sich vor- und zurückschiebenden Gletscher bildeten. Eine typische Endmoränenlandschaft ist die Mecklenburgische Schweiz. Auch die *Seenvielfalt* Mecklenburgs bildete sich unter dem Eis. Grob gesprochen unterscheidet man zwischen drei Entstehungsarten: durch *Gletscherzungen*, die Vertiefungen ins Land schabten; durch Schmelzwasser, das in *subglazialen Tunneltälern* (riesige Abflusskanäle unter dem Gletscher) tiefe Rinnen ausspülte;

und durch so genanntes *Toteis*, gewaltige Eisblöcke, die, vom Gletscher getrennt, später abtauten und absackten. Mischformen, aber auch Umdeutungen sind dabei durchaus denkbar. So entstand die *Müritz* sowohl durch Toteislöcher als auch durch Rinnenbildung. Der *Tollensesee* bei Neubrandenburg galt lange Zeit als Produkt einer Gletscherzunge – eine Erklärung, die sich angesichts der Ausrichtung des lang gezogenen Sees anbietet. Heute aber geht man davon aus, dass ein glazialer Abfluss sich tief in die Erde eingegraben hat und so den See bei Neubrandenburg formte. Ein eindrucksvolles Beispiel für eine glaziale Rinne ist auch der *Schmale Luzin* bei Feldberg, hier hat das Schmelzwasser unter dem Druck des gigantischen Gletschers ein steiles Relief in den Grund gegraben. Dagegen handelt es sich beispielsweise beim *Schweriner See* um einen reinen Gletscherzungensee.

Ein Ergebnis von Toteis-Ablagerungen sich zurückziehender Gletscher sind auch die so genannten *Sölle* (Singular: *das Soll*), die man in Mecklenburg vielerorts vorfindet: Wo sich z. B. inmitten eines Feldes eine Mulde absenkt, deren Vegetation auf einen sumpfigen oder feuchten Untergrund schließen lässt oder in der sich gar ein kleiner, oft kreisrunder See befindet, ist davon auszugehen, dass es sich um ein Soll handelt. Diese eiszeitlichen Hinterlassenschaften sind nicht nur als Biotope und Rückzugsräume für Vögel von großem Nutzen; den Bauern dienen sie bis heute als Wasserspeicher und sorgen auf den umliegenden Feldern für höheren Ertrag. Das geschieht auch dadurch, dass die Sölle als Feuchtigkeitsspeicher die Taubildung verstärken und in einer niederschlagsarmen Gegend wie Mecklenburg für den nötigen Bewässerungsausgleich sorgen. Früher wurden Sölle zwar trockengelegt, aber klug war das nicht. Zum einen ist es schwer möglich, alle Feuchtigkeit aus dem Boden zu bekommen, zum anderen fehlte nun der Niederschlagsausgleich. Heute weiß man von der wertvollen Funktion der Sölle und bewahrt dieses Erbe der Eiszeit genauso wie die darin befindlichen Biotope.

Steckbrief Mecklenburgische Seenplatte

Lage: Die Mecklenburgische Seenplatte erstreckt sich im Süden Mecklenburg-Vorpommerns zwischen dem Schweriner See im Westen, Güstrow im Norden, der Feldberger Seenlandschaft im Südosten und der Landesgrenze zu Brandenburg im Süden. Die Mecklenburgische Schweiz schließt sich nördlich von Waren bis Güstrow, Teterow und im Nordosten bis zum Kummerower See an.

Geografie: Vielfach hügelige Landschaft mit über 2000 Seen, die knapp 10 % der Fläche ausmachen. 20 % der Gesamtfläche entfallen auf Wald, über 60 % werden landwirtschaftlich genutzt; der Rest sind Siedlungen, Verkehrswege usw. Die Fläche der Seenplatte macht mit 5810 qkm etwa ein Viertel der Gesamtfläche Mecklenburg-Vorpommerns aus (23.180 qkm).

Bevölkerung: Mit 52 Einwohnern pro qkm ist die Mecklenburgische Seenplatte nur dünn besiedelt (im Vergleich: Mecklenburg-Vorpommern 74 Einwohner/qkm, Deutschland 236 Einwohner/qkm). Etwa 300.000 der rund 1,7 Mio. Einwohner Mecklenburgs leben im Gebiet der Seenplatte – das sind weniger als 20 % der Gesamtbevölkerung des Bundeslandes. 65 % der Bevölkerung leben in Städten, die größten sind Schwerin (ca. 95.000 Einwohner), Neubrandenburg (ca. 65.000), Güstrow (ca. 30.000), Neustrelitz (ca. 21.000) und Waren/Müritz (ca. 21.000).

Der Sternberger Kuchen

Nein, eine kulinarische Köstlichkeit der Region ist der Sternberger Kuchen nicht, eher eine geologische Spezialität. Vor Tausenden von Jahren hatten sich Muscheln, Schnecken, Haifischzähne, Seeigel – das Sediment eines Ur-

Ozeans – in den gelblichen bis dunkelbraunen Sandstein eingebacken. Ein Gletscher der letzten Eiszeit transportierte den Sandsteinschmirgel dann in die Gegend um das heutige Sternberg. Im Laufe der Jahrtausende verwitterte der Sandstein teilweise, so dass die versteinerten Meeresfrüchte wieder zum Vorschein kamen. Die schmecken zwar nicht, sehen aber ein bisschen aus wie Kuchen, der Sternberger Kuchen eben.

Mecklenburg-Vorpommerns größter See ist die Müritz, mit 117 qkm und max. 31 m Tiefe der zweitgrößte See Deutschlands (bzw. der größte Binnensee). Gefolgt wird die Müritz vom Schweriner See (ca. 63 qkm, max. 52 m tief), der nach Bodensee, Müritz und Chiemsee im bundesweiten Ranking Platz vier belegt. Mit rund 38 qkm die drittgrößte Wasserfläche Mecklenburg-Vorpommerns ist der bis zu 24 m tiefe Plauer See. Der mit 71 m tiefste See des Landes ist übrigens der Schaalsee westlich von Schwerin.

Grundsätzlich unterscheidet man zwischen den *Mecklenburgischen Großseen* und den *Mecklenburgischen Kleinseen.* Zu Ersteren, auch als Oberseen bezeichnet, zählen vor allem *Müritz, Kölpinsee, Fleesensee* und *Plauer See*, die durch den oberen Teil der Müritz-Elde-Wasserstraße miteinander verbunden sind. Zu den „Kleinseen", auch *Mecklenburgische Kleinseenplatte* genannt, zählt man die zahlreichen Seen zwischen Müritz, Rheinsberg und Neustrelitz, die, untereinander mit Flüssen und Kanälen verbunden, ein dichtes Netz von Wasserwegen bilden. Um die Ränder dieser beiden Gebiete erstreckt sich der Rest der Mecklenburgischen Seenlandschaft: die *Feldberger Seenlandschaft* im Osten, die Seen der Mecklenburgischen Schweiz im Norden (v. a. *Kummerower, Malchiner* und *Teterower See*) sowie die *Sternberger Seenlandschaft* und der *Schweriner See* im Westen.

Dank der *Wasserstraßen* bildet die Müritz, das „Kleine Meer", die Mitte des weit verzweigten Wasserwegenetzes, das vom Schweriner See bis zu den Feldberger Seen reicht. Durch die Kleinseenplatte verläuft die *Müritz-Havel-Wasserstraße.* Das zentrale Verbindungsstück ist der *Mirower Kanal* (Müritz-Havel-Kanal) zwischen Mirow und Kleiner Müritz, der die Mecklenburgischen Kleinseen (und damit auch die Havel) mit der Müritz verbindet. Von der Müritz führt die erwähnte Müritz-Elde-Wasserstraße über die Großseen zur Elde, die schließlich in die Elbe mündet. Über eine Abzweigung, den Störkanal, gelangt man zum Schweriner See.

Der *längste Fluss* Mecklenburg-Vorpommerns ist die Elde: Sie entspringt südlich der Müritz, durchfließt selbige und mündet nach 220 gewundenen Kilometern bei

Dömitz in die Elbe. Zweitlängster Fluss ist indes nicht die Havel, die bei Ankersha-gen am Rand des Müritz-Nationalparks entspringt, sondern die Warnow mit ca. 155 km, gefolgt von der ca. 145 km langen Peene.

Mit über 2000 Seen (also Gewässern von nennenswerter Größe), zahllosen kleine-ren Teichen und Tümpeln und etwa 30.000 km Fließgewässer steht kein Bundes-land mehr unter Wasser als Mecklenburg-Vorpommern. Nicht ganz so extrem sieht es bei den „Berge“ genannten Erhebungen aus. Deren mit 179 m höchste ist eine Hügelkette namens Helpter Berge – eine eiszeitliche Endmoräne.

Die „Alte Fahrt“ – die einstige Müritz-Havel-Wasserstraße

Die Müritz ist Schauplatz einer Episode interessanter Landschaftsgeschich-te: Anfang des 19. Jh. begann man, die Flüsse Elde und Havel zu regulieren und für die Schifffahrt auszubauen. In diesem Zusammenhang wurde die alte *Müritz-Havel-Wasserstraße* geschaffen, die das Verbindungsstück zwi-schen Elde und Havel darstellt. Sie folgte der Seenkette nördlich von Mirow und mündet über den Bolter Kanal (und die Bolter Schleuse) in die Müritz. Die Öffnung der Schleusen im Jahr 1837 hatte dabei gleich mehrere Effekte. Zum einen war für die Region zwischen Elde, Müritz und Havel eine bedeut-same Schifffahrtsstraße entstanden, zum anderen sank aufgrund der Anglei-chung der Pegelstände der Wasserspiegel der Müritz um bis zu 2 m. Das seichte Ostufer des „Kleinen Meeres“ zog sich zurück und hinterließ reiche Tonvorkommen, üppiges Weideland und eine unzugängliche Moorland-schaft. Heute zählt das gestaltreiche Ostufer der Müritz zu den faszinie-rendsten Bereichen des Nationalparks.

Mit dem Bau des *Mirower Kanals* in den 1930er Jahren wurde der Schiff-fahrtsweg aus dem 19. Jh. aufgegeben und damit zur *Alten Fahrt*. Diese ist bis heute befahrbar, allerdings in weiten Teilen nur mit dem Kanu. Es herrscht striktes Motorbootverbot, schließlich befindet man sich hier in der Kernzone des Nationalparks. Bei der Bolter Schleuse allerdings ist der Kanal zugeschüttet, so dass dieser Bereich umtragen werden muss.

Flora und Fauna

Viel Wasser, viel Wald, Moore und Sümpfe, die meist unter Naturschutz stehen – die Mecklenburgische Seenplatte ist ein Paradies für Pflanzen und Tiere, deren Lebenselixier das Wasser ist. Doch auch auf dem Trockenen zeigt sich eine überaus lebendige Flora und Fauna.

Eine landwirtschaftlich geprägte, dünn besiedelte Gegend mit nur wenigen größeren Städten, dazu rund 20 % Fläche, die als National- bzw. Naturpark ausgewiesen sind – all das begünstigt das Tierleben an der Mecklenburgischen Seenplatte enorm. Wer die wenigen großen Bundesstraßen verlässt und auf Nebenstrecken ausweicht, wird mit großer Wahrscheinlichkeit auf Tiere in freier Wildbahn treffen. Dabei zeigt sich das weit verbreitete Reh auf dem Feld noch recht unspektakulär, Feldhasen, Wildschweine und Füchse sind v. a. abends und nachts anzutreffen, und besonders die imposanten Greifvögel hinterlassen bleibende Eindrücke. In der Nähe der Seen gehören Reiher, Schwäne, Gänse und Enten zum üblichen Bild. Im Frühjahr und Herbst sind auf den Feldern neben den Straßen (und sogar neben der Autobahn) oftmals mehrere Hunderte von Kranichen zu sehen – die sonst so scheuen Tiere tolerieren Autos, solange sie ihnen nicht zu nahe kommen (und niemand aussteigt). Kurzum: Das Naturerlebnis Mecklenburgische Seenplatte und Mecklenburgische Schweiz ist quasi vorprogrammiert.

Die *Pflanzenwelt* der Mecklenburgischen Seenplatte und Mecklenburgischen Schweiz ist geprägt von weiten Wiesen, Feldern und ausgedehnten Waldgebieten, die sich mit weit verzweigten Seenlandschaften mit oftmals schilfigen, unzugänglichen Ufern abwechseln. Zu den Besonderheiten zählen die (Kessel-)Moore mit ihrer ganz eigenen Pflanzenwelt sowie Sumpf- und Bruchwälder (z. B. Erlenbrüche) mit unzählige Flechten-, Moos- und Pilzarten. Torfmoos und Wollgräser sind die typischen Pflanzen dieser Feuchtgebiete, an den verwachsenen Seeufern außerdem Röhricht und Schilf, Weiße Seerose und Teichrose – im Müritz-Nationalpark ist sogar der seltene fleischfressende Sonnentau zu finden.

In den *Wäldern* breitet sich vor allem im Frühjahr ein wahrer Blütenteppich schönster Waldblumen aus, auf den Feuchtwiesen blüht dann ein knappes Dutzend verschiedener Orchideenarten. In den Wäldern dominieren Kiefern und Buchen, Eichen und Birken, in Feuchtgebieten findet man Erlen. Die oft malerischen Alleenstraßen sind häufig von Linden gesäumt.

Ältester Buchenwald Deutschlands ist das Naturschutzgebiet „Heilige Hallen" bei Feldberg (S. 240) mit bis zu 50 m hohe Baumkronen. Nicht ganz so hoch, aber ebenso urwaldartig zeigt sich der *Serrahner Buchenwald* im Müritz-Nationalpark, der 2011 zum UNESCO-Weltnaturerbe erklärt wurde (S. 229). Die mächtigen *Ivenacker Eichen* im gleichnamigen Park nahe Stavenhagen (S. 270) bringen es auf ein beeindruckendes Alter von über 1000 Jahren, ihr Durchmesser beträgt teilweise mehr als 3 m. Wer exotisches Gehölz sucht, kann in der Seenplatte und Mecklenburgischen Schweiz in den *Parkanlagen* u. a. von Burg Schlitz (S. 283), Blücherhof (S. 282) und Krumbeck (S. 241) interessante Entdeckungen machen.

Fliegenfänger: der Sonnentau

Die gängigen deutschen *Wildtiere* wie Rehe, Rot- und Damwild, Wildschweine, Füchse und Marder findet man natürlich auch hier, doch ist die besondere Fauna der Region vor allem von einem geprägt: dem Wasser. Nur die zahllosen Seen und unzugänglichen Moore und Bruchwälder ermöglichen vielen seltenen Arten das Überleben, sei es ganzjährig oder auf der Durchreise. Allein die Vielfalt an Schmetterlingen und Libellen in den Feuchtgebieten ist beachtlich, über 800 verschiedene Arten leben hier. Bei den Schlangen ist vor allem die Ringelnatter verbreitet, die hier einen reich gedeckten Tisch vorfindet (und aus Ermangelung an Zähnen Frösche im Ganzen und lebend verschlingt), bei den Lurchen dominieren die weit verbreitete Erdkröte sowie der eher seltene Laubfrosch. Eine Besonderheit ist der Moorfrosch, dessen männliche Exemplare sich zur Paarungszeit leuchtend blau verfärben und die Laichplätze dann als blaue Punkte sprenkeln.

In den Laubwäldern sind u. a. Specht, Zaunkönig, Kleiber und Wendehals zuhause, in den Feuchtgebieten und Bruchwäldern auch der kleinste Fische jagende Eisvogel, der seltene Flussregenpfeifer und die ebenso seltene Große Rohrdommel; Letztere ist sehr scheu und, auch aufgrund ihrer perfekten Tarnung im Schilf, kaum je zu sehen.

Spektakulärer sind natürlich die großen *Raub- und Wasservögel* der Seenplatte, die in fast allen Gebieten zumindest vereinzelt vorkommen, in den Schutzgebieten auch häufiger. Neben allen Greifvögeln, die landesweit erhaben segeln und jagen, wie Turmfalken, Mäusebussard oder Habicht, leben und brüten in Mecklenburg auch die eleganten Milane (Rot- und Schwarzmilan), die seltenen Weihen (Korn- und Wiesenweihe) sowie die verbreitete Rohrweihe und vor allem die majestätischen Adler (s. u., Adler über Mecklenburg). Vielerorts werden in den Naturparks und im Nationalpark Touren angeboten, bei denen man Fisch- und Seeadler bei der Jagd beobachten kann.

Den größten Besucherandrang in ganz Mecklenburg-Vorpommern verzeichnen jedoch die majestätischen *Kraniche*, die hier im Frühjahr und Herbst auf ihrer Reise

Adler über Mecklenburg

„Majestätisch" und „erhaben" sind wohl die meistgebrauchten Adjektive, wenn man über Adler spricht. Und wer schon mal einen Seeadler hat kreisen sehen, wird diese Beschreibung wohl bestätigen. Das Attribut „selten" wird glücklicherweise immer weniger gebraucht.

Es gab eine Zeit, da war der Adlerbestand in Deutschland kurz davor zu erlöschen. Als vermeintlicher Futterkonkurrent wurde der Adler seit jeher gejagt, ab den 1950er Jahren durch das Pestizid DDT indirekt vergiftet und so beinahe ausgerottet. Dank intensivem Artenschutz hat sich der Bestand der Seeadler und Fischadler allerdings wieder erholt. Gab es in den 1970er Jahren gerade noch 40 Fischadler-Brutpaare in Deutschland, so sind es heute etwa 500. Ähnlich sieht es mit dem Seeadlerbestand aus. Vor 40 Jahren fast ausgerottet, brüten heute in Deutschland wieder fast 600 Paare – die meisten davon in Mecklenburg-Vorpommern.

Der *Seeadler* (*Haliaeetus albicilla*) ist der größte Greifvogel in unseren Breiten. Ca. 75–95 cm groß hat er eine Spannweite von bis zu 2,50 m. Sein Gefieder ist braun, der kräftige Schnabel gelb, Altvögel haben einen weißen Schwanz. Das Flugbild wirkt bei ausgestreckten Schwingen „brettartig". Der Flug des deutlich kleineren *Fischadlers* (*Pandion haliaetus*) erscheint eleganter, seine Schwingen sind schlanker und leicht geschwungen. Vor allem aber fliegt er schneller. Der Fischadler misst etwa 55 cm bei einer Spannweite bis zu 1,70 m, charakteristisch sind die weiße Unterseite und der weiße Kopf mit dem dunklen Augenstreif.

Da die Seeadlerpaare, die ein Leben lang beisammen bleiben, ihre Nester mehrere Jahre benutzen, können mächtige Horste, vorzugsweise in hohen Bäumen im Wald oder am Waldrand entstehen. Der Fischadler benötigt aufgrund seiner hohen Fluggeschwindigkeit Baumkronen, die über das Walddach hinausreichen, oder hohe, einzeln stehende Bäume, alternativ brütet er vorzugsweise auf Strommasten. Der Seeadler ist ein vielseitiger Jäger, er schlägt Fische, kleine Säugetiere und Wasservögel. Der Fischadler dagegen hat einen eher einseitigen Speiseplan: er frisst, und damit ist auch die Namensherkunft geklärt, ausschließlich Fisch. Das Beuteschema der Greifvögel hat Auswirkungen auf ihr Reiseverhalten. Da die Gewässer in Nordeuropa chronisch Gefahr laufen, des Winters zuzufrieren, zieht es den Fischadler in sein Winterdomizil nach Afrika. Der Seeadler indes nimmt auch mit Enten oder halbgefrorenem Aas vorlieb, was vielleicht nicht wählerisch oder edel klingt, es dem Greif aber ermöglicht, einen strengen mecklenburgischen Winter zu überstehen.

Über den Zug der Kraniche siehe S. 169ff.

zwischen Winterquartier (Südfrankreich bis Nordafrika) und Sommerquartier (meist Schweden) zu Tausenden „zwischenlanden". Zu nahe kommen darf man den Tieren nicht, dann flüchten sie, aber mit dem Fernglas vom Beobachtungsstand oder vom Auto aus lassen sich wunderbare Szenen im Kranichleben verfolgen. Das Interesse an den Kranichen ist mittlerweile so groß, dass Besucher zu den Stoßzeiten im Frühjahr und Herbst nur noch nach Voranmeldung zu den Beobachtungsplätzen kommen (Details S. 154 und 177).

Die besten Chancen einen Seeadler zu beobachten, hat man natürlich in den geschützten Gebieten Mecklenburgs: allen voran im Naturpark Feldberger Seenlandschaft im Osten. Zahlreiche Brutpaare gibt es auch in der Gegend um Warin im Naturpark Sternberger Seenland ganz im Westen der Seenplatte. Und natürlich kreist der Seeadler auch über dem Müritz-Nationalpark.

Den spektakulären Sturzflug des Fischadlers sieht man am ehesten im Herzen des Müritz-Nationalparks, hier befindet sich die größte Bestandsdichte. Zahlreiche Nester sitzen auf Strommasten um Federow und um Kratzeburg.

Nicht zu Gesicht bekommen wird man wohl den *Schreiadler* (*Aquila pomarina*). Der auch Pommernadler genannte Greifvogel ist von ähnlicher Größe wie der Fischadler und überwintert ebenfalls in Afrika. Nur ist er leider sehr selten und steht ganz oben auf der Roten Liste der vom Aussterben bedrohten Arten. Wer aber einen Adler sieht, der geschwind über Feld oder Wiese schreitet, der beobachtet wohl einen Schreiadler. Der Pommernadler nämlich jagt auch zu Fuß.

Daneben gibt es noch eine lange Reihe anderer Wasservögel zu sehen: Bläss-, Saat- und Graugänse, Graureiher und die sehr seltenen Silberreiher, Haubentaucher, Blässhühner, die seltenen Schwarzstörche, die weit verbreiteten Weißstörche sowie jede Menge Schwäne und Enten (u. a. Pfeifenten).

Auch den schwarzen Kormoran gibt es, v. a. Müritz-Nationalpark und an den Großseen. Lange Zeit vom Aussterben bedroht, sind die gefräßigen Jäger in Mecklenburg wieder derart präsent, dass sie zum Schutz von Fischbeständen in seltenen Fällen bejagt werden dürfen.

Fischotter und Biber leben fast überall in den Gewässern der Seenplatte und Mecklenburgischen Schweiz. Zu Gesicht bekommen wird man den flinken Otter wohl nie, da er nicht nur selten und scheu, sondern auch überwiegend nachts aktiv ist. Schon eher wird man Biber sichten (besonders in der Abenddämmerung), der bekanntlich durch angenagte Bäume und „Biberburgen" (einen Bau aus Ästen, Zweigen und Schlamm) Bäche aufstaut und damit deutliche Spuren hinterlässt.

Erst im 20. Jh. wurden Waschbären (v. a. Müritz-Nationalpark), Minke und Marderhunde heimisch. Während Erstere durch Flucht aus der Pelztierfarm hier einen neuen Lebensraum fanden, ist der Marderhund aus Osteuropa eingewandert. Besonders die alles fressenden Waschbären, denen es hier an natürlichen Feinden mangelt, könnten laut Biologen allerdings zum Problem werden.

Tipp: Wer Tiere beobachten will, muss früh aufstehen, ein Fernglas mitnehmen und auch mal geduldig ausharren können, bis sich beispielsweise der Seeadler zum Erscheinen bequemt. Gut sind die Beobachtungschancen auch am Abend kurz vor Einbruch der Dämmerung (Kraniche!), wenig zu sehen gibt es dagegen in der Mittagszeit.

Naturschutz in der Mecklenburgischen Seenplatte und der Mecklenburgischen Schweiz

Den Schutz seiner zauberhaften Landschaften verdankt Mecklenburg-Vorpommern einem umweltpolitischen Husarenstück. In den letzten Tagen der DDR gelang es Michael Succow, dem stellvertretenden Umweltminister der DDR, sowie Hannes Knapp, Lebrecht Jeschke und Matthias Freude quasi im Handstreich, zahlreiche Landstriche unter verschärften Naturschutz zu stellen: Auf der letzten Ministerratssitzung der DDR am 12. September 1990 beschlossen sie, ein Dutzend Schutzgebiete zu schaffen, die meisten davon an der Ostsee, aber auch den heutigen Müritz-Nationalpark. Unterstützt wurden sie dabei von Klaus Töpfer, dem damaligen Umweltminister der Bundesrepublik, der das Unternehmen später das „Tafelsilber der deutschen Einheit" nannte. Zu Recht: Succow und seine Mitstreiter hatten in wenigen Monaten erreicht, wozu im vereinigten Deutschland Jahre, wenn nicht Jahrzehnte nötig gewesen wären.

In den folgenden Jahren wurden die Schutzgebiete um vier Naturparks erweitert: Nossentiner/Schwinzer Heide (1994), Feldberger Seenlandschaft (1997), Mecklenburgische Schweiz und Kummerower See (1997) sowie das Sternberger Seenland (2004). Zusammen mit dem Müritz-Nationalpark steht damit heute gut ein Fünftel der Gesamtfläche der Mecklenburgischen Seenplatte unter Naturschutz, hinzu kommen diverse kleinere Naturschutzgebiete (NSG) und Landschaftsschutzgebiete.

Vorchristliche Behausung – im Slawendorf Neustrelitz

Geschichte Mecklenburgs

Die wechselhafte Geschichte Mecklenburgs begann vergleichsweise spät. Von einem eigenständigen und territorial geschlossenen Land Mecklenburg lässt sich erst im Hochmittelalter reden. Eine mecklenburgische Herrscherfamilie, die sich in der mittelalterlichen „Gründerzeit" etablierte und damit auf slawische Vorfahren zurückblicken konnte, überdauerte dagegen die Jahrhunderte bis ins 20. Jh.

Aussprache: Die erste Silbe von Mecklenburg wird nicht kurz, also /mä:ck/ gesprochen, sondern lang: /me:ck/. Das *C* nämlich ist ein norddeutsches Dehnungs-C, das die vorhergehende Silbe in die Länge zieht.

Ur- und Frühgeschichte: Mit den zurückweichenden Gletschern kamen die Menschen. Jäger und Sammler lebten an den Rändern der ausklingenden Eiszeit und durch die Jahrtausende der Alt- und Mittelsteinzeit. Mit dem Übergang zur Jungsteinzeit, dem Neolithikum (ab 3000 v. Chr.), begannen die Menschen sesshaft zu werden. Die in dieser Zeit entstandenen Grabanlagen (Großstein- oder Hünengräber aus meist tonnenschweren Findlingen, teils aufrecht stehend in einem Trapez angeordnet, teils mit Deckstein als Dolmen) sind in Mecklenburg – verglichen mit Vorpommern – nur eingeschränkt erhalten. Mecklenburgs bemerkenswerteste Großsteingräber finden sich im Everstorfer Forst (im Klützer Winkel an der Ostseeküste). Mit der *Bronzezeit* (ab etwa 1500 v. Chr. bis ca. 600 v. Chr.) änderte sich nicht nur das bevorzugte Material für Werkzeug und Waffen, sondern auch die Bestattungsart. In riesigen, künstlich aufgeschütteten Grabhügeln wurden nun Urnen beigesetzt. Während der *Eisenzeit* (ab 600 v. Chr.) siedelten ein paar germanische Stämme auf dem Gebiet des heutigen Mecklenburg, darunter Langobarden, mögli-

Slawisches Geschmeide (Groß Raden)

cherweise auch Sachsen, sicherlich aber die Warnen. Letztere hinterließen ihre Spuren u. a. in Ortsnamen, so in Warin oder Waren, eher zweifelhaft dagegen ist, ob sie auch die Namensgeber des Flusses *Warnow* waren.

Slawenzeit/Frühmittelalter: Mit der großen Völkerwanderung im 4. und 5. Jh. n. Chr. wurden auch die germanischen Stämme aus Mecklenburg nach Süden gespült. Die verbliebenen Germanen mischten sich mit den nachrückenden Slawen, die seit dem 7. Jh. auf mecklenburgischem Gebiet siedelten. Bei den Neusiedlern handelte es sich um vereinzelte Stämme, die sich teils zu losen Stammesverbänden bündelten. Im Westen ließ sich der Stammesverband der Obotriten nieder, darunter die Warnower, die, wie der Name verrät, an der Warnow lebten, sowie die namensgebenden Obotriten selbst, die um den Schweriner See siedelten. An den Ufern des „Kleinen Meeres" ließen sich die Müritzer nieder und im Osten der Stammesverband der Wilzen (die wenige Jahrhunderte später als Lutizen bekannt wurden), denen u. a. die Tollenser (am gleichnamigen Tollensesee) angehörten. Allein an der Aufzählung einiger Stämme wird deutlich, dass das Erbe der slawischen Siedler nicht zuletzt in geografischen Bezeichnungen bis heute überdauert hat.

Waren die slawischen Stämme nach der Landnahme im 7. Jh. räumlich weit voneinander und vom Rest der Welt getrennt, rückte in den folgenden Jahrhunderten die Welt in Gestalt von Franken, Dänen und Polen näher. Diese Bedrohung von außen führte aber keineswegs dazu, dass sich die Stammesverbände in geschlossenen militärischen oder gar politischen Gemeinschaften organisierten. Im Gegenteil: Untereinander pflegten sie eine teils leidenschaftlich gehegte Feindschaft – und entsprechend flexible Bündnisse. Dass sich ein heidnisch-slawischer Stamm an der Seite der christianisierenden Dänen gegen den direkten heidnischen Nachbarn wandte, war gang und gäbe. Das erleichterte natürlich die Expansionsbestrebungen und den Christianisierungseifer von Dänen und Deutschen (Sachsen). Nichtsdestotrotz war es ein slawisches Bündnis, dem auch die Obotriten beistanden, das im *Lutizenaufstand* von 983 die christlich-deutsche Expansion um weitere 150 Jahre verzögern sollte.

Politisches und militärisches Zentrum der Obotriten war die *Mickelenburg* (beim heutigen Dorf Mecklenburg bei Wismar), die dem Land seinen Namen geben sollte. Die „große Burg" wird erstmals im 10. Jh. urkundlich erwähnt; archäologischen Befunden zufolge wurde sie in ihren Grundfesten wohl schon im 7. Jh. errichtet. Weitere Zentren waren die Tempelburg bei *Groß Raden* (S. 100), das sagenumwobene (und unauffindbare) Heiligtum *Rethra*, von dem angenommen wird, dass es sich am Südufer des Tollensesees befand, sowie die *Burg Werle* im Warnowtal.

Hochmittelalter: Mit dem streitbaren sächsischen Herzog *Heinrich dem Löwen* endete die slawische Unabhängigkeit im 12. Jh. Vorausgegangen waren lange Kämpfe, denen 1160 der obotritische Fürst *Niklot* zum Opfer fiel. Heinrich dehnte sein Einflussgebiet auf das Gebiet des heutigen Mecklenburgs aus, gründete Schwerin (damit die älteste Stadt Mecklenburgs), machte es zur Grafschaft und zum Bischofssitz und christianisierte die noch weitgehend paganischen Slawen. Aber der Löwe hatte noch andere Revierkämpfe zu bestehen. Um im Norden Ruhe zu haben, gab er 1167 *Pribislaw*, dem Sohn Niklots, einen Großteil des Landes zum Lehen und dessen Sohn und Thronfolger *Heinrich Borwin I.* die eigene (wenngleich uneheliche) Tochter Mathilde zur Frau. Damit war nicht nur das Fürstentum Mecklenburg (als Teil des Reiches) geschaffen, sondern auch eine Fürstendynastie begründet, die bis

1918 bestehen sollte. Mit dem Sieg Heinrichs und der Christianisierung begann auch der verstärkte Zuzug (zumeist nieder)deutscher Siedler nach Mecklenburg. Sie fanden ein in manchen Teilen entvölkertes Land vor. Andernorts verdrängten sie die slawischen „Altsiedler" oder existierten neben ihnen her. Auf lange Sicht wurde die slawische Bevölkerung assimiliert.

Heinrich der Löwe verstrickte sich bekanntlich mit Kaiser *Friedrich I. Barbarossa* in ein Ringen von europäischem Ausmaß – und verlor. Nun waren es die Dänen, die die Gunst der Stunde nutzten und sich anschickten, das Machtvakuum zu füllen und ihren Einfluss über Norddeutschland auszudehnen. Erst eine norddeutsche Koalition zwischen Holstein, Bremen, Mecklenburg und anderen beendete 1227 die Herrschaft der Dänen – Mecklenburg wurde wieder sächsisches Lehen.

Eine größere Gefahr für den fragilen Territorialstaat aber drohte von innen. Der Fürst von Mecklenburg und der Graf von Schwerin standen zuweilen in offener Konkurrenz zueinander. Nach dem Tod Heinrich Borwins im Jahr 1227 erbten gleich vier seiner Enkel das junge Fürstentum, das nun zerfiel: Nach der

Die mittelalterliche Burg Stargard

Ersten Hauptlandesteilung 1229 gab es neben der Herrschaft Mecklenburg einen Landesteil um die aufstrebende Stadt Rostock, einen um die alte Slawenburg Werle sowie einen um das eben erst mit dem Stadtrecht geschmückte Parchim – daneben existierte weiterhin die Grafschaft Schwerin, und auch das Bistum Ratzeburg verfügte über mecklenburgisches Stiftsland.

Spätmittelalter: Der ersten Teilung 1229 sollten zwei weitere große Landesteilungen 1621 (Mecklenburg-Schwerin und -Güstrow) und 1701 (Mecklenburg-Strelitz und -Schwerin) sowie zahlreiche kleinere territoriale Aufsplitterungen folgen, immer wieder umrahmt von zeitweiligen staatlichen Konsolidierungen. So wurde beispielsweise Parchim nach einer Generation wieder zwischen Mecklenburg, Schwerin und Werle aufgeteilt, Rostock dagegen fiel 1314 an Mecklenburg. Dessen Fürst

Heinrich I. (der Pilger) aber war nicht in der Lage, sich eingehend um sein kleines Reich zu kümmern: Auf seiner Pilgerfahrt wurde er verschleppt und war 27 Jahre Gefangener des Sultans in Kairo. Sein Sohn, *Heinrich II. (der Löwe)*, war ein effektiverer (und kampfesfreudiger) Herrscher, verstarb aber früh (1329). Als dessen Sohn wiederum endlich mündig wurde, war in Mecklenburg der bedeutendste Herrscher des Mittelalters (wenn nicht der ganzen Linie) erwachsen geworden: *Albrecht II.* (1318–1379). Albrecht gelang es unter anderem, die Grafschaft Schwerin zu erwerben und die Herrschaft im Land zu stabilisieren. Doch er musste die Macht in Meck

lenburg (man ahnt es) teilen – mit seinem Bruder Johann: Albrecht stand der Linie Schwerin vor, sein Bruder der Linie Stargard (woraus sich später die Linie Güstrow entwickeln sollte). Wichtigstes Verdienst Albrechts aber war, dass er und sein Bruder und damit Mecklenburg von König (später Kaiser) *Karl IV.* aus der Lehnspflicht gegenüber Sachsen entlassen und beide zu Herzögen erhoben wurden (1348). Dieser Vorgang bedeutete nicht nur eine formale Beförderung, vielmehr zeugt die damit verbundene Reichsunmittelbarkeit, der Umstand also, dass die mecklenburgischen Herzöge niemandem als dem Kaiser (und Gott) untertan und verantwortlich waren, von der zunehmenden Bedeutung und Stabilisierung der mecklenburgischen Herrschaft.

Albrecht drang mit gewachsenem Selbstbewusstsein aber auch in politische Sphären von europäischem Ausmaß vor – und verhedderte sich in den Fallstricken der großen Politik. Leidtragender war v. a. sein Sohn *Albrecht III.* (um 1338–1412). Dieser nämlich war auf Betreiben des Vaters zeitweilig zum schwedischen König avanciert, doch waren weder er noch das Herzogtum Mecklenburg dem Ringen um die Vorherrschaft im Norden Europas gewachsen. Spätestens 1389 musste sich Albrecht der großen dänischen Königin *Margarethe I.* geschlagen geben. Das „nordische Abenteuer" war gescheitert.

Während genannte Wirrungen das Machtverhältnis auch auf mecklenburgischem Territorium neu justierten, war längst eine andere politische, militärische, vor allem aber wirtschaftliche Entwicklung zur Entfaltung gelangt, die den gesamten Ostseeraum für Generationen prägen sollte: die *Hanse*. Aus einer „Fahrgemeinschaft" Fernhandel treibender Kaufleute war im Laufe der Zeit ein mächtiges Bündnis zwischen Händlern und Städten geworden. Der Städtebund, der politische Ausdruck hanseatischer Macht, war das Ergebnis eines 1259 abgeschlossenen Vertrags zwischen Lübeck, Rostock und Wismar, der die Handelswege zwischen den aufstrebenden Städten sichern sollte. Als das Bündnis 1264/65 um Stralsund und Greifswald erweitert wurde, tagte der Prototyp des später traditionell in Lübeck stattfindenden Hansetages in Wismar. Gleichzeitig hatten die Städte gegenüber ihren Ter ritorialfürsten ein bemerkenswertes Maß an Unabhängigkeit erlangt. Im Kampf um die Vorherrschaft über das *Mare Balticum*, die Ostsee, gelang der Hanse 1368 der entscheidende Sieg über Dänemark. Der am 24. Mai 1370 geschlossene *Friede von Stralsund* markierte den politischen Höhepunkt der Hanse.

Im Windschatten dieses rasanten Aufstiegs profitierte auch das mecklenburgische Hinterland von der Blüte der Hansestädte an der Ostsee, zumindest in wirtschaftlicher Hinsicht. Denn die Produzenten landwirtschaftlicher Rohstoffe fanden in den Städten Wismar und Rostock florierende Märkte, zumal beispielsweise Wismar als bedeutender Brauereistandort den Rohstoff Getreide vor der Verschiffung veredelte. Doch das nordische Abenteuer Albrechts III. hatte dem Land nicht gut getan. Ausdruck dafür ist der Beiname von Albrechts Bruder *Heinrich III.*, Herzog von Mecklenburg, der in Abwesenheit Albrechts das Land regierte: In seinem Vorgehen gegen heimische und benachbarte Adelige, die sich in der Raubritterei oder der Piraterie versuchten, zeigte sich Heinrich rabiat. Er ließ, wen er stellte, stante pede aufknüpfen und erhielt darob den drastischen Beinamen *Heinrich der Hänger*. Doch Heinrich starb 1383, sein Bruder Albrecht III., 1395 aus langer dänischer Gefangenschaft zurückgekehrt, verschied im Jahr 1412 – und Mecklenburg war erschöpft, im Innern zerstritten und leichte Beute für benachbarte Räuber.

Frühe Neuzeit: Ironischerweise sollte die Einigung der mecklenburgischen Gebiete, die dem fähigen Albrecht II. nicht gelang, einem Herzog von minderer Begabung

Ein Herrscher namens Heinrich

Einen „Großen" gab es nicht, am ehesten hätte vielleicht *Albrecht II.* den Beinamen „der Große" (Mecklenburger) verdient. Doch zahlreiche mecklenburgische Fürsten und Herzöge schmückten sich – mehr oder weniger freiwillig – mit sprechenden Namen, und zufälligerweise waren es vor allem Herrscher namens Heinrich.

Heinrich I. von Mecklenburg (um 1230–1302) wurde *der Pilger* genannt. Leider wurde seine Pilgerreise ins Heilige Land außerplanmäßig um 27 Jahre verlängert – in einem Kerker in Kairo als Gefangener des Sultans. Sein Sohn *Heinrich II.* (1266–1329) verdiente sich den Beinamen *der Löwe*, seiner Kampfeslust geschuldet und als Hommage an den streitbaren und ungleich berühmteren Sachsen. Der Enkel Heinrichs II. (und Sohn des „großen" Albrecht) wiederum, *Heinrich III.*, (gest. 1379) wurde bekannt unter dem drastischen Namen *Heinrich der Hänger*. Der Herzog mühte sich redlich, unruhigen Zeiten Recht und Ordnung zu verleihen, und unterstrich seinen Eifer mit unverzüglichem Strafvollzug. Der vierte Heinrich, ein Großneffe des dritten und ebenfalls Herzog, hieß beredt *Heinrich der Dicke* (1417–1477), dessen maßloser Lebensstil unmittelbar von erweiterter Leibesfülle repräsentiert wurde. Sein Sohn *Magnus II.* pflegte zwar keinen Beinamen, war aber seinem eigentlichen Namen gemäß ein größerer Herrscher denn so mancher Vorfahr. Magnus' Sohn wiederum trug als letzter Mecklenburger Herzog den Namen Heinrich und erhielt nach all den nicht immer schmeichelhaften Bezeichnungen seiner Vorfahren einen freundlicheren Beinamen. *Heinrich V.* nämlich (1503–1552) führte ein frommes und sanftmütiges Leben, und Mecklenburg war wenigstens für eine Generation gesegnet mit einem Herrscher namens *Heinrich der Friedfertige*.

zufallen. Ohne nennenswertes eigenes Zutun gelangte *Heinrich IV. (der Dicke)* an die mecklenburgischen Teilgebiete um Werle (1436) und Stargard (1471). Sein Sohn und Nachfolger *Magnus II.* dagegen, der ab 1477 regierte und 1503 starb, führte das geeinte Mecklenburg mit Umsicht und Effizienz und machte sich um die Festigung des sich entwickelnden Territorialstaats verdient. Doch die großen Konflikte Mecklenburgs konnte auch er nicht lösen: Diese waren und blieben u. a. das auch gewaltsam ausgetragene Ringen zwischen der Landesherrschaft und den selbstbewussten (und weitgehend autonomen) Hansestädten einerseits und zwischen der Landesherrschaft und dem aufstrebenden niederen Landadel andererseits; hinzu kamen Konflikte zwischen weltlicher und kirchlicher Herrschaft oder auch zwischen hanseatisch-städtischem Bürgertum und ländlich-ständischem Adel. Während die Ritterschaft sich zusammentat und mit der *Landständischen Union* 1523 Einigkeit demonstrierte, wurde die Landesherrschaft wieder einmal geteilt, und was sich nach dem Tod Magnus II. angekündigt hatte, wurde 1621 abgeschlossen. Bereits die Söhne des Herzogs Magnus, *Heinrich V. (der Friedfertige)* und *Albrecht VII. (der Schöne)*, teilten sich die Macht. 1555 wiederholte sich die Aufteilung zwischen *Ulrich* und *Johann Albrecht I.*, den Söhnen Albrechts VII. Mit der *Zweiten Hauptlandesteilung* 1621 hatten sich schließlich die beiden mecklenburgischen Linien herauskristallisiert: auf der einen Seite Mecklenburg-Schwerin, auf der anderen Mecklenburg-Güstrow.

Unterdessen war Mecklenburg protestantisch geworden. Noch bevor die *Reformation* in Bewegung geraten war, hatte es Versuche gegeben, die kirchlichen Strukturen zu reformieren, und schon früh deutete sich an, dass die Reformation in Mecklenburg auf fruchtbaren Boden fallen würde. Die reformatorische Bewegung begann sich bereits in den 1520er Jahren in Mecklenburg zu etablieren, zunächst in den Städten (und dank des Reformators *Joachim Slüter* vor allem in der Universitätsstadt Rostock), zudem aber auch protegiert von Herzog *Heinrich V. (dem Friedfertigen)*. 1549 schließlich wurde Mecklenburg während des Sternberger Landtags offiziell protestantisch. Gleichzeitig und von der Einigkeit der Ritterschaft begünstigt wandelte sich das Gutswesen. Mit der wachsenden Macht des Landadels bildeten sich verstärkt feudale Strukturen aus, das „Bauernlegen" begann sich abzuzeichnen: Kleinere Höfe wurden wachsenden Rittergütern einverleibt, aus freien Bauern wurden Leibeigene. Dies geschah übrigens nicht in der Gegend um Warin und Bützow, denn dies war Stiftsland des Bistums Schwerin, so dass die Bauern hier frei blieben. Bis heute, so heißt es, sei das an der Eigensinnigkeit der Bevölkerung zu spüren.

In den Residenzstädten dagegen entwickelte sich in der zweiten Hälfte des 16. Jh. trotz oder gerade wegen der Teilung Mecklenburgs eine kunstsinnige und architekturfreundliche Stimmung. Die Renaissance hielt Einzug im Norden Deutschlands und die herzoglichen Brüder wetteiferten um die ansehnlichste Heimstatt. *Johann Albrecht I.* und *Ulrich* ließen bedeutende Renaissancebauten errichten: in Schwerin und Güstrow prächtige Schlösser, in Wismar den Fürstenhof.

17. Jahrhundert: Wie auch das benachbarte Pommern traf der Dreißigjährige Krieg (1618–1648) Mecklenburg mit voller Wucht. Anfangs schien es, als könnten sich die beiden Herzogtümer aus dem europäischen Konflikt heraushalten. Doch die mecklenburgische Führungsschwäche verwässerte den Neutralitätskurs, bis beide doch in den Krieg hineingedrängt wurden, und das ausgerechnet auf Seiten des Verlierers. Nachdem der expansionsfreudige dänische König *Christian IV.* in der zunächst entscheidenden Schlacht *General Tilly* unterlegen war, konnte sich der Däne in sein Stammland zurückziehen. Die kaiserlichen Truppen aber marschierten nach Norddeutschland und besetzten Mecklenburg. Der Kaiser erklärte beide

Einst ein Ort des Terrors, sorgt der Folterkeller in Penzlin
heute nur noch für ein wenig Grusel

Herzöge als abgesetzt und installierte 1628 *General Wallenstein* als Herzog von
Mecklenburg. 1630 griffen die Schweden in den großen Krieg ein. *Gustav II. Adolf*
und seine Truppen landeten bei Peenemünde auf Usedom und trugen den Krieg
nach Pommern und Mecklenburg. In Wellen zogen kaiserliche und schwedische
Truppen plündernd, brandschatzend und mordend über das Land. Im Windschatten des Krieges wüteten Pest und Hungersnot. Beispielhaft für die Schrecken steht
das Schicksal Neubrandenburgs. Die Stadt wurde zuerst von schwedischen Truppen im Februar 1631 eingenommen, aber bereits im März von Tilly zurückerobert,
der die neubrandenburgische Waffenhilfe für die Schweden durch ein furchtbares
Massaker rächen ließ. Als der Dreißigjährige Krieg endlich vorbei war, war das Land
entvölkert. Über die Verluste gibt es unterschiedliche Schätzungen. Mindestens um
die Hälfte war die mecklenburgische Bevölkerung zurückgegangen, vielleicht sogar
um drei Viertel.

Mit dem Westfälischen Frieden (1648) wurde die *Zweite Hauptlandesteilung* von
1621 bestätigt. *Gustav Adolf* (von Mecklenburg) herrschte über Mecklenburg-Güstrow, *Adolf Friedrich I.* über Mecklenburg-Schwerin. Letzterer aber musste Wismar,
die Insel Poel und Neukloster an die Schweden abtreten.

18. Jahrhundert: Nachdem Gustav Adolf 1695 verstorben war, entbrannte ein Erbfolgestreit, der 1701 durch den *Hamburger Vergleich* beigelegt wurde. Damit war
die *Dritte Hauptlandesteilung* fixiert. *Friedrich Wilhelm*, der selbstgefällige Enkel
Adolf Friedrichs I., wurde Herzog von Mecklenburg-Schwerin und bekam einen
Großteil des mecklenburgischen Gebiets zugesprochen. Der jüngste Sohn Adolf
Friedrichs I. dagegen begründete als *Adolf Friedrich II.* die Linie Mecklenburg-Strelitz. Er galt als ein geistreicher und gebildeter Mann, der seinen Anspruch auch
daraus ableiten konnte, dass er der Schwiegersohn des verstorbenen Gustav Adolf
war. Diese Zweiteilung Mecklenburgs samt ihrer fürstlichen Dynastien sollte auch
über die deutsche Reichseinigung bis 1918 bestehen bleiben.

Gleichzeitig wurde im Zuge des Hamburger Vergleichs aber auch bestätigt und im *Landesgrundgesetzlichen Erbvergleich* 1755 letztlich festgelegt, dass die Landtage und Stände weiterhin gesamtmecklenburgisch waren und die Macht des Landadels unangetastet blieb. Diesem war es gelungen, in der zweiten Hälfte des 17. Jh. die eigene Gutsherrschaft (auch mittels Bauernlegen) auszubauen, zugleich aber auch Tendenzen zu einer absolutistischen Herrschaftsausbildung in Mecklenburg zu verhindern. Die schon damals nicht mehr zeitgemäße feudale, ständestaatliche Ordnung beider Mecklenburgs sollte ebenfalls bis 1918 Bestand haben. „Mecklenburg", so urteilt der Greifswalder Historiker Michael North, „blieb damit ein altständisches Fossil in einer sich allmählich modernisierenden Umwelt".

Nichtsdestotrotz hielt die höfische Kultur auch in den mecklenburgischen Residenzen Einzug. Augenfälligster Ausdruck waren die Residenzen selbst: Das altehrwürdige Schwerin erblühte. Die neue Strelitzer Linie ihrerseits erschuf sich aus einem alten Jagdschloss eine prächtige Residenz mitsamt Schlosspark und barocker Planstadt und nannte sie Heimstatt der jungen Dynastie Neustrelitz. Die Schweriner wollten dem nicht nachstehen und gönnten sich mit Ludwigslust ebenfalls eine Residenzstadt, die auf quasi grüner Wiese erbaut wurde.

Das 18. Jh. verschonte Mecklenburg weitgehend vor Kriegen. Zwar wurde Mecklenburg Aufmarschgebiet fremder Truppen, die sich im *Großen Nordischen Krieg* (1701–1721) gegen die mecklenburgischen Gebiete der schwedischen Großmacht richteten. Aus dem *Dritten Schlesischen Krieg* (auch: Siebenjähriger Krieg) 1756–1763, den das erstarkende Preußen unter *Friedrich II.* gegen Österreich focht, konnten sich die kleinen mecklenburgischen Nachbarn dank ihres strikten Neutralitätskurses aber weitgehend heraushalten. Glücklich agierte Mecklenburg-Strelitz auch in seiner Heiratspolitik: Unter anderem wurde *Sophie Charlotte von Mecklenburg-Strelitz* 1761 mit dem englischen König *Georg III.* vermählt und somit zu *Queen Charlotte* (S. 194). Eine ihrer Nichten wiederum, *Luise Auguste Wilhelmine Amalie*, wurde 1793 mit dem preußischen Kronprinzen verheiratet und als *Königin Luise* zur Legende (S. 266f.).

Birgt die Erinnerung an eine Prinzessin: Schloss Hohenzieritz

19. Jahrhundert: Als die Freiheit an Mecklenburgs reaktionäre Tür klopfte, beharrten die Mächtigen der beiden Herzogtümer noch immer auf ihren überkommenen Strukturen. Die Französische Revolution stieß in den beiden Mecklenburgs nur bedingt auf Verständnis. Als die Revolution in Form von Koalitionskriegen auf Europa übergriff und mit *Napoleon* der „Weltgeist zu Pferde" seine Schatten auch auf das rückständige Mecklenburg warf, verhielten sich die beiden Mecklenburgs fast schon aus Tradition neutral. Doch die Ereignisse scherten sich nicht um Neutralität: Wegen der vermeintlichen Unterstützung preußischer Truppen (tatsächlich waren die flüchtenden Armeen Blüchers ungefragt quer durch Mecklenburg marschiert) besetzten französische Truppen 1806 Mecklenburg-Schwerin, dessen Herzog *Friedrich Franz I.* zeitweilig ins Exil geschickt wurde, sowie Mecklenburg-Strelitz, dessen Herzog *Carl II.* hingegen bleiben durfte. Als letzte deutsche Staaten traten beide 1808 dem Rheinbund bei.

Die Bevölkerung beider Mecklenburgs litt in den folgenden Jahren unter den Einquartierungen, Durchmärschen und Rekrutierungsmaßnahmen der französischen Truppen sowie indirekt unter Napoleons *Kontinentalsperre*, die jeden Handel mit England unterband, zugleich aber der hiesigen Wirtschaft schweren Schaden zufügte. Wer indes hoffte, dass sich zumindest die gesellschaftlichen Zustände veränderten – zur Erinnerung: in Mecklenburg wie auch in (Schwedisch-)Pommern waren Bauern noch immer Leibeigene –, wurde enttäuscht: Eine Staatsreform war zwar geplant, konnte aber von den zögerlichen Herzögen nicht durchgesetzt werden und war nach Napoleons verheerender Niederlage in Russland, die auch knapp 2000 mecklenburgische Soldaten das Leben kostete, endgültig vom Tisch. In den folgenden so genannten *Freiheitskriegen* ab 1813 kämpften auch zahlreiche Mecklenburger als freiwillige Jäger oder Teil der preußischen Armee gegen Napoleons Truppen. Im Nachhinein fragt man sich natürlich, warum ein Mecklenburger, der nicht aus dem Ritterstand stammte, sich dem anschloss. Sicherlich wurde man die Franzosen los, nach dem *Wiener Kongress* 1815 aber blieb alles beim Alten: Mecklenburg blieb geteilt, beide Herzöge durften sich von nun an Großherzöge nennen, die eigentliche Macht im Lande aber lag wie zuvor in der Hand der gutsherrlichen Ritterschaft, die Bauern blieben Leibeigene, und beide Mecklenburgs waren – auch in der Zeit der Restauration – die rückständigsten und reaktionärsten Länder Deutschlands.

Auch die deutsche *Revolution 1848* sollte daran nichts ändern. Immerhin war die Leibeigenschaft bereits Stück für Stück aufgehoben worden – oft aber dahingehend, dass der Bauer, der vorher an seine Scholle gekettet war, nun auf der Straße stand. Zahllose Mecklenburger verließen das Land, flohen entweder in die Großstadt oder ganz aus dem Land nach Amerika oder Australien. Alle Hoffnungen, die die auch von der mecklenburgischen Bevölkerung getragene Revolution von 1848 geweckt hatte – Aufhebung des Ständestaats, eine liberale Verfassung, Demokratie gar und vielleicht die deutsche Einheit –, blühten ein Jahr lang in den Köpfen und zerstoben dann als Traumbilder mit den Resten der Revolution. Mit dem *Freienwalder Schiedsspruch* 1850 drehte das alte System das Rad der Geschichte zurück. Wenn *Fritz Reuter*, der Dichter Mecklenburgs, der als Demagoge zu Festungshaft verurteilt worden war, satirisch einer „Mecklenborgschen Verfassung" den Paragrafen 1 „Allens bliwt bi'n Ollen" vorstellt, dann klingt daraus auch bittere Ernüchterung. In eine ähnlich Kerbe schlug auch *Otto von Bismarck*, preußischer Ministerpräsident und deutscher Reichskanzler: Bismarck soll – freilich frei von Bitterkeit und wohl eher hämisch, bissig – gesagt haben, wenn die Welt unterginge, begebe er sich nach Mecklenburg, denn dort passiere alles 100 Jahre später.

Unverzüglich dagegen folgten beide Mecklenburgs der von Bismarck geschmiede-
ten deutschen Einigung. 1867 traten beide dem *Norddeutschen Bund* bei. Für die
Mecklenburger bedeutete das zwar, wählen zu dürfen (wenngleich nach dem Drei-
klassenwahlrecht), doch nützte ihnen das wenig, denn ernsthafte Reformen blieben
aus – vor und nach der *Reichsgründung 1871*. Obschon der Beitritt zum Norddeutschen Bund wirtschaftliche Impulse gab, begann selbst die industrielle Revolution
nur verzögert und entwickelte sich schleppend – die Werften an der Ostsee, ein
paar Zuckerfabriken und Ziegeleien, etwas Papierindustrie... Mecklenburg blieb
weitgehend landwirtschaftlich geprägt. Das bedeutet aber keineswegs, dass die soziale Frage in Mecklenburg nicht virulent gewesen wäre. Die Landflucht entwurzelter
Bauern in die Städte und nach Übersee hielt unvermindert an.

20. Jahrhundert: Der *Erste Weltkrieg* euphorisierte in Mecklenburg, wie im gesamten Deutschland, zunächst die jungen Männer und ließ sie dann zu Hunderttausen-
den in den Schützengräben Frankreichs, den Schlachtfeldern Russlands oder auf
hoher See fallen, während die Menschen zuhause zunehmend Hunger litten. Der
berühmte Tropfen, der das Fass zum Überlaufen brachte, schwappte von Kiel zunächst nach Wismar und Rostock über und wurde dann zu einer Welle, die das
ganze kriegsmüde Land erfasste. 1918 meuterten Kieler Matrosen gegen ein ab-
schließendes Himmelfahrtskommando am Ende eines bisher nie dagewesenen
Krieges. Aus der Meuterei wurde ein Aufstand, aus dem Aufstand die *November-
revolution*, die auch vor Mecklenburg nicht haltmachte und den erzkonservativen
Herzog *Friedrich Franz IV.* in die Knie respektive ins Exil zwang. Friedrich Franz
war zu diesem Zeitpunkt auch Verweser von Mecklenburg-Strelitz, nachdem der
dortige Großherzog, der schnittige *Adolf Friedrich VI.*, im Februar 1918 unter bis
heute nicht ganz geklärten Umständen zu Tode gekommen war (S. 200).

In Mecklenburg geschah nun das Unfassbare: Eine Koalition aus Demokraten übernahm die Macht. In der folgenden Wahl zum verfassungsgebenden Landtag erran-
gen die Sozialdemokraten in beiden Landesteilen Mecklenburgs die Mehrheit.
Doch aller Aufbruchstimmung und nicht unbegründeter Hoffnung zum Trotz
konnten die demokratischen Kräfte nicht in wenigen Jahren Strukturen aufbrechen,
die seit dem Mittelalter verkrustet waren, und Mecklenburg in ein modernes
Staatswesen verwandeln.

Das Drama der *Weimarer Republik* fand auch in Mecklenburg statt. Von den politischen Rändern wucherten die extremistischen Parteien in die Mitte der Gesellschaft und erstickten die junge demokratische Kultur. Insbesondere die NSDAP
fasste in den krisengeschüttelten 1920er Jahren sowohl im ländlichen Mecklenburg
als auch in den Städten schnell Fuß, deren Industrien, beispielsweise die Werften,
schwer unter der Weltwirtschaftskrise litten. Bei den Wahlen 1932 erhielt die NSDAP
in Mecklenburg-Schwerin fast die Hälfte aller Stimmen und konnte auch in Mecklenburg-Strelitz die Regierung bilden (hier mit Beteiligung der Deutschnationalen).
Mit der Machtergreifung 1933 begann die Gleichschaltung, und der Terror, den rechte Schlägertrupps schon vorher praktiziert hatten, wurde nun systematisch betrieben.
Noch 1933 begannen die Pogrome gegen Juden. Kommunisten und Sozialisten
wurden verfolgt und inhaftiert, die NS-Diktatur etablierte sich in Mecklenburg
schnell und in aller Brutalität. Dabei war das Regime gerade in Mecklenburg, dessen
Landesteile Mecklenburg-Schwerin und Mecklenburg-Strelitz 1934 zwangsvereinigt
worden waren, bei vielen akzeptiert. Denn das weiterhin vornehmlich agrarisch geprägte Mecklenburg profitierte von der Rüstungsindustrie, mit der die Nationalsozialisten einen vermeintlichen wirtschaftlichen Aufschwung generierten. Wenn auch
die Waffenschmieden in Mecklenburg nicht so prestigeträchtig waren wie Usedoms

Heeresversuchsanstalt Peenemünde, so waren sie doch bemerkenswert: allen voran die Flugzeugindustrie in Wismar, Schwerin, Neubrandenburg und andernorts, in Rechlin eine Fliegerversuchsanstalt der Luftwaffe, in Neubrandenburg eine Torpedoversuchsanstalt, auf der Halbinsel Wustrow eine Flakartillerieschule, eine U-Boot-Werft in Rostock, eine Sprengstofffabrik in Dömitz usf. Aber jede Kriegswirtschaft mündet unweigerlich in den Krieg, und wenngleich Fortschritt und Industrialisierung oft an Mecklenburg vorbeigezogen waren, der große Krieg tat es nicht.

Mit Ausbruch des *Zweiten Weltkriegs* fehlten in Mecklenburg mit einem Mal Arbeitskräfte, denn die mussten an die Front. Also wurden Außenlager der KZs aufgebaut, bei Neubrandenburg beispielsweise, bei Krakow und bei Boizenburg. Kriegsgefangene und KZ-Häftlinge mussten unter unmenschlichen Be-

Zerbeulter Zeitzeuge: der 12-Zylinder-Rolls-Royce Merlin aus einem abgeschossenen britischen Bomber

dingungen oftmals bis zum Tod für die Rüstungsindustrie arbeiten. Die mecklenburgischen Juden, die es nicht geschafft hatten, vor der Barbarei ins Ausland zu fliehen, waren bis 1942 in die Vernichtungslager deportiert worden.

Hatten Waffen aus Mecklenburg den Krieg in die Welt getragen, so kam der Krieg 1942 nach Mecklenburg zurück – zuerst in Form von Luftangriffen, die sich kriegslogisch vor allem gegen die Rüstungsindustrie und militärische Einrichtungen richteten, aber zunehmend auch Opfer unter der Bevölkerung forderten. Ab 1944 kamen die Flüchtlingsströme aus dem Osten und ihnen auf den Fersen die Truppen der Sowjetarmee. Die Städte Mecklenburgs, die sich der Roten Armee nicht in den Weg stellten, kamen vergleichsweise glimpflich davon, Städte, die Widerstand leisteten, wie beispielsweise Neubrandenburg, erlitten großflächige Zerstörungen. Vor der Roten Armee fliehend, trieben SS-Mannschaften KZ-Häftlinge auch durch Mecklenburg, zu den furchtbarsten Todesmärschen zählt der Leidensweg der Insassen der Konzentrationslager Sachsenhausen und Ravensbrück (S. 230) nach Schwerin, der Tausende Menschen das Leben kostete.

Nach 1945: Anfang Mai 1945 war Mecklenburg besetzt. Gemäß der Vereinbarung der Alliierten zogen sich die Briten, die bis Schwerin vorgedrungen waren, zurück, die Sowjetadministration übernahm die Macht in Mecklenburg. Es wurde das Land Mecklenburg-Vorpommern gegründet, ab 1947 in nur Mecklenburg umbenannt und schließlich wieder aufgelöst. Zügig voran schritt die Entnazifizierung, die allerdings als politische Säuberung auch dahingehend wirkte, demokratisch gesinnte, konservative Kreise loszuwerden. Demokratische Parteien wurden zunächst noch zugelassen, bald aber wurde ihr Wirkungskreis wieder eingeschränkt oder, wie im Fall der Sozialdemokraten, die SPD mit der KPD zur SED zwangsvereinigt. Die Industriebetriebe, die von den alliierten Bomben verschont geblieben waren, wurden nun von den Sowjets weitgehend demontiert und Maschinen und Anlagen als „Wiedergutmachung" in die zerstörten russischen Regionen abtransportiert.

Schritt für Schritt nahm die 1949 gegründete Deutsche Demokratische Republik Formen an. Auf ihrer zweiten Parteikonferenz im Sommer 1952 beschloss die SED, den Aufbau des Sozialismus zu forcieren. Verwaltungstechnisch hieß das Zentralisierung: Mit der Verwaltungsreform wurde das Land Mecklenburg aufgelöst und in die Regierungsbezirke Rostock (Küste), Schwerin (im Westen) und Neubrandenburg (im Osten) eingeteilt. Für die Wirtschaft hieß das v. a. Kollektivierung der Landwirtschaft und Bildung von Landwirtschaftlichen Produktionsgenossenschaften (LPGs, bis 1962 abgeschlossen).

Zuvor hatte die DDR im Mai 1952 als Reaktion auf die Westanbindung der Bundesrepublik einen 5 km breiten Sperrkorridor entlang ihrer Westgrenze eingerichtet, knapp 2000 missliebige Personen wurden zwangsumgesiedelt („Aktion Ungeziefer"). 1961 wurde die Grenze nach Westen (und vor allem das Schlupfloch Westberlin) dicht gemacht: Die Berliner Mauer wurde errichtet, die innerdeutschen Grenzanlagen ausgebaut. Von 1961 bis 1989 starben 174 Menschen bei dem Versuch über die Ostsee in den Westen zu flüchten.

In den 1980er Jahren begann sich aus der Friedens- und der Umweltbewegung Widerstand gegen die Staatsgewalt zu formieren. So veranstaltete der Pfarrer Markus Meckel (gemeinsam mit Martin Gutzeit und Heiko Lietz) 1982 in seiner Gemeinde Vipperow/Müritz ein erstes „Mobiles Friedensseminar"; Jahre später, am 7. Oktober 1989, gehörte er zu den Gründungsmitgliedern der SPD in der DDR. Am 16. Oktober 1989 fand die erste Montagsdemonstration im Norden der DDR in Waren an der Müritz statt, am 18. Oktober folgten Neubrandenburg und Greifswald, einen Tag später trafen sich in Rostock 10.000 Menschen zu einer Großdemonstration. Zusammen mit dem Rückenwind aus Moskau führten die Demonstrationen im ganzen Land den Fall der Mauer am 9. November 1989 herbei.

Nach 1989: Nach dem Mauerfall und mit der Wiedervereinigung 1990 wurden die drei Regierungsbezirke zusammengefasst. Entstanden war das nordöstlichste Land der Bundesrepublik Deutschland. Überraschenderweise wurde nicht Rostock zur Landeshauptstadt, sondern die alte Residenzstadt Schwerin. Erster Ministerpräsident wurde 1990 *Alfred Gomolka* (CDU), der allerdings 1992 zurücktrat. Sein Nachfolger war *Berndt Seite* (CDU), der zunächst die schwarz-gelbe Koalition weiterführte und nach der Landtagswahl 1994 einer Großen Koalition vorstand. Stellvertretender Ministerpräsident dieser Koalition war *Harald Ringstorff* (SPD), der nach der Wahl 1998 eine Regierung mit der PDS bildete und bis 2008 im Amt blieb. Nach der Wahl 2006 ging die SPD eine Koalition mit der CDU ein. Nach dem von Ringstorff eingeleiteten Generationswechsel löste ihn *Erwin Sellering* (SPD) 2008 ab. Sellering wurde bei den Landtagswahlen 2011als Ministerpräsident bestätigt und steht derzeit weiterhin einer Großen Koalition vor. Seit 2006 sitzt auch die NPD im Schweriner Landtag. Gerade im strukturschwachen ländlichen Raum, der auch vom Tourismus nur am Rande berührt wird, versuchen die Rechtsradikalen durch Jugend- und Gemeindearbeit die Mitte der Gesellschaft für sich zu vereinnahmen. Vielerorts leisten Bürgermeister, Gemeinden und Initiativen Widerstand gegen diese Entwicklung.

Freie Heide: Aufgrund zahlreicher Bürgerproteste sowie der Ablehnung durch regionale Politiker sind nach 17 Jahren der Auseinandersetzung die Bundeswehr-Pläne zum so genannten „Bombodrom" seit Juli 2009 vom Tisch: Das rund 140 qkm große ehemalige Truppenübungsgelände der Roten Armee (bis 1992) in der Kyritz-Ruppiner Heide im Norden Brandenburgs soll entgegen der ursprünglichen Pläne des Verteidigungsministeriums, dort ein Tiefflug- und Bombenabwurfgebiet einzurichten, nun doch einer zivilen Nutzung zugeführt werden. Die Heide ist frei.

Ein architektonisches Kleinod: das Taubenhaus im Blücherhof,
dahinter das Schloss mit dem dendrologischen Park

Architektur

Ein Traumschloss auf einer kleinen Insel im See der Landeshauptstadt: Für
Mecklenburg ist das nicht genug. Übers Land verstreut finden sich zahlreiche Schlösser und Herrenhäuser unterschiedlicher Epochen – und in unter-
schiedlichem Zustand: von restlos ruiniert bis komplett saniert. Die im
wahrsten Sinne des Wortes überragende Bauform der Gegend ist dagegen
die Norddeutsche Backsteingotik.

Im Zuge der Blütezeit der Hanse entstanden auch in den Städten des Küstenhinter-
lands und mithin in weiten Teilen Mecklenburgs prächtige Gebäude als Ausdruck
kaufmännischen Selbstbewusstseins. Allen voran waren das natürlich Kirchen, aber
auch Kaufmannshäuser und mittelalterliche städtische Wehrbauten (zur Norddeutschen Backsteingotik → S. 40). In *Neubrandenburg* beispielsweise blieb neben der
backsteingotischen Kirche die mittelalterliche Verteidigungsanlage mit um-
laufender Stadtmauer und den vier Stadttoren fast vollständig erhalten, in *Teterow*
sind es zwei Tore und die mittelalterliche Kirche. Auch von einer einst regen mittelalterlichen *Klosterkultur* hat einiges die Jahrhunderte überdauert, allen voran die
teilweise noch erhaltenen Klosteranlagen von *Dobbertin* und *Neukloster* oder das
später zum Schloss säkularisierte Kloster *Dargun*. Dabei ist die Norddeutsche
Backsteingotik keineswegs eine rein urbane oder klösterliche Erscheinungsform,
auch in den Kirchen kleiner Dörfer finden sich immer wieder derartige Zeugnisse.

Eine Sonderstellung nimmt die schöne Landeshauptstadt *Schwerin* ein. Hier erhebt
sich mit dem Dom ein herausragendes Beispiel der Norddeutschen Backsteingotik.
Das Bild der Stadt ist aber vor allem durch die Umgestaltung zu einer repräsentati-

Buttels Meisterwerk:
die Schlosskirche in Neustrelitz

ven *Residenzstadt* in der ersten Hälfte des 19. Jh. geprägt. Verantwortlich dafür war der Architekt *Georg Adolph Demmler*, dessen Meisterstück, das von Wasser umgebene prächtige Schweriner Schloss (im Kern ein Renaissancebau), bis heute Glanzpunkte setzt.

Außergewöhnlich und sehenswert ist auch die Residenzstadt *Neustrelitz*, obschon ihr das repräsentative Schloss abhandengekommen ist. Die Residenz der Herzöge von Mecklenburg-Strelitz ist eine nach der Landesteilung 1701 (S. 31) entstandene barocke Planstadt, die weitgehend auf die Pläne des Architekten *Christian Julius Löwe* zurückgeht, mit vornehmlich klassizistischer Ausarbeitung, für die der Schinkel-Schüler *Friedrich Wilhelm Buttel* verantwortlich zeichnete. Als dritte Residenzstadt schließlich ist die Barlachstadt *Güstrow* mit ihrem prächtigen Renaissanceschloss zu erwähnen.

Abseits der Städte hat sich im ländlichen Mecklenburg eine Vielzahl von *Schlössern* und *Herrenhäusern* erhalten. Gebaut in den unterschiedlichsten Epochen, von der Renaissance im 16. Jh. bis zur Neo-Renaissance Ende des 19. Jh., vereinen sie oftmals ein Sammelsurium an architektonischen Stilen. Die Schlösser präsentieren sich häufig, aber nicht immer in gutem Zustand, viele beherbergen heute meist schicke Hotels. Zu den schönsten Schlosshotels in der Mecklenburgischen Schweiz gehören das malerische *Schloss Ulrichshusen*, die klassizistische *Burg Schlitz* sowie das dreiflügelige *Schloss Schorssow*, im Westen *Schloss Kaarz* mit herrlichem Park und das neobarocke *Herrenhaus Basthorst*. An der Müritz sind das die französische Renaissance imitierende *Schloss Klink*, das *Gutshaus Ludorf* aus dem späten 17. Jh. sowie das idyllische *Gutshaus Woldzegarten* einen Besuch wert. In Richtung Neubrandenburg zu erwähnen sind das neobarocke *Schloss Groß Plasten* und das tudorgotisch verspielte *Schloss Kittendorf*. Keine Hotels, aber einen Besuch unbedingt wert sind das vielgestaltige *Schloss Basedow* in der Mecklenburgischen Schweiz, das *Schloss Hohenzieritz* am Tollensesee (Sterbeort der König Luise und heute Sitz des Nationalparkamts) und schließlich *Schloss Wiligrad* am Schweriner See – um nur die wichtigsten Schlösser und Herrenhäuser zu nennen...

Rund um die Schlösser wurden in fast allen Fällen weitflächige Anlagen geschaffen – Parks und Gärten als *Landschaftsarchitektur*. Spuren hinterließ hier das preußische Genie der Gartenanlage, der große *Peter Joseph Lenné*, der auch in Mecklenburg wirkte und u. a. den schönen Park von Schloss Basedow maßgeblich mitgestaltet hat. Sehenswert ist auch der große Landschaftspark von Burg Schlitz mit seinen vielen Denkmälern. Einen gepflegten und einer Landeshauptstadt angemessenen Park bietet Schwerin mit seinem barocken Schlossgarten. Mitten in Neustrelitz findet sich ein sehr schöner Schlossgarten mit zahlreichen Denkmälern (wenn auch ohne Schloss), an dessen Gestaltung Lenné ebenfalls mitgewirkt hatte. Nicht nur für Biologen einen Besuch wert sind die dendrologischen Parkanlagen des Blücherhofs und des Schlosses Kaarz, in denen sich zahlreiche heimische und exotische Gehölze bewundern lassen.

Auch mittelalterliche Militärarchitektur hat sich in Mecklenburg erhalten: Wehrhafte *Burgen* erheben sich in *Wesenberg* (13. Jh.), *Penzlin* (16. Jh.) und im Städtchen *Burg Stargard*. Vor allem Letztere lohnt den Besuch: Die malerische Anlage wurde in Teilen bereits im 13. Jh. errichtet und ist die am nördlichsten gelegene Höhenburg Deutschlands.

Das *Hallenhaus* ist eine bäuerliche Hausform, die von niederdeutschen Siedlern an die Ostseeküste gebracht wurde. Das Hallenhaus zeichnet sich vor allem dadurch aus, dass Mensch und Tier, Gerätschaft, Ernte und Vorrat unter einem Dach versammelt waren. Ursprünglich gingen Stall und Wohnstube sogar ohne jede Trennwand ineinander über. Einige dieser Bauernhäuser sind im schönen Freilichtmuseum Schwerin-Mueß zu sehen.

Abschließend sei eine Architekturform genannt, die es längst nicht mehr gibt und die dennoch zu besichtigen ist: In Passentin beim Tollensesee sowie in Neustrelitz am Ufer des Zierker Sees wurden, in gewisser Weise auch als archäologisches Experiment, *Slawendörfer* nachgebaut. Vor allem aber beeindruckt das archäologische Freilichtmuseum Groß Raden. Hier wurde nach intensiven Grabungsarbeiten an Originalstandorten ein komplettes Dorf rekonstruiert – mit Flechtwandhütten und Blockhaus, Burgwall und Tempel.

Ländliche Architektur im Freilichtmuseum Schwerin-Mueß

Gebrannte Pracht: die Norddeutsche Backsteingotik

Die stilprägenden Elemente der Norddeutschen Backsteingotik erklären sich bereits aus dem Namen. Im Windschatten des rasanten Aufstiegs der Hanse im 13. und 14. Jh. blühte vor allem in den deutschen Ostseehäfen die Bautätigkeit, denn das erstarkte, selbstbewusst gewordene Bürgertum wollte sich mit repräsentativen Gebäuden schmücken. In Ermangelung natürlichen Baumaterials wie Sandstein musste notgedrungen auf „gebrannten Stein" zurückgegriffen werden – von Hand geformte Tonerde, die bei gut 1000 °C gebrannt wurde und dabei ihre charakteristische rote Farbe erhielt. Statt aber den Mangel an Naturstein hinter dicker Tünche zu verbergen (wie z. B. in Teilen des süddeutschen Raums), erzielte man dank der Gleichförmigkeit der gebrannten Ziegel und durch den Kontrast mit den hellen Fugen streng strukturierte Flächen und Fassaden. Gleichzeitig ließen sich die Gemäuer durch die einfache Formbarkeit des Backsteins mit Friesen, Blenden, Giebeln und anderen Schmuckelementen aufwendig verzieren. Doch trotz des Zierrats beeindrucken die Bauten vor allem durch erhabene, geradlinige Schlichtheit und karge Eleganz.

Im Kirchenbau war das gotische Maß aller Dinge Lübeck, das seine Inspiration wiederum aus den französischen Kathedralen schöpfte. Die Baugeschichte der meisten älteren Gotteshäuser folgte dabei dem gleichen Schema: War ein romanischer, meist basilikaler Vorgängerbau vorhanden, wurde dieser Mitte des 13. Jh. entweder ersetzt oder zu einer gotischen Hallenkirche umgebaut. Eine Hallenkirche zeichnete sich im Gegensatz zu einer Basilika dadurch aus, dass die Seitenschiffe auf die gleiche Höhe gebracht wurden wie das Mittelschiff, so dass der Innenraum zu einer nur von den Pfeilern strukturierten großen Halle wurde. Mit einem (erneuten) Umbau der Hallenkirche wurde in manchen Fällen bereits kurz nach der Fertigstellung begonnen. Diese Erweiterung umfasste meist den Neu- oder Umbau des Chors, oft mit umlaufendem Kapellenkranz, vor allem aber die Aufstockung des Langhauses, wodurch erneut eine basilikale Bauform geschaffen wurde. Ziel war eine – im wahrsten Wortsinn – erhebende Raumwirkung, der Gläubige sollte das Gefühl haben, ins „himmlische Jerusalem" einzutreten.

Oft die letzten Kilometer der Anreise: auf den herrlichen Alleen in Mecklenburg

Praktische Informationen von A bis Z

Anreise

Mit dem Auto: Die Mecklenburgische Seenplatte ist über drei Autobahnen komfortabel und schnell zu erreichen:

Aus Hamburg und dem westlichen Norddeutschland auf der A 20, der Ostseeautobahn, die von Lübeck über Wismar, Rostock und Neubrandenburg bis zum Kreuz Uckermark bei Prenzlau führt.

Von Süden auf der A 10 um Berlin herum und am Dreieck Havelland auf die A 24 Richtung Rostock und Schwerin. Nach 86 km teilt sich die Autobahn am Dreieck Wittstock-Dosse: Die A 19 führt direkt nach Norden und mitten durch die Seenplatte hindurch, Ausfahrten bei Röbel/Müritz, Waren an der Müritz, Plauer See, Krakower See, Güstrow und weiter nach Rostock. Die A 24 (ab Dreieck Schwerin: A 14) führt in die Landeshauptstadt Schwerin.

Wer ganz in den Osten der Seenplatte möchte, kann die östliche Umfahrung Berlins nehmen (A 11) und ab Kreuz Uckermark auf der A 20 nach Neubrandenburg fahren. Abseits der Autobahnen verbinden einige bestens ausgebauten Bundesstraßen die Städte und größeren Orte miteinander (Näheres → „Unterwegs" S. 55).

Mit der Bahn: Die gängigen Anreiserouten führen in der Regel über Hamburg (vom Nordwesten und Südwesten Deutschlands aus) oder Berlin (von Süden und Südosten). Von Süddeutschland ist die Seenplatte einmal täglich (außer Sa) mit dem *ICE 1606* (zurück nur Mo–Fr mit dem *ICE 1609*) zu erreichen, und zwar von München über Nürnberg, Jena, Leipzig und Berlin nach Neustrelitz und Waren an der Müritz (Weiterfahrt nach Rostock/Warnemünde). Von Hamburg etwa stündlich mit dem IC oder Regionalexpress nach Schwerin, Fahrtzeit je nach Zug 50 Min. bis 1 Std. 15

Min. Von Schwerin fahren etwa stündlich Regionalzüge nach Güstrow, dem Verkehrsknotenpunkt im Westen der Seenplatte: ab Güstrow gute Verbindungen nach Waren und Neubrandenburg.

Die wenigsten kleineren Orte verfügen über einen Bahnhof oder aber die Verbindungen auf der Schiene wurden stillgelegt, manche Strecken werden heute von kleinen Privatbahnen befahren (→ „Unterwegs" S. 55 sowie unter den jeweiligen Orten).

Das Tarifsystem der Deutschen Bahn ist facettenreich, unter bestimmten Voraussetzungen kann man echte Schnäppchen machen. Für die stark kontingentierten Sondertarife ist eine frühestmögliche Buchung ratsam!

Verbindungen/Preisbeispiele Mit dem durchgehenden ICE von München nach Waren an der Müritz in 8 Std., 30 Min. Normalpreis einfach 129 €; von Berlin nach Waren mit Regionalexpress (RE) 1 Std., 45 Min., Normalpreis 26,80 €; von Frankfurt/M. nach Waren in 6 Std., 15 Min. (bis Berlin ICE, dann RE), Normalpreis 124 €; von Hamburg nach Schwerin mit dem IC ca. 50 Min. (26 €), mit dem Regionalexpress 1 Std., 15 Min. (22,40 €).

Fahrradmitnahme   Ist im ICE prinzipiell nicht möglich; im IC kostet die Mitnahme 9 € (mit Bahncard 6 €) pro einfache Fahrt: reservierungspflichtig (bei Ticketkauf, auch online, bis einen Tag vor Fahrtantritt); im Regionalexpress (RE) kann das Fahrrad in extra ausgewiesenen Abteilen mitfahren, zuvor ist ein Fahrradticket zu lösen (Tageskarte 4,50 €).

Preisangaben Stand: Ende 2011.

Wer mit der Bahn anreist, aber vor Ort mobil bleiben will, kann einen *Mietwagen* in Erwägung ziehen. Mietstationen der großen Anbieter gibt es u. a. in Schwerin, Güstrow, Waren und Neubrandenburg. Ein Kleinwagen kostet ab ca. 40 €/Tag plus Sprit.

Baden → „Mecklenburgische Seenplatte aktiv" S. 58.

Barrierefrei

Das Angebot an barrierefreien Unterkünften, gastronomischen Einrichtungen und Freizeitmöglichkeiten ist sicher ausbaufähig, aber immerhin: es gibt sie. Barrierefreien Zugang (und entsprechend ausgestattete Toilette) bietet ein Fahrgastschiff der Weißen Flotte (S. 153) für Ausflugsfahrten auf der Müritz und umliegenden Gewässern, ebenso ist die „Scheune" in Bollewick (S. 144) barrierefrei ausgestattet, und auch Angler finden an den Boeker Teichen barrierefreien Zugang. Wer eine

Unterkunft buchen möchte, kann es unter folgenden Webseiten versuchen: www.mecklenburgische-seenplatte.de listet unter dem Stichwort „Barrierefreie Angebote" mehrere detailliert beschriebene Unterkünfte; auf www.barrierefrei.m-vp.de sind die meisten barrierefreien Unterkünfte in Mecklenburg-Vorpommern zu finden. Ein komplett barrierefreies und behindertengerechtes Hotel befindet sich in Rheinsberg (→ S. 208). Darüber hinaus helfen die Touristinformationen vor Ort.

Ermäßigungen

In den meisten Museen, auf Ausflugsdampfern, bei Veranstaltungen usw. gelten die üblichen Ermäßigungen für Kinder, Schüler, Jugendliche, Studenten und Rentner. In der Regel zahlen diese Gruppen bei Vorlage eines Ausweises die Hälfte des regulären Preises.

Darüber hinaus gibt es weitere Ermäßigungspakete, u. a. das *Schwerin-Ticket* (S. 69) und das *Müritz Nationalpark-Ticket* (S. 174) sowie regionale Ermäßigungskarten. Erhältlich sind sie bei den Touristinformationen vor Ort, hier gibt es über die gewährten Vergünstigungen und die Preise der einzelnen Karten detaillierte Auskunft.

Essen und Trinken

Die regionale Küche der Mecklenburgischen Seenplatte zeigt sich vielfältig – bei so viel intakter Natur und ertragreicher Landwirtschaft kann man schließlich aus dem Vollen schöpfen, sei es bei Fisch, Fleisch, Getreide, Gemüse oder einfach nur den frischen Kräutern. Was vielerorts bodenständig und recht schlicht daherkommt, wird andernorts mit Raffinesse zubereitet, entsprechend hat man bei der Wahl des Restaurants oft die Qual derselben. Auch die traditionellen Gerichte der „einfachen Leute" erleben hier oft eine Renaissance und erscheinen in verfeinerter Form auf den Speisekarten gehobener Restaurants. Kurzum: Die Seenplatte bietet für jeden Gaumen etwas – für Gourmets wie für Freunde der einfacheren Tafel, und das immer öfter aus ökologischem Anbau, im nahe gelegenen Biohof gewachsen und auch für Vegetarier zunehmend geeignet.

Im Land der 1000 Seen kommt natürlich regionaler *Fisch* auf den Tisch, z. B. als Aal (meist geräuchert), Hecht, Barsch, Wels, Maräne oder Müritz-Zander – doch auch Ostseefisch wie Hering, Dorsch oder Scholle ist weit verbreitet. Als Delikatesse gelten die heimischen Flusskrebse. Besondere Spezialität der Region ist die *Fischsuppe*, die in verschiedenen Varianten fast überall angeboten wird. Apropos *Suppe:* Fast überall gibt es die *Soljanka*, eine russische, sauer-scharfe Gemüsesuppe

Frisch geräuchert

... vor allem auf dem Land

Bei Ritters in der Küche

Mecklenburgischer Rippenbraten

mit Wurst- oder Fischeinlage; die *Mecklenburger Linsensuppe* mit Essig und Zucker ist süß-sauer, ebenso weit verbreitet ist die *Mecklenburgische Kartoffelsuppe* – mit Pflaumen und Speck.

Auch das typisch norddeutsche Fastfood, das *Fischbrötchen,* erfreut sich großer Beliebtheit, in den meisten größeren Orten findet sich eine Fisch- bzw. Räucherbude für den kleineren Hunger zwischendurch.

In Sachen *Fleisch* bietet sich dem Seenplatten-Gast eine immense Vielfalt: Neben Rind, Kalb, Schwein und Lamm werden saisonal die unterschiedlichsten Wildgerichte serviert: Hirschgulasch und Rehrücken, Hasenbraten und Entenbrust wie auch Kaninchen und Wildschwein. Die regionale Fleisch-Spezialität schlechthin ist übrigens der *Mecklenburger Rippenbraten*, ein mit Backobst, Äpfeln und Rosinen gefüllter Schweinebraten, der traditionell mit Kartoffelklößen und Rotkohl serviert wird – er fehlt auf keiner Speisekarte. Seltener ist das norddeutsche Traditionsgericht *Himmel und Erde* zu finden (Kartoffel-/Apfelpüree mit gebratenen Zwiebeln und Speck sowie gebratener Blut- und/oder Leberwurst). Eine weitere Spezialität der Region ist *Kloppschinken*, ein in gewürzter Milch marinierter, gebratener Schinken mit süß-saurer Soße. Das typisch mecklenburgische Gemüse *Grünkohl* kommt mit Braten und Würsten auf den Teller, gängige Beilage sind natürlich überall *Kartoffeln*, die hier auch „Tüften" heißen. Im Herbst werden *Pilze* aus den hiesigen Wäldern serviert.

Bei den *Desserts* macht sich die Einfachheit der mecklenburgischen Bauernküche durch und durch bemerkbar: *Schwarzbrotpudding* und *Arme Ritter* wurden traditionell aus Brotresten mit Milch, Eiern und Zucker gekocht bzw. gebraten und sind bis heute – neben der ebenfalls sehr norddeutschen *Roten Grütze* – einige der beliebtesten Nachspeisen, die auf kaum einer Speisekarte fehlen.

Auch die gehobene Küche hat in Mecklenburg Einzug gehalten, vor allem in den Schlossrestaurants wird heute vielfach sehr ambitioniert und auf höchstem Niveau gekocht. Erster Sternekoch Mecklenburgs (und der neuen Bundesländer überhaupt) war *Michael Laumen* mit seinem Restaurant „Ich weiß ein Haus am See" in Krakow am See (S. 112), dessen Michelin-Stern seit 1996 bislang jedes Jahr erfolgreich verteidigt wird, wenn auch mittlerweile von Laumens Nachfolger *Raik Zeigner*, dem bis vor kurzem jüngsten Sternekoch Deutschlands.

Feste und Veranstaltungen

Vom Stadtfest über mittelalterliche Burgspektakel und Sportevents bis zu hochklassigen Konzerten – Gründe zum Feiern finden sich immer. Entsprechend vielfältig zeigt sich das Angebot an Festen und Veranstaltungen rund um die Mecklenburgische Seenplatte.

Die *Festspiele Mecklenburg-Vorpommern* sind ein Ereignis von internationalem Rang (www.festspiele-mv.de). Über 100 Konzerte namhafter Künstler, Chöre und Orchester finden an ausgewählten, zumeist malerischen und teils abgelegenen Spielorten in Mecklenburg-Vorpommern statt; bezüglich der Mecklenburgischen Seenplatte sind das u. a. die *Festspielscheune* des *Schlosses Ulrichshusen*, die *Konzertkirche* von *Neubrandenburg* sowie *Dom* und *Schelfkirche* in *Schwerin*. Die Saison erstreckt sich üblicherweise von Juni bis Mitte September (vereinzelt auch Konzerte außerhalb dieser Zeitspanne). Weitere Infos dazu in den Ortskapiteln.

Großer Beliebtheit erfreuen sich die *Schlossgartenfestspiele* der Residenzstadt *Neustrelitz* (www.schlossgartenfestspiele.de). Jahr für Jahr treffen sich Mitte Juni bis etwa Mitte August Operettenfreunde im Schlossgarten, um die bedeutendsten Operettenfestspiele Deutschlands zu besuchen.

Für Klassik-Liebhaber lohnt ein (auch landschaftlich, historisch und architektonisch interessanter) Abstecher nach *Rheinsberg* im Süden der Kleinseenplatte und am Rande der Mark Brandenburg. Hier versprechen das *Internationale Festival junger Opernsänger* der Kammeroper Schloss Rheinsberg (www.kammeroper-schloss-rheinsberg.de) und die Veranstaltungen der *Rheinsberger Musikakademie* (www.musikakademie-rheinsberg.de) hochklassigen Kunstgenuss. Festival junger Opernsänger: Ende Juni bis Mitte August; Musikakademie: ganzjährig Veranstaltungen.

Große (Open-Air-)Opern gibt es von Mitte Juni bis Ende Juli auch in *Schwerin* bei den *Schlossfestspielen* im Alten Garten. Für die Schlossfestspiele zeichnet das *Mecklenburgische Staatstheater Schwerin* (www.theater-schwerin.de) verantwortlich, das auch die bedeutendste und renommierteste Theaterbühne des Landes mit Leben füllt, unmittelbar gefolgt vom *Theater und Orchester Neubrandenburg/Strelitz* (www.theater-und-orchester.de).

Musik der etwas anderen Art bietet alljährlich das *Fusion-Festival* (www.fusion-festival.de.) am Flugplatz Lärz südlich der B 198 zwischen Vipperow und Mirow: Etwa 50.000 Menschen frönen hier am letzten Juniwochenende dem Motto „vier Tage Ferienkommunismus" mit unzähligen Bands – viel Elektro, Techno etc., aber auch internationale Bands, Theater, Performances etc. Sponsorenfrei, Tickets (70 €) werden über die Website per Los zugeteilt. Der Veranstalter Kulturkosmos Müritz e. V. (www.kulturkosmos.de) organisiert auch das *at.tension-Theaterfestival* am zweiten Septemberwochenende an gleicher Stelle (www.attension-festival.de).

Heinz Rennhack als Gerichtsdiener Frosch in der Neustrelitzer Festspieloperette „Die Fledermaus" von Johann Strauß (2009)

Eher robust geht es in *Waren* zu bei der *Müritz-Saga* (www.freiluftspiele.de). Auf der Naturbühne auf dem Mühlenberg findet jährlich von Ende Juni bis Anfang September das lebhafte Mantel-und-Degen-Spektakel statt.

Das vielleicht schönste Mittelalterfest ist das *Burgfest* von *Stargard*, mit Gauklern und Händlern, Musik, Falkenvorführungen und natürlich Ritterkampf und Lanzenstechen (jeweils am zweiten Wochenende im August, www.burgfest-stargard.de).

Sportler finden ihre Herausforderung beim größten Volkslauf in Mecklenburg-Vorpommern, dem *Fünf-Seen-Lauf* bei *Schwerin* (immer am ersten Samstag im Juli, www.fuenf-seen-lauf.de), dem *Lauf um die Müritz* (26,5 bzw. 75 km) am dritten Wochenende im August (www.mueritz-lauf.de.) oder am ersten Samstag im August beim alljährlichen *Müritzschwimmen:* knapp 2 km durch die Binnenmüritz bei Waren (www.mueritzschwimmen.de.). Größter Beliebtheit erfreuen sich auch die *Drachenboottage,* bei denen sich in der zweiten Augusthälfte an die hundert Drachenboot-Teams auf dem *Schweriner Pfaffenteich* messen.

In *Waren* findet alljährlich am dritten Wochenende im Mai die *Müritz Sail* statt: diverse Regatten, Drachenbootrennen, Volksfest an Land (www.mueritzsail.net).

Schließlich laden in *Carwitz* bei Feldberg am Wochenende um den 21. Juli die *Hans-Fallada-Tage* zu diversen Lesungen, Konzerten und Ausstellungen ein (www.fallada.de).

Zahlreiche Kirchen und Schlösser, die sonst verschlossen oder nur eingeschränkt zugänglich sind, öffnen am *Tag des offenen Denkmals* ihre Pforten, jeweils am zweiten Sonntag im September (www.tag-des-offenen-denkmals.de/laender/mv/).

Aktuelle Veranstaltungskalender gibt es in der Touristinformation bzw. Kurverwaltung der Urlaubsorte (Infos im Reiseteil bei den jeweiligen Orten). Gezielt suchen und sich umfassend informieren kann man auch unter www.mvtermine.de.

Hunde

Für Hundebesitzer ist Mecklenburg ein ideales Urlaubsziel – fast überall findet sich hier jede Menge Auslauf. An den Seen gibt es zwar Badestellen, an denen Hunde verboten sind, an den abseitigen Ufern stört sich aber niemand an den Vierbeinern, an den Badesstränden der Campingplätze gibt es oft ausgewiesene Hundesstrände. Von der Bierkneipe bis zum Gourmettempel wird der Hund in fast allen gastronomischen Betrieben mit einer Schale Wasser versorgt. Die meisten Hotels, Pensionen, Appartements etc. erlauben Hunde in den Zimmern, in der Regel für einen Aufpreis von 5–10 €/Tag. Wichtig dabei: Der Hund muss bei Buchung unbedingt mit angemeldet werden. Auf Campingplätzen gilt natürlich Leinenzwang. An die Leine müssen Hunde auch im Müritz-Nationalpark und in ausgewiesenen Naturschutzgebieten.

Informationen und Internet

Die Landeshauptstadt Schwerin und die Städte wie Waren an der Müritz, Neubrandenburg oder Neustrelitz sind in Sachen Touristeninformation gut organisiert. Neben kostenlosen Broschüren inklusive Veranstaltungskalendern werden häufig auch Land- und Postkarten sowie Bücher und Souvenirs angeboten, teilweise muss für die aufwändig gestalteten Gastgeber-Verzeichnisse eine Schutzgebühr bezahlt werden (0,50–1 €). Darüber hinaus unterhalten viele der Büros eine Zimmervermittlung, Ticketverkauf sowie Fahrradverleih und organisieren Stadtführungen und/oder geführte Wanderungen.

Schwieriger ist die Lage in ländlichen Gebieten: Manch kleines Büro liegt sehr versteckt, andere scheinen ihre Öffnungszeiten geheim halten zu wollen.

Die wichtigsten Tourismuszentralen samt Internet-Adressen:

Regionale Verbände www.auf-nach-mv. de: offizielle Seite des Tourismusverbands Mecklenburg-Vorpommern.

www.mecklenburgische-seenplatte.de: Tourismusverband Mecklenburgische Seenplatte mit Sitz in Röbel.

www.seenplatte-entdecken.de: regionaler Planungsverband Mecklenburgische Seenplatte mit Sitz in Neubrandenburg.

www.mecklenburgische-kleinseenplatte. de: Internetseiten der Region und des Amtes Mecklenburgische Kleinseenplatte.

www.mecklenburgische-schweiz.com: Tourismusverband Mecklenburgische Schweiz e. V. mit Sitz in Malchin.

Nationalparkamt Müritz www.national park-mueritz.de, Schlossplatz 3, 17237 Hohenzieritz, ☎ 039824-2520.

Konkrete Infos zu **Touren im Nationalpark** gibt es unter www.nationalpark-service.de.

Städte Haus des Gastes Feldberg, Strelitzer Str. 42, 17258 Feldberg, ☎ 039831-2700, www.feldberger-seenlandschaft.de.

Güstrow Information, Domstr. 9, 18273 Güstrow, ☎ 03843-681023, www.guestrow-tourismus.de.

Die Seite der **Stadt Güstrow** ist www.guestrow.de.

Touristinformation Krakow am See, Lange Str. 2, 18292 Krakow am See, ☎ 038457-22258, www.krakow-am-see.de.

Touristinfo Malchin, Am Markt 1, 17139 Malchin, ☎ 03994-640111, www.malchin.de.

Tourist-Information Malchow, An der Drehbrücke, 17213 Malchow, ☎ 039932-83186, www.tourismus-malchow.de oder www.stadt-malchow.de.

Touristinformation Mirow, Schlossinsel 2 A, 17252 Mirow, ☎ 039833-27567, www.kleinseenplatte.de.

Stadtinfo Neubrandenburg, Stargarder Str. 17, 17033 Neubrandenburg, ☎ 0395-19433, www.neubrandenburg.de.

Touristinformation Neustrelitz, Strelitzer Str. 1, 17235 Neustrelitz, ☎ 03981-253119, ✆ 03981-2396870, www.neustrelitz.de.

Tourist Info Plau am See, Marktstr. 20, 19395 Plau am See, ☎ 038735-45678, www.plau-am-see.de.

Verkehrsverein Rheinsberger Seenkette, Am Markt, 16831 Rheinsberg, ☎ 033931-2059, www.tourist-information-rheinsberg.de.

Offizielle Homepage der **Stadt Rheinsberg**: www.rheinsberg.de.

Touristinformation Röbel, Straße der Deutschen Einheit 7, 17207 Röbel/Müritz, ☎ 039931-80114, www.stadt-roebel.de.

Tourist-Information der Stadt Schwerin, Am Markt 14, 19055 Schwerin, ☎ 0385-5925212, www.schwerin.com.

Touristinformation Burg Stargard, Am Markt 3, 17094 Burg Stargard, ☎ 039603-20895, www.burg-stargard.de.

Stadtinformation Stavenhagen, Markt 1, 17153 Stavenhagen, ☎ 039954-279835, www.stavenhagen.de.

Tourist-Information Teterow, Markt 9, 17166 Teterow, ☎ 03996-172028, www.teterow.m-vp.de.

Haus des Gastes in Waren an der Müritz, Neuer Markt 21, 17192 Waren, ☎ 03991-747790, www.waren-tourismus.de.

Touristinformation Wesenberg, Burg 1, 17255 Wesenberg, ☎ 039832-20621, www.wesenberg-mecklenburg.de.

Karten

Die gelungensten kartografischen Produkte sind die Karten des **Klemmer Verlags**, Waren an der Müritz. Die Karten, alle im Maßstab 1:50.000 und gps-geeignet, sind überall vor Ort, in gut sortierten Buchhandlungen sowie in Tourist- und Nationalpark-Informationen erhältlich – oder unter www.klemmer-verlag.de. Die **Rad- und Wanderkarten** decken nahezu das gesamte Gebiet zwischen der Sternberger und der Feldberger Seenlandschaft ab. Folgende Karten liegen vor:

Sternberger Seenland/Bützower Land (1. Aufl. 2011, 5,90 €); *Rund um den Plauer See* (1. Aufl. 2010, 5,50 €); *Müritz und Plauer See* (5. Aufl. 2011, 5,90 €); *Waren (Müritz) – Mecklenburgische Schweiz* (1. Aufl. 2008, 5,90 €); *Rund um die Müritz* (1. Aufl. 2009, 5,50 €); *Müritz-Nationalpark* (4. Aufl. 2010, 5,90 €), *Mirow und Wesenberg* (1. Aufl. 2010, 5,90 €); *Neustrelitz – Feldberger Seenlandschaft* (1. Aufl. 2008, 5,90 €) sowie *Rheinsberg/Obere Havel* (1. Aufl. 2007, 5,90 €).

Empfehlenswert sind auch die beiden **Wasserwanderkarten** *Mecklenburgische Kleinseenplatte* (4. Aufl. 2011, 6,90 €) und *Müritz und Plauer See* (1. Aufl. 2007, 6 €) sowie die neue **Angel- und Gewässerkarte** *Angeln auf Müritz und Plauer See* (1. Aufl. 2011, 8,90 €).

Zudem gibt es im kleinen, handlichen Format (Klemmer-Pocket) die **Rad-, Wander- und Paddelkarte** *Feldberg-Lycher Seenlandschaft* (1. Aufl. 2011, 3,90 €) sowie die **Gewässerkarte** *Müritz und Plauer See* (2. Aufl. 2011, 3,90 €).

Ebenfalls handlich, allerdings teilweise nicht immer zu 100 % exakt sind die *Rad- und Wanderkarten* aus dem Verlag **grünes herz**, Ilmenau, jeweils im Maßstab 1:35.000 (4,10–5,50 €). Folgende Karten sind erhältlich:

Sorgenlos in Mecklenburg

Schweriner See; für die Mecklenburgische Schweiz *Malchiner See* sowie *Kummerower See*; für die großen Seen *Plauer See, Malchow – Land Fleesensee* sowie *Müritz* (Doppelkarte); für die Kleinseenlandschaft *Mirow, Wesenberg – Neustrelitz* sowie südlich davon *Rheinsberger Seen – Großer Stechlin*, und schließlich *Tollensesee – Neubrandenburg* und *Feldberger Seen.*

Außerdem bietet der Verlag Fahrradkarten im Maßstab 1:75.000 (5,50 €) an: *Die großen mecklenburgischen Seen, Müritz-Nationalpark – Rheinsberger Land* sowie *Neustrelitzer Seenvielfalt.*

Aus dem **Studio-Verlag** liegt u. a. die *Rad- und Wanderkarte Nossentiner/Schwinzer Heide* (1:50.000, 4. Aufl. 2010, 5,50 €) vor.

Großflächiger, allerdings eine reine **Fahrradwanderkarte** ist die offizielle Karte des Allgemeinen Deutschen Fahrrad-Clubs *Mecklenburgische Seenplatte* im Maßstab 1:75.000, die das Gebiet zwischen Plau und Feldberg bzw. zwischen Güstrow und Rheinsberg abdeckt (Bielefelder Verlag, 6,80 €).

Den gesamten Nordosten Deutschlands deckt die **Wassersport-Wanderkarte** Nr. 6 des Jübermann Verlags im Maßstab 1:450.000 ab, 8. Aufl. 2011 (9,90 €), mit Detailkarte *Mecklenburgische Seenplatte* (1:100.000).

Klima und Reisezeit

Klima: Mecklenburg liegt an der Grenze von westlich-ozeanisch und östlich-kontinentalen Einflüssen. Die Seenplatte ist anders als die Küste nicht dem Einfluss der Ostsee ausgesetzt. Das heißt, dass im Binnenland ein immer noch gemäßigtes Klima herrscht, die Sommer aber etwas wärmer, die Winter etwas kälter und die Niederschlagsmengen etwas geringer sind als an der Ostsee. Gleichzeitig nehmen die Niederschläge nach Osten hin ab (Jahresmittel im Westen bis zu 625 mm, im Osten bei unter 575 mm, vereinzelt auch nur 550 mm). Dabei ist die Region vergleichsweise regenarm, ein beträchtlicher Teil der Niederschläge geht dank der zahlreichen Seen,

Moore und Sölle in Form von Tau nieder. Die durchschnittliche Tageshöchsttemperatur beträgt im Sommer über 20° Celsius, Temperaturen über 30° Celsius sind aber keine Seltenheit. Im Winter liegt die mittlere Temperatur (Tag und Nacht) knapp unter dem Gefrierpunkt. Die Wassertemperatur der Seen ist natürlich von Größe und Tiefe der Gewässer abhängig, wärmer als die Ostsee sind die Seen aber allemal.

Reisezeit: Die Mecklenburgische Seenplatte ist zu jeder Jahreszeit eine Reise wert. Mit der ersten Blüte schwankt das Wetter zwischen Frühjahrsstürmen und milden Tagen. Hauptsaison ist der Sommer. Im Herbst fallen mit den Temperaturen auch die Zimmerpreise, die ideale Reisezeit für Spaziergänge: Besonders schön präsentieren sich die Alleen und Buchenwälder, wenn sich das Laub verfärbt. Im September/Oktober kommen auch die Kranichbeobachter in die Nationalparkregion. Im Winter wird es ruhig, einige Hotels haben geschlossen, die wenigen Urlauber genießen die Wellnessangebote – oder ihre Ruhe. Ausnahme: Zwischen Weihnachten und der ersten Januarwoche kehrt die Hauptsaison (inkl. Andrang und Preissteigerung) zurück. Abschließend noch eine griffige Bauernregel, die vor allem Badeurlauber interessieren wird: Schaltjahr ist Kaltjahr – natürlich ohne Gewähr…

Kurtaxe

Die Erhebung der Kurtaxe ist Sache der Städte und Gemeinden, die offiziell als Kur- oder Erholungsorte gelten, wie etwa Plau am See, Krakow am See, Waren an der Müritz oder Feldberg. Deshalb fällt der pro Tag zu entrichtende Betrag von Ort zu Ort unterschiedlich aus (aber nicht über 1,50 €/Tag). Oftmals schließt die Kurkarte einige Angebote ein: ermäßigter Eintritt zu Museen oder freie Fahrt mit dem Stadtbähnchen. Normalerweise kassiert der Vermieter den Betrag und gibt ihn dann an die Gemeinde weiter.

Literaturtipps

Allgemeines Lexikon Mecklenburg-Vorpommern, Rostock 2007 (Hinstorff). *Das* Nachschlagewerk zu Mecklenburg-Vorpommern, 1483 Stichworte kenntnisreich und prägnant auf 768 Seiten, wird dem Anspruch, ein umfassendes Lexikon zu sein, auch gerecht.

Schmied, Hartmut: **Mecklenburg-Vorpommern**. Freiburg 2001 (Eulen), aus der Reihe „Die schwarzen Führer, Mysteriöses, Historisches, Sagenhaftes". Zuletzt auch erschienen unter: Hartmut Schmied: **Geister, Götter, Teufelssteine**. Rostock 2005 (Hinstorff).

Geschichte Karge, Wolf: **Illustrierte Geschichte Mecklenburg-Vorpommerns**, schön gemachte, reich bebilderte Einführung. Rostock 2008 (Hinstorff).

Karge, W., Schmied, H., Münch, E.: **Die Geschichte Mecklenburgs von den Anfängen bis zur Gegenwart**. Ausführlicher als das obige. Rostock 2004 (Hinstorff).

North, Michael: **Geschichte Mecklenburg-Vorpommerns**. München 2008 (C. H. Beck).

Gewohnt fundierter Überblick aus der Wissensreihe des C. H. Beck-Verlags.

Architektur Pfotenhauer, Angela (Text); Lixenfeld, Elmar (Fotos): **Backsteingotik**. Bonn 2005 (monumente edition). Informative, vorzüglich bebilderte, großformatige Publikation der Deutschen Stiftung Denkmalschutz über die Norddeutsche Backsteingotik im Allgemeinen und herausragende Bauten.

Kiesow, Gottfried: **Wege zur Backsteingotik. Eine Einführung**. Bonn 2003 (monumente Publikationen). Ein Muss für jeden, der sich in die Materie vertiefen will, kenntnisreich, informativ und gut lesbar.

Schwerin Ende, Horst u. a.: **Schwerin. Stadt zwischen Seen und Wäldern**. Bremen 2007 (Edition Temmen). Stadtführer.

Findeisen, Jörg-Peter: **Kleine Schweriner Stadtgeschichte**. Fundierte Stadtgeschichte des renommierten Historikers. Regensburg 2009 (Verlag Friedrich Pustet).

In sich ruhende Literaturgewalt: Fritz Reuter vor seinem Museum

Krempien, Margot: **Der Schweriner Schloßbaumeister G. A. Demmler 1804–1886**. Schwerin 1991 (Demmler). Biografie über den Architekten Schwerins, dessen soziales Engagement ihn den Job kostete.

Güstrow Barlach, Ernst: **Ein selbsterzähltes Leben**. München 2008 (Piper). Schön zu lesende Autobiografie (bis Anfang des 20. Jh.) des großen Bildhauers.

Mecklenburgische Schweiz Dust, N., Steffen, H.: **Mecklenburgische Schweiz**. Streifzüge durch eine Landschaft. Bremen 2005 (Edition Temmen).

Nenz, Cornelia: **Fritz Reuter. Leben, Werk und Wirkung**. Rostock 2001 (Hinstorff).

Die Werke von *Fritz Reuter* erscheinen vornehmlich bei Hinstorff, Rostock.

Mecklenburgische Seenplatte Williams, Jenny: **Mehr Leben als eins. Hans Fallada**. Berlin 2004 (Aufbau). Ausführliche Biografie des Schriftstellers.

Wandern im Müritz Nationalpark, hg. v. Nationalparkamt Müritz, Hohenzieritz 2004. Vor Ort in gut sortierten Buchhandlungen und Nationalparkzentren erhältlich.

Hillmann, Carola; Kettler, Thomas: **Kanu Kompass Mecklenburg-Vorpommern**. Umfassendes Paddel-Kompendium. Hamburg 2009 (Thomas Kettler Verlag).

Goetz, Rolf: **Mecklenburgische Seenplatte**. München 2008 (Rother). Wanderführer mit 50 Touren vom einstündigen Spaziergang bis zur Fünf-Stunden-Wanderung.

Einen Radatlas mit 17 Touren gibt es in der gewohnt handlichen Spiralbindung von **bikeline**: *Radatlas Mecklenburgische Seen*, Karten im Maßstab 1:75.000 (Verlag Esterbauer).

Tucholsky, Kurt: **Rheinsberg. Ein Bilderbuch für Verliebte**. Reinbek 2006 (Rowohlt).

Mücken

Seen, Moore und andere Feuchtgebiete bringen natürlich auch jede Menge Stechmücken hervor, die wirklich überaus lästig sein können. Vor allem Wasserwanderer sollten ausreichend Insektenschutz dabei haben!

Sport → „Mecklenburgische Seenplatte aktiv", ab S. 57.

Übernachten

Das Angebot ist groß und deckt vom Fünf-Sterne-Hotel im Schloss bis zur einfachen Landpension das gesamte Spektrum ab. Hinzu kommen ungezählte Ferienappartements und Wohnungen, Ferienhäuser, mehrere Jugendherbergen, einige Heu- und Scheunenhotels und jede Menge Campingplätze.

Die im Buch angegebenen Übernachtungspreise gelten pro Zimmer (bzw. pro Appartement/Ferienwohnung) für die Hochsaison, in der Regel ist das der Zeitraum von Anfang Mai bis ca. Anfang/Mitte Oktober, Weihnachten/Silvester und Ostern. Außerhalb dieser Zeiten können die Preise bis zu 30 % günstiger sein. Frühzeitige Buchung ist besonders für die Sommerferien sowie Weihnachten/Silvester ratsam!

Hotels und Pensionen: Luxuriöse Herbergen finden sich vielfach in restaurierten Schlössern oder Gutshäusern, alten Mühlen oder sonstigen historischen Gebäuden, die in aller Regel mit viel Liebe zum Detail restauriert wurden. Oft ist es aber auch die idyllische Lage inmitten der Natur, die ein besonderes Hotel ausmacht. Eine eigene Wellnessabteilung ist für die meisten Hotels mittlerweile fast schon obligatorisch, hier reicht das Spektrum von der Kellersauna mit kalter Dusche bis hin zum weiträumigen Nobelspa mit mehreren Mitarbeitern; auch Fahrradverleih gehört für viele Häuser dazu. Bei entsprechender Lage gibt es manchmal sogar einen eigenen Bootsverleih. Gehobene Hotels bieten fast ausnahmslos auch ein Restaurant (nicht selten mit Gourmet-Ambitionen), und auch den Mittelklasse-Stadthotels ist oft eine Gaststätte angeschlossen, in den unteren Hotelkategorien und Garni-Pensionen meist jedoch nicht.

Ferienwohnungen/Ferienhäuser, Appartements: Auch hier findet man ein breites Spektrum vom noblen Domizil im herrschaftlichen Schlossgemäuer bis hin zum schwedisch inspirierten Holzhaus im Ferienpark. Für die Sommerferien (Schulferien) gilt: möglichst frühzeitig buchen, besonders die größeren Wohnungen und Ferienhäuser für vier bis sechs Personen sind bei Familien mit Kindern sehr beliebt und entsprechend schnell ausgebucht. In der Hochsaison im Sommer ist z. T. nur eine wochenweise Belegung möglich. Zum Mietpreis kommen oft noch Nebenkosten wie Strom/Gas und Wasser oder auch Endreinigung hinzu, Letztere in der Regel um 30 €. Hunde sind in vielen Ferienwohnungen und -häusern erlaubt, meist mit festem Wochenpreis für das Tier, manchmal wird auch eine erhöhte Endreinigung veranschlagt.

Hotel Schloss Schorssow

Sich betten nach Gutsherrenart

Wohl nirgendwo in Deutschland dürfte es so erschwinglich sein, sich als Schlossherr respektive Gutsherr zu fühlen wie im Herzen Mecklenburgs. Insgesamt fast 2000 Schlösser, Burgen und Gutshäuser zählt man in Mecklenburg-Vorpommern, von denen knapp 300 touristisch genutzt werden, ein guter Teil davon in der Mecklenburgischen Seenplatte und Mecklenburgischen Schweiz. Die erstaunliche Schlösser-Dichte hat einen Grund: Seit dem 16. bis ins 19. Jh. hinein ließen sich viele mecklenburgische und preußische Adelige in dieser malerischen Gegend auf stattlichen Landsitzen nieder und wollten es dabei an Repräsentation nicht fehlen lassen.

Die Bandbreite der Unterkünfte reicht von der eher schlichten – aber günstigen – Ferienwohnung im Gutshof bis zur Turmsuite mit Ahnengalerie im traditionsreichen Schlosshotel. Dabei ist eine Nacht nach Gutsherrenart bei weitem nicht so teuer wie befürchtet, in einem mittleren Schloss kann man in der Regel schon für unter 120 € pro Nacht unterkommen (für das DZ). Im Reiseteil dieses Buches beschreiben wir im Detail einige Schloss- und Burghotels sowie Gutshäuser/-höfe. So unterschiedlich sie in Ausstattung und Preis auch sind, gemeinsam ist allen die wunderschöne, ruhige Lage, oft in einem Park, mindestens aber von weiten Wiesen und Feldern umgeben.

Jugendherbergen: Von den 28 Jugendherbergen in Mecklenburg-Vorpommern befinden sich zwölf im Gebiet der Mecklenburgischen Seenplatte und Mecklenburgischen Schweiz. Die größte Dichte findet sich – im weiteren Sinne – rund um die Müritz mit Häusern in *Waren, Zielow* am Westufer der Müritz, im westlich gelegenen *Malchow* und in *Mirow*. Im Westen der Seenplatte befinden sich die Jugendherbergen von *Schwerin* und *Güstrow*, im Osten die von *Feldberg* und *Burg Stargard*, in der Mecklenburgischen Schweiz gibt es die Jugendherberge von *Dahmen* am Malchiner See und die von *Teterow*. Wer ganz im Süden der Seenplatte unterwegs ist, kann in der Jugendherberge und Internationalen Begegnungsstätte von *Ravensbrück* in Brandenburg übernachten.

In Sachen Service und Komfort sind die Jugendherbergen meist deutlich besser, als es das übliche Klischee vom kargen Schullandheim mit Käsebrot und Hagebuttentee erwarten lässt. Neben den obligatorischen Tischtennisplatten gibt es fast überall auch einen Fahrrad- und Bootsverleih (bei entsprechender Lage am Wasser) sowie ein mehr oder minder umfangreiches Freizeitprogramm. Die meisten Herbergen richten sich auch explizit an Familien, gemeinsame Unterbringung im Mehrbettzimmer ist üblich, wer ein Doppelzimmer möchte, sollte rechtzeitig bei Buchung Bescheid geben. Der Preis für die Übernachtung im Mehrbettzimmer liegt für Jugendliche bis 26 Jahre bei etwa 21–23 € (inkl. Frühstück), Senioren über 27 zahlen etwa 4–5 € mehr pro Nacht, ebenso kostet die Übernachtung im DZ etwa 5 € Aufpreis pro Person. Die Mahlzeiten (Mittag-/Abendessen) kommen ebenfalls auf ca. 4–5 €.

> Wer in einer Jugendherberge übernachten will, muss Mitglied im Deutschen Jugendherbergswerk (DJH) sein. Für Junioren kostet dies 12,50 €/Jahr, Senioren ab 27 Jahre zahlen 21 €, Familien ebenfalls 21 €. Die Mitgliedschaft kann auch in den Jugendherbergen vor Ort abgeschlossen werden. Details unter www.jugendherberge.de.

Camping: Über 50 Campingplätze zählt man an der Mecklenburgischen Seenplatte, und viele davon liegen direkt an einem der zahllosen Seen, manche auch in Alleinlage im Wald und am See mit eigenem Strand – Natur pur also. Die Ausstattung der Plätze variiert, sanitäre Anlagen und ein Kiosk sind immer vorhanden, oft auch ein Restaurant, Mini-Markt, Boots- und/oder Fahrradverleih sowie Spielplatz, Liegewiese, Tischtennis, Volleyball etc., immer häufiger auch mit (teils kostenlosem) W-LAN. Der Preis für einen Stellplatz (Zelt/Wohnwagen/Wohnmobil) und zwei Personen liegt im Sommer etwa bei 15–20 €/Nacht. Im Reiseteil dieses Buches beschreiben wir die empfehlenswertesten Campingplätze der Region ausführlich.

Scheunen- und Heuhotels: Sie sind an der Mecklenburgischen Seenplatte gerade erst im Kommen, die preisgünstige Alternative für alle, denen es beim Camping zu oft regnet. Unterbringung im Mehrbettzimmer (bzw. Heulager), Gemeinschaftsbäder, Frühstück wird meist angeboten. Preis um 20–25 € pro Person und Nacht, Kinder deutlich vergünstigt.

Wohnmobil: Viele Campingplätze bieten neben den üblichen Stellplätzen auch einige Wohnmobil-Plätze außerhalb der Schranke des Geländes am Parkplatz vor der Rezeption an. Der Vorteil: Man kann später am Abend kommen und trotzdem alle Einrichtungen des Platzes (Strom, Sanitäranlagen, Entsorgung gegen Aufpreis) in Anspruch nehmen; Preis pro Nacht um 10–12 €.

Übernachten auf dem Hausboot → „Mecklenburgische Seenplatte aktiv", S. 63.

Abfahrt ca. 11.34 Uhr, nächster Halt ist Prillwitz

Unterwegs auf der Seenplatte

Mit dem Auto: Allen Spritpreisen zum Trotz ist das eigene Gefährt weiterhin das beliebteste und bequemste Fortbewegungsmittel. Viele der abgelegenen Orte bleiben ohne Auto unerreichbar, es sei denn, man nimmt eine lange Bus-, Bahn- und/oder Fahrradfahrt auf sich. Das Straßennetz ist relativ dicht und überwiegend gut ausgebaut (vor allem die großen Bundesstraßen), in entlegenen Gegenden kann der Weg schon mal kilometerlang über Kopfsteinpflaster, Betonplatte oder um Schlaglöcher herum führen.

Entfernungen

Schwerin – Neustrelitz	157 km	Waren – Teterow	32 km
Schwerin – Neubrandenburg	146 km	Waren – Neustrelitz	44 km
Schwerin – Waren (Müritz)	116 km	Waren – Neubrandenburg	43 km
Schwerin – Güstrow	61 km	Neustrelitz – Neubrandenburg	29 km
Güstrow – Plau am See	44 km	Teterow – Neubrandenburg	55 km
Güstrow – Waren	63 km	Neustrelitz – Feldberg	34 km

Von der Mecklenburgischen Schweiz (Ostufer des Kummerower Sees) kommend, verläuft ein Teilstück der *Deutschen Alleenstraße* quer durch die Mecklenburgische Seenplatte über Malchin, Dahmen, Malchow, Röbel, Mirow und Wesenberg bis nach Rheinsberg (Brandenburg).

Der *Müritz-Nationalpark*, das Naturparadies schlechthin an der Mecklenburgischen Seenplatte, ist in seinem Kerngebiet für Autos gesperrt. Die Zufahrt ist mit dem Fahrrad oder dem Nationalpark-Bus möglich.

Mit der Bahn: Das Schienennetz ist eher dünn, zudem wurden einige wenig rentable Strecken stillgelegt. Mit der *Deutschen Bahn* bestehen noch die meisten Verbindungen zwischen größeren Städten (oftmals aber mit mehrfachem Umsteigen und großen Umwegen), hinzu kommen einige Privatbahnen wie *Interconnex* (1-mal tägl. Berlin – Neustrelitz – Waren – Güstrow – Rostock und retour, www.inter connex.de) und *OLA* (Ostseeland Verkehr, www.ostseelandverkehr.de) auf den Strecken Güstrow – Teterow – Malchin – Stavenhagen – Neubrandenburg sowie Neubrandenburg – Neustrelitz. Wichtigste Privatbahn für die Gegend ist die *Ostdeutsche Eisenbahn (ODEG)*, die im Gebiet Mecklenburgische Seenplatte auf folgenden Strecken unterwegs ist: etwa stündlich Neustrelitz – Groß Quassow – Wesenberg – Mirow; stündlich Neustrelitz – Berlin Hbf.; zudem mehrmals täglich auf der Strecke Ludwigslust – Parchim – Lübz – Karow – Alt Schwerin – Malchow – Nossentin – Waren (Müritz) – Kargow – Kratzeburg – Neustrelitz. Weitere Infos unter www.odeg.info. Die Feldberger Seenlandschaft, die Ostuferseite der Müritz sowie der Plauer See sind nicht (mehr) an das Schienennetz angeschlossen. *Fahrradmitnahme* ist in den Regionalexpress-Zügen (RE) und Regionalbahnen (RB) der Deutschen Bahn sowie in den Zügen der Privatbahnen möglich.

Zwei der stillgelegten Bahnstrecken werden heute als *Draisinenstrecken* genutzt: zwischen Damerow, Goldberg und Borkow (S. 117) und zwischen Dargun und Salem (S. 278).

Mit dem Bus: Zwar wird fast jedes Dorf der Mecklenburgischen Seenplatte und Mecklenburgischen Schweiz von einem Linienbus angefahren, auf manchen Strecken passiert das allerdings nur ein- bis zweimal pro Tag (und am Wochenende gar nicht). Auch muss man sich auf bestimmten Strecken auf Umsteigen samt längerer Wartezeit gefasst machen. Gut sind die Verbindungen im Stadtbusbereich und in der direkten Umgebung größerer Städte. Auch der Müritz-Nationalparkbus (S. 152) leistet gute und zuverlässige Dienste, hier können in einem Anhänger auch Räder mitgenommen werden, was in den normalen Linienbussen meist nicht möglich ist. Detaillierte Busfahrpläne für die Umgebung werden in der Regel von den jeweiligen Touristinformationen bereitgehalten (oder hängen zumindest aus), die wichtigsten Verbindungen sind im Reiseteil dieses Buches bei den jeweiligen Orten zu finden.

Mit dem Schiff: Detaillierte Angaben zu den Ausflugs- und Linienschiffen auf Müritz, Plauer See usw. finden sich in den Infoteilen der jeweiligen Orte.

Mit der Kutsche: Die Kremserfahrten (Kutschfahrten mit bis zu 20 Fahrgästen) durch den Müritz-Nationalpark erfreuen sich größter Beliebtheit. Pro Person und Fahrt muss man mit etwa 10–15 € rechnen. Nähere Infos unter den jeweiligen Orten.

Mit dem Fahrrad → „Mecklenburgische Seenplatte aktiv" S. 59.

Unterwegs mit dem Hausboot → „Mecklenburgische Seenplatte aktiv" S. 63.

Wellness und Kuren

Mecklenburgs Wohlfühlangebot ist so mannigfaltig wie kosmopolitisch – den internationalen Gesundheitstrends steht man hier in nichts nach: ob chinesische Akupunktur, orientalisches Dampfbad, fernöstliche Massage und Meditation bis hin zur guten alten Kneippkur; dazu gibt es diverse Packungen – Fango, Algen, Kreide. Viele der großen Hotels bieten ein sehr umfangreiches Wellnessprogramm. Pool, Dampfbäder und Saunalandschaft werden ergänzt durch verschiedenste exotische Anwendungen, Kosmetikbehandlungen, Badezusätze und Massagen. Die Angebote stehen meist auch Nichthotelgästen zur Verfügung (Anmeldung). Daneben gibt es die üblichen Erlebnisbäder, alle mit einem ähnlichen Repertoire, wenn auch nicht ganz so edel wie die der großen Hotels (Näheres im Reiseteil).

Mittagspause am Ostufer der Müritz bei Waren

Mecklenburgische Seenplatte aktiv

Das „Land der Tausend Seen" ist für Wassersportler aller Art wie geschaffen, schließlich ist es das größte miteinander verbundene Binnengewässer- und Wasserstraßengebiet Europas! Entsprechend groß ist die Beliebtheit bei Kanu- und Hausboottouristen, die hier eine riesige Auswahl an schönen Ein- und Mehrtagestouren vorfinden; manche Hausbootfahrer gehen gleich für mehrere Wochen an Bord und ab in die Natur, zu unberührten Seen und durch Kanäle und Schleusen. Doch auch Badefreunde, Wanderer und Radfahrer werden in der herrlich grün-blauen Wald- und Wasserlandschaft große Freude haben. Wer ganz an Land bleiben möchte, findet vier Golfplätze und mehrere Reiterhöfe.

Angeln

Natürlich ist ein Gebiet mit rund 2000 mehr oder minder großen Seen ein Anglerparadies, in dem jeder seinen Lieblingsplatz finden kann. Voraussetzung ist eine Angelerlaubnis, die entweder aus einem gültigen Fischereischein zusammen mit einer Angelkarte für das entsprechende Gewässer besteht, oder aber aus einem zeitlich befristeten Fischereischein, der an 28 aufeinanderfolgenden Tagen eines Jahres gültig ist und pro Person nur einmal im Jahr ausgestellt werden kann. Hinzu kommt auch hier die Angelkarte/Angelerlaubnis für das jeweilige Gewässer. Diese ist von Angelrevier zu Angelrevier unterschiedlich und kostet aber für die meisten Gebiete, darunter auch die Müritz 11 €/Tag (32 €/Woche).

Der Preis für den zeitlich befristeten Fischereischein beträgt 20 €, zu beantragen ist er bei den Stadt- bzw. Gemeindeverwaltungen (z. T. auch bei den Kurverwaltungen) mehrerer Orte der Mecklenburgischen Seenplatte, u. a. in Krakow am See, Röbel und Waren/Müritz. Mit Erteilung des zeitlich befristeten Fischereischeins wird eine Info-Broschüre ausgehändigt, der Antragsteller ist verpflichtet, sich „die notwendigen Kenntnisse zur Fischereiausübung und zum Umgang mit gefangenem Fisch anzueignen". Hierzu gehören auch die gesetzlichen Schonzeiten und Mindestgrößen der gefangenen Fische.

Geangelt werden in den unzähligen Gewässern u. a. Aale, Barsche, Hechte, Karpfen, Lachse, Maränen, Schleien, Störe, Welse und Zander. Organisierte Angeltouren werden von der Fischereiorganisation *Die Müritzfischer* angeboten (www.mueritzfischer.de), hier auch Unterkünfte und Angelkarten.

Weitere Auskünfte beim **Landesanglerverband Mecklenburg Vorpommern e. V.**, hier findet man auch ein komplettes Gewässerverzeichnis (www.lav-mv.de). Detaillierte Informationen bietet auch die Website des **Landesamtes für Landwirtschaft, Lebensmittelsicherheit und Fischerei Mecklenburg-Vorpommern** unter www.lallf.de.

Baden

Zahllose Badestellen locken zum Sprung ins erfrischende Nass, teilweise sind sie als Strandbäder mit entsprechender Infrastruktur ausgewiesen (DLRG-überwacht, Umkleiden, Toiletten, Gastronomie etc.), meist aber handelt es sich um kleine, sandige Buchten mit Liegewiese irgendwo abseits der Wege, an denen sich eine Handvoll Menschen zum gemeinsamen (Sonnen-)Bad trifft.

Sechs der offiziellen Badestellen (bzw. Badeanstalten) wurden 2011 mit der *Blauen Flagge* für besondere Sauberkeit und Umweltverträglichkeit ausgezeichnet: das Strandbad am Jörnberg in Krakow am See, das Volksbad in Waren/Müritz, der Glambecker See in Neustrelitz, in Neubrandenburg das Augustabad und das Strandbad Broda (beide Tollensesee) sowie die Badestelle am Reitbahnsee. Die offiziellen Badestellen werden in den Sommermonaten in 14-tägigem Abstand auf Verschmutzungen, Mikroorganismen etc. überprüft.

Generell ist die Wasserqualität auch in den meisten anderen mecklenburgischen Seen ausgezeichnet, die allermeisten wurden 2011 vom Sozial- und Gesundheitsmi-

Relaxen am Badesee

nisterium Mecklenburg-Vorpommern als „zum Baden sehr gut geeignet" bzw. „zum Baden gut geeignet" eingestuft (detailliert: www.gaia-mv.de/badewasser/), ein Badeverbot gibt es nirgends.

Die *Wassertemperaturen* variieren je nach Tiefe des Sees, im Sommer können sie – nach langer Aufwärmphase – bis ca. 22–24 °C ansteigen.

Hunde sind an den offiziellen Badestellen/Strandbädern verboten, wer mit seinem felligen Begleiter baden will, muss sich ein abgelegenes Plätzchen suchen.

Textilfreies Baden ist an einigen abgelegenen Badestellen üblich (aber kein Zwang), ausgewiesene FKK-Badestellen finden sich an den FKK-Campingplätzen am Plauer Werder (Nordufer des Plauer Sees), am Useriner See und am Rätzsee (beide in der Umgebung von Wesenberg).

Fahrradfahren

Radeln zählt an der Mecklenburgischen Seenplatte zu den beliebtesten Sportarten. Die Radwege sind bestens ausgebaut und beschildert, schweißtreibende Steigungen sind selten, und je nach Anspruch und Kondition ist wirklich für jeden die passende Tour dabei. Auch Teilabschnitte größerer Radrouten sind möglich, da viele Fahrgastschiffe und auch einige Busse (z. B. der Nationalparkbus des Müritz-Nationalparks) Räder mitnehmen. In jedem größeren und touristisch bedeutsamen Ort an der Mecklenburgischen Seenplatte können Fahrräder ausgeliehen werden – vom einfachen Drei-Gang-Tourenrad bis zum High-End-Mountainbike ist alles zu haben; Helm, Schloss, Gepäckträger, z. T. auch Kartenmaterial sind meist im Preis enthalten (Miete ca. 7–20 €/Tag), ferner können Kindersitze, Nachläufer und andere Anhänger (neuerdings auch für Hunde) angemietet werden. *Achtung*: In den fahrradtouristischen Hochburgen (z. B. Waren/Müritz) sollte man in der Hochsaison vorher reservieren, vor allem dann, wenn man ein eher hochklassiges Fahrrad ausleihen möchte.

Von den zahlreichen mehrtägigen Fahrradtouren ist vor allem der 615 km lange *Radfernweg Mecklenburgischer Seen-Radweg* von Lüneburg nach Usedom/Wolgast zu erwähnen, der von Plau am See über Röbel/Müritz, Waren/Müritz und durch den Müritz-Nationalpark nach Mirow, dann über Wesenberg und Neustrelitz nach Neubrandenburg führt.

Auch der 630 km lange *Radfernweg Berlin–Kopenhagen* führt in einem Teilabschnitt von Fürstenberg/Havel (Brandenburg) über Neustrelitz, Waren/Müritz, Krakow am See und Güstrow mitten durch das Herz der Mecklenburgischen Seenplatte, bevor es über Rostock (und dann mit dem Schiff) nach Kopenhagen geht.

Insgesamt 410 km umfasst die *Eiszeitroute Mecklenburgische Seenplatte*, die nicht nur zu allen wichtigen Hinterlassenschaften der letzten Eiszeit führt, sondern auch wunderbare landschaftliche Impressionen bietet; unterteilt ist die Route in mehrere kleine Etappen von 30–70 km Länge, die man gut an einem Tag schaffen kann, sowie einige zwei- bis viertägige Rundtouren (nähere Infos unter www.eiszeitroute.com).

Tipps Radeln im Land der Tausend Seen, die nützliche, kostenlose Broschüre des Tourismusverbands Mecklenburg-Vorpommern, enthält 19 detaillierte Tourenvorschläge inkl. Karten (Ausgabe von 2010). Zu bestellen unter www.mecklenburgische-seenplatte.de, oder beim Tourismusverband Mecklenburgische Seenplatte e. V., Turnplatz 2, 17207 Röbel/Müritz, ✆ 039931-5380, ✇ 039931-53829.

Weitere Infos beim **Allgemeinen Deutschen Fahrrad-Club** (ADFC). ADFC Bundesverband, Postfach 107747, 28077 Bremen, ✆ 0421-346290, ✇ 0421-3462950, www.adfc.de oder speziell für Unterkünfte: www.bettundbike.de.

Golf

Die günstige Lage zwischen Berlin und Hamburg, vergleichsweise gutes Wetter, die herrliche Natur rundherum und schmucke neue Anlagen: Mecklenburg ist auch bei Golfern beliebt. Neben den zahlreichen Greens mit (mehr oder weniger) Meerblick gibt es auch ein paar Plätze auf der Seenplatte, gewissermaßen mit Süßwasserblick. Die mit Abstand größte Anlage ist mit bemerkenswerten drei (!) 18-Loch- und zwei 9-Loch-Plätzen samt Club und riesiger Driving-Range der *Golf & Country Club Fleesensee* am gleichnamigen See bei Malchow (www.golfclub-fleesensee.de). Verkehrsgünstig für die Landeshauptstädter, aber auch recht hübsch in der Landschaft liegt wenige Kilometer östlich des Schweriner Sees *Winstongolf* mit einem 18-Loch- und einem 9-Loch-Platz, Driving-Ranges usw. (www.winstongolf.de). Über jeweils einen 18-Loch- und 9-Loch-Platz verfügt auch die Golfanlage des *Golfhotels Schloss Teschow* bei Teterow in der Mecklenburgischen Schweiz (www.schloss-teschow.de). Malerisch am südöstlichen Ufer des Tollensesees liegt schließlich die 9-Loch-Anlage des *Golfclubs Mecklenburg-Strelitz* (www.gc-mst.de). Zentrale Webseite für Golfer: www.golfverband-mv.de.

Durch den Müritz-Nationalpark: mit dem Fahrrad...

Reiten

Die Zahl der Reiterhöfe auf der Mecklenburgischen Seenplatte ist enorm, 280 gibt es in ganz Mecklenburg-Vorpommern. Das Angebot reicht vom Ponyreiten für Kinder bis zum Dressurtraining mit eigenem Pferd. Einer der größten (und schönsten) Reiterhöfe ist der *Alte Landsitz* in Sommerstorf (S. 283) am Rand der Mecklenburgischen Schweiz: ein Idyll mit 17 Hektar Koppeln, 70 Boxen (auch Gastboxen), Reithalle, Turnier- und Dressurplatz sowie Reitunterricht und geführten Ausritten. Weitere Informationen und Adressen zu Reiterhöfen unter www.reiten-in-mv.de, hier kann man auch nach bestimmten Ausstattungsmerkmalen suchen.

Segeln/Surfen

Vor allem die großen Seen wie der Schweriner See, Plauer See, Kummerower See und natürlich die Müritz eignen sich, entsprechende Windverhältnisse vorausgesetzt, gleichermaßen für Segler und Surfer. Segelschulen gibt es u. a. in Schwerin und Umgebung (S. 70), im Land Fleesensee (S. 135), in Waren/Müritz (S. 155), in Röbel (S. 140) und in Zielow (S. 148). Teilweise werden auch Jollen bzw. kleinere Segelboote verchartert. Surfer kommen v. a. in den Schulen bzw. bei den Brettverleihern rund um die Müritz auf ihre Kosten: im Norden in Waren (S. 154) und im Süden in Boek, Bolter Ufer und Rechlin.

Tauchen

Warum nicht auch die Unterwasserwelt der mecklenburgischen Seen erkunden? Gelegenheit dazu bieten u. a. die Tauchbasen von Raben Steinfeld am Südufer des Schweriner Sees (S. 87) und in Thomsdorf in der Feldberger Seenlandschaft (S. 249).

... oder dem Kanu

Wandern

Von den drei sportlichen Fortbewegungsarten – Wasser- und Radwandern sowie Wandern im eigentlichen Sinne – findet Letzteres am wenigsten Beachtung. Das liegt natürlich vor allem an der außerordentlichen Attraktivität der hiesigen Wasserwanderwege und Radwegenetze. Die Mecklenburgische Seenplatte erweist sich aber ebenso als formidables Wanderrevier. Dabei sind es vor allem der Nationalpark Müritz und die Naturparks, die passionierte Wanderer anziehen werden. Zehn der schönsten Wanderungen in der Mecklenburgische Seenplatte haben wir detailliert beschrieben, gps-kartiert und im (Rad-)Wanderführer am Ende dieses Reisehandbuches ab S. 292 zusammengestellt.

Wasserwandern

Ob kleine zweistündige Paddeltour, eine Mehrtagesreise im Kanu mit Biwakieren oder ein Zweiwochentörn im voll ausgestatteten Hausboot: Ohne Wandern auf dem Wasser bleibt ein Besuch der Mecklenburgischen Seenplatte unvollständig – schließlich befinden Sie sich hier in Europas größtem zusammenhängendem Wassersportrevier! Die Region ist ein Paradies für Naturliebhaber und Einsamkeitssuchende, zahllose Wasserrouten führen in eine herrliche intakte Flora und Fauna, die in Deutschland ihresgleichen sucht.

Herzstück des Wasserwander-Reviers ist für Paddler der Müritz-Nationalpark. Durch dieses Schutzgebiet führen gleich zwei der *schönsten und beliebtesten Kanutouren* der Mecklenburgischen Seenplatte: zum einen die „Alte Fahrt", wie der Abschnitt zwischen Mirow und der Bolter Schleuse heißt, zum anderen die Strecke von Kratzeburg auf der Oberen Havel zum Großen Labussee – für beide gelten besonders strenge Schutzbestimmungen, die u. a. das Anlanden außerhalb der vorge-

An Beschilderung mangelt es nicht

sehenen Rastplätze oder das motorisierte Befahren verbieten. Ebenso geben in einigen Bereichen Bojen die Fahrrinne vor. Daneben gibt es aber noch eine Vielzahl vielleicht nicht ganz so prominenter Routen, die den obigen in Sachen Naturerlebnis aber in nichts nachstehen. Zur Paddeltour locken beispielsweise ganz im Westen der Seenplatte Bresenitz, Mildenitz, Sternberger See und die Warnow (mündet bei Rostock in die Ostsee), und ebenso natürlich die Kleinseenplatte im Süden.

Motorisierte Wasserwanderer können ihre Yachten und Hausboote entlang der Müritz-Elde-Wasserstraße, über die Großseen Plauer See, Fleesensee, Kölpinsee und natürlich die Müritz sowie durch die Kleinseenplatte um Wesenberg und von Mirow bis hinunter nach Rheinsberg (Neubrandenburg) steuern.

Im Osten schließlich gibt es die besonders schöne Feldberger Seenlandschaft, um nur einen groben Überblick zu geben.

Kanu (Kajak oder Canadier): Bei Anmietung erfolgt eine ausführliche Einweisung durch den Vermieter, bei der auch über Routen, Umtragestellen, Schleusen, Wasserwanderrastplätze, Campingplätze usw. informiert wird. Etwa 15 km sind als Tagesetappe auch für Neupaddler gut zu schaffen. Die Preise für ein 1er-Wanderkajak beginnen bei ca. 20 €/Tag, der 2er-Kajak kostet um 30 €/Tag, ein 4er-Canadier etwa 35 €. Im Preis enthalten sind oft Paddel, Schwimmwesten und wasserdichter Packsack bzw. Gepäcktonne sowie meist eine Wasserwanderkarte. One-Way-Touren mit Abholung durch den Vermieter sind gegen Aufpreis möglich, ebenso geführte Touren (meist Mindestteilnehmerzahl), die aber vorher angemeldet werden müssen. Generell sollte man für die Wochenenden im Sommer das Boot rechtzeitig reservieren! Im Reiseteil dieses Buchs sind zahlreiche Verleihstationen mit genauen Preisangaben aufgelistet.

Weiterführende Informationen

Das blaue Paradies und **Paddeln im Land der Tausend Seen**, zwei kostenlose Broschüren, die ausführliche Infos zum Wasserwandern auf der Mecklenburgischen Seenplatte bieten – die Letztere wasser- und reißfest und mit 14 detaillierten Tourenbeschreibungen und Karten. Zu bestellen unter www.mecklenburgische-seenplatte.de, Stichwort „Katalogbestellung", oder beim Tourismusverband Mecklenburgische Seenplatte e. V., Turnplatz 2, 17207 Röbel/Müritz, ✆ 039931-5380, ☏ 039931-53829.

Nützliche Webseiten: Unter *www.mv-maritim.de* findet man alle Anbieter zum Thema Wasserwandern auf der Mecklenburgischen Seenplatte sowie konkrete Routenvorschläge und Infos zu Wasserwanderrastplätzen usw.

www.flussinfo.net bietet sehr ausführliche Beschreibungen der Paddelreviere der Mecklenburgischen Seenplatte mit Liste der Vermieter, Literatur- und Kartentipps, Infos zu Schleusen, Wasserwanderrastplätzen, Tourvarianten, Übernachtungs- und Einkaufsmöglichkeiten usw.

Literatur: Der *Kanu Kompass Mecklenburg-Vorpommern* von Carola Hillmann und Thomas Kettler ist ein detailliertes und umfassendes Paddel-Kompendium zu den Wasserwanderrevieren Mecklenburg-Vorpommerns. 2. Aufl. 2009 (Thomas Kettler Verlag, Hamburg), 19,90 €.

Karten: Detailliert, informativ und exakt sind die **Wasserwanderkarten** *Mecklenburgische Kleinseenplatte* (4. Aufl. 2011, 6,90 €) und *Müritz und Plauer See* (1. Aufl. 2007, 6 €), sowie die handliche Gewässerkarte *Müritz und Plauer See* (2. Aufl. 2011, 3,90 €), alle im Maßstab 1:50.000, aus dem Klemmer Verlag, Waren an der Müritz, www.klemmer-verlag.de.

Großflächiger ist die *Wassersport-Wanderkarte Nr. 6*, Deutschland – Nordost (1:450.000), mit Detailkarte *Mecklenburgischen Seenplatte* (1:100.000), aus dem Verlag Jübermann, Uelzen, 7. Aufl. 2008. Wasser- und reißfest, 9,90 €.

Hausboote und Motoryachten: Seit einigen Jahren gilt auf fast allen Gewässern der Mecklenburgischen Seenplatte die so genannte *Charterscheinregelung*, das heißt: Fahren ohne Führerschein ist erlaubt! Ganz ohne Auflagen geht das jedoch nicht, Voraussetzung ist eine mindestens dreistündige Einweisung durch den Vercharterer, auch darf das zu steuernde Hausboot (bzw. die Motoryacht) maximal 15 m lang sein und eine Geschwindigkeit von 12 km/h nicht überschreiten. Für die Übernachtung bieten zahlreiche Marinas, Sportboothäfen, Campingplätze und Wassersportvereine gegen Gebühr Liegeplätze an.

Achtung: Im Müritz-Nationalpark sind motorisierte Boote verboten.

Eine Liste der Anbieter findet sich u. a. unter www.mv-maritim.de (s. oben).

Segelyachten: Werden deutlich weniger vermietet als Hausboote und Motoryachten, am ehesten wird man an der Müritz fündig. Führerscheinfrei zu segeln sind sie bis zu einer Größe von maximal 12 qm Segelfläche und einer Antriebsleistung von maximal 5 PS. Alles darüber erfordert den „Sportbootführerschein Binnen". Im eigenen Interesse sollte man über die nötige Erfahrung verfügen, um sich eine Segelyacht zu mieten, die so idyllisch wirkende Müritz kann ganz plötzlich mit mächtigen Windstärken aufwarten – wer sich da nicht auskennt, für den wird es gefährlich.

Eine Liste der Anbieter findet sich u. a. unter www.mv-maritim.de (s. oben).

Die Müritz bei Röbel

1000 Seen und ein kleines Meer

Schwerin

ca. 95.000 Einwohner

Blau und Grün sind die dominierenden Farben der faszinierenden Landeshauptstadt Mecklenburg-Vorpommerns. Idyllisch liegt Schwerin zwischen
sieben von Wald und Parklandschaften gesäumten Seen. Eine hübsche Altstadt, ein eindrucksvoller Dom und nicht zuletzt das berühmte, prächtige
Schloss auf einer Insel lohnen unbedingt einen Zwischenstopp.

Das städtische Leben Schwerins ist von seinem Status als kleinste Landeshauptstadt Deutschlands geprägt. Großstädtische Hektik kommt hier kaum auf, selbst im
Regierungsviertel geht es recht beschaulich zu. Nichtsdestotrotz präsentiert sich
die Stadt geradezu weltläufig, nicht nur wegen der repräsentativen Gebäude aus
herzoglicher Zeit, sondern auch wegen der allgegenwärtigen Betriebsamkeit der
aktuellen Landespolitik.

Schwerins ganzer Stolz ist das prachtvolle, von Wasser umgebene Schloss, unter anderem auch der Sitz des Landtags. Südlich davon erstreckt sich der weitläufige, von
Kanälen durchzogene Schlosspark, Hauptausstellungsfläche der *Bundesgartenschau 2009*. Zwischen Schloss, Marienplatz und Pfaffenteich verläuft das kleine
Gassengewirr der Altstadt, in dessen Mitte sich der sehenswerte Markt befindet
und wo der Dom, ein markantes Beispiel norddeutscher Backsteinarchitektur, sich
über die Dächer der Stadt erhebt. Nördlich der Altstadt säumt ein repräsentatives
Gebäudeensemble den Pfaffenteich, die „Binnenalster" Schwerins.

Geschichte

Die Geschichte Schwerins beginnt auf der kleinen Burginsel, die mindestens ab
600 n. Chr. von den slawischen Obotriten bewohnt war. Erste verlässliche Daten über
die Gegend stammen von 973, in einer Chronik des Bischofs *Thietmar von Merseburg*
ist im Jahr 1018 erstmals konkret von „Zuarin" (slawisch für „Tiergebiet") die Rede.

Als Stadtgründer jedoch ging *Heinrich der Löwe* (1129–1195) in die Geschichte ein,
sein Reitersiegel ziert heute nicht nur das Stadtwappen, man begegnet dem Welfen-
fürsten auch in der Stadt selbst: z. B. als Löwe auf dem Marktplatz oder als kleine

goldene Reiterfigur auf dem Rathaus, Letztere übrigens ist das Wahrzeichen Schwerins. Heinrich besiegte im Jahr 1160 den Obotritenfürsten *Niklot* (1125–1160) und nahm ganz Mecklenburg ein. Als Statthalter der neuen Stadt ernannte er *Gunzelin von Hagen* (gest. 1185), bald darauf errichtete der Welfenfürst das Bistum Schwerin, 1171 wurde der Dom geweiht. Zwar blieb die Stadt über die Jahrhunderte ein bedeutender Bischofssitz, wirtschaftlich aber stand sie bald im Schatten der neuen Hansestädte Wismar und Rostock.

Nachdem die Linie Gunzelins 1358 ausgestorben war, kaufte *Albrecht II.* (1318–1379), ein Nachfahre Niklots, die Stadt zurück, die damit wieder in den Besitz der alten mecklenburgischen Fürsten fiel. Eine erste Blüte erlebte Schwerin unter Herzog *Johann Albrecht I.* (1525–1576), der – ganz im Stil eines Renaissancefürsten –

Mehr als nur der Architekt Schwerins – Georg Adolph Demmler

Der 1804 in Berlin geborene spätere Hofbaumeister Mecklenburgs machte nicht nur als Architekt von sich reden. Seit seinen Studientagen war er Freimaurer. Demmler engagierte sich schon früh in den liberal-demokratischen Zirkeln Schwerins und forderte eine Verfassung für das Fürstentum, die aber bis 1919 auf sich warten ließ. Ungewöhnlich für einen Liberalen des 19. Jh. war sein Eintreten für die Arbeiterschaft – etwa die Initiative für die Einrichtung einer Kranken- und Unfallversicherung für die Arbeiter des Schlosses oder sein Einsatz für eine Erhöhung der Bezüge von Handwerksgesellen.

Seine politischen Überzeugungen bescherten ihm 1850 jedoch das vorzeitige Ende der Karriere. Der Hof verbat sich seine Einflussnahme und beschied Demmler, er habe „sich fortan von politischem Treiben fern zu halten und sich zu freuen (...), dass der Betrieb der Politik zu seinem Berufe nicht gehöre." Den Knebel ließ sich Demmler nicht anlegen, er trat von seinem Amt zurück. Nach ein paar Jahren im Ausland kehrte er nach Schwerin und in die Politik zurück. Er wandte sich der Sozialdemokratie zu und wurde 1877 in den Reichstag gewählt. Erst kurz vor seinem Tod 1886 zog sich Demmler aus der Politik zurück.

Das prächtige Schloss samt Schlosspark

Kunst, Kultur und Wissenschaft um sich scharte. Johann Albrecht ließ das Schloss, damals kaum mehr als eine einfache Burg, zu einem repräsentativen Renaissance-bau umgestalten und führte Schwerin dem lutherischen Glauben zu. Der Dreißig-jährige Krieg hinterließ in ganz Mecklenburg tiefe Spuren, hinzu kamen eine Pest-epidemie und in Schwerin im Jahr 1651 ein verheerender Großbrand, der die weni-gen vom Krieg verschonten Häuser der Stadt vollends zerstörte.

Zu neuer Blüte gelangte die Stadt in den 1830er und 1840er Jahren, als Schwerin zu einer repräsentativen Residenzstadt ausgebaut wurde, eine Zeit, die besonders mit einem Namen verbunden ist: *Georg Adolph Demmler* (1804–1886).

Städtebauliche Erweiterungen erfolgten vor allem mit dem Anschluss der Schelf-stadt, dem Gebiet nördlich der Altstadt, im Jahr 1832. Hier gab es bereits ab dem 11. Jh. eine Fischersiedlung, die Anfang des 18. Jh. auf herzogliche Anweisung zur eigenen Stadt ausgebaut wurde. Im 19. Jh. wurde Schwerin mit der Paulsstadt nach Nordwesten erweitert, ebenso wurde das Pfaffenteichufer bebaut. Von der Reichs-gründung 1871 bis zum Ersten Weltkrieg erlebte die Stadt einen anhaltenden wirt-schaftlichen Aufschwung.

Im Zweiten Weltkrieg blieb die Schweriner Innenstadt von den alliierten Bombar-dements relativ verschont. Am 2. Mai 1945 wurde die Stadt von amerikanischen Truppen befreit, nur wenige Stunden zuvor war noch ein letztes Opfer des NS-Re-gimes am Bahnhofsplatz gehängt worden: die Lehrerin Marianne Grunthal, deren Namen der Platz heute trägt. Innerhalb weniger Wochen wurden die Amerikaner von englischen Truppen und diese bald von sowjetischen Truppen abgelöst. Als Bezirksstadt in der DDR erlebte Schwerin erneut eine rege Bautätigkeit; so ließen der Ausbau der Weststadt und der Neubau der Stadtteile Lankow und Großer Dreesch die Einwohnerzahl erstmals auf über 100.000 steigen. 1990 einigte man sich auf Schwerin als Hauptstadt des neuen Bundeslandes Mecklenburg-Vorpom-mern. Heute ist Schwerin die kleinste Landeshauptstadt Deutschlands.

Basis-Infos

Information   Touristinformation, am Markt mitten im Zentrum; vielfältige Informationen und Zimmervermittlung, Stadtführungen (→ unten), Kartenvorverkauf, Souvenirs etc. Mo–Fr 9–18 Uhr, Sa/So 10–16 Uhr. Am Markt 14, 19055 Schwerin, ✆ 0385-5925212, 🖶 0385-555094, www.schwerin.com.

Schwerin-Ticket

Zahlreiche Vergünstigungen in Museen und bei Stadtführungen sowie freie Fahrt mit Stadtbussen und Straßenbahn: Das Schwerin-Ticket gibt es für Erwachsene zum Preis von 5 € (24 Std.) bzw. 7 € (48 Std.) Kinder unter 15 J. zahlen 3 € bzw. 4 €. Erhältlich bei der Touristinformation und am Ticketschalter des Schweriner Nahverkehrs am Marienplatz.

Verbindungen Mit der **Bahn** etwa stündlich nach Güstrow (mit Umsteigen in Bützow oder Bad Kleinen), ab Güstrow alle zwei Stunden direkt nach Waren und etwa stündlich ohne Umsteigen nach Neubrandenburg. Ca. alle zwei Stunden mit dem RE von und nach Berlin Hauptbahnhof (Fahrtdauer gut 2 Std.). Hauptbahnhof am Grunthalplatz im nördlichen Zentrum.

Bus/Straßenbahn: Verkehrsknotenpunkt für Busse und Straßenbahnen sind der Marienplatz und der Bahnhofsplatz. Bus Nr. 14 fährt vom Marienplatz zur Jugendherberge, die Straßenbahnen auch in die Außenbezirke. Einfache Fahrt 1,50 €, Tagesticket 4,60 € (Kinder 2,50 €), Familienkarte 7,70 €/Tag. Näheres unter www.nahverkehr-schwerin.de.

Pfaffenteichfähre: pendelt Ende April bis Anfang Okt. tägl. außer Mo 10–18 Uhr (mit einer Pause von 14–14.30 Uhr) zwischen Bahnhof, E-Werk, Gaußstraße/Schelfmarkt und Arsenal, Abfahrten nach Bedarf, einfache Fahrt 1 €, Kinder 3–14 J. 0,50 €.

Parken: diverse Parkhäuser im Zentrum, u. a. Parkhaus beim Schlossparkcenter am Marienplatz, mit 1100 Plätzen das größte der Stadt (1. Std. kostenlos, 2. Std. 1 €, dann 1,50 €) und Parkhaus am Schloss (1. Std. 1 €, 2. Std. 2,50 € und dann jeweils 1 € mehr pro Std.), sowie die Parkplätze in der Grünen Straße und am Hauptbahnhof (je 1 €/Std., 8 €/Tag).

Wohnmobilstellplatz: einige Stellplätze am Altstadtparkplatz sowie am Parkplatz am Hauptbahnhof (Strom vorhanden, Wasser und Entsorgung in Planung), je 1–2 €/Std. bzw. 8–16 €/Tag. Direkt am Wasser stehen kann man auf dem Stellplatz am Segler-Verein, je nach Größe 15–25 € pro Nacht, mit Wasser, Strom, Entsorgung und kostenlosem W-LAN; im Bootshaus gibt es ein Restaurant. Werderstr. 120 (Zufahrt beim Marstall), ✆ 0385-565079 oder ✆ 0385-5810825.

Taxis: u. a. am Hauptbahnhof, Marienplatz, am Alten Garten und am Markt.

Aktivitäten/Einkaufen

Aussichtsturm   **》》 Lesertipp:** Der Schweriner **Fernsehturm in Neu Zippendorf**. „Die Aussicht auf die grüne Umgebung und den Schweriner See ist einmalig!" Zu Fuß und mit dem Rad über den Franzosenweg zu erreichen. 《《

Bootsausflüge Weiße Flotte, von April bis Okt. diverse Touren über den Schweriner See (Innen- und Außensee), Heidensee und Ziegelsee. Fahrten mind. 1-mal tägl., die kleineren Touren ca. stündl. zwischen 10 und 17.30 Uhr in der Hauptsaison, sonst 11–16 Uhr, von Anfang Nov. bis Ende März keine Touren. Erw. 11–15 €, Kinder bis 14 J. halber Preis, Kind unter 6 J. frei, Hunde 2,50 €. Auch 3-mal tägl. Fahrten nach Zippendorf (5,50 €). Broschüren mit den detaillierten Routen bei der Touristinformation oder beim Anleger der Weißen Flotte (gegenüber vom Schloss). Werderstr. 140, 19055 Schwerin, ✆ 0385-557770, 🖶 0385-5577711, www.weisseflotteschwerin.de.

Hausbootverleih Kuhnle Tours hat eine Charterbase in Schwerin (neben der Anlegestelle der Weißen Flotte), Werderstr. 140, ✆ 039823-2660, www.kuhnle-tours.de.

Schwerin → Karte S. 73

Klettern Schweriner Kletterwald, neben dem Zoo (südlich vom Zentrum, beschildert, Straßenbahn Linie 1 und 2 ab Marienplatz), sechs Parcours unterschiedlicher Schwierigkeit, mit Bistro. Geöffnet April bis Okt. 10–19 Uhr (bzw. bis Sonnenuntergang), Erwachsene 19 €, Kinder 13 €, Familienkarte 50 €. An der Crivitzer Chaussee 15, ✆ 0176-32197326, www.schweriner-kletterwald.de.

Sport WINSTONGolf, ca. 10 km von Schwerin, in Vorbeck an der Ostseite des Schweriner Sees. Auch Golfschule (Einsteigerkurs 59 €/halber Tag) und Verleih, Restaurant. Kranichweg 1, 19065 Gneven, OT Vorbeck, ✆ 03860-5020, www.winstongolf.de.

Segelschule Petermännchen, im nördlich gelegenen Vorort Seehof neben dem Campingplatz *Ferienpark Seehof*. Grundkurse, Optimistenkurse und Scheine, auch Bootsverleih. Geöffnet April bis Okt. Infos unter ✆ 03860-8079 oder 0172-3807408, ✆ 0385-5815245. Postanschrift: Seestr. 18, 19065 Pinnow, www.segeln-schwerin.de.

Stadtführungen Schwerin kompakt, tägl. 11 Uhr, Treffpunkt vor der Touristinformation, Dauer ca. 1,5 Std. (mit Schloss, Alter Garten, Theater, Markt, Dom), 5,50 €/Pers., Kinder bis 14 Jahren 3 €.

Nachtwächterführung: von Mai bis Sept. jeden Fr/Sa 20.30 Uhr (Okt. bis April nur Fr 18 Uhr), Dauer ca. 1,5 Std., 6 €/Pers.

Sonderführung Schloss: April bis Nov. Sa und So, Dez. nur So (Jan.–März keine Führungen), Start jeweils 13.30 Uhr, Dauer ca. 1,5 Std., 8 €/Pers., Kinder 4 € (obligatorische Anmeldung bei der Touristinformation).

Seit neuestem bietet die Stadt auch **Geocaching** an: Freunde der modernen GPS-gesteuerten Schatzsuche finden in Schwerin mehrere Touren unterschiedlicher Länge, GPS-Geräte und weitere Ausrüstung hält die Touristinformation bereit (Touren 5 €/Pers., Leihgebühr 10–16 €), Näheres unter www.schwerin.com/geocaching.

Stadtrundfahrten Petermännchen, einstündige Rundfahrten mit dem Touristen-Bähnchen, u. a. durch die Altstadt und den Schlossgarten bis zur Schleifmühle, mit Erläuterungen, Abfahrt am Markt, April bis Okt. 4-mal tägl., im Winter nur 11 und 13 Uhr, Erw. 8 €, Kinder bis 16 J. 4 €. ✆ 0385-65800, www.petermaennchen-stadtrundfahrten.de.

Doppeldecker-Bus, April bis Okt. ab Anlegestelle der Weißen Flotte tägl. ab 10 Uhr alle 90 Min. (letzte Fahrt 17.30 Uhr), durch die Schelfstadt und entlang dem Pfaffenteich, dann zum Ostdorfer See (und Schleifmühle). Dauer 1 Std. 9 €/Pers., erm. 5 € (Kinder 6-14 J.). Infos unter ✆ 0385-5577737, www.schwerinerstadtrundfahrt.de.

Die Buslinie 100 fährt rund um den Schweriner Innensee, Mai bis Anfang Okt. 3- bis 5-mal tägl. ab Hauptbahnhof und Alter Garten (Schloss), Gesamtdauer 75 Min., Stopp u. a. in Zippendorf und Mueß (Freilichtmuseum), die Fahrt kann beliebig unterbrochen werden. Auch Fahrradtransport. Einfache Fahrt 6,90 €, Kinder 6–14 J. 5,20 €. ✆ 0385-4853732, www.sgs-busundreisen.de.

Zoo ⟫⟩ **Lesertipp:** Schweriner Zoo, südlich vom Zentrum (ausgeschildert), Leser schrieben uns begeistert „von dem wunderbar angelegten, vielseitigen und sehenswerten Zoo". Tram Linie 1 und 2 ab Marienplatz. Ganzjährig geöffnet, im Winter tägl. 10–15/16 Uhr, im Sommer 9–17/18 Uhr, Erw. 8,50 €, Kinder (3–17 J.) 4 €, Familienkarte 21 €, Hund 2,50 €. Crivitzer Chaussee 1, ✆ 0385-395510, www.zoo-schwerin.de. ⟪⟪

Einkaufen

Shoppingmeilen der Stadt sind die Fußgängerbereiche in der Puschkinstraße zwischen Markt und Schlossstraße sowie die Friedrichstraße, die Schmiedestraße und die Mecklenburger Straße. Größtes Einkaufszentrum Schwerins ist die 120 Geschäfte auf drei Ebenen umfassende **Schlosspassage** am Marienplatz, bis 20 Uhr geöffnet.

Eine kleine, aber bemerkenswert gut sortierte Buchhandlung für Regionalia und Belletristik ist die **Buchhandlung Benno Schoknecht** in der Schlossstr. 20, ✆ 0385-565804, Mo–Fr 9–18.30 Uhr, Sa 9.30–13.30 Uhr geöffnet.

Antiquarische Bücher nicht nur zur Stadt bietet das Schweriner Antiquariat, 2. Enge Str. 3, ✆ 0385-562912, www.schweriner-antiquariat.de. Di–Fr 10–17 Uhr, Sa bis 13 Uhr geöffnet.

Kleiner **Wochenmarkt** Mi und Fr 7–17 Uhr am Schlachtermarkt.

2011 feierte das Mecklenburgische Staatstheater Schwerin 125-jähriges Jubiläum

Veranstaltungen

Theater Das **Mecklenburgische Staats-theater** erfreut sich weit über die Stadtgrenzen hinaus großer Beliebtheit, der repräsentative Prachtbau gegenüber dem Schloss entstand in den Jahren 1883–1886. Im Großen Haus Schauspiel, Oper und Ballett. Tickets an der Theaterkasse Mo–Fr 10–18 Uhr, Sa 10–13 Uhr, außerdem unter ✆ 0385-5300123, 🖷 0385-5300129, www.theater-schwerin.de.

Zum Staatstheater gehört auch das **E-Werk** am Spieltordamm 1 an der Nordseite des Pfaffenteiches sowie die **Fritz-Reuter-Bühne**, hier hauptsächlich plattdeutsche Lustspiele und Schwänke. Alter Garten 2, ✆ 0385-5300194, 🖷 0385-5300284, www.fritzreuterbuehne.de.

Der Speicher, Kleinkunstbühne in der Schelfstadt. Konzerte, Lesungen, Kabarett, Filmabende usw. Röntgenstr. 22, ✆ 0385-512105, www.schwerin.de/speicher.

Veranstaltungen Schlossfestspiele Schwerin, große Open-Air-Oper alljährlich von etwa Mitte Juni bis Ende Juli auf dem Alten Garten, den eindrucksvollen Rahmen bilden das Staatstheater, das Staatliche Museum und nicht zuletzt das nahe gelegene Schloss. Die Schlossfestspiele gibt es

hier seit 1993. Aufführungen immer Do–So um 21 Uhr, Tickets 34–94 €, Hotline: ✆ 0385-5300123 oder www.theater-schwerin.de.

Freilichtbühne Schwerin, im Sommer zahlreiche Konzerte, Open-Air-Kino und andere Veranstaltungen; aktuelles Programm bei der Touristinformation oder unter www.freilichtbuehne-schwerin.de. Die Freilichtbühne liegt im Schlossgarten, zwischen Finanzamt und Schleifmühle.

Schweriner Gartensommer, von Mitte Mai bis Anfang Sept. mit zahlreichen Veranstaltungen im Schlossgarten (darunter die spektakuläre Schlossgartennacht), Programm bei der Touristinformation, www.schwerinergartensommer.de.

Fünf-Seen-Lauf, alljährlich am ersten Samstag im Juli, der größte Volkslauf in Mecklenburg-Vorpommern. Strecken zu 10, 15 und 30 km. Rahmenprogramm mit Kulinarischem, abends Ball. Anmelden kann man sich unter www.fuenf-seen-lauf.de.

Drachenbootfestival, alljährlich am zweiten oder dritten Augustwochenende. An die 100 Drachenboot-Teams treten hier zum Rennen auf dem Pfaffenteich an. Infos: www.drachenbootfestival.de.

Übernachten

Niederländischer Hof 4, edles Ambiente in historischem Gebäude am Pfaffenteich, sicherlich eine der besten Adressen der Stadt. 33 Zimmer (und sechs Suiten) in so genannten „englischen" Stil, die modernen Badezimmer sind mit Marmor ausgekleidet. Einladende Bibliothek und Feinschmeckerrestaurant (→ unten) im Haus. EZ 108–124 €, DZ 139–170 €, Dreibett-Zimmer 172–213 €, Suite/Appartement 161–192 €, jeweils inkl. Frühstück, Halbpension 16–24 €, Hund 11 €/Tag. Alexandrinenstr. 12–13, 19055 Schwerin, ☏ 0385-591100, ✆ 0385-59110999, www.niederlaendischer-hof.de.

Pension am Theater 19, zentrale Lage neben dem Staatstheater, schönes Ambiente, 19 gepflegte Zimmer (davon ein EZ). Freundlicher Service, eigener Parkplatz (5 €/Tag, rechtzeitig reservieren!). EZ 52–63 €, DZ 69–85 €, jeweils inkl. Frühstück. Wer länger bleiben möchte, kann auch eine 2-Zimmer-Ferienwohnung zum Wochenpreis von 350 € (plus 30 € Endreinigung) mieten. Theaterstr. 1–2, 19055 Schwerin, ☏ 0385-593680, ✆ 0385-5936811, www.schwerin-pension.de.

Weinhaus Wöhler 8, zu dem bekannten Lokal (→ unten) am Rand der Schelfstadt gehören auch sieben Zimmer in historischem Gemäuer. EZ 70–75, DZ je nach Größe und Ausstattung 85–115 €, Suite und Ferienwohnung je 115–130 €, Frühstück inkl. Puschkinstr. 26, 19055 Schwerin, ☏ 0385-555830, ✆ 0385-5558315, www.weinhaus-woehler.com.

Alt Schweriner Schankstuben 13, zentrale Lage am Schlachtermarkt – einer der idyllischsten Plätze der Stadt. 16 solide Zimmer, mit Restaurant (→ unten). Hunde erlaubt (5 €/Tag). EZ 59–65 €, DZ 84–94 €, Vierbett-Zimmer (für Familien) 140 €, jeweils inkl. Frühstück, Halbpension 15 €/Pers. Am Schlachtermarkt 9–13, 19055 Schwerin, ☏ 0385-5925313, ✆ 0385-5574109, www.schankstuben.de.

Zur guten Quelle 17, etwas einfacheres Ambiente in einem historischen Fachwerkhaus im Herzen der Altstadt, wenige Meter vom Markt entfernt. Freundlicher Service, gutbürgerliches Restaurant, im Sommer mit Hofbetrieb. EZ 54–57 €, DZ 76–81 €, Familienzimmer 98–110 €, jeweils inkl. Frühstück, Halbpension 11,50 €/Pers. (zwei Gänge). Hund 5 €/Tag. Schusterstr. 12, 19055 Schwerin, ☏ 0385-565985, ✆ 0385-5007602, www.gasthof-schwerin.de.

》》 Lesertipps: Großer Moor 38, Pension und Ferienwohnungen in einem „liebevoll sanierten" Fachwerkhaus im Zentrum von Schwerin (drei DZ, vier Ferienwohnungen), „hervorragend", „leckeres Frühstück", angemessenes Preis-Leistungs-Verhältnis. DZ 60 €. Großer Moor 38, 19055 Schwerin, ☏ 0385-731510, www.schweriner-ferienwohnungen.de

Heintzes Töchter 3, sympathisches, auch von Lesern empfohlenes Hostel in Schwerin, Gemeinschaftsküche, Hinterhofgarten, Etagenbäder, Internet, ganzjährig geöffnet, zentrumsnah am Rand der Schelfstadt gelegen, auch Fahrradverleih (10 €/Tag). Ab 15 €/Pers. (9-Bett-Zimmer) bis 24 €/Pers. (Zweibett-Zimmer), Frühstück extra (4,50 €/Pers.). Werderstr. 49, 19055 Schwerin, ☏ 0385-4792968, ✆ 0385-479296, www.hostel-schwerin.de. 《《

Jugendherberge Schwerin 22, orangefarbener, schon etwas älterer 91-Betten-Bau mitten im Wald, zwischen Schweriner See und Faulem See. Jugendherbergsausweis ist obligatorisch. Im Sommer sollte man ca. eine Woche vorher reservieren. Anfahrt: Vom Schlossgarten der noblen Schlossgartenallee in südöstliche Richtung folgen (Beschilderung NDR, dann auch Jugendherberge); mit Bus Nr. 14 ab Marienplatz im Zentrum bis zur Endhaltestelle. Übernachtung im Mehrbettzimmer 19–22 €, jeweils inkl. Frühstück. Halbpension 4 €, Vollpension 6 €/Pers. Waldschulweg 3, 19061 Schwerin, ☏ 0385-3260006, ✆ 0385-3260303, www.djh-mv.de.

Außerhalb **Hotel Speicher am Ziegelsee** 1, edel-gemütliches Ambiente in einem sorgfältig restaurierten Getreidespeicher aus dem Jahr 1939, etwas einsam auf weiter Flur und direkt am Ziegelsee gelegen, knapp 2 km außerhalb der Innenstadt. 79 Zimmer auf insgesamt acht Stockwerken, sehr geschmackvolle Einrichtung mit Korbmöbeln und Terrakotta, im Erdgeschoss Lobby mit Kamin und Bar, das Gourmet-Restaurant *aurum*, Anleger und Terrasse direkt am See. Sauna, Massagen, Kosmetik. Anfahrt: von der Innenstadt der Werder-

straße stadtauswärts folgen (Richtung Wismar/B 104), dann links ab (ausgeschildert). EZ 85–105 €, DZ 105–135 €, Studio 130–145 €, jeweils inkl. Frühstück, kostenlos W-LAN in allen Zimmern. Hund 12 €/Nacht. Es gibt auch einige Raucherzimmer. Speicherstr. 11, 19055 Schwerin, ✆ 0385-50030, ✉ 0385-5003111, www.speicher-hotel.de.

Seehotel Frankenhorst 2, Best-Western-Hotel (vier Sterne) an einem Seegrundstück knapp 5 km außerhalb von Schwerin. Sehr ruhige Lage, die Zimmer verteilen sich auf vier Gebäude, der hintere Flachdachbau erinnert durch die Parkplätze davor ein wenig an ein Motel. Im Inneren jedoch sehr elegant, einladend und modern eingerichtet. Schöne Bäder, Pantry-Küche, Flachbildschirm und kleine Veranda davor. Im Haupthaus Bar, Restaurant und Wintergarten, zum Hotel gehört ein riesiger Garten samt Badestelle und Bootsanleger (auch Weiße Flotte nach Schwerin), außerdem Sauna und Whirlpool. Anfahrt: Die B 104 in nördliche Richtung (Güstrow), dann links ab, beschildert. EZ/DZ 129–169 €, diverse Sonderangebote im Internet. Frühstück (großes Buffet) 12 € pro Pers. Hunde erlaubt. Frankenhorst 5, 19055 Schwerin, ✆ 0385-592220, ✉ 0385-59222145, www.seehotel.bestwestern.de.

Camping Ferienpark Seehof, schön ruhig am See gelegener, einladender Campingplatz bei der gleichnamigen Ortschaft nördlich von Schwerin, bestens ausgeschildert. Mit Gaststätte, Fahrradverleih, eigenem Seestrand und Bootsanleger, die angeschlossene **Segelschule** gibt nach Voranmeldung Kurse (www.bootsfahrschule-schwerin.de), auch Bootsverleih. Netter Service, ganzjährig geöffnet. Erw. 5 €, Kinder (2–14 J.) 3,50 €, Auto 2 €, Zelt 4–6 €, Stellplatz Wohnmobil (inkl. 2 Pers. und Strom) 19–28 €, Hund 1 €, Motorboot-Liegeplatz 4,50 €, Familienbad 6 €, Finnhütte (2 Pers.) 30–40 €, Mobilheim (4 Pers.) 85 €, Mietzelt 4 Pers. 40 €. Fahrradverleih 6 €/Tag, Kajak/Canadier 26–32 €/Tag, auch Segel und Motorbootverleih. Am Zeltplatz 1, 19069 Seehof, ✆ 0385-512540, ✉ 0385-5814170, www.ferienpark-seehof.de.

⟨ Essen & Trinken ⟩ (→ Karte S. 73)

Weinhaus Uhle 16, gediegen-elegantes Restaurant im historischen Saal (Menüs zu 31,50 und 38,50 €); etwas legerer ist die angeschlossene Weinwirtschaft mit großer Bar, dazwischen die Raucherlounge. Freundlicher und zuvorkommender Service, in der Weinwirtschaft Mo–Fr Businesslunch zu 10 €. Abends regelmäßig Livemusik, Weindegustationen etc. Auch von Lesern empfohlen. Mittags und abends geöffnet. Schusterstr. 13–15, 19055 Schwerin, ✆ 0385-4773030, www.weinrestaurant-uhle.de.

Niederländischer Hof 4, dieses sehr stilvolle, vielfach prämierte Restaurant im gleichnamigen Hotel bietet ein 3-Gänge-Menü für 32,90 € (6 Gänge 50,90 €). Günstiger Mittagstisch. Gepflegtes Ambiente. Tägl. mittags und abends geöffnet. Alexandrinenstr. 12–13, ✆ 0385-591100.

Weinhaus Wöhler 8, verwinkelter Fachwerkbau aus dem Jahr 1819, neben den einladenden Historischen Stuben (Restaurant) gibt es auch eine Weinbar und im Sommer Gartenbetrieb, außerdem noch eine Weinhandlung. Hervorragende Küche mit zuvorkommendem Service, feiner Fisch, aber auch Deftiges (z. B. das hausgemachte Sauerfleisch). Leicht gehobenes Preisniveau, Hauptgerichte um 15–20 €. Mittags und abends geöffnet. Puschkinstr. 26, ✆ 0385-555830, www.weinhaus-woehler.de.

Fischrestaurant Lukas 14, beliebtes Fischlokal im Bistrostil. Regionale Fischgerichte ebenso wie Garnelen und Steaks, leicht gehobene Preise. Zentrale Lage unweit des Marktes. Mittags und abends geöffnet. Großer Moor 5, ✆ 0385-565935.

Weinhaus Krömer 15, das historische Gebäude – ehemals die „Großherzogliche Dampfwäscherei" – gegenüber dem Marstall beherbergt heute ein Weinhaus mit beachtlicher Auswahl, samt Bistro, Restaurant und Biergarten. Günstige Mittagsgerichte, abends etwas kostenintensiver. Großer Moor 56, ✆ 0385-562956, www.kroemer-schwerin.de.

Zum Stadtkrug 9, gemütliches Brauhaus mit Kupferkessel und natürlich eigenem Bier, dazu mittags und abends deftige Küche, auch Burger, Steaks etc., nicht teuer. Im Sommer kleiner Biergarten. Wismarsche Str. 126, ✆ 0385-5936693, www.altstadtbrauhaus.de.

Alt Schweriner Schankstuben 13, schöne Lage am Schlachtermarkt, im Sommer mit Terrasse auf dem Platz. Zwei rustikale Gasträume, gutbürgerliche regionale Küche, nicht teuer. Mittags und abends geöffnet. Am Schlachtermarkt 9–13, ✆ 0385-5925313, www.schankstuben.de.

Restaurant-Café Friedrich's am Pfaffenteich , schönes Kaffeehaus-Ambiente im neoklassizistischen „Kücken-Haus", auch draußen nett zum Sitzen; mittleres Preisniveau. Geöffnet tägl. 11–24 Uhr. Friedrichstr. 2, ✆ 0385-555473, www.restaurant-friedrichs.com.

Restaurant/Café Wallenstein 🄴, in Bestlage am Anleger der Weißen Flotte (Ticketverkauf nebenan), schöne Holzterrasse direkt am Wasser und gegenüber vom Schloss, hier lässt es sich stundenlang in der Sonne aushalten. Durchgehend warme Küche, darunter Deftiges wie Labskaus und Grünkohl, zudem Kaffee, Kuchen, Waffeln und Windbeutel. Abends auch Cocktailbar. Tägl. 10–23 Uhr (in der Nebensaison 11–22 Uhr). Werderstr. 140, ✆ 0385-5577755, www.restaurantwallenstein.de.

Cafés   Restaurant/Café **Orangerie** 🄴, schöne Terrasse im gepflegten Burggarten, Kaffee und Kuchen (teuer), Eis, zudem ein wenig kalte Küche. April bis Okt. tägl. 11–20 Uhr, So ab 10 Uhr (Brunch). Im Sommer Konzerte. Lennéstr. 1, ✆ 0385-5252915.

Café Prag 🄴, Traditionscafé und Restaurant in einem noblen Stadthaus, einst die Hofkonditorei des nahe gelegenen Schlosses. Wer auf dem Weg vom Markt zum

Schloss ist, stößt unweigerlich auf das Café Prag. Terrasse davor. Ganztägig bis 19 Uhr, So bis 18 Uhr geöffnet. Puschkinstr. 64, ✆ 0385-565909.

Café Röntgen 🄴, am Markt in der Altstadt, man sitzt erhöht in einem hellen Säulengang ein paar Stufen oberhalb des Platzes. Bekannt für gute Torten und Kuchen, ganztägig bis 18 Uhr geöffnet. Am Markt 1, ✆ 0385-5213740.

Kneipen   **Freischütz** 🄴, nette Kneipe am Ziegenmarkt (unterhalb der Schelfkirche) mit eher jüngerem Publikum, günstige Tagesgerichte, günstig auch die Getränke. Im Sommer einige Tische draußen an der Straße. Mo–Fr ab 9 Uhr geöffnet (Frühstück und wechselnder Mittagstisch), Sa/So ab 17.30 Uhr, Küche bis 24 Uhr. Ziegenmarkt 11, ✆ 0385-568655, www.zum-freischuetz.de.

Nachtleben   Einige Cafés/Bars und Kneipen am Südufer des Pfaffenteichs, z. B. das **Friedrich's** (→ oben) oder – fast nebenan – das **Bolero** 🄴 in der Mecklenburger Str. 2. Cocktails gibt es in der Bar **Phillies** 🄴 in der Wittenburger Str. 51 (hinter dem Schlosspark-Center), ✆ 0385-713101.

Die **Spielbank Schwerin** 🄴 befindet sich in der Wurm-Passage beim Marienplatz: Automaten, einarmige Banditen usw. Tägl. 10–2 Uhr, klassisches Spiel 19–2 Uhr, Fr/Sa jeweils 3 Uhr. Klöresgang 3, ✆ 0385-593300.

Dolce Vita – am Schweriner Marktplatz

Fotogen: auf der Schlossinsel bei der Orangerie

Sehenswertes

Hauptanziehungspunkt ist natürlich das prächtige Schweriner *Schloss* mit seinen repräsentativen Räumlichkeiten – ohne Schlossbesichtigung bleibt ein Schwerin-Besuch unvollständig. Über die Schlossbrücke kommt man zum wenige Meter entfernten *Alten Garten,* der heute von Staatstheater, Staatlichem Museum und Kollegienhaus umrahmt wird. Auf der *Schlossstraße* gelangt man von hier – entlang diverser klassizistischer Repräsentativbauten, in denen heute die Landesregierung logiert – zum hektisch-modernen *Marienplatz* im Herzen der Innenstadt. Links ab über die Puschkinstraße geht es zum *Marktplatz*, hinter dem der *Dom* der Stadt unmittelbar aufragt. Von dieser beschaulichen Ecke Schwerins erreicht man in wenigen Minuten (z. B. über die Puschkinstraße) die *Schelfstadt.* Nur einen Katzensprung weiter westlich liegt der *Pfaffenteich,* Schwerins „Binnenalster". Auch hier am städtischen See reihen sich zahlreiche historische Repräsentativbauten, an seinem Südufer laden eine riesige Freitreppe und diverse Cafés zur Rast ein.

Schloss und Schlossgarten

Schloss: Ein imposantes Bauwerk, das sich auf einer winzigen Insel wie aus dem Wasser zu erheben scheint. Unzählige Türmchen und Aufbauten lassen an die Schlösser an der Loire denken, und in der Tat fühlte sich *Georg Adolph Demmler* (1804–1886), der wichtigste Baumeister des Schweriner Schlosses, vom Château Chambord im Loire-Tal inspiriert, wenn auch einige Jahrhunderte nach der Erbauung des prächtigen französischen Renaissanceschlosses.

Über eine Befestigung der heutigen Burginsel berichtete bereits im Jahr 973 ein arabischer Kaufmann namens *Ibrahim ibn Jacub.* Anfang des 11. Jh. ist von der Burg „Zuarin" des Obotritenfürsten *Niklot* die Rede, die 1160 durch den Sachsen *Heinrich den*

Schwerin → Karte S. 73

Löwen (1129–1195) eingenommen und zur ersten Residenz der Grafschaft Schwerin erkoren wurde. Es folgten erste Ausbauten auf der Burginsel, bis Herzog *Johann Albrecht I.* (1525–1576) im 16. Jh. das Bauwerk anlässlich seiner Hochzeit in weiten Teilen im Renaissancestil umgestalten ließ. 1560–1563 wurde die Schlosskirche angebaut, seinerzeit der erste protestantische Kirchenneubau in Mecklenburg. 1756 verließen die Fürsten Schwerin und errichteten sich eine Residenz im etwa 40 km südlich gelegenen Ludwigslust (→ S. 88), kehrten aber 1837 wieder hierher zurück.

Das ehemals prächtige Schloss war mittlerweile kaum noch bewohnbar, so dass Großherzog *Paul Friedrich* (1800–1842) plante eine neue Residenz am heutigen Alten Garten, sein Nachfolger *Friedrich Franz II.* (1823–1883) entschloss sich jedoch, das Schloss stattdessen großteils umzubauen und zu diesem Zweck Teile des alten Gebäudes abreißen zu lassen – nur zur Seeseite hin blieben Elemente des typisch mecklenburgischen Renaissancebaus aus dem 16. Jh. erhalten. Der bereits erwähnte Schweriner Hofbaurat Demmler und sein Architektenkollege *Hermann Willebrand* (1816–1899) bauten zwischen 1843 und 1851 weite Teile der Anlage im Stil der Neorenaissance um. Der spätere Baumeister *Friedrich August Stüler* (1800–1865) veränderte die Fassade zur Stadtseite hin und fügte hier das Reiterstandbild des Obotritenfürsten Niklot wie auch die prachtvolle Goldkuppel an. Die feierliche Eröffnung des neuen Schlosses fand 1857 statt.

1913 zerstörte ein Brand weite Teile des Schlosses, das 1919 zum Staatseigentum erklärt wurde. Nach langen Restaurierungsarbeiten wurde hier 1921 ein erstes Schlossmuseum eröffnet (bis 1945), von 1952 bis 1981 diente das Gebäude als Pädagogische Schule, an der Kindergärtnerinnen ausgebildet wurden. 1974 begann man erneut mit Restaurierungsarbeiten, die noch immer nicht abgeschlossen sind. Seit Herbst 1990 hat der Landtag Mecklenburg-Vorpommerns hier seinen Sitz.

Ein guter Geist – das Petermännchen

Ein kleines, altes Männchen mit grauem Bart und Federhut, einer Laterne in der Hand und einem Schwert, dazu einem Schlüsselbund – so ist er auf Bildern zu sehen: der Schweriner Schlossgeist, der hier seit Jahrhunderten wohnt und das Böse aus der Stadt vertreibt.

Der Sage nach ist das Petermännchen der einzige übrig gebliebene Diener eines heidnischen Gottes der Tempelburg an der Stelle des heutigen Schlosses. Seine Dienerkollegen zogen sich – nachdem die Gottheit vor den nahenden Christen geflohen war – nach Petersberg bei Pinnow (östlich von Schwerin) zurück, daher auch der Name des Kobolds. Das Petermännchen aber blieb und bewachte fortan die Burg, verjagte unrechtmäßige Eindringlinge und belohnte die Guten. Seinen Schlossherren war es dabei stets treu ergeben. Bekanntestes Opfer des umtriebigen Kobolds war Wallenstein, kaiserlicher Generalissimus während des Dreißigjährigen Krieges. Der hatte Gefallen am Schweriner Schloss gefunden und beabsichtigte, sich hier niederzulassen. Doch schon in der ersten Nacht im neuen Zuhause setzte ihm das Petermännchen ordentlich zu, machte mächtig Lärm, zog ihm die Bettdecke weg und zwickte und boxte den Feldherrn die ganze Nacht hindurch, sodass dieser am nächsten Tag entnervt in einen anderen Flügel des Schlosses umzog. Doch auch dort erging es ihm nicht besser, im Gegenteil, der Schlossgeist ließ Wallenstein nächtens sogar noch ein Ahnenbild auf den Kopf fallen – der Feldherr reiste am nächsten Morgen ab und kam nie wieder.

Exklusive Sitzgelegenheit: im Thronsaal des Schweriner Schlosses

Der *Rundgang* durch das Schloss führt zunächst hinauf in die *Beletage* (zweiter Stock), wo sich die Wohngemächer der herzoglichen Familie befanden – u. a. das „Silvesterzimmer" mit einem Renaissancekamin von 1616, das Speisezimmer mit kunstvoll gefertigtem Parkettboden und kostbarer Wandvertäfelung, die „Rote Audienz" mit handgewebter roter Tapete, das Teezimmer (ursprünglich der älteste Raum des Schlosses), das runde Blumenzimmer mit Freitreppe, Stuckdecke und Deckenmalerei sowie der „Blaue Salon" mit blauer Seiden-/Damasttapete und handgeschnitzten Wandkonsolen.

Am Aufgang zur *Festetage* (dritter Stock) ist ein altes Modell des Schlosses zu bewundern, oben angekommen, befindet man sich in den Repräsentationsräumen: Bibliothek und Adjutantenzimmer, das Billardzimmer mit Delfter Fayencen und schließlich der Thronsaal, der historisch wertvollste Raum des Schlosses mit kunstvollem Intarsienparkett, einem vergoldeten Thronsessel mit Baldachin (dahinter das Wappen von Mecklenburg) und Säulen aus Carrara-Marmor, dem original erhaltenen Kronleuchter und aufwändigem Deckengemälde nebst Stuckarbeiten. Die anschließende Ahnengalerie zeigt alle mecklenburgischen Fürsten von 1348 bis 1800.

Wer die Besichtigung des Schlossmuseums vervollständigen will, findet im ersten Stock (den ehemaligen Kinderzimmern der herzoglichen Familie) eine umfangreiche *Porzellansammlung* sowie eine Gemäldeausstellung mit Werken aus dem 18. bis 20. Jh. (Aufgang gegenüber der Kasse im Erdgeschoss).

Wieder draußen, lohnt es sich, einmal komplett um das Schloss herumzugehen: Der *Burggarten* wurde von Joseph Lenné (1789–1866) im englischen Stil konzipiert, wobei auch die Dachterrassen der *Orangerie* (heute Café) gartenarchitektonisch mit einbezogen wurden. Die diversen Räumlichkeiten des Schlosses (u. a. Thronsaal, Ahnengalerie, Schlosskirche und Orangerie) bieten im Sommer den Rahmen für klassische Konzerte (Programm bei der Touristinformation). In der Beletage (zweiter Stock) befindet sich das gediegene *Schlossrestaurant* (✆ 0385-5252915). Zurzeit immer donnerstags um 18 Uhr finden unter dem Namen „Rendezvous" verschiedene Veranstaltungen im Schloss statt: Lesungen, Konzerte, Filmabende, Sonderführungen etc. (Infos an der Kasse bzw. bei der Touristinformation).

Schlossmuseum: 15. April bis 14. Okt. tägl. 10–18 Uhr, im Winter Di–So 10–17 Uhr, Mo geschlossen. Eintritt 6 €, erm. 4 €, Kinder unter 6 J. frei. Führungen durch Beletage und Festetage tägl. 11 und 13.30 Uhr, im Sommer auch 12 und 15 Uhr, in den Wintermonaten nur Di–Fr 11.30 Uhr, Sa/So 11.30 und 13.30 Uhr, Dauer 1 Std. 3 €/Pers., erm. 2 €. Audioguide 2 €. Lennéstr. 1, 19053 Schwerin, ✆ 0385-5252920, 📧 0385-563091, www.schloss-schwerin.de. Die **Schlosskirche** ist bis ca. 2013 wegen Restaurierung geschlossen.

Schlossgarten: Über die alte Drehbrücke erreicht man vom Schloss aus in südlicher Richtung den Schlossgarten, der um 1670 als barocker Lustgarten angelegt wurde. Knapp ein Jahrhundert später wurde gemäß der Mode der Zeit der von 14 Skulpturen (u. a. antike Götter, Allegorien der Jahreszeiten) und zwei Laubengängen gesäumte Kreuzkanal angelegt. Auffälligstes Monument ist allerdings das Reiterdenkmal von Großherzog *Friedrich Franz II.* (1823–1883) von 1893. Links vom oberen Ende des Kreuzkanals gelangt man nach wenigen Schritten zum Grünhausgarten, einer Verlängerung des Schlossparks. Der Grünhaus-

Im Innenhof des Schlosses

garten stammt aus der Zeit um 1840 und wurde unter der Leitung des Landschaftsarchitekten *Joseph Lenné* (1789–1866) im so genannten englischen Stil realisiert. Lenné hatte auch den Burggarten rund um das Schloss gestaltet. 2009 war der Schlossgarten Hauptausstellungsfläche der Bundesgartenschau.

Schleifmühle: Südlich des Grünhausgartens, am „Faulen See", steht die Schweriner Schleifmühle, ein altes Fachwerkhaus mit großem Mühlrad. 1705 ursprünglich als Pulvermühle gebaut, später eine Graupenmühle, nutzte man die Kraft des Wasserrads ab 1757 für eine Steinschleiferei, die u. a. auch die Bauherren des Schweriner Schlosses belieferte. 1862 erfolgte der Umbau zur Wollspinnerei, 1904 wurde das Anwesen wegen Baufälligkeit stillgelegt und 1985 schließlich als Schauanlage und Museum wiedereröffnet. Der *Rundgang* durch das Mühlengebäude (im Obergeschoss zwei kleine Ausstellungsräume mit historischen Dokumenten, Schaubildern, alten Fotografien, geschliffenen Steinen und Halbedelsteinen) mündet in ein wirklich ohrenbetäubendes Erlebnis, wenn die Mühlenanlage zu Demonstrationszwecken angeworfen wird und der „Müller" in einer etwa 10-minütigen Vorführung die durch Wasserkraft betriebene Steinsäge bedient. Sehenswert!

April bis Nov. tägl. 10–17 Uhr, im Winter nur nach Voranmeldung. Eintritt 3 €, erm. 2 €, Familienkarte 7 €, Kinder unter 6 J. frei. Schleifmühlweg 1, 19061 Schwerin, ✆ 0385-562751, www.schleifmuehle-schwerin.de.

Alter Garten

Ein etwas leerer, riesiger Platz auf der Stadtseite des Schlosses, um den sich Staats-kanzlei, Altes Palais, Staatstheater, Staatliches Museum und Schloss gruppieren. Um 1630 wurde hier ein Garten angelegt, der mit dem Bau des eigentlichen Schlossgartens um 1670 aber an Bedeutung verlor, zum „Alten Garten" umbenannt wurde und bald verwahrloste; später befand sich hier ein Exerzierplatz. Heute ist der Alte Garten mit seinem gelungenen Ensemble klassizistischer Bauten das Herz des Schweriner Regierungsviertels, im Sommer bietet er den Rahmen für die Opernaufführungen der Schlossfestspiele.

Ältestes Gebäude am Platz ist ein vergleichsweise schmächtig wirkender Fachwerk-bau, das *Alte Palais* aus dem 18. Jh., das Großherzog *Paul Friedrich* (1800–1842) nebst Gattin Alexandrine als Wohnsitz diente. Deutlich mehr Eindruck hinterlässt das *Mecklenburgische Staatstheater* gleich rechts nebenan – ein prachtvolles Ge-bäude mit Säulen und Giebel, das 1883–1886 unter der Leitung von Baurat *Georg Daniel* (1829–1913) entstand. Ein von Demmler entworfener Vorgängerbau war kurz zuvor abgebrannt. An der Nordostseite des Alten Gartens blickt man nun auf das *Staatliche Museum* (→ unten) von 1882, das vielleicht bedeutendste Kunstmu-seum Mecklenburg-Vorpommerns; auch hier wird die Vorderfront von Säulen und einem Giebel im neoklassizistischen Stil dominiert. Das Museum wurde bereits 1837 von Demmler als neues Palais für Großherzog Paul Friedrich geplant, blieb aber unvollendet. Dem Museum gegenüber, am anderen Ende des Alten Gartens und direkt am Ufer des Burgsees, steht die 32 m hohe *Siegessäule* (1874), die an den Deutsch-Französischen Krieg von 1870/71 erinnert. Oberhalb davon, am Beginn der Schlossstraße mit ihren repräsentativen Bauten, steht linker Hand schließlich das *Kollegienhaus*, die heutige *Staatskanzlei,* das zwischen 1825 und 1834 gebaut wurde. Die streng klassizistische Fassade entstand nach Plänen Demmlers: drei Flü-gel mit einem ionischen Säulenportikus in der Mitte, die Giebel gekrönt von Dar-stellungen antiker Götter. Rechts an die Staatskanzlei schließt die 1892 von Georg Daniel konzipierte *Neue Regierung* an. Verbunden sind beide Gebäude durch einen über Arkaden verlaufenden Übergang, den der Volksmund spöttisch „Höhere Beamtenlaufbahn" nennt – oder auch „Seufzerbrücke" nach den Klagelauten der Beamten und Politiker, die angesichts leerer Kassen auf dem Rückweg vom Büro des Ministerpräsidenten ausgestoßen werden.

Staatliches Museum: Der klassizistische Prachtbau präsentiert eine beachtliche Kunstsammlung oftmals hochrangiger Meister aus vier Jahrhunderten und zählt – neben dem Schloss – zu den bedeutendsten Sehenswürdigkeiten Mecklenburgs.

Das *Erdgeschoss* ist dem 20. Jh. vorbehalten, zu sehen sind u. a. eine große *Marcel-Duchamp*-Ausstellung und einige Werke von *Man Ray*. Über eine Wendeltreppe geht es hinauf ins *Obergeschoss*: Rechts davon stößt man zunächst auf die *Galerie Alter Meister* mit Werken der deutschen Spätgotik und Renaissance sowie einer umfangreichen Sammlung holländischer und flämischer Malerei des 17. Jh., die teilweise thematisch angeordnet ist: ein Saal Stillleben, ein Saal Porträts usw. Zu finden sind unter den manchmal recht eng gehängten Gemälden u. a. auch Werke von Rembrandt, Lucas Cranach (Vater und Sohn), Rubens und Frans Hals sowie des französischen Hofmalers Jean-Baptiste Oudry mit zahlreichen Jagdszenen.

Wendet man sich von der Wendeltreppe nach links, gelangt man zur *Galerie Neuer Meister* mit Werken aus dem 19. und 20. Jh., u. a. von Caspar David Friedrich, Ale-xander von Jawlenski, Pablo Picasso, Lovis Corinth und Max Liebermann. In einem

Die idyllische Seite der Landeshauptstadt: am Schweriner See

Nebenraum sind 15 Bronzen von *Ernst Barlach* (Stiftung Bölkow) zu sehen. Im Erdgeschoss befindet sich ein großer *Museumsshop* (viele Kunstbücher und Bildbände) mit Cafeteria.

15. April bis 14. Okt. Di/Mi und Fr–So 10–18 Uhr, Do 12–20 Uhr, im Winter nur bis 17 Uhr und Do 13–20 Uhr. Eintritt 5 €, erm. 3,50 €, mit Sonderausstellung 8 € bzw. 6 €. Audioguide 2 €. Führungen Sa 14 Uhr und So 11 Uhr, Dauer ca. 1 Std., 3 €, erm. 2 €. Alter Garten 3, 19055 Schwerin, ✆ 0385-59580, www.museum-schwerin.de.

Marstall: Das sorgfältig restaurierte, von zwei Kastanienbäumen flankierte, gelbe Gebäude – einst die herzogliche Reithalle – stammt wie so vieles in der Stadt von Hofbaumeister Demmler.

Von hier führt die Straße mit dem einprägsamen Namen „Großer Moor" zur Puschkinstraße: ein breiter Straßenzug mit einigen schönen Fachwerkhäusern aus dem 18. Jh., aber auch zahlreichen Neubauten aus den 1970er Jahren.

Das Technische Landesmuseum, das bis 2011 im Marstall untergebracht war, zieht derzeit um nach Wismar (Eröffnung dort als „Phantechnikum" voraussichtlich im Herbst 2012).

Altstädtischer Markt

Der Altstädtische Markt ist das Herz der Stadt, ein lebendiger Platz, zwar ohne Marktgeschehen, aber mit einigen architektonischen Sehenswürdigkeiten. Auffälligster Bau ist zweifelsohne das *Neue Gebäude* oder auch „Säulengebäude" an der Nordseite des Platzes, in dem heute das Café Röntgen untergebracht ist. Ursprünglich wurde das Gebäude unter Herzog *Friedrich dem Frommen* (1717–1785) in den Jahren 1783–1785 als Markthalle gebaut.

Zweiter optischer Blickfang des Platzes ist das *Alte Rathaus* mit der 1835 aufgesetzten Fassade im (neugotischen) Tudorstil, hinter der sich vier alte Giebelhäuser verbergen. Bereits im Jahr 1351 ist hier ein erstes Rathaus dokumentiert. Auf der mittleren Zinne des Rathauses thront die kleine, aber strahlend goldene Reiterstatue des Stadtgründers *Heinrichs des Löwen* (1129–1195), dem auch das zweite Denkmal am Platz, eine Löwenplastik vor dem Neuen Gebäude, gewidmet ist. Letztere wurde 1995 anlässlich des 800. Todestags des Stadtgründers hier aufgestellt.

Ein Durchgang am Rathaus führt vom Altstädtischen Markt zum *Schlachtermarkt*, heute der eigentliche Marktplatz Schwerins (Markt Mi und Fr tagsüber). Mit seinen alten Fachwerkhäusern, hohen Bäumen und dem modernen Brunnen „Von Herrn Pastor sien Kauh" (1978) zählt er zu den schönsten Plätzen der Stadt. Bis 1938 befand sich hier im Haus Nr. 3 die Schweriner Synagoge (bei der Pogromnacht am 9. November 1938 zerstört), deren Neubau sich heute im Innenhof des Gebäudes befindet.

Der Dom

Die imposante dreischiffige Basilika mit mächtigem, ebenfalls dreischiffigem Querhaus entstand ab 1270 anstelle eines romanischen Vorgängerbaus. Da sich die Arbeiten bis ins 15. Jh. hineinzogen, weist das Gewölbe bereits spätgotische Einflüsse auf. So ist das ältere Langhaus mit einem Kreuzrippengewölbe versehen, das Querhaus dagegen aufwändiger mit einem Netz-, die Vierung mit einem Sterngewölbe. Der Raumeindruck der Basilika ist majestätisch und licht. Anders als beispielsweise in der zeitgleich entstandenen Zisterzienserkirche von Bad Doberan dominiert hier nicht das warme Rot des Backsteins, sondern ein strahlendes Weiß, das von grauen Diensten (kleine, vorgestellte Säulen) sowie roten und grünen Gewölberippen durchbrochen wird. Der 1327 fertig gestellte Chorumgang wird von einem so genannten Kapellenkranz abgeschlossen.

Von der gotischen Innenausstattung ist, nachdem die einstige Bischofs- und Klosterkirche zu einer evangelischen Pfarrkirche geworden war, nicht mehr viel erhalten. Das auffälligste Kunstwerk, das um 1420 entstandene und als Lebensbaum ge-

Blick über den Pfaffenteich auf Schwerins Dom ...

... und zurück vom Domturm aus auf der Paffenteich

staltete Triumphkreuz, stammt aus der 1945 zerstörten Marienkirche in Wismar. Das bedeutendste Stück ist der gotische Flügelaltar (um 1490), in dessen Mitteltafel ein detailreiches Sandsteinrelief (ebenfalls um 1420) eingearbeitet wurde. Diese Mitteltafel zeigt eine Kreuzigungsszene, links davon St. Georg, rechts über einem drastisch ausgearbeiteten Höllenschlund die Auferstehung Christi. Am ältesten ist das achteckige eiserne Taufbecken (1325), das noch aus dem Vorgängerbau stammt. Die übrige Ausstattung ist vor allem neugotisch geprägt und wurde während einer Restaurierung des Doms Mitte des 19. Jh. hinzugefügt. Das Bild der Kreuzigung am Altar malte *Gaston Lenthe*, von dem auch das Altarbild der Schelfkirche stammt (s. u.).

Neugotisch ist auch der Kirchturm, der anstelle des niedrigeren gotischen Turms Ende des 19. Jh. errichtet wurde. Abgeschlossen von einem spitzen, kupfergedeckten Helm, erhebt sich der Turm 117,5 m in die Höhe und prägt die Silhouette der Stadt. Wer sich die 220 Stufen hinaufquält, wird mit einem grandiosen Blick über die Stadt und die umliegenden Seen belohnt. An die Nordflanke schließen sich noch die Reste des ehemaligen Klosters an, die Thomaskapelle und der hübsche Kreuzgang.

Mai bis Okt. Mo–Sa 10–17 Uhr, So 12–17 Uhr geöffnet, im Winterhalbjahr Mo–Sa 11–14 Uhr, So 12–14 Uhr. Eintritt frei, eine Spende von 1 € wird erbeten. Turmbesteigung bis 30 Min. vor Schließung (2 €, Kinder 1 €). Domführungen: im Sommer Di 11 Uhr, Do 16 Uhr, Sa 14 Uhr, im Winter nur Sa 11 Uhr; 2 €.

Schelfstadt

Die „Schelfe", was so viel bedeutet wie „Land zwischen den Wassern", erstreckt sich etwa zwischen Pfaffenteich, Ziegelinnensee, Werderstraße sowie Friedrich- bzw. Burgstraße. Bereits 1284 befand sich das Gebiet im Besitz der Bischöfe, damals ein einfaches kleines Fischerdorf mit einer Pfarrkirche. 1705 ernannte Herzog *Friedrich Wilhelm* (1675–1713) die Schelfe zu einer selbstständigen Stadt mit eigener Verwaltung, der „Schelfstadt" (oder „Neustadt"), und ließ diese auch städtebaulich umgestalten: Es entstanden geradwinklige Straßenzüge mit ein- bis zweigeschossigen Fachwerkbauten, deren Zentrum der Schelfmarkt mit der gleichnamigen Kirche bildet. Heute zählt die Schelfstadt zu den schönsten und beschaulichsten Ecken Schwerins.

Schelfkirche (St. Nikolai): Der barocke Backsteinbau mit dem Grundriss eines griechischen Kreuzes entstand in den Jahren 1708–1713 ebenfalls im Auftrag von Friedrich Wilhelm nach Plänen des Ingenieurs *Jacob Reutz*. Ein früherer gotischer Kirchenbau (St. Nikolai von 1238) erschien für die neue Stadt zu klein und wurde für den Neubau abgerissen. Als einziger echter barocker Kirchenbau und erste große nachreformatorische Kirche ganz Mecklenburgs hat die Schelfkirche heute besondere Bedeutung. Das Kircheninnere stammt von einer Renovierung aus dem Jahr 1858, sehenswert ist das Altarbild von *Gaston Lenthe* (1805–1860), dem Hofmaler von Großherzog Paul Friedrich. Die Fürstengruft unter dem Altar kann besichtigt werden (Licht kostet 1 €, Vorsicht, steile Treppe). Die Fassade der Schelfkirche wurde zwischen 1983 und 1995 umfassend saniert. Ganztägig geöffnet.

Schleswig-Holstein-Haus: In dem Barockhaus von 1737 befindet sich seit 1995 ein wichtiges kulturelles Zentrum Schwerins: Wechselnde Ausstellungen, Lesungen, Chor- und Gospelkonzerte, Kammermusik und vieles mehr füllen den Veranstaltungskalender, eine ständige Ausstellung ist darüber hinaus der klassischen Moderne gewidmet.

Tägl. 10–18 Uhr und zu Veranstaltungen. Eintritt 3 €, erm. 2 €. Puschkinstr. 12, 19055 Schwerin, ☎ 0385-555527.

Um den Pfaffenteich

In einer natürlichen Senke wurde der Pfaffenteich („Papendiek", so genannt, weil er sich im Besitz der Kirche befand) bereits im 12. Jh. als künstlicher See aufgestaut. Damals markierte der kleinste See Schwerins noch die nördliche Grenze der Stadt. Wiederum ist es dem Stadtarchitekten Demmler zu verdanken, dass sich der See heute so harmonisch in das Stadtbild einfügt: Im Zuge der innerstädtischen Ausdehnung um 1840 ließ er die Ufer befestigen und einen repräsentativen Rundweg mit Lindenallee um den See herum anlegen.

Repräsentativ sind auch die noblen Bürgerhäuser, die hier bald darauf entstanden: am Südufer des Sees zunächst das gelbe *Wohnhaus Demmlers* (Arsenalstraße, Ecke Mecklenburger Straße), an der Ecke zur Friedrichstraße das *Kückenhaus* von 1868 (heute Café Friedrich) des Komponisten und Hofkapellmeisters *Friedrich Kücken* (1810–1882). Blickfang am Südufer des Sees ist allerdings das *Arsenal* schräg gegenüber: Der ockerfarbene Bau im Stil der englischen Tudorgotik entstand zwischen 1840 und 1844 ebenfalls nach Plänen von Demmler und beherbergte neben Kaserne, Zeughaus, Stallungen und Werkstätten auch das Militärgericht und das Gefängnis der Stadt. Nach umfangreicher Restaurierung befindet sich hier heute das Innenministerium von Mecklenburg-Vorpommern.

Die kleine *Pfaffenteichfähre* pendelt regelmäßig zwischen dem Ost- und Westufer des Sees und erlaubt schöne Ausblicke auf das Südufer mitsamt den Wasserkaskaden. Auf dem Pfaffenteich finden alljährlich im August die bekannten Drachenbootrennen statt.

Sonnenaufgang über dem Schweriner See

Um den Schweriner See

Deutschlands viertgrößter See (61,5 qkm) liegt in unmittelbarer Umgebung der Landeshauptstadt und ist bestens erschlossen, an seinem Nord- und Ostufer jedoch fast noch Brachland. Nur wenige Hotels und eine Kurklinik finden sich am Ostufer, Strände gibt es kaum. Ab und zu stemmt sich ein hartgesottener Surfer oder Segler gegen den Wind, ansonsten bleibt die Gegend menschenleer. Das sumpfige Nordufer des Schweriner Sees kann ohnehin nur weiträumig umfahren werden.

Zippendorfer Strand: Der Hausstrand von Schwerin liegt am südlichen Ufer des Schweriner (Innen-)Sees. Der schöne Sandstrand zieht die Badegäste hier schon seit Anfang des 19. Jh. an, um die Jahrhundertwende entstand dann die Strandpromenade mit den repräsentativen Villen. Am Strand Beachvolleyball, Bootsanleger, Imbissbuden, Gaststätten und einige Unterkunftsmöglichkeiten. Zippendorf selbst ist ein ruhiger Ort mit großer Seniorenresidenz am Waldrand.

Vom Zippendorfer Strand fällt der Blick auf die beiden Inseln *Kaninchenwerder* und *Ziegelwerder*, zwei unbewohnte Naturschutzgebiete, die zahlreichen Wasservögeln als Brutplatz dienen.

Anfahrt Mit dem Pkw: Zippendorf liegt ca. 3 km südlich von Schwerin; auf der B 321 Richtung Güstrow, dann links ab, beschildert. Großer gebührenpflichtiger Parkplatz am Strand.

Mit dem Tram/Bus: Tram Linie 1 oder 2 ab Marienplatz (Richtung Hegelstraße) bis Stauffenbergstraße, dort umsteigen in den Bus Linie 6 (Richtung Pinnow) bis Zippendorfer Strand.

Zu Fuß/mit dem Fahrrad: Im Schweriner Schlossgarten auf den Franzosenweg einbiegen und diesem (vorbei am Zoo) immer folgen, zu Fuß ca. 45 Min.

Weiße Flotte: Im Sommer wird der Zippendorfer Strand mehrmals tägl. von den Schiffen der Weißen Flotte angefahren (einfache Fahrt 5,50 €, Details → S. 69).

Freilichtmuseum Mueß: Ein schöner Ausflug zu den Traditionen bäuerlichen Lebens in Mecklenburg. Der etwa einstündige Rundgang führt durch rund 20 Gebäude aus dem 18. bis ins frühe 20. Jh., die zwischen 1970 und 1989 restauriert und

Im Freilichtmuseum Mueß

für die Besucher mit viel Liebe zum Detail hergerichtet wurden, darunter Bauernhäuser und Scheunen, Dorfschmiede, Büdnerei (Hallenhaus norddeutscher Kleinbauern), Spritzenhaus und eine Dorfschule. Zudem gibt es einen Kräutergarten, einen überdachten Backofen und diverse landwirtschaftliche Geräte. Ein günstiges
Café (mit Terrasse) befindet sich auf dem Gelände, ein Museumsshop am Eingang.

April bis Sept. Di–So 10–18 Uhr (Einlass bis
17.30 Uhr), Okt. Di–So 10–17 Uhr, im Winter
nur So 10–17 Uhr. Eintritt 3,50 €, Kinder/Ju-
gendliche unter 18 J. 2,50 €, Familienkarte
7 €. Alte Crivitzer Landstr. 13, 19063 Schwerin. ✆ 0385-208410.

Anfahrt   Von Schwerin zunächst in südlicher Richtung nach Zippendorf und dann in
den Nachbarort Mueß. Dort ist das Freilichtmuseum bestens ausgeschildert. Mit Tram
Nr. 1 oder 2 ab Marienplatz (Richtung Hegelstraße) bis Stauffenbergstraße, dort umsteigen in den Bus Nr. 6 (Richtung Pinnow);
das Museum hat eine eigene Haltestelle.

Essen & Trinken/Einkaufen   Fischereihof Mueß, neben dem Museum und direkt
am Schweriner See gelegen; hier gibt es
frischen und geräucherten Fisch. Ganzjährig geöffnet, Mo 8–11 Uhr, Di–Fr 8–18 Uhr,
Sa 8–12 Uhr, So geschl. Zum Alten Bauernhof 7 a, ✆ 0385-201670.

Am Ostufer des Schweriner Sees

Felder, so weit das Auge reicht, durchschnitten von kilometerlangen Alleen, Bauernhöfe und stillgelegte Agrarbetriebe am Wegesrand, hier und da ein kleines, ruhi-
ges Dorf, aber auch die Autobahn A 14 nach Wismar – die Ostseite des Schweriner
Sees in Stichworten. Idyllisch ist die Gegend nicht (bis auf wenige Oasen), eher
wirkt sie verlassen, und das trotz relativer Nähe zur Landeshauptstadt. Etwa in der
Mitte des lang gezogenen Sees hilft der *Paulsdamm* (B 104) zwischen Wickendorf
und Rampe ein wenig Wegstrecke sparen, größter Ort der Gegend ist das verschlafene 5000-Einwohner-Städtchen **Crivitz** mit einigen schönen Fachwerkhäusern.

Ganz im Südosten des Schweriner Sees zeigt sich **Raben Steinfeld** mit seinen Häusern im englischen Landhausstil noch relativ idyllisch (Campingplatz am See
→ Camping). Am Ortsrand erinnert ein Denkmal an den Todesmarsch der Häft-

linge aus den Konzentrationslagern von Sachsenhausen und Ravensbrück, der hier am 2. Mai 1945 mit der Befreiung durch die Rote Armee endete.

Etwa 6 km nördlich von Raben Steinfeld erweckt **Leezen** (mit Kurklinik) einen etwas trostlosen Eindruck, ebenso wie das benachbarte **Rampe** und **Retgendorf** noch weiter nördlich am See. Ein Lichtblick ist **Flessenow** mit seinem schönen Hotel direkt am Ufer (→ Übernachten).

Übernachten Schloss Basthorst, ein gutes Stück außerhalb von Schwerin gelegen, ein wunderschönes Anwesen in ruhiger Lage und mitten im Grünen, hinter dem Park erstreckt sich der Glambecksee – ideal für Ruhesuchende. Die Gegend ist wie geschaffen für Spaziergänge und Radtouren, auch Bootsverleih. Das Hotel verfügt über ein gehobenes Restaurant, Bar, Bibliothek, Wintergarten und Terrasse, dazu ein großzügiger Wellnessbereich mit Schwimmbad, Sauna und Dampfbad, Sprudelbad, Massagen und Kosmetikbehandlungen. Der Golfplatz (S. 70) in Vorbeck ist gleich um die Ecke. Insgesamt 45 moderne Zimmer auf mehrere Gebäude verteilt, edel eingerichtet, auch Suiten. Restaurant tägl. 12–21 Uhr, nachmittags Kaffee und Kuchen. Anfahrt: von Schwerin die B 321 Richtung Crivitz/Parchim nehmen, in Crivitz links Richtung Pinnow, dann Richtung Gädebehn/Kladow und schließlich Richtung Basthorst/Schloss Basthorst. EZ 97–105 €, DZ 128–144 €, Suite 162–210 €, jeweils inkl. Frühstück. Appartements 126–158 € (hier Frühstück 14 € extra pro Pers.). Hund 15 €/Tag. Schlossstr. 18, 19089 Crivitz/OT Basthorst, ✆ 03863-5250, ℡ 03863-525555, www.schloss-basthorst.de.

Hotel Seewisch, in Flessenow. Gepflegtes Hotel in moderner Backstein-Fachwerk-Optik, ebenfalls in schöner, aber sehr abgeschiedener Lage, quasi direkt am See, mit Liegewiese. Restaurant mit Terrasse (Seeblick), außerdem Sauna, Fahrrad- und Bootsverleih. Schick eingerichtete Zimmer, je nach Ausstattung mit Balkon (Seeblick). Anfahrt: ca. 16 km von Schwerin, am schnellsten über den Paulsdamm zu erreichen, dann über Rampe und Retgendorf nach Flessenow. EZ 82–93 €, DZ 116–134 €, jeweils inkl. Frühstück. Am Schweriner See 1d, 19067 Dobin am See/OT Flessenow, ✆ 03866-46110, ℡ 03866-4611166, www.seewisch.de.

Camping Süduferperle, in Raben Steinfeld, direkt am See gelegen. Platz mit viel Baumbestand, Liegeplätzen und Restaurant. Hier befindet sich auch die Poseidon-**Tauchschule**: Anfänger- und Fortgeschrittenenkurse, Ausrüstungsverleih und Tauchausflüge (www.schwerin-tauchen.de). Auch Bootsverleih, Kanus, Ruder- und Motorboote. Ganzjährig geöffnet. Anfahrt: in Raben Steinfeld ausgeschildert. Stellplatz Wohnmobil/-wagen und 2 Pers. 23 €, Stellplatz Zelt plus 2 Pers. 18–20 €, Mietwohnwagen inkl. 2 Pers. 46 €. Ansonsten pro Pers. 5 €, Kinder 2–14 J. 3,50 €, Hund 2,50 €, Auto 3 €, Motorrad 2,50 €, Strom 2,50 €, Boot 3,60–5 €. Forststr. 19, 19065 Raben Steinfeld, ✆ 03860-312, ℡ 03860-501636, www.sueduferperle.de.

Golf → S. 70.

Am Westufer des Schweriner Sees

Ebenfalls eher abgelegen, aber doch deutlich dichter besiedelt und verkehrsreicher als das Ostufer. Zwischen dem Ort **Hohen Viecheln** am Nordufer des Sees und Bad Kleinen überquert man den *Wallensteingraben*, einen im 16. Jh. angelegten Kanal, der den Schweriner See mit der Ostsee verbindet. Bei einer Tiefe von maximal einem halben Meter hat er jedoch keinen Nutzen für den Wassertourismus, über einen Ausbau wird nachgedacht.

Bad Kleinen muss man nicht gesehen haben, schon eher das südlich benachbarte **Schloss Wiligrad** in schöner Lage am See: Das Schloss wurde in den Jahren 1896–1898 im Auftrag des mecklenburgischen Herzogs Johann Albrecht erbaut, der hier bis zu seinem Tod im Jahr 1920 lebte. Umgeben ist das Anwesen von einem sehenswerten Skulpturenpark und einem über 200 ha großen Wald- und Landschaftspark mit vielen exotischen Bäumen. In einigen Räumen des Schlosses unterhält der Kunstverein Wiligrad e. V. eine *Galerie* mit wechselnden Ausstellungen; Schloss-

Um den Schweriner See → Karte S. 94/95

führungen sind nach Voranmeldung möglich. Unweit des Schlosses wird im Sommer – bei gutem Wetter – ein Gartencafé betrieben (✆ 03867-612703). Schloss Wiligrad war einer der Außenstandorte der Bundesgartenschau 2009 in Schwerin.

Galerie: Während Ausstellungen Di–Sa 10–17 Uhr, So 11–17 Uhr, Mo geschlossen. *Anfahrt:* am Nordende von Lübstorf Richtung See abbiegen (beschildert), dann 2 km durch den Wald zum Schloss. Kunstverein Wiligrad e. V., Schloss Wiligrad, 19069 Lübstorf, ✆ 03867-8801, ✎ 03867-7450, www.kunstverein-wiligrad.de.

Abstecher nach Ludwigslust   ca. 12.500 Einwohner

Etwa 40 km südlich von Schwerin ließ sich Herzog Friedrich von Mecklenburg-Schwerin eigens eine prächtige Residenz auf dem Lande errichten. Und das Ergebnis konnte sich damals wie heute sehen lassen.

Mit der bereits bestehenden Planstadt der Verwandtschaft, der Nachbar-Residenz Neustrelitz, konnte Ludwigslust allemal mithalten: barock strukturierte Straßenzüge mit einer weiten Hauptachse, ein respektables Schloss mit Wasserspielen und ein prächtiger Schlossgarten.

Anfang des 18. Jh. gab es noch kein Ludwigslust, nur ein kleines Dorf namens Klenow am Rand eines wildreichen Waldes. Der Jagdleidenschaft Herzog *Christian II. Ludwig* geschuldet wurde in das Lieblingsrevier des Herzogs nicht nur ein kleines Jagdschloss gestellt, sondern der Ort auch umgetauft in *Ludwigs-Lust.* Erst der Sohn Ludwigs aber, Friedrich, begann aus dem waidmännischen Refugium eine formidable Residenz zu machen, nachdem er diese 1764 von Schwerin nach Ludwigslust verlegt hatte. Der feinsinnige *Friedrich*, Herzog von Mecklenburg-Schwerin, auch „der Fromme" genannt, kannte viele Tugenden, Sparsamkeit gehörte aber nicht dazu. Neben dem bescheidenen Jagdschloss entstand nach Plänen des Architekten *Johann Joachim Busch* 1772–1776 ein repräsentatives Schloss. Zuvor war bereits die Stadtkirche errichtet worden (1765–1770), für die Busch ebenso verant-

Schloss Ludwigslust

wortlich zeichnete, wie auch die Planung der streng strukturierten Stadtanlage auf ihn zurückging. Busch prägte bis zum Ende des 18. Jh. das architektonische Bild der Residenzstadt, sein Nachfolger war *Johann Georg Barca*, der nach 1808 in Ludwigslust wirkte. Vorbei war es mit der höfischen Pracht, als Großherzog *Paul Friedrich* im Jahr 1837 die Residenz wieder zurück nach Schwerin verlegen ließ, Ludwigslust diente nunmehr nur noch als Sommerfrische und Jagdschloss. Bereits in den 1920er Jahren waren einige Räume des Westflügels des Schlosses für die Öffentlichkeit zugänglich gemacht worden, die herzogliche Familie lebte hier jedoch bis 1945.

Heute wirkt das Städtchen ein wenig verschlafen, mal abgesehen von den vielen Besuchern rund um Schloss und Schlosspark. Geradlinige Straßenzüge mit niedrigen Backstein- oder Fachwerkhäusern, eine spätbarocke Planstadt eben, in der sich das gemächliche Kleinstadtleben abspielt.

Information   Ludwigslust-Information, Mai bis Sept. Mo/Di und Do/Fr 10–18 Uhr, Mi 10–12 Uhr, Sa/So 10–15 Uhr, Mitte Sept. bis April Mo–Fr 10–12 Uhr, Mo/Do 13–16 Uhr, Di 13–18 Uhr. Schlossstr. 36, 19288 Ludwigslust, ☎ 03874-526251, 📠 526109, www.stadtludwigslust.de.

Übernachten/Essen & Trinken   Landhotel de Weimar, unweit des Schlossplatzes gelegen, viel gelobtes Hotel mit einschlägig prämiertem Restaurant *Ambiente* (mittags und abends geöffnet, im Winter So Ruhetag), entsprechend schmuck ist selbiges. Der Innenhof des Hauses wird von einer Glaskonstruktion überdacht und bildet eine Art „internen Wintergarten", in dem es sich stilvoll speisen lässt. Hübsche, individuell eingerichtete Zimmer. EZ 59–75 €, DZ 85–150 €, Suiten 160–220 €, jeweils einschließlich opulentem Frühstücksbuffet. Schlossstr. 15, 19288 Ludwigslust, ☎ 03874-4180, 📠 03874-418190, www.landhotel-de-weimar.de.

Alte Wache, Kaffeehaus und Restaurant. Das ehemalige, 1853 erbaute und nun sorgsam restaurierte Wachgebäude liegt direkt am Schlossplatz. Innen sitzt man in einem kleinen Raum in stilvollem Ambiente, mächtige Kronleuchter hängen von der Decke, in der Ecke steht ein gusseiserner Zierofen. Im Sommer sitzt man auch herrlich draußen, in bzw. vor dem prächtigen Portikus. Abends kleine, aber ausgewählte Karte, für das Gebotene relativ günstig. Geöffnet Di–Sa ab 11–22 Uhr, So nur bis 18 Uhr, Mo Ruhetag, im Winter eingeschränkt. Schlossfreiheit 8, ☎ 03874-570353.

Schweizerhaus, Restaurant und Café mitten im Schlosspark, im weiß verputzten Fachwerkhaus mit steilem Rohrdach aus dem späten 18. Jh., herrliche Terrasse, bodenständige Küche zu (trotz der exklusiven Lage) akzeptablen Preisen, besonders beliebt natürlich auch zu Kaffee und Kuchen, wann genießt man schon einmal eine Prinzregententorte mitten im Schlosspark? Nur zur Saison geöffnet, wechselnde Öffnungszeiten, tägl. bis etwa 17 bzw. 18 Uhr. Schlossgarten 7, ☎ 03874-21986 oder 03874-22015, www.schweizerhaus-ludwigslust.de.

Sehenswertes

Zunächst ist Ludwigslust an sich sehenswert: die barocke Stadtanlage mit der Schlossstraße als lange und breite Achse, die über den kreisrunden Alexandrinenplatz mit dem Standbild der reitenden Alexandrine, Tochter der Königin Luise und Gattin von Paul Friedrich von Mecklenburg-Schwerin, zum Schlossplatz führt; dann das Schloss samt Schlossplatz und umliegender Gebäude; der Schlossgarten, der zu den schönsten Landschaftsgärten Norddeutschlands gehört, und und und.

Schloss (mit Museum): Dass das bescheidene kleine Jagdschloss in Sachen Repräsentanz keine Dauerlösung sein konnte, war nach dem Tod von Herzog *Christian II. Ludwig* im Jahr 1756 schnell klar, zumal es das bisherige Schloss an Komfort deutlich mangeln ließ. Seinem Sohn *Friedrich dem Frommen*, dem sittenstrengen Schöngeist, gefiel es ebenfalls gut in Ludwigslust, und er gab deshalb das neue Residenzschloss in Auftrag, das unter Hofbaumeister *Johann Joachim Busch* (1720–

1802) in den Jahren 1772–1776 ausgeführt wurde. Von ihm stammen auch die Entwürfe für den Schlossplatz, Kanal und Kaskade sowie, hinter den Kaskaden, den Bassinplatz, der von zahlreichen Backsteinhäusern umgeben wird: seinerzeit die Wohnhäuser von Adel und Hofstaat.

Ludwigsluster Carton

Die Idee ist so einfach wie genial, das Rezept dazu streng geheim: mit Ludwigsluster Carton ließ sich im Ludwigslust des späten 18. Jh. fast jede Illusion erzeugen, seien es antike Statuen wie die *Venus Medici* (1786) nach Vorbild der Originalskulptur aus den Uffizien von Florenz oder Terrakottafiguren wie *La Frileuse* nach Antoine Houdon (ebenfalls um 1790). Dazu kommen die unzähligen goldenen Ornamente und Applikationen in den Räumlichkeiten der Festetage im Schloss. Nicht Marmor, gebrannter Stein oder gar Gold sind hier zu sehen, sondern schlicht und einfach raffiniert und täuschend echt bearbeitetes Papier! Wie genau das Rezept für das erstaunlich wetterfeste Papiermaché lautet, haben die Meister am Hof des Herzogs mit ins Grab genommen. Auf alle Fälle gehörten altes und unbrauchbar gewordenes Papier, Mehl und Leim zu den Ingredienzien der Ludwigsluster Illusionen, das ergab zumindest die penible Buchführung am Ludwigsluster Hof. In den 1820er Jahren schwand dann das Interesse an der Pappdekoration, die eigens gegründete Ludwigsluster Carton-Fabrique ging 1835 pleite, die Dekorationen und Skulpturen aus Papiermaché haben aber noch heute Bestand.

Das Schloss selbst wurde aus Ziegeln errichtet und mit einer für Mecklenburg eher untypischen Sandsteinfassade überzogen. Es entstand ein dreigeschossiger, symmetrischer Bau, der stilistisch zwischen Spätbarock und Klassizismus zu verorten ist. 1777, die Innenausstattung war noch nicht fertig, zog der Herzog bereits in sein neues Zuhause, im gleichen Jahr ließ er das alte Schloss in weiten Teilen abtragen. Besonders beachtenswert an der Fassade sind die *Attikafiguren* am Dach des Schlosses: Zu sehen sind 40 Statuen, die Allegorien zur Kunst, den Tugenden und besonders zur Wissenschaft darstellen, nicht aber zur Schauspielkunst, die der fromme Friedrich verabscheute. Die mittlere Figurengruppe der Kaskade gegenüber vom Schloss stellt Allegorien der Flüsse *Rögnitz* und *Stör* dar.

Zu besichtigen sind im Inneren des Schlosses die Räumlichkeiten der Festetage: Zuerst führt der *Rundgang* durch den Ostflügel (die Gemächer des Herzogs Friedrich), dann in den zentralen „Goldenen Saal" in der Mitte und schließlich durch den Westflügel (die Gemächer von Friedrichs Gemahlin Louise Friederike). Die prächtigen Dekorationen und Ornamente wurden – und das ist das Besondere – aus Papiermaché gefertigt und später vergoldet bzw. mit einer Messinglegierung angestrichen. Das Papier für diese Scheinpracht, den so genannten *Ludwigsluster Carton*, ließ man sich aus den mecklenburgischen Amtsstuben liefern – Recycling im späten 18. Jh., das seine Wirkung nicht verfehlte. Besonders der völlig symmetrische Goldene Saal weist eine beeindruckende vergoldete Verzierung auf.

Auffällig in den Räumlichkeiten des Schlosses sind auch die Korkmodelle meist antiker Bauwerke und die *Figurentafeln* von *Georg David Matthieu* aus den 1760er Jahren: diese lebensgroßen Figuren von Mitgliedern des Adels wurden in den Sälen aufgestellt und wirkten – durch den Spiegel über Eck betrachtet – verblüffend echt, wenn auch ein wenig unheimlich. Darüber hinaus sind noch kostbare originale Möbel der Herzogsfamilie zu sehen, außerdem Gemälde u. a. des französischen Hofmalers *Jean-Baptiste Oudry* sowie zahlreiche weitere Gemälde aus dem späten 18. und frühen 19. Jh.

Die Räumlichkeiten im Erdgeschoss sind wechselnden Ausstellungen vorbehalten. Einen Buchladen gibt es am Eingang (bei der Kasse), nebenan befindet sich das Café/Restaurant im historischen Jagdschloss-Ambiente. Im Sommer werden im Goldenen Saal des Schlosses die Ludwigsluster Schlosskonzerte veranstaltet (Infos bei der Touristinfo oder im Schloss selbst).

Schloss Ludwigslust mit Museum: Mitte April bis Mitte Okt. tägl. 10–18 Uhr, im Winterhalbjahr Di–So 10–17 Uhr (Mo geschl.), Einlass bis 30 Min. vor Schließung. Eintritt 3 €, erm. 2 €, Familien 7,50 €. Führungen finden im Sommerhalbjahr tägl. um 14 Uhr statt, Sa/So auch um 11 und 15 Uhr, im Winter nur Sa/So 14 Uhr, 3 €, erm. 2 €. Schlossfreiheit 1, 19288 Ludwigslust, ☎ 03874-571915, 🖷 03874-571919, www.schloss-ludwigslust.de.

Herbststimmung im Park

Schlosspark und Schlossplatz: zweifellos eine der schönsten Parkanlagen in Mecklenburg-Vorpommern, wenn nicht der ganzen Republik. Ein Besuch in Ludwigslust bleibt unvollständig, wenn man nicht auch einen Rundgang durch den Park macht – und sei es nur ein kurzer Spaziergang im Rücken des Schlosses. Auch wenn der Park in seiner Anlage deutlich älter ist, ist er in seiner heutigen Form vor allem ein Werk des preußischen Gartenbaugenies *Peter Joseph Lenné*. Lenné integrierte die bestehenden, immer wieder erweiterten Parkanlagen – u. a. den barocken Garten, den englischen Park, den langen Kanal mit den Wasserspielen, der Mitte des 18. Jh. entstanden war und nicht nur der Belustigung, sondern v. a. der Bewässerung diente – und schuf daraus einen weitläufigen, herrlichen Landschaftspark. Zahlreiche Bauwerke, Skulpturen und Parkelemente sind in dem Park zu entdecken: darunter der genannte Kanal (1756–1763) mit Kaskaden und Wasserspielen, die neugotische Katholische Kirche (1803–1809), klassizistische Mausoleen für Herzoginnen, der Louisenteich samt Denkmal, lange prächtige Alleen usw.

Um den Schlossplatz gruppieren sich zahlreiche sehenswerte Gebäude, darunter ein paar sehr hübsche, niedrige Fachwerkhäuser und die klassizistische *Wache*. Gegenüber vom Schloss befinden sich die *Großen Kaskaden* von 1780. Auf einer Achse mit Schloss und Kaskaden liegt schließlich die *Schlosskirche* (1765–1770), die mit der mächtigen, vorgelagerten Säulenhalle eher wie ein Tempel wirkt.

Im Westen der Seenplatte

Östlich von Schwerin öffnet sich eine typisch mecklenburgische Landschaft: Abgelegen verstecken sich ein paar Bauerndörfer inmitten eines lieblichen Landstrichs, ein, zwei Kleinstädte liegen auf dem Weg, Felder und Wiesen, durchzogen von Waldstücken und Flüssen, breiten sich über sanfte Hügel, und hin und wieder rückt ein See blau leuchtend in den Blick.

Zuallererst sind da natürlich der Sternberger See, der Goldberger See und der Krakower See zu nennen, jeweils mit den dazugehörigen Orten Sternberg, Goldberg und Krakow. Die Seen liegen ein wenig vereinzelt und abseits der touristischen Hauptrouten und Zielgebiete. Rund um Sternberg erstreckt sich der noch junge *Naturpark Sternberger Seenland* (S. 97), der bei Goldberg nahtlos in den *Naturpark Nossentiner/Schwinzer Heide* (S. 118) übergeht. Kultureller Höhepunkt im Westen ist zweifellos das schöne Güstrow mit seinem sehenswerten Schloss, der Altstadt und nicht zuletzt den Spuren, die sein berühmtester Bewohner hinterlassen hat: der Bildhauer und Schriftsteller Ernst Barlach.

Im *Naturpark Sternberger Seenland* finden Freizeitkanuten auf der Warnow und dem kleinen Nebenfluss Mildenitz ein herrliches Revier. Am Plauer See beginnen dann die langen und verzweigten Wasserwege der Mecklenburgischen Seenplatte. Von hier aus gelangen die Wasserwanderer via Kanal und stromgleichen Seen über Fleesensee und Kölpinsee zur Müritz.

Aber auch trockenen Fußes findet sich entlang der vielgestaltigen Ufer einiges an Sehenswertem, wie der (zuweilen schwelende) Teerofen von Sparow, die Slawensiedlung im Archäologische Landesmuseum Groß Raden, der herrliche Natur- und Umweltpark bei Güstrow oder der Bärenwald bei Bad Stuer – oder, kleinstädtisch urban, das beschauliche Plau am See (das eigentlich nicht am See liegt) sowie das fotogene Malchow, dessen Altstadt sich wiederum *im* See, genauer gesagt auf einer Insel im See, befindet.

Neukloster

ca. 4000 Einwohner

Der Name trügt und trügt auch nicht. Richtig ist, dass Neukloster auf ein von *Heinrich Borwin I.* begründetes Kloster für Benediktinerinnen zurückgeht: *campus solis*, Sonnenkamp, wie das Kloster hieß. „Neu" war diese Gründung im Jahr 1219 jedoch nur insofern, als die Gründung eines Klosters bei Neubukow wenige Jahre zuvor gescheitert war. So kamen die Nonnen an den hiesigen See und blieben. Die Siedler aber, die sich, vom Kloster angezogen, hier niederließen, nannten ihre neue Heimstatt *Neues Kloster*, bis 1250 hatte sich dann der Name Neukloster durchgesetzt. Die Nonnen, die mittlerweile wohl aufgrund der Nähe zu Bad Doberan die Regeln der Zisterzienser angenommen hatten, schufen hier ein blühendes Gemeinwesen.

Von der einst mächtigen Klosteranlage sind die Kirche, der Glockenturm und die Propstei erhalten. Im Zuge der Reformation wurde das Kloster 1555 säkularisiert. Nach dem Dreißigjährigen Krieg fiel Neukloster mit Wismar an Schweden und blieb bis 1803 (de jure bis 1903) unter der Herrschaft der Drei Kronen (zuerst auf 100 Jahre an Mecklenburg verpachtet, dann von den Schweden nicht zurückgefordert).

Mit dem Bau der *Klosterkirche* wurde nach der Gründung des Klosters 1219/1220 begonnen. 1236 wurde der Altar geweiht, die Kirche schließlich 1240 fertiggestellt. Über einem kreuzförmigen Grundriss war eine einschiffige, spätromanische Backsteinkirche mit Querschiff und ohne Turm entstanden. 1865 wurde die Kirche restauriert und teilweise umgestaltet – so wurde der Dachreiter mit hoch aufragender Spitzhaube über die Vierung gesetzt. Im Innenraum sind Chor und Querschiff eingewölbt, während das Langschiff von einer bemalten Holzdecke abgeschlossen wird (ebenfalls 1865 erneuert). Einzigartig sind die Glasmalereien der Klosterkirche – es sind die ältesten in Mecklenburg: Schon 1240 wurde die Kirche mit kunstvoll bemalten, schlanken Fenstern geschmückt, von denen drei (restauriert und ergänzt) noch erhalten sind. Dargestellt sind u. a. die heilige Elisabeth von Thüringen und die heilige Katharina. Ursprünglich im Langhaus eingesetzt, bilden die Kunst-

werke aus Glas heute die Chorfenster. In einem kleinen Nebenraum am Ende des Langschiffs verdeutlicht ein Holzmodell die Größe des Klosters in seiner Blütezeit.
Klosterkirche St. Maria und Johannes : Im Sommer Mo–Fr 10–12 und 14–16 Uhr, im Winterhalbjahr eingeschränkt, Führungen nach Anmeldung unter ☎ 038422-25451.

Die um 1400 erbaute *Propstei,* ein langes Backsteingebäude mit schöner Staffelgiebelfront, dient heute als Kindertagesstätte. Der *Glockenturm* (in seinen Ursprüngen aus der Zeit um 1500) brannte 1989 aus, wurde aber wieder instand gesetzt. Der sorgfältig hergerichtete *Klosterpark* im Rücken von Propstei und Kirche war eine der Außenstellen der Schweriner Bundesgartenschau 2009. Um den ehemaligen Klosterhof gruppieren sich neben Glockenturm und Propstei in schön restaurierten Backstein-Fachwerkhäusern ein Schullandheim (mit kleinem Hochseilgarten beim

Klosterpark) und das *Museum*. Hier kann man sich in drei Räumen über Stadtgeschichte, Arbeitswelt und Alltag der Handwerker und Bauern informieren. Den Garten schmücken ein paar Findlinge, im Schuppen ist landwirtschaftliches Gerät zu sehen; vor dem Haus gibt es einen kleinen Kräutergarten.

Museum: Di–Sa 10–16 Uhr, Eintritt frei, Spende erwünscht. Am Klosterhof 1, 23992 Neukloster, ☎ 038422-45478.

Der Ort Neukloster rund um den Alten und den Neuen Markt ist eine beschauliche Kleinstadt. Am Ortsausgang Richtung Bützow findet sich eine *Badeanstalt* am Neuklostersee. Rund um den See führt ein etwa 10 km langer Wanderweg (nur teilweise direkt am Ufer). Deutlich kürzer (ca. 3 km) ist der Spaziergang rund um die Halbinsel südlich der Klosteranlage (beide Touren lassen sich kombinieren).

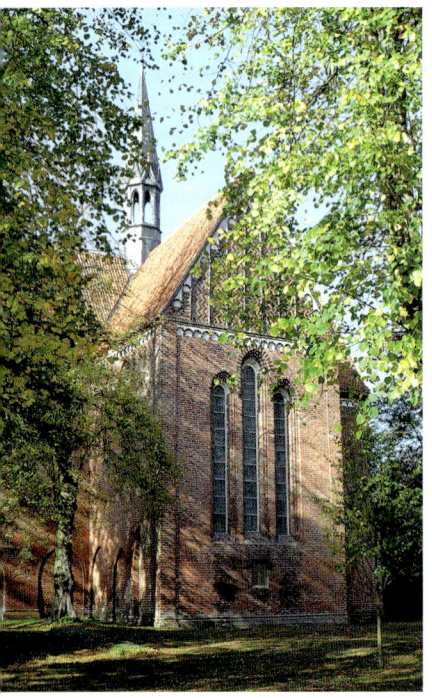

Im Laub verborgen:
die Kirche von Neukloster

Information Touristinformation Neukloster, im Rathaus, Hauptstr. 27, 23992 Neukloster, ✆ 038422-44030, www.neukloster.de.

Baden Badeanstalt Neukloster, knapp
1 km vom Zentrum entfernt, am östlichen
Ortsausgang (Richtung Bützow): eine der
wenigen Badestelle am Neuklostersee samt
Umkleiden, Liegewiese, Restaurant *Schöne
Aussicht* und einem etwas altertümlichen
Steg, daneben ein Bootsverleih (Mai bis Okt.).

Übernachten/Essen **»» Unser Tipp:**
Seehotel, eine Oase! Herrliche Anlage 2 km
südlich von Neukloster am Ufer des Neu-
klostersees. Stilvoll eingerichtete Zimmer,
die sich auf die Gebäude des Anwesens
verteilen. Schick auch das Restaurant im
Haupthaus mit Wintergarten und Terrasse
zum See (tägl. mittags und abends geöffnet,
abends reservieren). In der Badescheune
befinden sich Pool, Saunen und Spa-Bereich, am See ein Badestrand samt Steg,
Strandkorb und Liegewiese, auch Bootsverleih, in der Kunstscheune ist Raum für Veranstaltungen (u. a. für die Festspiele Mecklenburg-Vorpommern), Konzerte und Seminare.
Die Gänsebar schließlich (Gänsefotogalerie
an der Wand) ist der perfekte Ort für einen
Absacker. Im Ortsteil Nakenstorf südlich von
Neukloster (beschildert). Das luxuriöse Idyll
hat natürlich seinen Preis: EZ 80–110 €, DZ
130–180 €, Suite 170–220 €, jeweils inkl. Frühstück und Nutzung des Spa-Bereichs.
Halbpension 31–33 €, Hund 8 €/Tag. Seestr.
1, 23992 Neukloster, ✆ 038422-4570, 🖷 038422-
45717, www.seehotel-neuklostersee.de. **«««**

Warin   ca. 3500 Einwohner

In eine zauberhafte Landschaft eingebettet, liegt Warin im nordwestlichen Eck des
Naturparks Sternberger Seenland. Schon im 13. Jh. hatte es die Bischöfe aus Schwe-
rin nach Warin gezogen, die den Ort zu ihrer Sommerfrische wählten. Heute ist
Warin ein beschauliches Städtchen. Im Ortskern residiert vor der neugotischen
Kirche das neue *Naturparkzentrum Sternberger Seenland* (S. 97). Ein schönes
Strandbad mit grüner Wiese und Spielplatz liegt am Großen Wariner See (etwas
abgelegen, aber beschildert).

Rund um Warin findet man sich in einer lieblichen Gegend aus sanften Hügeln
wieder, bedeckt von Weiden, Feldern und Wäldern – und blau funkelnden Seen in
den Niederungen. Warin selbst liegt zwischen *Großem Wariner See* und *Glammsee*
in einer Senke, südlich davon dehnt sich der *Tempziner See* aus, etwas weiter im
Osten der *Großlabenzer See*. Die Wanderwege wie auch die Bade- und Angelstellen
der von Schilf und Wald gesäumten Seen liegen fernab ausgetretener Touristenpfa-
de und versprechen Ruhe und intakte Natur.

Wariner Fremdenverkehrsverein: tägl. Mo–Fr 9.30–12 Uhr, Mo–Mi und Fr 14–16 Uhr, Do
14–16 Uhr, Sa 9.30–11.30 Uhr; im Winter nur Mo–Di 9.30–12 und 14–16 Uhr. Am Markt 4a,
19417 Warin, ✆ 038482-60431, www.warin.de.

Naturpark Sternberger Seenland

Der erst 2004 eingerichtete Naturpark erstreckt sich über knapp 540 qkm. Er reicht von Neukloster hinunter bis fast an das Ostufer des Schweriner Sees, nördlich von Goldberg schließt er an den *Naturpark Nossentiner/ Schwinzer Heide* an. Landschaftlich geprägt wird der Naturpark Sternberger Seenland von zwei Endmoränenzügen, Hinterlassenschaften der letzten Eiszeit, sowie von über 80 Seen, deren Entstehung zumeist auf Toteisblöcke und glaziale Schmelzwasserrinnen zurückgeht. Die größten sind der Neuklostersee, der Große Wariner See, der Großlabenzer See und der Große Sternberger See. An den schilfreichen Seeufern, in gewundenen Flussniederungen, abgelegenen Mooren und zahlreichen Söllen (von Toteisblöcken hinterlassene Feuchtgebiete → S. 17), aber auch auf großen Weideflächen und in ausgedehnten Wäldern finden zahllose Tierarten einen intakten Lebensraum. Bemerkenswert sind vor allem die Biberbestände (in Alt Necheln gibt es im „Haus Biber & Co" eine Naturschutzstation, die sich mit dem geschickten Nager befasst; Anmeldung unter ☎ 038483-20845) und die See- und Fischadler. Zuletzt wurden ein gutes Dutzend Seeadler-Paare rund um Warin gezählt. Eine geologische Besonderheit der Gegend stellt der *Sternberger Kuchen* dar (S. 18).

Mit dem *Naturparkzentrum Sternberger Seenland* in Warin ist neben einer Informationsstelle auch eine kleine Ausstellung entstanden. Interessant und auch kindgerecht aufbereitet, kann man sich in drei Räumen über den hiesigen Naturraum informieren. Auch geführte Wanderungen, Rad- und Kanutouren im Naturpark werden angeboten.

Naturparkzentrum Sternberger Seenland: Mai bis Sept. tägl. 10–18 Uhr, Okt. bis April Mo–Fr 10–16 Uhr (außerhalb dieser Zeiten nach tel. Absprache). Am Markt 1, 19417 Warin, ☎ 038482-22059, 🖷 038482-22342, www.np-sternberger-seenland.de.

Schloss Kaarz

Eine herrliche kopfsteingepflasterte Allee zweigt wenige Kilometer vor Sternberg zum kleinen Dorf Kaarz ab. Das prächtige Schloss Kaarz, um 1873 im spätklassizistischen Stil umgebaut und erweitert, steht in der hügeligen Endmoränenlandschaft in schöner Lage auf einer Anhöhe. Um das Schloss erstreckt sich auf 70.000 qm ein wunderschöner *Park*. Ursprünglich von einem Lenné-Schüler 1873 angelegt, wurde der Park um die Jahrhundertwende zu einem englischen Landschaftsgarten umgestaltet. Viel älter als die Parkanlage sind die bis zu 500 Jahre alten Eichen und Blutbuchen, daneben finden sich allerlei exotischer Baumbestand, wie Zypressen oder ein eindrucksvoller nordamerikanischer Mammutbaum, sowie der landschaftsparkobligatorische Teich. An den glücklicherweise frei zugänglichen Park grenzt eine alte Streuobstwiese an.

Anfahrt In Weitendorf von der B 104 nach Süden abbiegen, dann noch knapp 3 km bis Kaarz.

Übernachten ⟫ Unser Tipp: **Schloss Kaarz**, das schmucke Schloss wurde bald nach der Wende komplett saniert und beherbergt seither ein sympathisches Hotel. Ein ruhiger, idyllischer Ort zum Entspannen; sehr freundliche Hotelleitung. Im Haus stehen den Gästen eine Bibliothek und zwei Salons (einer davon mit Kamin und Flügel) zur Verfügung. In einem Salon ist das Restaurant untergebracht (nur für Hausgäste und nach Voranmeldung, gedie-

Im Westen der Seenplatte   → Karte S. 94/95 und 120

Schloss Kaarz – einladende Herberge mit prächtigem Landschaftspark

genes Ambiente, im schönsten Sinne alt-modisch, gute regionale Küche). Nachmit-tags Cafébetrieb, bei schönem Wetter auf der Terrasse. Vom Schlosstürmchen ge-nießt man einen weiten Blick über die Um-gebung. Zudem Tennisplatz, Sauna, Fahrrad-verleih. Hunde willkommen. Vermietet wer-den acht großzügige DZ und zwölf Ferien-wohnungen, je nach Größe 99–119 €/Tag, 4-Bett-Suite 169 €, inkl. Frühstücksbüfett, Hun-de 8 €. 19412 Kaarz, ☎ 038483-3080, ☏ 038483-30840, www.schloss-kaarz.m-vp.de. **«**

Sternberger See

Die Sternberger Seenplatte ist seit 2004 als Naturpark mit entsprechenden Schutz-bestimmungen ausgewiesen. Zentrum der Seenlandschaft ist der Große Sternber-ger See (der mit 2,5 qkm allerdings recht klein ausfällt); seine überwiegend bewach-senen Ufer ermöglichen jedoch kaum eine touristische Nutzung, ausgewiesene Ba-destellen gibt es lediglich bei Sternberg. Die Mildenitz durchfließt den See in Rich-tung Norden und mündet bei der Sternberger Burg in die Warnow Richtung Ost-see. Kulturhistorischer Höhepunkt der Gegend ist die slawische Tempelanlage von Groß Raden etwas nordöstlich des Sees.

Sternberg   ca. 4300 Einwohner

Das ruhige, kleine Städtchen liegt im Zentrum der Sternberger Seenplatte und des gleichnamigen Naturparks. Sternberg geht auf eine alte slawische Siedlung zurück, die 1248 erstmals erwähnt wurde, als ihr das Stadtrecht verliehen wurde. Heute rühmt sich der Ort als „staatlich anerkannter Erholungsort", nicht zuletzt dank der schönen Lage oberhalb des Großen Sternberger Sees auf einem Hügel. Eingefasst von einer Stadtmauer ist die mittelalterliche Ringstruktur der Stadtanlage noch er-kennbar. Gleich beim beschaulichen Marktplatz mit seinen ansehnlichen Fach-werkhäusern und dem tudor-gotischen Rathaus (das sich im Rücken ebenfalls als Backstein-Fachwerkbau entpuppt) befindet sich am höchsten Punkt des Ortes die mächtige gotische Backsteinkirche, gegenüber davon hat sich das Heimatmuseum von Sternberg niedergelassen. Auch in Sternberg gibt es ein großes Strandbad am See.

In die Chroniken ging Sternberg im Oktober 1492 ein, als es bei einem Hochzeitsfest zu einer „Hostienschändung" gekommen sein soll – der Legende nach durchstach ein jüdischer Hochzeitsgast die Hostien mit seinem Schwert, die daraufhin geblutet haben sollen. Dies soll Anlass gegeben haben für das Sternberger Pogrom: 27 vermeintlich beteiligte Juden wurden auf dem Scheiterhaufen verbrannt, alle anderen Juden des Landes verwiesen.

Ein halbes Jahrhundert später, am 20. Juni 1549, bekennt sich der Landtag von Sternberg (eine von den Herzögen verfügte Ständeversammlung) zur Lehre Martin Luthers und öffnet somit ganz Mecklenburg für die Reformation. Am Ort des Geschehens, der Sagsdorfer Brücke über die Warnow, etwa 3 km nordwestlich von Sternberg, erinnert heute ein Gedenkstein an dieses Ereignis.

Sternbergs Kirche

Im Westen der Seenplatte → Karte S. 94/95 und 120

Information   Touristinformation Sternberg, direkt am Marktplatz. Mo–Fr 8–12 und 14–16 Uhr, Di bis 18 Uhr. Am Markt 3, 19406 Sternberg, ☎ 03847-444535, ✆ 03847-444570, www.amt-sternberger-seenlandschaft.de.

Baden   Am Sternberger See gibt es ein großes Seebad (beschildert).

Essen/Café   Eis-Café am Museum, sehr sympathisches Café, innen schlicht, hinten schöner, kleiner Garten, viele Kuchenvariationen und natürlich Eis. Sehr freundlich. Im Sommer tägl. 10–18 Uhr geöffnet, Sept. bis Ostern Mo Ruhetag. Rittersitz 1, ☎ 03847-436565.

Seepavillon, schön am See gelegenes, kleines Restaurant/Café, freundlich, mit Terrasse und einem Faible für Bayern (Weißwurst und Weißbier). Tägl. ab 11 Uhr geöffnet, beim Strandbad. J.-Dörwaldt-Allee 5, ☎ 0162-1019348.

Übernachten   **** Seehotel Sternberg am See, einziges, am See gelegenes Hotel mit Restaurant und Wellnessbereich. Ganzjährig geöffnet. EZ 70 €, DZ 95–105 € inkl. Frühstück. J.-Dörwaldt-Allee 4, 19406 Sternberg, ☎ 03847-3500, ✆ 03847-350166, www. seehotel-sternberg.de.

Übernachten außerhalb   Schloss Kaarz → S. 97.

Camping   Camping Sternberger Seenlandschaft, direkt am Luckower See (ausgeschildert), gut ausgestatteter Platz mit Bade- und Anlegestelle. Über 100 parzellierte Stellplätze, davon etwa 20 direkt am Wasser, außerdem einige Blockhütten und Bungalows. Großes Sport- und Veranstaltungsangebot (besonders für Kinder), Kanu- und Kajakverleih, Angeln, Bootstouren, geführte (Rad-)Wanderungen, Tischtennis, Volleyball usw. Gaststätte mit Terrasse, Mini-Market. Hunde sind willkommen und haben sogar eine eigene Badestelle. Geöffnet April bis Okt. Stellplatz Wohnmobil für 2 Pers. 22 €, Stellplatz Zelt inkl. 1 Pers. 17 €, weitere Pers. 5 €, am See plus 3,50 €, Hunde 3,50 €. Blockhaus für 2 Pers. 60 €, 4 Pers. 75–90 €, Bungalow 50–90 € (2–6 Pers.). Auch Wohnmobilhafen (16 €/Nacht). Am östlichen Ortsausgang rechts halten. Maikamp 11, 19406 Sternberg, ☎ 03847-2534, ✆ 03847-5376, www.camping-sternberg.de.

Verbindungen   Busse fahren mehrmals tägl. nach Groß Raden und Schwerin.

Wassersport   Kanu- und Kajakverleih, die Kanutour durch das Warnow-Durchbruchstal zählt zu den aufregendsten Wassertouren in der Gegend, Anfänger finden auf der Warnow aber auch ruhigeres Fahrwasser. Infos, Tourenvorschläge und Kanuverleih beim *Camping Sternberger Seen-landschaft* (s. oben). Für eine Nachmittags-tour zu zweit muss man ca. 20 € rechnen, für die größere Tour ca. 30 €.

Reiten Reitstall Klein Raden, im gleichna-migen Ort ca. 4 km nördlich von Groß Ra-den. 26 Pferde (Mecklenburger), Unterricht

für Anfänger und Fortgeschrittene, Reit-stunde auf dem Platz 10 €, im Gelände 12 €; auch längere Ausritte und Reiterferien im Angebot. Gastpferde sind willkommen. Dorfstr. 1, 18249 Klein Raden, ✆ 0174-5187673, www.reitstall-klein-raden.de.

Stadtkirche St. Maria und St. Nikolaus: Die wuchtige Backsteinkirche beim Markt-platz ist nicht zu übersehen. Erbaut wurde das dreischiffige Gotteshaus vom Ende des 13. Jh. bis etwa 1320. Sehenswert im Inneren dieser frühgotischen Hallenkirche ist besonders ein Fresko, auf dem die Einführung der Reformation nach dem Land-tag an der Sagsdorfer Brücke im Jahr 1549 dargestellt ist.

Heimatmuseum: Gleich gegenüber der Kirche (Rückseite), Eiscafé nebenan. Unter-gebracht ist das Museum im ältesten (säkularen) Gebäude der Stadt aus dem 14. Jh., das einzige, das den verheerenden Stadtbrand im Jahr 1741 überstanden hat. In insgesamt 14 Räumen ist die Geschichte der Stadt Sternberg dokumentiert. Unter den Ausstellungsstücken befindet sich auch ein „Sternberger Kuchen", ein heller Sandstein, der während der letzten Eiszeit in die Gegend um Sternberg gespült wurde und zahlreiche Muscheln, Schnecken und andere Fossilien enthält (S. 18). Eine weitere Abteilung des Museums widmet sich der Zeit der Reformation, eine andere dem traditionellen Handwerk der Region.
Di–Fr 10–16 Uhr, Juni bis Aug. auch So 14–16 Uhr, Okt. bis April nur Do 10–15 Uhr. Erw. 3 €, Kinder 0,50 €. Mühlenstraße 6, ✆ 03847-2162.

Sternberg/Umgebung

Archäologisches Landesmuseum Groß Raden (Freilichtmuseum): Die weitläufige obotritisch-altslawische Siedlung samt Tempelanlage aus dem 9./10. Jh. ist die be-kannteste und sicherlich eine der bedeutendsten Ausgrabungsstätten in Mecklen-burg-Vorpommern. 1973 begannen die Grabungen auf dem rund 7000 qm großen Areal (gerade einmal die Hälfte des ehemals besiedelten Gebiets), bei denen an die 100.000 Fundstücke zutage kamen, teil-weise bestens erhalten, da über die Jahr-hunderte im Moor konserviert. Die Fun-de deuten auf eine Besiedlung durch die Warnower (eine Seitenlinie der Obotri-ten) im 9. Jh. wie auch auf eine zweite Besiedlungsphase im 10. Jh. hin. Der Ringwall vor der Halbinsel war vor rund 1000 Jahren noch vom Festland abge-schnitten, der einzige Zugang führte über eine Brücke. Auch die Siedlung selbst war mit tiefen Gräben und Palisa-den geschützt und nur über ein Ein-gangstor zu betreten.

Ein Schatz aus Hacksilber

1981 wurden diverse Bauwerke, darun-ter Blockhäuser und Flechtwandhäuser (teilweise eingerichtet), Schmiede und Backofen, Tempel und Befestigung so-wie die Ringburg samt Brücke rekon-

Über dem Ausgrabungsgelände wieder aufgebaut: die altslawische Siedlung

struiert – seit 1987 ist die Anlage als Freilichtmuseum zugänglich. Auf dem Weg zur Anlage befindet sich ein Elchgehege, nahebei eine Schafzucht mit Pommerschen Landschafen. Im Haupthaus schließlich ist eine sehenswerte Ausstellung zu sehen: Hacksilber (Münzenfragmente) und Münzen, deren Prägungen teils auf eine ferne, bis nach Bagdad reichende Herkunft verweisen, Ringe, Halsbänder und Perlenketten, Keramiken, Spielzeug und sogar ein Mühlespiel sind effektvoll in Szene gesetzt. Sehr informative Schautafeln zu den wichtigen archäologischen Fundorten sowie zu Handel, Handelsgüter und -wegen der Slawen begleiten die Ausstellung. Kurzum: Das herrlich gelegene Freilichtmuseum ist einen Besuch unbedingt wert.

April bis Okt. tägl. 10–17.30 Uhr, Nov. bis März Di–So 10–16.30 Uhr. Eintritt 2,50 €, Rentner und Jugendliche unter 18 J. 1,50 €, Kinder unter 6 J. frei, Familienkarte 5 €. Die Ausstellungsräume sollen erweitert werden. Es werden auch zahlreiche Veranstaltungen angeboten (Programm unter www.kulturwerte-mv.de). Kastanienallee, 19406 Groß Raden bei Sternberg, ☎ 03847-2252, ✆ 03847-451624, www.kulturwerte-mv.de, www.gross-raden.de.

Anfahrt Von Sternberg ca. 4 km nordöstlich nach Groß Raden (hier einige Cafés/Restaurants). Der Parkplatz des Museums befindet sich *in* Groß Raden, von diesem aus geht es noch ein Stück durch den Ort, dann oberhalb des Sees entlang und schließlich durch den Wald – zwar schön zu laufen, aber knapp 1,5 km zu Fuß, bis das Freilichtmuseum erreicht ist (ausgeschildert).

Warnow-Durchbruchstal: Das romantische Tal nördlich des Sternberger Sees ist das größte Durchbruchstal in ganz Mecklenburg. Während der letzten Eiszeit, also vor rund 20.000 Jahren, wurde hier durch die Gletscher ein gigantischer Wall aufgehäuft, der beim Abschmelzen dem mächtigen Druck der Wassermassen nachgab und der Warnow, die bei Rostock in die Ostsee mündet, den Weg ebnete – daher auch der Name Durchbruchstal. Geblieben ist ein tiefer Einschnitt mit bis zu 30 m hohen Steilhängen und einer stellenweise recht wilden Warnow, die sich als Kanurevier großer Beliebtheit erfreut. Beliebt ist das geschützte Tal aber auch bei Bibern und Eisvögeln.

Güstrow

Berühmt geworden ist Güstrow dank Ernst Barlach, der hier zeichnete und lithografierte, schnitzte und in Bronze goss – kurz: der hier sein Hauptwerk schuf. Doch die Stadt an der Nebel, die sich heute stolz Barlachstadt nennt, ist auch eine altehrwürdige Residenzstadt mit schönem historischen Zentrum und vor allem einem prächtigen Renaissanceschloss.

Güstrows Altstadt präsentiert sich als ein kompaktes, fast kreisrundes Zentrum, das anstatt einer früheren Stadtmauer heute von einem schmalen, grünen Gürtel umgeben ist. Einen Stadtrundgang beginnt man am besten bei der nicht nur in ihren Ausmaßen größten Sehenswürdigkeit, dem *Schloss* (was sich auch deshalb anbietet, da sich neben dem weitläufigen Schlosspark ein ebenso weitläufiger Parkplatz befindet). Vom Torhaus des Schlosses ist es nicht weit bis zum Franz-Parr-Platz – Parr war übrigens einer der Architekten der exklusiven Immobilie. Hier befindet sich nicht nur die Touristinformation, sondern auch das sehenswerte *Stadtmuseum*.

Seltsam zurückgesetzt findet sich am Altstadtrand der altehrwürdige *Dom*. Vom Parr-Platz aus verläuft die Domstraße (allerdings ohne am Dom entlangzuführen) zur *Marienkirche* und zum *Rathaus* am Markt, dem lebhaften Zentrum Güstrows. Vom autofreien Marktplatz führt die Fußgängerzone, eine kleine Einkaufsmeile mit Geschäften, Restaurants und Cafés, weiter vorbei am martialischen Borwin-Brunnen, der den mecklenburgischen Fürsten als stolzen Recken zeigt, und über den Pferdemarkt. Etwas außerhalb der Altstadt, nur wenige Schritte vom Pferdemarkt entfernt, befindet sich in der Gertrudenkapelle das *Barlachmuseum*.

Aber nicht nur Güstrows Altstadt ist einen Besuch wert. In südöstlicher Richtung um den Inselsee finden sich weitere Publikumsmagneten: das Erlebnisbad Oase Badeparadies, der Natur- und Umweltpark Güstrow (NUP), das Barlachatelier und schließlich der See selbst.

Geschichte

Aus einem kleinen slawischen Weiler im sumpfigen Tal des Flusses *Nebel* entwickelte sich dank seiner Lage an der Kreuzung zweier Handelsstraßen ein blühendes Gemeinwesen mitsamt einer Burg. Der mecklenburgische Fürst *Heinrich Borwin II.* gründete 1226 ein Kollegiatsstift und initiierte damit den Baubeginn des Güstrower Doms. Ob dies nun geschah, um seine junge Residenz ein wenig aufzuwerten und niederdeutsche Siedler anzulocken oder aber angesichts seines nahenden Todes – wie es in der Stiftsurkunde heißt – das „Jüngste Gericht mit großer Furcht erwartend", sei dahingestellt. Jedenfalls erhielt Güstrow 1228 das Schweriner Stadtrecht, und zu der alten Siedlung um Burg und Dombaustelle entwickelte sich ein jüngerer Stadtteil um den heutigen Marktplatz, an dem im frühen 14. Jh. eine zweite Kirche, St. Marien, sowie das Rathaus entstanden. Anfang des 16. Jh. legten innerhalb von neun Jahren drei schwere Feuer die Stadt in Schutt und Asche.

Dass Güstrow zur Residenzstadt wurde, verdankt die Stadt einem Bruderzwist. Nicht eben ungewöhnlich, ging es bei diesem Streit ursprünglich um die Aufteilung eines Erbes. 1547, nach dem Tod Herzog *Albrechts VII.*, stritten sich seine Söhne *Johann Albrecht I.* und *Ulrich* darum, wer die Finger auf die Hinterlassenschaften des Vaters legen durfte. Nach einem Machtwort des brandenburgischen Kurfürsten

Güstrows prächtiges Schloss

wurde schließlich brüderlich geteilt: Johann Albrecht bekam das westliche Gebiet mit Schwerin und Wismar als blühende Zentren, Ulrich den östlichen Teil um Güstrow. Die hier vorweggenommene Teilung Mecklenburgs manifestierte sich 1621. Mit der Landesteilung entstanden zwei Mecklenburgs, näher definiert durch ihre Residenzstädte: Mecklenburg-Schwerin und eben Mecklenburg-Güstrow.

Das neue Schloss (1599 vollendet) gefiel dann auch dem Generalissimus. 1628 erklärte es *Wallenstein*, nunmehr Herzog von Mecklenburg, zu seiner Residenz, wohl mit der Absicht, länger zu bleiben: Unverzüglich ließ er größere Umbaumaßnahmen in Angriff nehmen. Doch die Wirren des Dreißigjährigen Krieges machten auch vor dem Größten der Generäle nicht Halt: Wallenstein wurde weitergetrieben, und die alten Mecklenburger Herzöge kehrten zurück. Nach dem Tod *Gustav Adolphs von Mecklenburg-Güstrow* 1695 aber endete die Güstrower Herzogslinie: Der Herzog hatte zwar elf Kinder – aber alles Mädchen (und damit keinen Thronfolger). Der Name der Mutter, die deshalb unter enormem Druck gestanden haben muss, soll hier nicht verschwiegen werden: Sie hieß *Magdalene Sibylle von Holstein-Gottorp*. In der Folge stand Güstrow, nunmehr wieder Teil des Herzogtums Mecklenburg-Schwerin, noch ein wenig mehr im Schatten Schwerins.

Schließlich, im Jahr 1910, kam *er*: Ernst Barlach, der sich hier niederließ, sein Atelier aufbaute, sein künstlerisches Hauptwerk schuf und damit das Selbstbewusstsein der Stadt bis heute prägen sollte – Güstrow ist stolz auf seinen begnadeten Bürger und nennt sich demnach Barlachstadt. Aber dem war nicht immer so. Eines der berühmtesten Werke, der „Güstrower Domengel", besser bekannt als *Der Schwebende*, der schon bei seiner Einweihung 1927 in nationalen Kreisen für Unmut gesorgt hatte, wurde 1937 von den Nationalsozialisten als „entartete Kunst" diffamiert, aus dem Dom entfernt und schließlich eingeschmolzen. Bei der eindrucksvollen Skulptur, die heute wieder im Dom schwebt, handelt es sich um einen Nachguss aus dem Jahr 1953.

Ein wenig im Schatten Schwerins steht Güstrow heute noch. Doch auch wenn es deutlich beschaulicher zugeht als in der Landeshauptstadt und die Sehenswürdigkeiten vielleicht nicht über so viel Strahlkraft verfügen wie Schloss und Dom von Schwerin, so muss man nicht zwingend ein Fan von Barlach sein, um Güstrow einiges abgewinnen zu können. Und wer sich für das Werk von Ernst Barlach interessiert, ist hier ohnehin richtig.

Basis-Infos

Information Güstrow Information, im Stadtmuseum, freundlich und hilfsbereit; Auskünfte, Stadtführungen und Tickets, auch Hilfe bei der Unterkunftssuche. Außerdem Zeitungen und Zeitschriften sowie Bücher zu Mecklenburg, Güstrow, Barlach etc. Mai bis Sept. Mo–Fr 9–19 Uhr, Sa 10–17 Uhr, So 11–17 Uhr; Okt. bis April Mo–Fr 9–18 Uhr, Sa 10–16 Uhr, So 11–16 Uhr. Franz-Parr-Platz 10, 18273 Güstrow, ✆ 03843-681023, ✆ 03843-682079, www.guestrow-tourismus.de.

Verbindungen Bahn: Mit S-Bahn und Regionalexpress (bzw. Ostseeland Verkehrsgesellschaft/OLA) bis zu halbstündlich (mindestens aber stündl.) nach Rostock; mit dem Regionalexpress alle 2 Std. (sowie 1-mal tägl. mit Interconnex) nach Waren, etwa stündl. mit Regionalexpress oder OLA via Teterow, Malchin und Stavenhagen nach Neubrandenburg sowie ca. stündl. nach Wismar (Umsteigen in Bad Kleinen oder Rostock) und Schwerin (meist mit Umsteigen in Bützow).

Bus: Gute Verbindungen nach Krakow am See (teilweise weiter nach Teterow), über Dobbertin nach Goldberg sowie nach Sternberg. Für den Stadtverkehr sind die Linien 201, 203, 204 und 205 zuständig, die Linien 240 und 250 fahren ca. stündl. zur Oase und dem Natur- und Umweltpark (NUP), die 252 etwa alle 2 Std. zum Inselsee (Barlach-Atelier). Abfahrt am Bahnhof (ZOB).

Taxi: Zentrale ✆ 03843-217676.

Stadtführungen Die Touristinformation veranstaltet diverse thematische Stadtführungen. Eine Führung durch die historische Altstadt wird von April bis Okt. angeboten (tägl. 11 Uhr, Dauer 1,5 Std., Treffpunkt an der Touristinfo, Erw. 4,50 €, Schüler/Stud. 2,25 €). Zudem von Sept. bis April jeden Freitag eine Nachtwächterführung (Sept. 19.30 Uhr, Okt./März/April 18.30 Uhr, Febr. 18 Uhr, Nov. bis Jan 17 Uhr, Dauer 1,5 Std., Treffpunkt an der Güstrow-Information, 6,50 €/Pers.). Weitere Infos in der Güstrow-Information, ✆ 03843-681023.

Baden Oase Badeparadies, ein Stück östlich der Altstadt; Erlebnisbad mit Saunalandschaft, Innen- und Außenbecken, Strömungskanal etc. Erw. 8,50 €/2 Std. (mit Sauna 10,50 €), 11,50 €/Tag (mit Sauna 15 €), Kinder 5 €/2 Std. (9 €), 9 €/Tag (12 €), Familienkarte 25 € für 4 Std. (ohne Sauna). Geöffnet tägl. 10–22 Uhr. Plauer Chaussee 7, ✆ 03843-85580, www.oase-guestrow.de.

Freibad am Inselsee (zwischen Hotel Kurhaus und Barlach-Atelierhaus).

Übernachten

***S **Ringhotel Stadt Güstrow** **3**, die im frühen 18. Jh. eröffnete Gastwirtschaft ist heute ein komfortables und stilvolles Drei-Sterne-Hotel. Und weil Tradition verpflichtet, leistet sich das Haus etwas, für das nur die wenigsten Hotels Platz haben: den historischen Ballsaal, in dem sich heute das Restaurant des Hotels befindet. EZ 74 €, DZ 118 €, Frühstück inkl., Halbpension ab 15 €. Zum Hotel Stadt Güstrow gehört auch das unweit des Markts gelegene Drei-Sterne-Hotel **Altstadt** **1**, EZ 64 €, DZ 98 €, ✆ 03843-46550, ✆ 03843-4655222. Markt 2–3, 18273 Güstrow, ✆ 03843-7800, ✆ 03843-780100, www.hotel-guestrow.de.

**** **Kurhaus am Inselsee** **5**, das erste Haus der Stadt, könnte man sagen, wenn das Hotel in der Stadt läge, es befindet sich aber idyllisch und ruhig am Ufer des Inselsees. Restaurant und Café im Haus (Terrasse/Garten zum See hin), Wellnessangebote, auch Badestrand und Bootsverleih, viele Arrangements. EZ ab 78 €, DZ 115 € (zum Wald), 135–145 € (zum See), Suite 165–

205 €, Frühstück inkl. Hund 7 €/Tag. Heidberg 1, 18273 Güstrow, ☎ 03843-8500, 📠 03843-850100, www.kurhaus-guestrow.de.

Gästehaus am Schlosspark 8, wie der Name verspricht, am Schlosspark gelegen, damit relativ zentral und mit Blick auf das Schloss; außen sachlich, innen modern, die Zimmer sind ausreichend komfortabel und teilweise sogar mit kleiner Kochecke ausgestattet. Günstig. Auch einige barrierefreie Zimmer. EZ 25–36 €, DZ 50–62 €, auch Familienzimmer (für 3 Pers. 75 €, für 4 Pers. 100 €). Frühstück 7,50 €/Pers., Hund 10 €/Tag, auch Leihfahrräder (7,50 €/Tag). Neuwieder Weg, 18273 Güstrow, ☎ 03843-245990, 📠 03843-245992, www.gaestehaus-guestrow.de.

Jugendherberge Jugendherberge Güstrow 6, ein gutes Stück außerhalb der Altstadt, aber ruhig am Waldrand und unweit des Inselsees. Anfahrt: Richtung Inselsee, zunächst zum Barlach-Atelierhaus, dann geradeaus weiter, im Ortsteil Mühl Rosin (ca. 5 km vom Zentrum). Übernachtung im Mehrbettzimmer 20,90–25,50 €/Pers., im DZ 24,90–30,40 €, jeweils inkl. Frühstück. Mittag-/Abendessen je 5,50 €. Schabernack 70, 18273 Güstrow, ☎ 03843-840044, 📠 03843-840045, www.guestrow.jugendherberge.de.

Übernachten/Essen & Trinken außerhalb
» **Lesertipp:** 🍃 Gut Gremmelin, Biohotel in einem alten Gutshof, etwa 16 km östlich von Güstrow, Richtung Teterow. Mit Restaurant *Landlieb* (alles Bio, versteht sich). Es werden auch diverse Kurse rund ums Wohlfühlen angeboten, Kochkurse, Yoga, Tai Chi etc. Zimmer im Guts- und im Gästehaus, EZ ab 87 €, DZ ab 114 €. Am Hofsee 33, 18279 Gremmelin, ☎ 038452-5110, www.gutgremmelin.de. «

Essen & Trinken

Barlach Stuben 7, v. a. mecklenburgische Gerichte, nicht teuer. Mittags und abends geöffnet. Plauer Str. 7, ☎ 03843-684881.

Wunderbar 2, sympathische Café-Kneipe, in der man auch richtig essen kann. Günstiger Mittagstisch, auch kleine Gerichte aus aller Welt. Tägl. ab 9 Uhr bis spätabends geöffnet (Wochenende erst ab 10 Uhr). Krönchenhagen 10, ☎ 03843-776927, www.wunderbar-guestrow.de.

Marktkrug ▟, der Name trügt nicht: Die zentral am Markt gelegene, traditionsreiche Gaststätte bietet gutbürgerliche, regionale Küche. Markt 14, ☎ 03843-681282, www.marktkrug-guestrow.de.

Schloss Güstrow und Museum

Wohl schon im 12. Jh. stand an dieser Stelle eine Burganlage. Dass aus einer alten, zugigen Burg ein schmuckes Renaissanceschloss werden sollte, erklärt sich aus dem Zank zweier Brüder. Nachdem die Rangelei um das Erbe ihres Vater beigelegt war, wollte Ulrich, dem Güstrow zugefallen war, seinem baufreudigen Bruder, der Prachtvolles in Schwerin und Wismar entstehen ließ, in nichts nachstehen. Also begann Ulrich, die alte Güstrower Burg umfassend zu sanieren, zu erweitern und nach einem Brand in Teilen komplett neu zu errichten. Herzog Ulrich engagierte dafür 1558 den aus der Lombardei stammenden Architekten *Franz Parr* – später sollten dessen Bruder *Christoph* und schließlich der niederländische Baumeister *Philipp Brandin* die Leitung der Großbaustelle übernehmen. Bis 1599 entstand eine prächtige, ursprünglich vierflügelige (1795 wurde der mittlerweile ramponierte Ostflügel abgetragen) und fünfstöckige Renaissance-Anlage, die italienische, niederländische und deutsche Stilelemente in sich vereint. Entgegen dem ersten Eindruck ist das Güstrower Schloss ein Backsteinbau, dessen Verputz den (für die Gegend allzu teuren) Sandstein lediglich imitiert. Repräsentativ wuchtig wirkt die Hauptfassade dank des von Türmchen gekrönten, massigen Risalits, während sich der Südflügel mit seinen schlanken Mitteltürmen mit einer gewissen Eleganz und Leichtigkeit über den Garten erhebt.

Seit 1995 wird das Güstrower Schloss vom Staatlichen Museum Schwerin genutzt. Dabei sind nicht nur die gezeigten Exponate und Gemälde sehenswert, sondern auch die Innenausstattung. In jedem Fall aber sollte man sich Zeit nehmen oder aber vorher gut auswählen, was man ansehen möchte: Das Schloss ist groß, und es mangelt weder an Ausstellungsfläche noch an -stücken.

In repräsentativen Festsälen, prachtvollen Verbindungsräumen und geradezu gemütlichen Turmzimmern finden sich Wandmalereien, reich verzierte Kassettendecken und aufwändig gestaltete Stuckarbeiten. Die Wände schmücken zahlreiche Teppiche und Gemälde – Porträts der herzoglichen Familie, aber auch italienische Malerei der Renaissance. Zu sehen sind eine bemerkenswerte Sammlung mittelalterlicher Kirchenkunst aus Mecklenburg, ein beträchtliches Arsenal von Jagd- und Prunkwaffen aus dem 16. Jh. bis ins 19. Jh., aufwändig gestaltetes Mobiliar sowie mehrere Jahrhunderte umspannende Sektionen mit kostbaren Majoliken, Glasarbeiten, Münzen und so fort.

Bei all der Fülle an Blickfängen sollte man aber nicht verpassen, einen Blick in den Festsaal im ersten Obergeschoss zu werfen. Die Kassettendecke ist prachtvoll stuckiert und zeigt u. a. detailreiche Jagdszenen. Unterhalb der Decke verläuft das berühmte, von Christoph Parr geschaffene Rotwildfries, das derart plastisch gearbeitet ist, dass sich das Wild aus der Wand herauszubewegen scheint und die „echten" Geweihe der Hirsche in den Raum hereinragen. Kurzum: Das Interieur des Festsaals erwies sich nach dem herzoglichen Halali als würdiger Rahmen für eine höfische Tanzveranstaltung.

Mitte April bis Mitte Okt. tägl. 10–18 Uhr, in den Wintermonaten Di–So 10–17 Uhr, Mo geschlossen, Einlass bis 30 Min. vor Schließung. Erw. 5 €, erm. 3,50 €, Familienkarte 9 €; Führungen Sa/So um 14 Uhr, 3 € pro Pers., ermäßigt 2 € (für das Gebotene, das muss schließlich auch einmal gesagt werden, ist der Eintrittspreis recht moderat aus). Franz-Parr-Platz 1, 18273 Güstrow, ☎ 03843-7520, ✆ 03843-682251, www.schloss-guestrow.de.

Stadtmuseum Güstrow

Unweit des Schlosses ist in einem klassizistischen Bau, dem ehemaligen Spital, das Güstrower Stadtmuseum untergebracht. Bevor man durch die ansprechend gestaltete Ausstellung schlendert, kann man zum Einstieg einen etwa 10-minütigen Film über die Geschichte Güstrows ansehen. Die Stadtgeschichte ist dann auch der Mittelpunkt des Museums: von der Entstehung des slawischen Fischerdorfes im Mittelalter über die Entwicklung zur Residenzstadt in der frühen Neuzeit bis hinein in den bürgerlichen Alltag des 19. Jh. Ein Schwerpunkt wird auf die Zeit der Befreiungskriege gelegt, schließlich waren Güstrow und sein Schloss Sammelpunkt und Lager mecklenburgischer Jäger. Weitere Abteilungen widmen sich Leben und Werk (mehr oder weniger) berühmter regionaler Künstler wie dem romantischen Maler *Georg Friedrich Kersting*, dem niederdeutschen Schriftsteller *John Brinckmann* und natürlich dem allgegenwärtigen *Ernst Barlach*. Wechselnde Ausstellungen ergänzen die gelungene Mischung aus Stadtmuseum und Galerie.

Mai bis Sept. Mo–Fr 9–19 Uhr, Sa 10–17 Uhr, So 11–17 Uhr; Okt. bis April Mo–Fr 9–18 Uhr, Sa 10–16 Uhr, So 11–16 Uhr. Eintritt Erw. 3,50 €, erm. 1,50 €, Familienkarte 7 €. Franz-Parr-Platz 10, 18273 Güstrow, ☎ 03843-769120.

Dom

Gestiftet wurde der Dom 1226 vom mecklenburgischen Fürsten *Heinrich Borwin II.* im Zuge der Gründung eines Kollegiatstifts. Bis die Kirche fertiggestellt war, sollte es aber über hundert Jahre dauern. Erst 1335 weihte der Camminer Bischof den Dom, der 1552 erweitert und Mitte des 19. Jh. renoviert wurde. Entstanden ist eine prächtige Backsteinkirche mit hohem Querschiff und wuchtigem Turm.

Geradezu elegant:
St. Mariens Kirchturmhelm

Im ansatzweise kreuzförmigen Grundriss wird ein eigenwilliges, leichtes Abknicken der Mittelachse im lang gestreckten Chorraum deutlich, für das es diverse Erklärungen gibt: gewitzt-theologische (z. B. die Verdeutlichung des geneigten Kopfes des am Kreuz sterbenden Christus) wie auch ganz profane (irgendetwas war wohl in der bauentscheidenden Phase im Weg). Die Innenausstattung des Doms ist durchaus sehenswert. Neben gotischem Triumphkreuz, Taufstein und Chorgestühl sind vor allem zwei Kunstwerke bemerkenswert: der mehrfach aufklappbare kostbare Flügelaltar und der 1953 angefertigte Nachguss von

Barlachs einprägsamer Skulptur „Der Schwebende", dessen Gesichtszüge an die der Künstlerin und Barlach-Zeitgenossin *Käthe Kollwitz* erinnern.

Mitte Mai bis Mitte Okt. Mo–Sa 10–17 Uhr, So nach dem Gottesdienst bis 12 Uhr sowie 14–16 Uhr, April bis Mitte Mai und Mitte Okt. bis Mitte Nov. Di–Sa 10–12 und 14–16 Uhr, So wie im Sommer. Mitte Nov. bis März Di–So 11–12 und 14–15 Uhr, So nach dem Gottesdienst bis 12 Uhr sowie 14–15 Uhr; ✆ 03843-682433, www.dom-guestrow.de.

Marienkirche

Noch während am Dom gebaut wurde, begann man in Güstrows „neuem" Stadtteil – heute die Altstadt um den Markt – mit der Errichtung der Marienkirche. Von dem mittelalterlichen Bestand ist heute nicht mehr allzu viel erhalten, da das Gotteshaus beim Stadtbrand von 1503 stark beschädigt und Ende des 19. Jh. großflächig saniert und neu gebaut wurde. Heute präsentiert sich die Marienkirche als prächtige dreischiffige Hallenkirche, deren wuchtiger Turm von einem etwas überraschend eleganten Helm aus dem 18. Jh. gekrönt ist. Von der Innenausstattung ist v. a. der berühmte, detailreich und filigran geschnitzte *Güstrower Altar* bemerkenswert.

Juni bis Sept. Mo–Sa 10–17 Uhr und So 1416 Uhr; Mitte April bis Ende Mai und 1.–15. Okt. Di–Sa 10–12 und 14–16 Uhr sowie So 14–16 Uhr, Mitte Okt. bis Mitte April Di–Sa 11–12 und 14–15 Uhr, So 14–15 Uhr. ✆ 03843-682077, www.kirchenkreis-guestrow.de.

Barlachs Flötenspieler in der Gertrudenkapelle

Ernst-Barlach-Museum I: die Gertrudenkapelle

Am westlichen Rand der Altstadt, ein wenig abseits der gängigen Routen, liegt die Gertrudenkapelle aus dem 15. Jh. Hier befindet sich schon seit 1953 ein erstes Barlach-Museum. Damit entsprach Marga Böhmer, Barlachs Lebensgefährtin von 1927 bis zu dessen Tod 1938, seinem Wunsch, in dem kleinen gotischen Backsteinbau einige seiner Werke auszustellen. Sie selbst lebte bis zu ihrem Tod 1969 in einer Wohnung über der Kapelle. Zu sehen sind einige seiner bedeutenden Skulpturen aus Holz, wie z. B. der „Wanderer im Wind", der „Zweifler" oder auch der „Lesende Klosterschüler".

April bis Okt. Di–So 10–17 Uhr, im Winter 11–16 Uhr, Mo geschl. Eintritt 4 € (erm. 2,50 €), Kombiticket mit Atelierhaus 7,50 € (6,50 €), Fotografieren 2,50 €. Gertrudenplatz 1, ✆ 03843-683001.

Ernst-Barlach-Museum II: das Atelierhaus am Inselsee

Das Atelierhaus und Barlach-Museum am Ostufer des Inselsees liegt gut 3 km südlich von Güstrow (ausgeschildert). Das in kühlem Beton mit großer Glaswand gestaltete Museum (Ausstellungsforum) aus dem Jahr 1998 zeigt in einem hellen Souterrainraum diverse meist kleinere Barlach-Skulpturen, der hintere Bereich des Museums (Grafikkabinett) ist wechselnden Ausstellungen vorbehalten. Im Garten gleich

Der Unbeugsame – Ernst Barlach (1870–1938)

Einer künstlerischen Karriere Ernst Barlachs stand eigentlich nie etwas im Wege, wurde er doch in eine bürgerliche und den schönen Künsten zugewandte Familie hineingeboren, die seine Ambitionen jederzeit unterstützte. Allein, was fehlte, war lange Zeit der Erfolg, der sich weder bei seinen frühen Werken als Dramatiker noch als Grafiker und Bildhauer einstellen wollte.

Am 2. Januar 1870 in Wedel bei Hamburg geboren, begann Ernst Barlach seine Ausbildung 1888 an der Gewerbeschule in Hamburg, ab 1891 besuchte er die Dresdener Kunstakademie. 1895 ging der Künstler – wie damals üblich – nach Paris, konnte mit dem Leben der Bohèmes aber wenig anfangen und kehrte nach gut einem Jahr wieder zurück. Doch auch zu Hause verlief seine Karriere alles andere als gut, quasi von Misserfolg zu Misserfolg. Barlach war schon 35 und konnte auf keine nennenswerten künstlerischen Erfolge blicken. Die Wende brachte ein Russlandaufenthalt im Sommer 1906. Barlach kehrte zurück voller Eindrücke von der Weite des Landes und der stolzen Einfachheit seiner Menschen, was sich auch in den zahlreichen Skulpturen dieser Schaffensperiode zeigt. Die von der Russlandreise inspirierten Skulpturen fertigte er aus Holz (später auch in Gips und Bronze) – und endlich stellte sich auch der ersehnte Erfolg ein. 1908 wurde er als Mitglied der Künstlergruppe „Berliner Secession" aufgenommen, zu der u. a. auch *Käthe Kollwitz* und *Max Liebermann* gehörten. 1909 erhielt Barlach den Villa-Romana-Preis und verbrachte einige Monate in Florenz, doch auch hier fühlte sich das bekennende Nordlicht nicht zu Hause, ihn zog es nach Güstrow, wo er bis zu seinem Tod lebte.

Als Soldat erlebte Barlach den Ersten Weltkrieg nur in einem kurzen Einsatz im Winter 1915/1916, lange genug aber, um einen überzeugten Pazifisten aus ihm zu machen. Seine Eindrücke vom Elend des Krieges brachte er in vielen Zeichnungen zu Papier. 1920 erhielt Barlach den ersten Großauftrag für das *Ehrenmal* der Nikolaikirche in Kiel, es folgen ähnliche Projekte mit großen Skulpturen für Güstrow (*Domengel*, 1927), Kiel (*Geistkämpfer*, 1928) und Magdeburg (*Ehrenmal*, 1929). Und auch als Dramatiker waren die 1920er Jahre für ihn durchaus erfolgreich.

1931 zog Barlach mit seiner Lebensgefährtin Marga Böhmer in das Atelierhaus am Inselsee. Schon damals war der nunmehr bekannteste deutsche Bildhauer seiner Zeit zahlreichen Anfeindungen der politisch Rechten ausgesetzt, der seine Werke nicht vaterländisch genug waren. Seine Skulpturen wurden beschmiert, er selbst beschimpft und bedroht. Nach der Machtergreifung der NSDAP bekam Barlach, der sich offen gegen Intoleranz und Rassenhass ausgesprochen hatte, überhaupt keine Aufträge mehr, seine Stücke wurden nicht mehr aufgeführt und, schlimmer noch, seine Ehrenmäler wurden aus den Kirchen demontiert. Nur einem Freund mit besten Beziehungen zum Regime ist es zu verdanken, dass sie nicht alle eingeschmolzen wurden – Barlachs Freund kaufte sie zurück und brachte sie ins Atelierhaus am Inselsee. Auch in der Münchner Ausstellung „Entartete Kunst" vom Sommer 1937 wurden – neben Werken von Max Ernst, Paul Klee, Franz Marc, Ernst Ludwig Kirchner, Lovis Corinth und George Grosz – auch Arbeiten von Ernst Barlach verunglimpft.

Barlach, seit frühester Jugend herzkrank, starb am 24. Oktober 1938 in einer Klinik in Rostock an Lungenentzündung und Herzschwäche, beigesetzt wurde er neben dem Grab seines Vaters in Ratzeburg. Dass sein Güstrower Domengel 1941 eingeschmolzen und als Kriegsmaterial verwendet wurde, musste Ernst Barlach nicht mehr miterleben. Marga Böhmer erwirkte, dass einige seiner Werke in der von dem Künstler geliebten Güstrower *Gertrudenkapelle* ausgestellt wurden. 1953 entstand hier das erste Barlachmuseum.

neben dem neuen Museum stößt man auf eine riesige Skulptur des Künstlers, bevor man schließlich zum Atelierhaus gelangt. Auch hier sind zahlreiche Skulpturen zu sehen, darüber hinaus werden die wichtigsten Stationen in Barlachs Leben dokumentiert, u. a. mit Briefwechseln, historischen Fotos und Auszügen aus seiner Autobiografie.

April bis Okt. Di–So 10–17 Uhr, Nov. bis März 11–16 Uhr, Mo geschlossen. Eintritt 6 € (erm. 4 €), Familienkarte 15 €, Kombiticket mit Gertrudenkapelle 7,50 € (6,50 €), Fotografieren 2,50 €. Heidberg 15, 18273 Güstrow, ☎ 03843-844000, ✆ 03843-8440018, www. ernst-barlach-stiftung.de. Erreichbar mit dem Stadtbus Nr. 252 ab Bahnhof, es gibt auch einen Spazierweg: ziemlich am Beginn der Plauer Chaussee rechts ab und dann um das Nordufer des Inselsees herum zum Atelierhaus *(Barlach-Weg)*.

Natur- und Umweltpark Güstrow (NUP)

Kein Zoo, eher ein moderner, gelungen konzipierter Tierpark im besten Sinn des Wortes. Die Stars des Natur- und Umweltparks sind natürlich die beiden Braunbären und das Wolfsrudel, die sich in (relativ) friedlicher Koexistenz ein großes Freigehege teilen. Daneben tummeln sich im Park Damwild (mit Fußweg durch das Gehege) und Wildschweine, Seeadler, Eulen, Luchse und Wildkatzen u. v. m. – Wisente und Wildpferde sollen in Kürze große Freigehege beziehen. Auch die Unterwasserwelt wird nicht ausgelassen, in das Naturparkzentrum sind eine Aquarienwand und ein Aquatunnel integriert, die einen Einblick in die heimischen Gewässer erlauben. Zum Angebot gehören u. a. geführte Abendwanderungen zu den Wölfen (mit Fütterung). Dank Spielplatz und Streichelzoo ist der NUP besonders auch für Kinder ein lohnendes Ausflugsziel. Restaurant/Café und ein Buchladen finden sich am Eingang.

April bis Okt. tägl. 9–19 Uhr, Nov. bis März 9–16 Uhr. Eintritt 8,50 €, erm. 7,50 €, Kinder 4 €, Familienticket 21 €, Hund 4 €. Wenige Kilometer außerhalb, östlich der Güstrower Altstadt, beschildert. Verbindungschaussee, 18273 Güstrow, ☎ 03843-24680, www.nup-guestrow.de.

Auch Besucher (und Fotografen) behält die Alpha-Wölfin sicherheitshalber im Blick

Krakower See

Der mit 16 qkm Wasserfläche siebtgrößte See Mecklenburg-Vorpommerns, übrigens einer der saubersten und fischreichsten der Region, unterteilt sich in den Unter- und den Obersee, dazwischen verläuft ein Straßendamm. Hauptort ist Krakow am Nordwestufer des Untersees, an dessen Nordostufer als zweiter Ort Serrahn liegt. Der südlich gelegene Obersee ist Naturschutzgebiet. Charakteristisch für den Krakow See sind seine zahlreichen Buchten und Inseln, und vor allem der Obersee lädt zu naturkundlichen Entdeckungstouren ein. Mehrere Fahrradrouten führen mehr oder minder am Ufer entlang um den Krakower See.

Krakow am See   ca. 3300 Einwohner

Ein ruhiger Ort mit beschaulicher Seepromenade und wenig spektakulärem Zentrum. Seit 1998 wird der Krakower See jedes Jahr mit der Blauen Flagge für besonders gute Wasserqualität ausgezeichnet.

Krakow am See liegt 22 km südlich von Güstrow an der B 103. Eine gewisse Randlage bleibt dem Besucher kaum verborgen, vom großen Rummel wie in Waren ist hier nichts zu spüren. Dabei hat Krakow am See durchaus seine Reize, vor allem die Seepromenade mit ihren malerischen *Fischerhüden* (reetgedeckte Bootsschuppen) aus den 1930er Jahren. Auch im kompakten Zentrum entfaltet sich ein hübsches Stadtbild rund um den Marktplatz mit seinem neugotischen Rathaus und den Bürgerhäusern aus dem 18. und 19. Jh. Die Kirche am Markt geht zwar auf das 13. Jh. zurück, wurde bei mehreren Bränden aber komplett zerstört und ist heute in der Version von 1762 zu sehen. Innen findet sich ein schön geschnitzter Altar von 1708. Ein Spaziergang durch Krakow am See könnte vom Markt zur Seepromenade und dort in nördliche Richtung – vorbei an der denkmalgeschützten Badeanstalt – zum Aussichtsturm am Jörnberg führen.

Erstmals urkundlich erwähnt wird Krakow am See im Jahr 1298, 1356 geht der Ort an den Mecklenburger Herzog Albrecht, 200 Jahre später, mit der Reformation, dann an Herzog Albrecht VII. Ansonsten gibt es, abgesehen von mehreren verheerenden Stadtbränden, wenig über Krakows Geschichte (seit 1935 Krakow am See) zu berichten. 1956 wurde der Ort zum Kurort ernannt, im Jahr 2000 zum „staatlich anerkannten Luftkurort". Südlich von Krakow bilden der *Krakower Obersee* und seine Ufer ein 1200 ha großes Naturschutzgebiet, in dem zahlreiche Wasservögel ein Refugium finden. Der Krakower Obersee gehört zum *Naturpark Nossentiner/ Schwinzer Heide* (→ S. 118).

Im Westen der Seenplatte → Karte S. 94/95 und 120

⟩ Basis-Infos

Information Touristinformation Krakow am See, am zentralen Platz (Markt), im Eckhaus schräg gegenüber vom Rathaus. Sehr freundlich und hilfsbereit, umfangreiches Infomaterial. Mai bis Sept. Mo–Fr 9–19 Uhr, Sa/So 10–14 Uhr, außerhalb der Saison nur Mo–Fr 9–17 Uhr. Lange Str. 2, 18292 Krakow am See, ☎ 038457-22258, ✆ 038457-23613, www.krakow-am-see.de.

Verbindungen Bus: 3-mal tägl. über Karow (Bahnhof der ODEG), Plau am See und Lübz nach Parchim, 8-mal tägl. nach Güstrow, 8-mal über Karow und Plau nach Meyenburg (DB-Bahnhof). Busstation in Krakow am Bahnhof (Zugverbindungen gibt es keine mehr). Es fährt der Reisedienst Parchim, genaue Fahrpläne unter www.reisedienst-parchim.com.

Schiff: mit der *Fahrgastgesellschaft Krakow am See* Di–So ab der Anlegestelle an der Seepromenade; zur Saison tägl. außer Fr 2-mal kleine Rundfahrten (Dauer 1 Std., 5,50 €/Pers., Kinder 4–12 J. 3,50 €), 2-mal große Rundfahrt (2 Std., 8,50 €/Pers., Kinder 5,50 €). In der Nebensaison Fahrten nur bei mind. zehn Fahrgästen. Infos unter ✆ 038457-71020, www.ffgkrakow.de.

Floßtouren auf dem Krakower See mehrmals pro Woche vom Campingplatz aus (→ Übernachten) sowie sonntags ab der Seepromenade. 1-, 2- und 3-Stunden-Touren (5 €, 10 € bzw. 15 €). Infos: ✆ 038457-50564, ✆ 0173-2490245 (mobil), 🖷 038457-50586, www.krakower-flosstour.de.

Fahrrad-/Bootsverleih   Boots- und Fahrradverleih Schade, am Imbiss im Bootshaus am Jörnberg; Fahrräder, Ruderboote, kleine Motorboote etc.; im Sommer tägl. 10–20 Uhr. ✆ 038457-22912.

Baden   Die Badeanstalt am Jörnberg wirbt damit, „Mecklenburgs schönste Badeanstalt" zu sein, und tatsächlich kann sich das 1938 erbaute, heute denkmalgeschützte Fachwerkhaus mit Rohrdach sehen lassen. Dazu eine gepflegte Liegewiese, ein langer Steg mit Rutsche und Sprungbrett, an Land Beachvolleyball und Tischtennis. Bewachte Badeanstalt, Imbiss vorhanden, seit 1998 regelmäßig mit der „Blauen Flagge" für besonders gute Wasserqualität ausgezeichnet. 15. Mai bis 31. Aug. (bei entsprechendem Wetter auch im Sept.) tägl. 10–18 Uhr, bei besonders schönem Wetter bis 20 Uhr. Eintritt 1 €, Kinder 4–16 J. 0,50 €, bis 4 J. frei, Familienkarte 2,50 €. Zu Fuß ca. 1 km nördlich vom Zentrum, der Promenade Richtung Jörnberg folgen. Mit dem Auto: die Güstrower Chaussee Richtung Norden, dann rechts ab in den Möwenweg, der zum Jörnbergweg wird. Parkplatz vorhanden. Jörnbergweg 25, ✆ 038457-23849.

Eine unbewachte Badestelle, die so genannte **Franzosenbadestelle**, findet sich nordöstlich vom Ort am Buchenberg, eine weitere nahe dem Damm auf der Dobbiner Chaussee Richtung Osten (direkt vor dem Damm links ab).

🚶 Der Krakower See lässt sich bei einer **Radtour** (20 km, ca. 2 Std.) bequem umrunden, ein Abstecher führt durch das idyllische Nebeldurchbruchstal (→ auch S. 114). Eine ausführliche Wanderbeschreibungen finden Sie im (Rad-)Wanderführer am Ende des Buches (**Tour 1**, → S. 293/294).

Übernachten/Essen & Trinken

Übernachten   Seehotel, wunderschöne Lage nahe der Anlegestelle am östlichen Ende der Seepromenade. Jüngst renovierte, großzügige Zimmer, freundlich geführt. Schönes Restaurant mit herrlicher Seeterrasse (und der Name hält was er verspricht, man sitzt direkt am Wasser), mecklenburgische Küche, auch schön für Kaffee und Kuchen auf der Terrasse, tägl. 11–21 Uhr geöffnet (im Winter Mi/Do Ruhetag). EZ 50 €, DZ 80 €, Dreibett-Zimmer 90 €. Nov. und Jan. Betriebsferien. Goetheallee 1, 18292 Krakow am See, ✆ 038457-519997, 🖷 038457-519998, www.fggkrakow.de.

Nordischer Hof, am zentralen Platz in Krakow. 13 Zimmer, mit Restaurant (unter der Woche abends geöffnet, Sa/So ab 11 Uhr), Fahrradverleih (6 €/Tag). Für Ausflüge gibt es Lunchpakete (5 €), freundlicher Service. Januar geschlossen. EZ 47 €, DZ 69 €, inkl. Frühstück; Halbpension 14 €/Pers. Am Markt 3, 18292 Krakow am See, ✆ 038457-5070, www.nordischer-hof.de.

An der Seepromenade, einfaches Hotel im Zwei-Sterne-Bereich, Restaurant und Café (mit Terrasse), nur durch die Promenade vom Wasser getrennt. Nur neun Zimmer, nicht mehr ganz neu, teilweise mit Balkon zum See. EZ 57,50 € (ohne Balkon 47,50 €), DZ 75 € (65 €), jeweils inkl. Frühstück. Goetheallee 2 a, 18292 Krakow am See, ✆ 038457-23609, 🖷 038457-23615, www.krakow-am-see.de/hotel-seepromenade.

Übernachten außerhalb   Ich weiß ein Haus am See … berühmt hauptsächlich für sein Sternerestaurant, doch auch als Hotel eines der empfehlenswertesten in der Umgebung: herrliches Seegrundstück mit Bade- und Anlegestelle, die Zimmer behaglich und geschmackvoll im Landhausstil eingerichtet, teils mit Loggia zum See, es gibt auch ein kleines Strandhaus direkt am Wasser – das Ganze erwartungsgemäß jedoch nicht ganz günstig. An Wochenenden und Feiertagen können die Zimmer nur in Verbindung mit Halbpension gebucht werden. Hunde dürfen auf Anfrage mitgebracht werden. Ganzjährig geöffnet, Januar bis März nur am Wochenende. Anfahrt: am Nordufer des Krakower Sees, auf der B 103 Richtung Güstrow, dann rechts ab zum Campingplatz, von dort geradeaus weiter zum Hotel. DZ mit Frühstück 140–180 €, inkl. Halbpension (4 Gänge) 250–290 €, das Strandhaus mit Halbpension 290 €, Hunde 8 €. Paradiesweg 3, 18292 Krakow am See, ✆ 038457-23273, ✉ 038457-23274, www.hausamsee.de.

Gutshotel Groß Breesen, Bücherfreunde werden darauf gewartet haben: Mitten in der lieblichen mecklenburgischen Landschaft findet sich in einem umgebauten Gutshaus ein Bücherhotel. Soll heißen: Groß Breesen ist zuallererst ein Hotel. Und gleichzeitig ein Bücherbasar. Im Hotel sowie in der nahen Scheune befinden sich ungezählte Bücher. Und diese können 2:1 gegen mitgebrachte Bücher eingetauscht werden. Selbstverständlich findet sich im Hotel oder im Garten immer ein freundliches Plätzchen zum Schmökern. Urgemütlich präsentiert sich das Restaurant im alten, backsteinernen Gewölbe. Die verfeinerte mecklenburgische Küche folgt dem saisonalen Angebot, auch die Weinkarte kann sich sehen lassen. Insgesamt herrscht eine sehr angenehme Atmosphäre. Auch diverse Arrangements und Veranstaltungen im Angebot. Anfahrt zur bibliophilen Herberge: von Krakow zunächst Richtung Güstrow (B 103), dann links Richtung Bellin, hinter Groß Tessin geht es links ab Richtung Lohmen. Kurz vor dem Ort Reimershagen rechts ab zum Gutshotel Groß Breesen. EZ 59 €, DZ 96 €, Appartement 120 €, jeweils inkl. Frühstücksbuffet, Hunde 8 €. 18276 Groß Breesen bei Zehna, ✆ 038458-500, ✉ 038458-50234, www.gutshotel.de.

Camping   **Am Krakower See**, am nordwestlichen Zipfel des Sees, schöne Lage direkt an Wasser und Waldrand. Strand und Liegewiese (und Hundebadestelle), mehrere Bootsanleger, Gaststätte, Kiosk, Fahrradverleih. Floßtouren um den Campingplatz (s. oben). Camping ganzjährig geöffnet. Anfahrt: von Krakow auf der B 103 Richtung Güstrow, kurz nach dem nördlichen Ortsausgang rechts ab, ausgeschildert. Auch

Am Krakower See

einige Bungalows (2–4 Pers. 20–48 €/Tag, nur von Mai bis Ende Sept.) und Ferienwohnungen (2–4 Pers. 35–50 €) sind zu mieten, jeweils 10 €/Endreinigung. Stellplatzpauschale für 2 Pers. und Wohnwagen/-mobil 22 €, sonst 5 € pro Pers., Zelt 3–6 €, Auto 2 €, Hunde 2 €. Windfang 1, 18292 Krakow am See, ✆ 038457-50774, ✉ 038457-50775, www.campingplatz-krakower-see.de.

Essen & Trinken   Ich weiß ein **Haus am See ...**, das weithin bekannte Gourmetrestaurant gibt es seit 1994, 1996 blinkte der erste Michelin-Stern (der erste in Mecklenburg überhaupt), und dieser hat sich bis heute gehalten. Ungemein einladendes Ambiente in einem hellen Rundbau mit Blick auf den See, hier verbringt man gern einen Abend. Sehr freundlicher Service, umfangreiche Weinkarte. Menü 60–90 €, das dazugehörige Weinset 24,50 €, Reservierung unbedingt erforderlich. Di–So abends geöffnet, im Winter nur Di–Sa. Paradiesweg 3, ✆ 038457-23273, www.hausamsee.de.

Zum Hüdenhus, Fischrestaurant an der Seepromenade mit schöner Terrasse (und Wintergarten); bodenständige, gute Fischküche (auch ein paar Fleischgerichte), nicht teuer. Der fangfrische Fisch stammt v. a. aus dem Krakower See. Auch Cafébetrieb. Tägl. 11–22 Uhr, in der Nebensaison Mo/Di Ruhetag. Goetheallee 2, ☎ 038457-51841.

Sehenswertes

Alte Schule – Buchdruckmuseum und Heimatstube: Das strahlend weiße, alte Schulgebäude am Eingang zur Krakower Altstadt ist kaum zu übersehen. Neben einer kleinen Heimatstube lohnt vor allem das „Museum der Buchdruckkunst" den Besuch: alte Setzkästen, Druckpressen und Maschinen, dazu eine historische Schauwerkstatt mit komplett eingerichteter Buchdruckerei aus den 1920er Jahren. Auch Kurse im Buchdruck werden angeboten.

Heimatstube: zuletzt Mo 13–17 Uhr, Di 10–12 und 13–18 Uhr, Mi 13–17 Uhr und Fr 10–12 Uhr. **Buchdruckmuseum**: Mai bis Sept. Di–Sa 10–12 und 13–17 Uhr, Okt. bis April Di–Do 10–12 und 13–17 Uhr. Eintritt 1 €, Kinder 0,50 €, Führung 2 € (1 €). Kurse/Workshops nach Absprache. Schulplatz 2, 18292 Krakow am See, ☎ 038457-23872.

Synagoge: Die ehemalige Synagoge schräg gegenüber der Alten Schule wurde 1866 erbaut und 1920 an die Gemeinde verkauft, hauptsächlich durch Auswanderung und mangelnden Nachwuchs erlosch die jüdische Gemeinde von Krakow im Jahr 1920 völlig. Heute finden in dem noch fast original erhaltenen Bau wechselnde Ausstellungen statt, auf der Frauenempore im Obergeschoss ist eine kleine Dauerausstellung zum jüdischen Leben im Krakow des 19. und frühen 20. Jh. zu sehen.

Di–Sa 10–12 und 13–16 Uhr, Eintritt frei. Schulplatz 1, 18292 Krakow am See, ☎ 038457-23647.

Jörnberg-Turm: Knapp 1 km nördlich vom Zentrum befindet sich der 76 m hohe Jörnberg, der mit seinem Aussichtsturm auf genau 100 m Höhe einen fantastischen Blick auf Krakow und den See bietet. Zuvor sind jedoch 126 Stufen zu erklimmen.

In der Saison tägl. ab 9 Uhr bis zur Dämmerung. Eintritt frei.

Durch das Nebeldurchbruchstal

Ein besonders schöner Spaziergang führt durch das Naturschutzgebiet (NSG) Nebeldurchbruchstal vom Ausgangspunkt etwas nordöstlich von Serrahn zur Kuchelmißer Wassermühle (→ Anfahrt). Der markierte Weg (gelber Punkt) führt von der Straße in nördliche Richtung durch den Wald, dann über eine hölzerne Brücke über die Nebel und am idyllischen Fluss entlang, bevor man – erneut an einer Holzbrücke – nun links der Beschilderung nach Kuchelmiß bzw. zur Kuchelmißer Wassermühle folgt (weiß-blau-weiße Markierung). An zwei schilfumstandenen Teichen vorbei gelangt man wieder zum Fluss und an ihm entlang schließlich zur Mühle (einfache Strecke ca. 45 Min.).

Anfahrt Der Güstrower Chaussee Richtung Norden folgen, dann rechts ab zum Camping, weiter Richtung Serrahn, die Abzweigung zum Ausbau Seegrube ignorieren und aus dem Wald hinaus. Eine weitere Abzweigung nach rechts ebenfalls ignorieren, nach einer Brücke befindet sich linker Hand der kleine Parkplatz am südlichen Eingang des Nebeldurchbruchstals.

Wassermühlen-Museum Schaumühle mit nachgestellter Müllerwohnung in der alten Mühle von 1751. Di–So 10–18 Uhr, in der Nebensaison Mi–So 11–18 Uhr, im Winter nur am Wochenende. Eintritt 2 €, ermäßigt 1 €. ☎ 038456-60666, Infos auch im Seehotel in Krakow (s. o., ☎ 038457-71020).

Essen & Trinken In der Mühlenscheune neben dem Museum befindet sich ein Imbiss (im Sommer mit Terrasse), hier werden Getränke, Suppen, Bockwurst, Kaffee und Kuchen zu günstigen Preisen serviert. Gleiche Öffnungszeiten wie das Museum.

Goldberger See

Mit einer Größe von 7,7 qkm ist der abgelegene Goldberger See immerhin der zehntgrößte der Mecklenburgischen Seenplatte. An seinem Westufer liegt Goldberg, der einzige größere Ort in relativer Nähe zum See; das überwiegend bewaldete Ostufer gehört zum *Naturpark Nossentiner/Schwinzer Heide*. Als Badesee ist der See nur an wenigen Stellen geeignet, z. B. am Camping Goldberger See am Nordostufer, etwa 2 km außerhalb von Goldberg. Das sumpfige und kaum zugängliche Südufer des Sees ist Naturschutzgebiet.

Goldberg ca. 3300 Einwohner

Der zwar nicht ganz ruhige, aber völlig unspektakuläre Ort (gegründet 1248) erstreckt sich heute beidseits der B 192 und ein gutes Stück östlich des gleichnamigen Sees, von Promenadenflair also keine Spur. Auf der einen Seite der Bundesstraße steht eine gotische Backsteinkirche aus dem 14. Jh., auf der anderen Seite, etwas versteckt im Müllerweg, finden sich Rathaus und *Naturmuseum*. Letzteres ist im denkmalgeschützten Fachwerkhaus einer alten Wassermühle untergebracht und beherbergt neben einer Ausstellung zu Flora, Fauna und Geologie der Gegend auch ein kleines Heimatmuseum. Im Museumsgarten ist ein alter Bauerngarten zu sehen. *Naturmuseum*: Mo 10–14 Uhr, Di, Mi, Fr 10–16 Uhr, So 12–16 Uhr, Do und Sa geschlossen; Eintritt 2,50 €, Kinder 6–18 J. 1 €, Kinder unter 6 J. frei. Müllerweg 2, ☎ 038736-41416.

Etwa 5 km westlich von Goldberg erstreckt sich das *Naturschutzgebiet Langenhägener Seewiesen*, auf denen sich im Herbst vor Einbruch der Dämmerung hunderte von Kranichen und Wildgänsen zur Rast einfinden (Straße Richtung Schwerin bis Langenhagen). Von einem Beobachtungsposten kann man das teilweise recht lautstarke Treiben aus der Ferne mitverfolgen.

Information Fremdenverkehrsamt Goldberg, beim Naturmuseum, freundlicher und hilfsbereiter Service. Mo 10–14 Uhr, Di–Fr 10–16 Uhr, Sa/So geschlossen. Müllerweg 2, 19399 Goldberg, ☎ 038736-40442.

Übernachten/Essen ≫ Unser Tipp: **Strandhotel Goldberg**, knapp 2 km außerhalb des Orts am See gelegen, schönes Hotel unter sympathischer Leitung. Mit Liegewiese und Sauna im Haus. Die Badestelle am Goldberger See ist nur wenige Meter entfernt. Eine Renovierung der 27 Zimmer war für Anfang 2012 angekündigt. Nicht teuer. Zum Haus gehört auch das stilvolle Restaurant *Die Insel* (tägl. 12–21 Uhr geöffnet, im Winter Mo/Di Ruhetag), verfeinerte mecklenburgische Küche, gekocht wird mit Zutaten aus der Region, Hauptgerichte um 12/13 €, auch Kochkurse. EZ 50–55 €, DZ 80–90 €, Dreibett-Zimmer 117 €, jeweils inkl. Frühstück, Hunde 5 €. *Anfahrt*: nördlich von Goldberg Richtung Sternberg, nach 1 km rechts von der B 192 abbiegen, dann noch mal etwa 200 m (ausgeschildert). Am Badestrand 4, 19399 Goldberg, ☎ 038736-8230, ⌨ 038736-82358, www.strandhotel-goldberg.de. ≪

Camping Campingplatz am Goldberger See, einfacher, kleiner Platz direkt am See bei der Badestelle, unparzelliert und freundlich, mit Imbiss bei der Badestelle. Ganzjährig geöffnet. Erw. 3,50 €, Kinder 2,50 €, Wohnmobil 4 €, Zelt 3–3,50 €, Auto 2 €, Hunde 2 €. *Anfahrt*: Der Camping liegt unterhalb des Strandhotels Goldberg (s. dort). Am Badstrand 9, 19399 Goldberg, ☎ 038736-40433, ⌨ 038736-41538, www.campingurlaub-in-mecklenburg.de.

Verbindungen Bus: 3-mal tägl. nach Parchim und Schwerin; mehrmals tägl. nach Güstrow und Lübz, ab dort jeweils gute Bahnverbindungen in die umliegenden Orte.

Kloster Dobbertin

Das zwischen 1219 und 1225 gegründete Mönchskloster der Benediktiner liegt idyllisch am Nordufer des Dobbertiner Sees, nur wenige Kilometer nördlich von Goldberg. Die Anlage wurde bald in ein Nonnenkloster umgewandelt, im Jahr 1572

Im Westen der Seenplatte → Karte S. 94/95 und 120

dann in ein evangelisches Damenstift. Nach 1947 wurde das Kloster als Altenheim genutzt, bis 1961 die Nervenklinik Schwerin hier eine Außenstelle einrichtete. Seit 1992 betreibt die Diakonie ein Zentrum für etwa 300 Menschen mit Behinderung, dazu gehören Werkstätten, Klosterladen und -café sowie mehrere Wohnbereiche.

Blickfang des aus mehreren Backsteingebäuden bestehenden Anwesens ist die doppeltürmige Klosterkirche, deren Ursprungsbau bereits 1340 hier stand. Kein Geringerer als *Karl Friedrich Schinkel* zeichnete in den 1820er Jahren die Pläne für den neugotischen Umbau der Kirche, die von *Georg Adolph Demmler*, dem späteren Land- und Hofbaumeister des Großherzogs von Mecklenburg-Schwerin zwischen 1828 und 1837 umgesetzt wurden. Seit Beginn der 1990er Jahre wird die Anlage saniert.

Um die Kirche gruppieren sich die historischen Gebäude des Klosterdorfs, u. a. das Klausurgebäude mit seinem kreuzrippengewölbten Kreuzgang aus dem 13./14. Jh., mehrere Wohnhäuser im neugotischen Stil und das sog. Küchenmeisterhaus aus dem Jahr 1846, einst das Verwaltungsgebäude des Klosters. Im alten Brauhaus am See (ursprünglich 16. Jh.) befindet sich heute das Klostercafé.

Kirche und Kreuzgang: Tägl. 11–17 Uhr; Führungen jeden Mi und Sa um 15 Uhr (Treffpunkt am Parkplatz, 3 €/Pers. Anmeldung: ☎ 038736-86100, 📠 038736-86300). Infos www.kloster-dobbertin.de.

Bootstouren   Fahrgastschifffahrt Dobbertin, die MS Condor startet im Sommer 4-mal tägl. ab dem Hafen beim Camping zu einer Rundfahrt auf dem Dobbertiner See (ca. 1,5 Std.). Anfang Mai bis Anfang Okt. tägl. außer Mo 10, 13, 15 und 17 Uhr; April und Okt. nur Sa/So 13 und 15 Uhr, im Winter keine Fahrten. Man kann auch (ca. 10 Min. später) an der Anlegestelle des Klosters noch zusteigen. 7,50 €/Pers., Kinder bis 12 J. 4 €, unter 3 J. frei. Infos und Buchung unter ☎ 038736-79996 oder ☎ 0172-3029315 (mobil), www.ms-condor.de.

Camping   ⟫ Lesertipp: Camping Dobbertiner See, am westlichen Ortsausgang von Dobbertin (ausgeschildert), direkt am Nordufer des Sees; 95 schattige, nicht parzellierte Stellplätze, Badestrand und kleiner Hafen (hier fährt die MS Condor ab → Bootstouren). Lesern gefiel der Platz, da „unter Bäumen am See mit traumhaftem Blick auf das Kloster vom kleinen Badeplatz aus" gelegen. Mit Imbiss und kleinem Laden, die Sanitäranlagen sind teilweise barrierefrei. Auch Wohnmobilhafen. Geöffnet Anfang April bis Okt. Pers. 4,50 €, Zelt 3–

Der Dobbertiner See beim Kloster

4,50 €, Wohnwagen 5 €, Wohnmobil 5,50 €, Auto 2 €, Hunde kostenfrei. Es gibt auch vier Bungalows (40–50 €). Am Zeltplatz 1, 19399 Dobbertin, ℰ 038736-42510, ℰ 038736-81402, www.campingplatz-dobbertin.de. «

Essen & Trinken Das **Klostercafé** wurde zuletzt umgebaut und musste ins Refektorium ausweichen. Kaffee, Kuchen und Snacks; Mai bis Okt. Di–Fr 11–17.30 Uhr,

Sa/So 11–18 Uhr, Mo geschlossen; Nov. bis April Di–Fr 11–16.30 Uhr, Sa/So 11–17 Uhr, Mo geschl.

Kanuverleih Kanustation Dobbertin, am See. Vermietung und Touren, Kajak ab 3,50 €/Std., 20–25 €/Tag, 3er Kanu 4,50 €/Std., 28 €/Tag. An der Mühle 4, 19399 Dobbertin, ℰ 0173-6026952, www.kanustation-dobbertin.de.

Um den Plauer See

Der Plauer See ist nach der Müritz und dem Schweriner See der drittgrößte See Mecklenburg-Vorpommerns. Das beschauliche Städtchen Plau am See liegt an der Müritz-Elde-Wasserstraße, die in die Elbe mündet bzw. über einen Kanal mit dem Schweriner See verbunden ist. Am gegenüberliegenden Ufer bilden der lang streckte Petersdorfer See und der Malchower See mit dem malerischen gleichnamigen Städtchen auf der Insel eine Wasserstraße, die in den Fleesensee mündet, der wiederum via Kölpinsee mit der Müritz verbunden ist.

Im Norden des Plauer Sees: Die Nossentiner/Schwinzer Heide

Karow und Karower Meiler

Der 950-Einwohner-Ort Karow an der B 192 – eine Gründung aus dem 13. Jh. – wäre an sich kaum der Rede wert, gäbe es nicht das ungemein sehenswerte *Kultur- und Informationszentrum Karower Meiler* (→ S. 118), etwa 1 km südlich des Dorfes. Das Karower Schloss ist nicht zu besichtigen. Die Kirche von Karow, im Kern ein Feldstein-/Backsteinbau aus dem 15 Jh., verfügt seit ihrer Renovierung im 19. Jh. über eine neugotische Staffelgiebel. Unweit der Kirche kniet die Skulptur *Die Trauernde* der Plauer Bildhauers *Wilhelm Wandschneider*.

Ausflug mit der Draisine Mecklenburger Draisinenbahn: Auf Schienen radeln? Mit der Draisine ist das möglich. Die Tour beginnt zwischen 9 und 12 Uhr an der *Kaserne Damerow* (ein paar Kilometer westlich von Karow) und führt via *Goldberg* bis *Borkow* (zwischen Goldberg und Sternberg). Die Strecke verläuft über 23 km durch die herrliche Landschaft (kaum Steigungen) am südwestlichen Rand der Nossentiner-Schwinzer Heide. Ab 13 Uhr wird die Strecke dann in entgegengesetzter Richtung befahren (wenden kann man überall). Und wie überholt man auf einer eingleisigen Bahnstrecke? Entweder an Rastpunkten – oder indem man einfach die Draisinen tauscht. Auf eine Draisine passen bis zu 4 Pers., zwei davon strampeln (lenken muss

man ja nicht). Reservierung erforderlich. Gefahren werden kann täglich von April bis Okt. Preise pro Draisine: Mo–Fr 45 € , Sa/So 49 € (bei Verleih zwischen 9 und 11 Uhr, Rückgabe 15–17.30 Uhr). Mittagsfahrt: 30 € bzw. 35 € (Verleih 11.15–12 Uhr, Rückgabe 14–14.45 Uhr). Abendfahrt bei Vorbestellung. Angeboten werden auch Kombitouren (heißt: Umsteigen auf Kanu und Fahrrad). Infos und Reservierung: Mecklenburger Draisinenbahn, Röbeler Str. 49, 17207 Bollewick, ℰ 039931-54506, ℰ 0172-3260694 (mobil), www.draisine-mecklenburg.de.

Beobachtungsturm Vom Turm *Moorochse*, auf halbem Weg von Karow nach Alt Schwerin, hat man einen weiten Blick über das Naturschutzgebiet Nordufer Plauer See.

Im Westen der Seenplatte → Karte S. 94/95 und 120

Naturpark Nossentiner/Schwinzer Heide

Das Gebiet erstreckt sich grob zwischen Dobbertin/Goldberg im Westen, Krakow am See im Norden, dem Kölpinsee im Osten und dem Plauer See im Süden. Dazwischen liegen 36.500 ha Naturpark mit rund 60 % Waldfläche und insgesamt 60 Seen (dazu rund 800 ha Moor). Rund ein Fünftel des Gebiets besteht aus Ackerland, nur 5 % sind Siedlungsgebiete und Verkehrsflächen. Innerhalb des Naturparks befinden sich noch einmal 16 separat ausgewiesene Naturschutzgebiete, die rund ein Fünftel der Gesamtfläche des Parks ausmachen.

Die Nossentiner und Schwinzer Heide mit ihren zahlreichen Seen und Mooren entstanden aus einem Endmoränenzug der letzten Eiszeit. Früher war die Gegend, die schon im 13. Jh. von Slawen besiedelt war, von dichtem Laubwald bedeckt, der aber im 18. und 19. Jh. wegen des kaum stillbaren Bedarfs der zahlreichen Holzmeiler in der Umgebung fast vollständig gerodet wurde. An seine Stelle traten schnell wachsende und relativ anspruchslose Kiefernwälder, die heute weite Teile des Naturparks bedecken. Doch nicht nur das ausgedehnte Waldgebiet, auch die Feuchtwiesen, Heiden, Moore, Dünen und Trockenrasen sind ein Rückzugsgebiet für rund 140 Vogelarten, darunter Seeadler, Fischadler und Große Rohrdommel (im Volksmund „Moorochse" genannt); an den Ufern und Flussläufen im gesamten Naturpark fühlt sich auch der Fischotter heimisch.

Die Nossentiner und Schwinzer Heide ist mit ca. 250 km Wander- und Radwegen gut erschlossen. Wer nur einen kurzen Stopp machen möchte: Unweit des Karower Meilers, fast direkt an der B 192, steht der hölzerne Aussichtsturm „Moorochse", von dem sich ein toller Blick auf das Naturschutzgebiet *Nordufer Plauer See* bietet.

Kultur- und Informationszentrum Karower Meiler Sehr informative Ausstellung zur Entstehung der Landschaft von der eiszeitlichen Formierung über die Waldentwicklung bis zum Eingreifen des Menschen und der Schaffung der Kulturlandschaft, über die Lebensräume im Naturpark und über ihre Bewohner. Zahlreiche anschauliche Infotafeln, der Nachbau eines Fuchsbaus, ein Tierstimmenraum etc., Freigelände mit Spielplatz, Picknickbänken, Kräutergarten, dazu wechselnde Ausstellungen und Vorträge sowie Konzerte. Geöffnet Mai bis Sept. tägl. 10–17 Uhr, April und Okt. tägl. 10–16 Uhr, Nov., Febr. und März nur Mo–Fr 10–16 Uhr, Dez./Jan. geschlossen. Eintritt 2 €, Kinder 7–16 J. 1 €, unter 7 J. frei. Ziegenhorn 1, 19395 Karow, ℡ 038738-70292, 🖷 038738-73841, www.naturpark-nossentiner-schwinzer-heide.de.

Anfahrt Gut 1 km nach Karow und kurz nach der Kreuzung von B 192 und B 103 Richtung Alt Schwerin auf der rechten Seite. Der einem Holzmeiler nachempfundene Bau ist kaum zu übersehen.

Fahrradverleih Im Karower Meiler (Öffnungszeiten oben), Tourenrad 7 €/Tag, mit Kinderanhänger 11 €, Kindersitze kostenlos, auch Routenvorschläge.

Alt Schwerin

Alt Schwerin liegt am nordöstlichen Ufer des Plauer Sees. Dem vielversprechenden Namen zum Trotz wäre der Ort nur ein kleiner Flecken rund um ein altes Gutshaus, gäbe es nicht das 1963 gegründete *Agrarhistorische Museum*, das mittlerweile *Agroneum* heißt. Nach umfangreichen Umbauarbeiten verspricht das Freigelände, ein sehr weitläufiges Areal mit Windmühle (ein weithin sichtbarer Erdholländer), Schmiede, Sägewerk usw., einen Einblick in die Kulturgeschichte der Landwirtschaft in Mecklenburg zu vermitteln. Die Arbeiten sollen 2012 abgeschlossen sein.

Agroneum: April bis Sept. tägl. 10–18 Uhr, im Okt. tägl. 10–17 Uhr. Erw. 6,50 €, erm. 5 €, Schüler 3 €. Dorfstr. 21, 17214 Alt Schwerin, ☎ 039932-49918, www.museum-alt-schwerin.de.

Übernachten/Essen   Altes Pfarrhaus, stilvolles Landhotel in einem alten, sorgsam restaurierten und von einem großen Garten umgebenen Gebäude, das tatsächlich einst als Pfarrhaus diente. Neun hübsch eingerichtete und nach Seen benannte Zimmer. Außerdem Wellnessangebote. DZ 92,50 €, Juniorsuite 97,50 €, jeweils inkl. Frühstücksbuffet. Kastanienallee 14, 17214 Alt Schwerin, ☎ 039932-417081, ☏ 039932-

417082, www.landhotel-altes-pfarrhaus.de.

Camping   Camping am See, westlich von Alt Schwerin, lang gestreckt am Nordufer des Plauer Sees gelegen. Pauschalpreise, z. B. Stellplatz, 2 Erw. und Kinder bis 14 J. 26,50 €, jede weitere Pers. ab 15 J. 5 € extra, Hunde 2 €, Strom 2 €. An den Schaftannen 1, 17214 Alt Schwerin, ☎ 39932-42073, ☏ 39932-42072, www.camping-alt-schwerin.de.

Plauer Werder

Südlich von Alt Schwerin führt eine eindrucksvolle Kastanienallee nach Wendorf und zum Plauer Werder. Die waldbestandene Halbinsel, die weit in den See hineinreicht, ist nur durch eine schmale Landenge mit dem Nordufer verbunden. Ein Wanderweg führt rundherum: zunächst ein Stück auf der wenig befahrenen Straße, dann oberhalb des Dauercampings durch den Wald, schließlich teils nahe am Ufer und an abgelegenen Badestellen vorbei.

Übernachten/Essen   **»** Unser Tipp: **Zur Forelle**, eine Institution! Sehr beliebtes Fischrestaurant der örtlichen, traditionsreichen Fischerei und Räucherei, an der Landenge zum Werder gelegen. Der servierte Fisch ist mit Sicherheit fangfrisch und schmackhaft zubereitet. Vertrauen Sie der Tageskarte! Nicht teuer, Hauptgericht ab 10 €. Innen urig, draußen schöne Terrasse am See und Anlegestelle. Ganzjährig mittags und abends geöffnet, kein Ruhetag. Auch DZ (62–80 € inkl. Frühstück), Ferienwohnungen, Angeltouren, Bootsverleih (z. B. Kanu 20 €/Tag, Motorboot 40 €/Tag), Fischverkauf. Wendorf 4, ☎ 039932-49905, www.fischerei-alt-schwerin.de.

Ferienpark Plauer See, mit viel Holz gestalteter, neuer Ferienpark mit Hotel (auch barrierefreie Zimmer) und Restaurant, Ferienwohnungen in Blockhütten sowie einem jugendherbergsartigen Gruppenhaus; außerdem Sauna, Beautysalon, Fitness- und Wellnesseinrichtungen, Kegelbahn, 400 m zur kleinen Badewiese. Sehr ruhig, da abgelegen. EZ 57 €, DZ 90 €, jeweils inkl. Frühstück. Wendorf 6, 17214 Alt Schwerin, ☎ 039932-827010, ☏ 039932-827012, www.ferienpark-plauersee.de.

Camping   Caravanstellplätze, auf dem Dauercampingplatz Werder. ☎ 039932-42074, www.insel.camping-alt-schwerin.de.

Sparow und das Teerschwelergehöft

Wenige Kilometer östlich von Alt Schwerin liegt Sparow am südlichen Rand der Nossentiner Heide. Der ehemalige Gutshof von Sparow beherbergt heute ein schickes Hotel. Der nahegelegenen *Drewitzer See* gilt als einer der klarsten See Mecklenburgs (hier eine schöne Badestelle).

Im Westen der Seenplatte → Karte S. 94/95 und 120

Von den zahlreichen Meilern und Glashütten, die einst den Baumbestand der Nossentiner Heide verheizten, hat sich kein Ofen erhalten. Dennoch schwelt und kokelt es am östlichen Ortsausgang des alten Gutsdorfes – im *Teerschwelergehöft Sparow*. Der nach historischem Vorbild errichtete Teerofen wird natürlich nicht mehr geschürt, um Pech und Holzteer herzustellen, sondern um dem Besucher Einblick in die traditionelle Arbeit des Teerschwelers zu geben. Im Hauptgebäude erklären ein

Film und informative Schautafeln Aufbau und Funktionsweise des Meilers. Im Außenbereich ist der Teerofen zu besichtigen, der nahezu ganzjährig in Betrieb ist: Zwei- bis dreimal im Jahr wird angeheizt, dann schwelt es zwei Monate, bevor der Ofen schließlich wieder abkühlen muss. Außerdem gibt es einen Spielplatz, einen Picknickbereich und einen kleinen Streichelzoo.

Teerschwelergehöft Sparow: April und Okt. tägl. 10–18 Uhr (erweiterte Öffnungszeiten während der Brände). Eintritt 3 €, Familien 5 €. im kleinen Café gibt es Kaffee und hausgemachten Blechkuchen. Infos und Termine für die Befeuerung: ✆/✉ 039927-76847.

Einst Drecksarbeit, heute Sehenswürdigkeit: das Teerschwelergehöft

Im Westen der Seenplatte → Karte S. 94/95 und 120

Pech

Eine Drecksarbeit im wahrsten Sinn des Wortes war es, die die Teerschweler einst zu leisten hatten. Zuerst war der bis zu 6 m hohe, innere Ofen, der Schwelraum, mit Holzscheiten voll zu stapeln und das Setzloch zu schließen. Dann wurde Abfallholz im äußeren Feuerraum in Brand gesetzt. Dieser äußere Ring brannte mindestens vier und bis zu zehn Tage lang und war entsprechend zu befeuern. Die Hitze brachte das im Innenofen gestapelte Holz zum Schwelen und presste die Flüssigkeit aus dem Holz. Nach etwa drei Tagen begann der Holzteer über eine tiefer liegende Rinne abzulaufen. Während der Ofen über mindestens weitere 14 Tage abkühlte, konnte der Teerschweler aus dem zähflüssigen Teer Terpentin destillieren und Pech sieden. Das schwarze, klebrige Material war vielseitig verwendbar: Man benutzte es als Klebstoff, zum Imprägnieren von Holz und Tuch, zum Abdichten von Schiffswänden, als Schmiermittel, ja sogar als Brandsatz oder auch als Keramikfarbe. Die beim Schwelen gewonnene Holzkohle verkaufte der Teerschweler schließlich an Glasmacher, Kalkbrenner oder Ziegler.

Teeröfen sind seit dem 11. Jh. bekannt, die Hochzeit der Schweler war im 18. und 19. Jh. Der letzte Teerofen erlosch 1952 – bis der Teerofen von Sparow nach Originalplänen aus dem 19. Jh. wieder aufgebaut wurde.

Baden Eine schöne Badestelle liegt am Drewitzer See, am westlichen Ortsausgang rechts ab, dann noch 500 m auf Schotter zum Parkplatz, von hier noch ein Stück zu Fuß.

Übernachten/Essen 》》 Unser Tipp: **** Hotel Gutshof Sparow, auf dem weitläufigen Gelände rund um das Gutshaus aus dem späten 18. Jh. ist so gut wie an alles gedacht: Für Kinder gibt es einen Erlebnisspielplatz (mit Piratenschiff), für ge-

stresste Mütter und Väter einen Beautysalon sowie Schwimmbad, Sauna, Solarium etc., für Hunde freien Auslauf im Hundepark, für Gastpferde Boxen. Zudem werden Kutschfahrten angeboten, es gibt ein großes Sportareal (Tennis, Badminton, Squash, Kegeln). Einfach (bzw. eher feudal) nur übernachten kann man hier natürlich auch, 13 Zimmer bietet das elegante Hotel, dazu vier Suiten und 34 Appartements in den Gebäuden des Anwesens, zwischen denen sich schöne Streuobstwiesen erstrecken. Und zu essen gibt es natürlich auch: entweder in der rustikalen Jägerstube (bodenständige, regionale Küche) oder im hellen Restaurant Wintergarten mit Terrasse (leicht gehobene Küche), zudem Cafébetrieb. EZ 70 €, DZ 95 €, Suite 180—220 €, jeweils inkl. Frühstücksbuffet, Appartement zwischen 115 € (2 Pers.) und 180 € (4 Pers.), Hunde 9 €, Pferde 15 €. Auch saisonale Arrangements. 17214 Sparow, ℡ 039927-7620, 🖷 039927-76299, www.gutshof-sparow.de. 《

Nördlich des Fleesensees: Nossentin, Jabel und Damerow

Wählt man die nördliche Route nach Waren, passiert man *Silz* und *Nossentin* am nördlichen Ufer des Fleesensees sowie Jabel am gleichnamigen See, der durch einen schmalen Kanal mit dem Kölpinsee verbunden ist. Alle drei sind unspektakuläre Dörfer, um die herum sich eine bescheidene touristische Infrastruktur entwickelt hat. In Jabel steht die *Fritz-Reuter-Eibe*, mit etwa 300 Jahren die älteste Eibe Mecklenburgs. Der alte Baum duckt sich unter zwei mächtigen Linden hinter der Scheune auf dem alten Pfarrhof. Am Jabelschen See gibt es eine neue Ferienanlage mit kleinem Yachthafen und Campingplatz (www.maribell.de). Gegenüber von Jabel, am anderen Ufer des Jabelschen Sees, liegt Damerow am Rand des *Naturschutzgebiets Damerower Werder*. Auf dem Damerower Werder befindet sich ein Wisentgehege – das europäische Wildrind findet hier ein fast artgerechtes Refugium. Im Haupthaus gibt es eine kleine Ausstellung zu Wald und Wisent sowie ein Restaurant/Café mit Terrasse.

Wisentgehege: Tägl. 10—18 Uhr, Fütterung 11 und 15 Uhr, Erw. 3 €, Kinder unter 12 J. frei, ℡ 039929-76711.

Camping/Wohnmobilstellplatz Ein paar wenige Stellplätze gibt es in der Ferienanlage Maribell, direkt am Jabelschen See. 2 €/Pers. Zelt 7—12 €, Wohnmobil 12 €. Am Ufer, 17194 Jabel, ℡ 039929-70500, www.maribell.de.

Einkaufen 🌿 Manufaktur Löwenzahn, im Hofladen (in Nossentiner Hütte, 7 km nördlich von Malchow) gibt es Köstlichkeiten aus Wildfrüchten, Kräutern und Blüten; verarbeitet wird, was sich in der Nossentiner Heide finden lässt. Fruchtaufstriche und -Gelees, Tees, Sirup und Likör, Essig und Öl und und und. Es werden auch diverse Führungen, Kräuterwanderungen und Kochkurse angeboten. Dorfstraße 32, 17214 Nossentiner Hütte, www.manufaktur-loewenzahn.de.

Essen & Trinken Fischer-Rotunde Damerower Werder, beliebtes Fischrestaurant der Müritzfischer in Damerow, idyllischer Garten, schön am Wasser gelegen. Auch Räucherei. In der Küche wird natürlich fangfrischer Fisch zubereitet. Mai bis Okt. geöffnet, im Hochsommer tägl. 8—22 Uhr, sonst 9—20 Uhr. Zum Werder 7d, 17194 Damerow, ℡ 039929-76698, www.mueritzfischer.de.

》》 **Lesertipp:** Toplicht, Restaurant im Ferienresort *Maribell* in Jabel. „Das Essen ist für den Preis sehr gut ... Fisch aus der Region (Fisch vom Grill, Zander in Walnussmantel) ... sehr lecker ... 10—18 € für ein Hauptgericht". Am Ufer, ℡ 039929-70500. 《

Heißt zwar „am See", liegt aber genau genommen an der Elde: Plau am See

Plau am See

ca. 5600 Einwohner

Ein schmuckes Städtchen mit sehenswerten Fachwerkhäusern, das aber – der Name trügt – gar nicht am See liegt, sondern fast einen Kilometer landeinwärts. Wasser gibt es dennoch genug, die Elde fließt durch den Ort, und auch einen noch recht neuen, kleinen Yachthafen hat Plau zu bieten.

Das idyllische Flair des Luftkurorts genießt man am besten bei einem Spaziergang durch die Altstadt, z. B. vom alten Burgturm durch die Steinstraße und zum Markt mit seinen schön hergerichteten Gebäuden (die meisten der bunten Fachwerkhäuser aus dem 18. Jh.) und dem Rathaus im Stil der niederländischen Renaissance (1888/89). Auf der anderen Seite wird der lang gestreckte Markt von der evangelischen Marienkirche aus dem 13. Jh. begrenzt (→ Sehenswertes). Nur wenige Schritte sind es von hier zur Strandstraße an der Elde. Bei der *Eldeschleuse* von 1834 führt eine markante Holzbrücke mit dem schönen Namen „Hühnerleiter" über das Wasser. Linker Hand lässt es sich dann herrlich zur Anfang der 1990er Jahre komplett sanierten, hellblauen Hubbrücke flanieren.

Trotz touristischer Erschließung – nicht zuletzt durch die beiden Marinas, eine am Kanal, eine am See – wirkt der Ort recht ruhig, vor allem abends. Ein Nachtleben mit Kneipenkultur existiert nicht, auch Restaurants im Zentrum sind eher rar. Die Unterkünfte der Stadt finden sich mehrheitlich in den umliegenden Buchten, z. B. in den Ortsteilen *Plötzenhöhe* (etwa 2 km südlich von Plau) oder in der *Seeluster Bucht* (ca. 3,5 km südlich). Hier hat der Gast den Badestrand dann auch direkt vor der Haustür.

Der Name Plau geht auf das slawische *Plawe* zurück und bedeutet so viel wie „Flößerort". Erstmals erwähnt wird Plawe 1235, damals lag die Siedlung an einer wichtigen Handelsstraße zwischen Brandenburg und Güstrow bzw. Rostock. Die Burg wurde ab 1285 errichtet, um den hiesigen Übergang über die Elde zu sichern, von ihr steht bis heute der weithin sichtbare Burgturm. Nachdem es ab dem 13. Jh. zunächst zu Parchim gehörte, wurde Plau 1436 dem Herzogtum Mecklenburg zugeschlagen, später dann dem Herzogtum Mecklenburg-Schwerin. Wirtschaftlich spielte die Stadt vor allem im 19. Jh. eine gar nicht so unbedeutende Rolle als kleiner Industriestandort (Maschinenbau) sowie als Handwerkszentrum, was durch den Anschluss an die Bahnlinie nach Güstrow 1882 noch unterstützt wurde; zudem entwickelte sich Plau zu einem beliebten Urlaubs- und Erholungsort. Die Plauer Kalkbrennereien, Sägewerke und Ziegeleien des frühen 20. Jh. nutzte die DDR später für eine Möbelfabrik und ein Ziegelwerk, außerdem entstand ein VEB für industrielle Nerzproduktion (einer der größten in Mitteleuropa).

Basis-Infos

Information Touristinformation im Zentrum in der Marktstraße; freundlicher und hilfsbereiter Service, Unterkunftsvermittlung, Fahrradverleih, Verkauf von Fischerei- und Angelscheinen, Konzert- und Theaterkarten, Stadtführungen (→ u.). Umfangreiches Informationsmaterial. Mai bis Sept. Mo–Sa 9–18 Uhr, So 10–16 Uhr, Okt. bis April Mo–Fr 9–17 Uhr, Sa 10–14 Uhr, So geschlossen. Marktstr. 20, 19395 Plau am See, ✆ 038735-45678, ✆ 038735-41421, www.info-plau.de.

Verbindungen Bus: Abfahrt der Busse ab Plau Bahnhof, einige auch ab Lange Straße: ca. 10-mal tägl. nach Karow (ODEG-Bahnhof), 3-mal nach Parchim, ca. alle 2 Std. nach Lübz, ca. 5-mal tägl. Seelust, 8-mal Meyenburg (DB-Bahnhof), 8-mal über Krakow am See nach Güstrow. Fahrpläne bei der Touristinfo oder im Internet unter www.reisedienst-parchim.com.

Bahn: zwar gibt es einen Bahnhof am westlichen Rand des Zentrums, doch wurde die Strecke zwischen Meyenburg und Karow vor einigen Jahren stillgelegt. Überlegt wird derzeit, zumindest während der Saison den Bahnverkehr ab Plau wieder aufzunehmen. Infos dazu bei der Touristinfo.

Schiff: zwei Anbieter, das Angebot ist ähnlich, auch im Preis. Die *Fahrgastschifffahrt Wichmann* fährt in der Hauptsaison tägl. über Plauer See und Lenzer Kanal nach Malchow (und zurück); 11 €/Pers., Kinder die Hälfte, Fahrrad 3 €; Mo, Mi und Sa Ganztagesfahrten bis nach Waren (22 €), in der Nebensaison (April sowie Mitte Sept. bis Mitte Okt.) deutlich eingeschränkt, im Winter nur nach Vereinbarung. Abfahrt an der ersten Anlegestelle, gleich unterhalb der B-103-Brücke. Ticketbude am Anleger. ✆ 038735-49600, ✆ 0172-7415410 (mobil), www.fahrgastschifffahrt-wichmann.de.

Die *Plauer Schifffahrt Salewski* fährt in der Saison (April bis Mitte Okt.) 2-mal tägl. (außer Di und Do) über den Plauer See und Lenzer Kanal nach Malchow (11 €/Pers., Kinder 4–13 J. die Hälfte, Fahrrad 3 €, Hunde 2 €), Di und Do Tagesfahrten nach Waren (22 €). In der Nebensaison eingeschränkt, im Winter nur auf Anfrage. Abfahrt vom dritten Steg am Anleger, Tickets an Bord. ✆ 038735-42872, an Bord ✆ 0172-3939016 (mobil), ✆ 038735-45057, www.fahrgastschifffahrt-plau.de.

Aktivitäten

Baden Mehrere Badestellen in der direkten Umgebung, u. a. in Quetzin und Heidenholz (nördlich) und – die nächste Badegelegenheit vom Zentrum – in Plötzenhöhe und an der *Seeluster Bucht*. Das Strandbad befindet sich Richtung Plötzenhöhe in der Seestraße, mit Kiosk und Bootsverleih. Besonders schön finden wir die Seeluster Bucht, mit Rasen und Anlegestelle, Kinderspielplatz, Kiosk und WC am See.

Bootsverleih Kanu-Team Plau am See, Verleih von Kanus und Kajaks, Touren, Abhol- und Bringservice, angeschlossene Pension *Zur Scheune* (→ Übernachten). Einer-Kajak 4 €/Std., 15 €/Tag, und Zweier-Kajak sowie Kanu je 4 €/Std., 20 €/Tag), größere Kanus 6 €/Std., 25 €/Tag). Im Sommer tägl. 10–20 Uhr. Direkt an der Elde am westlichen Ortsausgang (Lübzer Chaussee). ✆ 038735-8550, ✆ 0172-3076514 (mobil), www.kanuteam-plauamsee.de.

Plau am See

130 m

Klettern Kletterpark Plau am See, Hochseilparcours mit Tauen, Brücken und Balken zwischen Bäumen, kann durchaus Überwindung kosten – das Ganze natürlich TÜV-geprüft. 15 €/Pers., unter 17 J. 13 €, Familienticket je nach Kinderzahl 38–60 € (Kinder müssen über 1,40 m sein). Im Sommer bei gutem Wetter tägl. 10–18 Uhr. Ziegelei-weg (am Fuß des Klüschenbergs), ℡ 038735-819738, ℡ 0171-9977497 (mobil), www.hochseilgarten-plau.de.

Stadtführung Von Mai bis Sept. werden Stadtführungen angeboten: Mi 15 Uhr und So 11 Uhr, Dauer ca. 2 Std., 3 €/Pers. Treffpunkt und Infos bei der Touristinformation.

Übernachten/Essen & Trinken

Übernachten Fackelgarten **3**, die zentralste Unterkunft in Plau, direkt an der Hubbrücke und nur wenige Schritte vom Markt oder Hafen. Schöne Lage am Fluss, Restaurant und Café mit Wintergarten und Terrasse (s. u.), Sauna im Haus. Sehr freundlicher und hilfsbereiter Service. Ganzjährig geöffnet. Nur zwölf komfortable Zimmer, EZ 55 €, DZ 75 €, jeweils inkl. Frühstück. Dammstr. 26, 19395 Plau am See, ℡ 038735-8530, 🖷 038735-44330, www.fackelgarten.de.

**** Parkhotel Klüschenberg **5**, gediegenes Hotel auf einer Anhöhe inmitten eines parkartigen Gartens. Mit gehobenem Restaurant, Wellnessbereich mit Sauna, Dampfbad, Salzwasserpool (innen), Kosmetikbehandlungen, Massagen. Großzügige Zimmer, z. T. mit Balkon, ein rollstuhlgerechtes Zimmer ist vorhanden. Zahlreiche Arrangements. Ganzjährig geöffnet. EZ 65–69 €, DZ 86–99 €, Familienappartements je nach Größe 135–210 €, jeweils inkl. Frühstück. Klüschenberg 14, 19395 Plau am See, ✆ 038735-49210, 📠 038735-49212190, www.klueschenberg.de.

Pension Zur Scheune 2, günstigere Unterkunft, mit Garten und angeschlossenem Kanuverleih (→ Bootsverleih), ca. 500 m vom Zentrum. Rustikale Einrichtung. EZ 40 €, DZ 75 €, jeweils inkl. Frühstück. Auch drei moderne Ferienwohnungen. Lübzer Chaussee 12, 19395 Plau am See, ✆ 038735-8550, 📠 038735-43181, www.zur-scheune-plau.m-vp.de.

Strandhotel Plau am See 6, im Ortsteil *Plötzenhöhe* (ca. 2 km südlich vom Zentrum), fast direkt am See, mit eigener Anlegestelle (nebenan befindet sich das Strandbad). Restaurant, Wellnessbereich mit Sauna, Dampfbad, Whirlpool und Massagen. Komfortable Zimmer, überwiegend mit Terrasse oder Balkon, z. T. mit Seeblick. Ganzjährig geöffnet. EZ 60–75 €, DZ 99–112 €, Appartement für 3–4 Pers. 112 €, jeweils inkl. Frühstück. Seestr. 6, 19395 Plau am See, ✆ 038735-8110, 📠 038735-81170, www.strandhotel-plau.m-vp.de.

Seeresidenz Hotel Gesundbrunnen 7, in der schönen *Seeluster Bucht* (ca. 3,5 km südlich von Plau), direkt am See. Mit Garten, vielfach gelobtem Restaurant, Wellnessbereich mit Hallenbad, Sauna und Dampfbad. Freundlicher Service. Jan. bis März geschl. EZ 65 €, DZ 95–116 €, Appartement für 2 Pers. 140 €, jeweils inkl. Frühstück, in der Nebensaison günstiger. Hermann-Niemann-Str. 11, 19395 Plau am See, ✆ 038735-8140, 📠 038735-81427, www.seeresidenzgesundbrunnen.de.

**** **Seehotel Plau am See** 8, ebenfalls in *Seelust*, unweit der Seeresidenz an der Strandpromenade. Wellnessbereich mit Sauna, Kosmetik und Massage, Restaurant. 80 Zimmer im Haupthaus und in der Dependance, im Garten außerdem einige kleine Ferienhäuser. Ganzjährig geöffnet. EZ 68–77 €, DZ 101–118 €, Appartement für 3 Pers. 126 €, Ferienhaus (1–2 Pers.) 72–95 €, jeweils inkl. Frühstück. Hermann-Niemann-Str. 6, 19395 Plau am See, ✆ 038735-840, 📠 038735-84166, www.falk-seehotels.de.

Jugendherberge **Haus Plau am See** 4, am südlichen Ortsausgang; nicht gerade romantisch, aber zweckmäßig. Zweifelsohne die günstigste Übernachtungsmöglichkeit in Plau, Unterbringung überwiegend in Vierbett-Zimmern, es gibt auch Sechsbett-Zimmer und DZ. Barrierefreies Haus. Übernachtung inkl. Frühstück 18 €, Senioren über 27 J. 21 €. Dammstr. 43, 19395 Plau am See, ✆ 038735-81591, 📠 038735-81592, www.jugendherbergen-mv.de.

Camping **Campingpark Zuruf** 9, im Ortsteil Plötzenhöhe; großzügiger Platz am See, nur teilweise baumbestanden, daher nicht

Früh am Morgen schon wird der Räucherofen angeworfen

überall Schatten. Eigener Badestrand, Anlegesteg, Fahrradverleih und Laden, Sanitäranlagen z. T. rollstuhlgerecht. Ganzjährig geöffnet. Pers. 5,50 €, Zelt 2,50–4,50 €, Wohnwagen 4,50 €, Wohnmobil 7 €, Auto 2,50 €, Hunde 2,50 €. Es gibt auch einige kleine Hütten („Finnhütten") für 29–46 € (2–4 Pers.) und Ferienwohnungen zu 49 € (max. 4 Pers.). Seestr. 38 d, 19395 Plau am See, ☎ 038735-45878, ✆ 038735-45879, www.campingpark-zuruf.de.

Essen & Trinken/Einkaufen Plauder-Käseeck **1**, kleiner Käseladen, ausgesuchte Weine und sympathisches Bistro mit nur wenigen Tischen (reservieren!), sehr gemütlich. Wechselnde Tageskarte, die Küche natürlich mit Käsespezialitäten. Sehr freundlich, Di/Mi 10–18 Uhr, Do–Sa 10–22 Uhr geöffnet, So/Mo geschlossen. Wallstr. 2, ☎ 038735-13968.

>>> Unser Tipp: Fackelgarten **3**, besonders nett die Lage am Fluss, mit Terrasse, das Restaurant selbst in einem Wintergarten. Schönes Ambiente, aufmerksamer Service, hervorragende Küche, die mecklenburgische Tradition mit mediterranen und fernöstlichen Einflüssen bereichert. Viel Fisch und Pasta, das Ganze allerdings nicht unbedingt günstig: Vorspeisen und Nudeln um 10 €, Hauptgerichte 13–15 €. Mittags und abends geöffnet, nachmittags auch *Café*. Im Nov./Dez. Mo/Di Ruhetag, Jan. bis März geschlossen. Dammstr. 26, ☎ 038735-8530. **<<<**

Sehenswertes

Burgturm und Museum: Von der einst trutzigen Burg steht immerhin noch der Turm. Die ursprüngliche, im späten 13. Jh. an strategisch günstiger Lage errichtete Anlage wurde im 15. und 16. Jh. ausgebaut. Im Dreißigjährigen Krieg noch heiß umkämpft, verfiel die Burg in Friedenszeiten zusehends, bis die Mauern 1660 schließlich geschleift und die Gebäude aufgegeben wurden. Nur der heute von einem Park umgebene Turm aus der Mitte des 15. Jh. überdauerte die Zeiten. Heute ist hier eine hübsche, kleine historische Ausstellung zu sehen: Nach einer netten Einführung (inklusive Blick in das 11 m tiefe Verließ) gelangt man über teils sehr niedrige und steile Wendeltreppen zu den darüber liegenden zwei Stockwerken mit den Exponaten. Unterhalb der Burg befindet sich das kleine Museum der Stadt Plau. Zu sehen sind ein paar schöne alte Ortsansichten und v. a. Ausstellungsstücke zum historischen Handwerk, darunter auch ein paar alte Druckmaschinen, die im Zuge einer Führung auch mal angeworfen werden.

Ostern bis Okt. tägl. 10–17 Uhr, Eintritt 2 €. Am Burgplatz, 19395 Plau am See, ☎ 038735-40158.

Marienkirche: Die backsteinerne Hallenkirche mit dem sich über einem quadratischen Grundriss erhebenden Turm wurde im 13. Jh. errichtet. Die Innenausstattung des Gotteshauses stammt aus dem späten 19. Jh. Über 120 Stufen gelangt man

Hier gehts von der Marienkirche hinunter zur Elde

auf den Turm, die Anstrengungen werden bei gutem Wetter mit schöner Aussicht belohnt. Im Rahmen des „Plauer Musiksommers" finden im Juli und August in der Kirche vornehmlich klassische Konzerte statt.

Mai bis Sept. tägl. 10–18 Uhr, Turmbesteigung 1 €, Karten für den Musiksommer tägl. 9–12 Uhr und Di 15–18 Uhr im Pfarrbüro. Infos unter ☎ 038735-40200 oder www.kirche-plau.de.

Bildhauermuseum Wandschneider: Gleich bei der Marienkirche befindet sich dieses kleine Museum mit Plastiken und Statuen des gebürtigen Plauer Bildhauers *Wilhelm Wandschneider* (1866–1942). Seine an die Antike angelehnten Heldendarstellungen fanden vor allem um die Jahrhundertwende Anklang.

Im Sommer Di–Fr 10–12 und 12.45–15 Uhr, Sa 10–12 Uhr, So geschlossen; im Winter Di–Fr 10–12 Uhr, Di auch 15–18 Uhr, Sa/So geschlossen. Eintritt frei, es wird um eine Spende gebeten. Kirchplatz 3, 19395 Plau am See, ☎ 038735-81030.

Im Süden des Plauer Sees: Bad Stuer und der Bärenwald

Der kleine Weiler am sich verjüngenden, südlichen Ausläufer des Plauer Sees, ein Ortsteil des südlich gelegenen Stuer, liegt mitten im Wald und doch am See. Durch das idyllische Naturschutzgebiet *Tal der Eisvögel* führt von Bad Stuer aus ein beliebter Wanderweg zum Bärenwald Müritz. Ein beliebtes Fotomotiv der Gegend findet man im ansonsten unspektakulären Ort Stuer: Der Turm der backsteinernen Fachwerkkirche ist bis unter die Haube von altem Efeu zugewuchert.

Bärenwald Müritz: In einem 16 ha großen Gehege im Wald tummeln sich zurzeit zwölf Braunbären, zweifellos eine Attraktion und bei Besuchern entsprechend beliebt. Die touristische Attraktivität des Bärenwalds aber ist kein Selbstzweck, vielmehr ein zusätzlicher Nutzen. Zum einen kann man sich im Infozentrum und beim Besuch des Geheges abseits aller Babybär- oder Problembär-Hysterie ein realistisches Bild von Meister Petz machen. Zum anderen hat sich der Bärenwald zum Ziel gesetzt, in Gefangenschaft geborenen Bären eine artgerechte Haltung zu sichern. Entsprechend wird man bei einem Rundgang vielleicht auch nicht alle Bären zu Gesicht bekommen, da die Gehege den Tieren den notwendigen Rückzugsraum gewähren. April bis Okt. tägl. 9–18 Uhr, Nov. bis März 10–16 Uhr. Erw. 6 €, erm. 5 €, Kinder bis 14 Jahre 3,50 €, Hunde 1 €. Mit kleinem Bistro. Am Bärenwald 1, 17209 Stuer, ☎ 039924-79118, www.baerenwald-mueritz.de.

Imbiss Beim Bärenwald gibt es ein kleines Bistro.

》》 Unser Tipp: Eine **Fischerei** mit kleinem Kiosk und Biergarten befindet sich über den Forellenteichen hinter dem Bärenwald. Die geräucherte Forelle im Brötchen ist einfach überragend! Am hinteren Eingang des Bärenwalds bzw. auf der Straße weiter und am nördlichen Rand des Geheges links runter Richtung Tal der Eisvögel. **《《**

Übernachten Stuersche Hintermühle, das Hotel samt Restaurant liegt unweit vom Südufer des Plauer Sees in Bad Stuer und gehört zum Seehotel Plau am See. EZ 53 €, DZ 86 €, jeweils inkl. Frühstück. Seeufer 6, 17209 Bad Stuer, ☎ 039924-720, 📠 039924-7247, www.stuersche-hintermuehle.de.

Camping Campingplatz Bad Stuer, 200 Stellplätze, etwas vom Ufer zurückversetzt, aber mit eigenem Bootsanleger. Imbiss. Erw. 4,50 €, Kinder (3–16 J.) 2,50 €, Zelt 5 €, Wohnmobil 6 €, Auto 2 €, Hunde 2 €, Strom 2 €. Am Seeufer 20, 17209 Bad Stuer, ☎ 039924-2263, 📠 039924-2317, www.campingplatz-bad-stuer.m-vp.de.

Im Osten des Plauer Sees: Zislow und Lenz

Am Ostufer des Plauer Sees liegen verstreut eine Handvoll Dörfer in idyllischer Landschaft – darunter beispielsweise das Dorf *Adamshoffnung,* das neben dem optimistischen Namen auch über einen Angelteich verfügt, sowie das von Wiesen, Wald und Plauer See umrahmte *Zislow:* ein nettes, kleines Dorf mit vielen Datschen, Heimatstube und einem turmlosen Fachwerkkirchlein, unterhalb davon eine Badestelle mit Imbisspavillon und Beachvolleyball.

Der kleine, hübsche Flecken *Lenz* schließlich liegt an der Mündung der Wasserstraße, die den Plauer See mit dem Fleesensee und damit mit der Müritz verbindet. Südlich der kleinen Brücke, in *Lenz-Süd,* befindet sich – am Südufer des Petersdorfer Sees (Kanal) – der Hafen mit Hafengaststätte und Wohnmobilstellplatz, noch ein Stück weiter südlich ein Parkplatz (gebührenpflichtig) sowie Gaststätte und Badestelle; an der Brücke selbst der beliebte Lenzer Krug. Hier halten auch die Ausflugsschiffe aus Malchow.

Übernachten/Essen Lenzer Krug, in einem schönen, reetgedeckten Fachwerkhaus in bester Lage; beliebte Pension und großes, elegant-maritim eingerichtetes Restaurant, Tische auch draußen direkt am Kanal. Mit eigener Anlegestelle, auch Fahrradverleih (7 €/Tag). Dem Standort zwischen See und Wald entsprechend, finden sich auf der Speisekarte Fisch und Wild (mittleres Preisniveau). EZ 64 €, DZ 88 €, jeweils inkl. Frühstück, bei mehrtägiger Buchung bzw. in der Nebensaison deutlich günstiger. Halbpension 17 € pro Pers., Hund 10–20 € (einmalig). Ganzjährig geöffnet. Am Lenz 1, 17213 Malchow, ☎ 039932-1670, 📠 039932-16732, www.falk-seehotels.de.

Camping Nördlich von Zislow liegen zwischen dem Plauer See und dem (ziemlich kleinen) Großen Pätschsee zwei Campingplätze nahe beieinander. Beide befinden sich in herrlicher Lage direkt am Plauer See, mit Badestellen, schönen, schattigen Stellplätzen am See oder mit eher schattenlosen Plätzen etwas höher am Hügel; beide Plätze mit Kiosk, Strand, Fahrrad- und Bootsverleih, Bootsanleger mit Liegeplätzen. Beide auch mit nahezu gleichen Preisen: Erw. 4,70 €, Kinder (4–13 J.) 2,70 €, Jugendliche (14–17 J.) 3,90 €, Zelt 3,90–4,70 €, Wohnmobil 6,30 €, Auto 2,50 €, Hund 2,50 €, Strom 2–2,50 €. Beide ganzjährig geöffnet, Gaststätten jeweils direkt nebenan.

Wald- und Seeblick Camp, 1,2 km nördlich von Zislow (beschildert); Waldchaussee 1, 17209 Zislow, ☎ 039924-2002, 📠 039924-29809, www.wald-und-seeblick-camp.de.

Im Westen der Seenplatte → Karte S. 94/95 und 120

Naturcamping Zwei Seen, noch mal 700 m nördlich vom Wald- und Seeblick Camp; Waldchaussee 2, 17209 Zislow, ✆ 039924-2550, 🖷 039924-2062, www.zwei-seen-natur-camping.de.

Reiten Pferdehof Zislow, das Leben ist eben doch ein Ponyhof, zumindest hier am Ortsrand von Zislow, wo sich Scharen von Kindern und Jugendlichen (meist Mädchen) hingebungsvoll um *ihre* Ferienponys und -

pferde kümmern. Unterricht für Anfänger und Fortgeschrittene, auch Reiterferien und Kinderbetreuung; Pensionsboxen und Reithalle; Wassersportangebot, es werden auch Ferienwohnungen (mehrere im Dorf verteilt) vermietet. Am Ortsausgang von Zislow Richtung Suckow, nicht zu übersehen. Dorfstr. 50/51, 17209 Zislow, ✆ 039924-2561, 🖷 039924-2329, www.pferdehof-zislow.de.

Malchow

Malerisch präsentiert sich nicht nur die historische Altstadt mit ihrer exklusiven Insellage. Malerisch ist auch der Blick von der Altstadtinsel auf das alte Kloster am Ostufer des Malchower Sees.

Von alters her waren die Insel und das gegenüberliegende Ostufer Siedlungsgebiet. Ausgehend von einem slawischen Siedlungskern auf der Insel, entwickelte sich nach der (wie üblich gewaltsamen) Christianisierung ein ansehnlicher, auf Pfählen ruhender Marktflecken, der 1235 Stadtrechte erhielt. An das Ostufer dagegen zog 1298 das Nonnenkloster aus dem nahen Röbel und errichtete seine Gebäude auf den Resten eines zerstörten slawischen Heiligtums. Die junge Stadt selbst lag damals tatsächlich auf einer Insel. Das Gebiet am westlichen Ufer wurde erst 1721 erschlossen, eine befestigte Brücke führte über einen Graben auf die Insel. Den Damm zum Ostufer gab es damals noch nicht – an seiner Stelle soll eine hölzerne Brücke hinübergeführt haben. Der Damm wurde schließlich 1846 aufgeschüttet. Gleichzeitig wurde der Graben auf der anderen Seite zu einem Kanal erweitert, um den Wasserweg schiffbar zu halten. Über den Kanal wurde eine Brücke zum Westufer gebaut, deren Nachfolgekonstrukt die heute als technisches Denkmal zu bewundernde Drehbrücke ist. Der von der Altstadt und dem Damm geteilte *Malchower See*, der eher wie ein breiter Flussarm wirkt, mündet im Norden in den Fleesensee (der mit dem Kölpinsee und schließlich der Müritz verbunden ist). Nach Süden hin geht er in den ebenfalls lang gestreckten Petersdorfer See über, der wiederum über den Lenzer Kanal mit dem Plauer See verbunden ist.

Die Altstadt stammt vornehmlich aus dem 18. Jh. – nachdem 1697 und 1721 zwei schwere Brände Malchow in Trümmer gelegt hatten, musste weitgehend neu wiederaufgebaut werden. Eigentlich gibt es nur zwei Straßen, die über die Insel führen und die simplen Namen „Lange Straße" und „Kurze Straße" tragen. Die Lange Straße führt von der Brücke direkt zum Damm, während die Kurze Straße von dieser abzweigt und in einem Bogen der dreieckigen Form der Insel folgt. Fast in der Mitte der Altstadtinsel befindet sich der *Alte Markt* mit dem Malchower *Rathaus*. Der respektable Bau stammt aus dem 19. Jh., die Fachwerkfassade wurde erst 1904 vorgesetzt. Die nach dem Brand von 1721 entstandene Neustadt erschöpft sich weitgehend in der heute verkehrsberuhigten Güstrower Straße, die von der Brücke zum *Neuen Markt* führt. Oberhalb zwischen Güstrower Straße und Kirchenstraße erhebt sich die 1870–1873 erbaute Malchower *Stadtkirche* (Mo–Fr 10.30–16 Uhr, Sa 11–12 Uhr geöffnet, So 10 Uhr Gottesdienst). Sie ersetzte die Kirchbauten auf der Altstadtinsel, die wegen der fast regelmäßig wütenden Brände und des schwierigen Untergrunds nie lange Bestand hatten.

Blick von der Insel auf das Malchower „Festland"

Heute spielt sich das (überwiegend touristische) Leben des Städtchens um den kleinen Stadthafen und die Drehbrücke ab, hier befinden sich auch die meisten Hotels und Restaurants. „Normale" Einkaufsstraße ist die Güstrower Straße, etwas nobler geht es in der unteren Kirchenstraße Richtung Insel zu.

Basis-Infos und Aktivitäten

Information Touristinformation, direkt bei der Drehbrücke (auf der Landseite); im Sommer Mo–Fr 10–18 Uhr, Sa/So 10–16 Uhr (im Mai/Sept. Sa/So nur bis 14 Uhr), im Okt. Mo–Fr 10–17 Uhr und Sa/So 10–14 Uhr, im Winterhalbjahr nur Mo–Fr 10–16 Uhr. An der Drehbrücke, 17213 Malchow, ✆ 039932-83186, 🖂 039932-83125, www.tourismus-malchow.de oder www.stadt-malchow.de.

Stadtführungen Juni bis Sept. immer Do 11 Uhr, 2,50 € pro Pers. (mit Kurkarte 2 €), Treffpunkt an der Touristinformation.

Kurtaxe Erwachsene ab 16 J. 1 €/Tag, in den Wintermonaten (Okt. bis April) 0,50 €/Tag.

Verbindungen Bahn: Mit der ODEG von 6–20 Uhr etwa 2-stündlich nach Waren und weiter nach Neustrelitz sowie in Gegenrichtung über Parchim bis Ludwigslust.

Bus: werktags 6-mal tägl. nach Waren (Sa/So 1-mal) und zurück; seltene Verbindungen ins Hinterland (Nossentiner Hütte oder Göhren-Lebbin).

Schiff: Die *Reederei Pickran* bietet diverse Bootsausflüge an, z. B. die 5-Seen-Tour: von Anfang Mai bis Mitte Sept. 1-mal tägl. nach Waren und retour (11–18 Uhr), mit 3 Std. Landgang in Waren, Erw. 15 €, Kinder 6–14 J. 7,50 €. Auch Halbtagestouren u. a. nach Plau (5-mal wöchentlich, 10 € bzw. 5 €) und 2- bis 2,5-stündige Fahrten zum Jabelschen See/ Damerower Werder, z. T. Besuch des Wisentgeheges (tägl., 10–11 € bzw. 5–5,50 €). Fahrradmitnahme ist auf allen Schiffen möglich. Montags Vergünstigungen für Familien. Abfahrt an der Drehbrücke, hier auch die Tickets (neben der Tourist-Info). Kirchenstr. 2, ✆ 039932-81735, www.pickran.de. Die *Malchower Fahrgastschifffahrt* (gehört zur *Blau-Weißen Flotte*) hat ein ähnliches Angebot, auch preislich. Kirchenstr. 6, ✆ 039932-83256, www.blau-weisse-flotte.de.

Brückenöffnungszeiten, die Drehbrücke wird in der Saison von 9 bis 20 Uhr zu jeder vollen Stunde für den Schiffsverkehr geöffnet, je nach Bedarf für ca. 10–15 Min.

Übernachten

1 Naturcamping Malch...
3 JH Malchow
4 Inselhotel
6 Rosendomizil
7 Ferienwohnungen a...
   Stadthafen

Essen & Trinken

2 Don Camillo
4 Inselhotel
5 Fisch-Imbiss
6 Rosendomizil

Taxi Taxi-Hein, ✆ 039932-13314.

Parken Gebührenpflichtig am Stadthafen (die Mühlenstraße hinein, dann gleich links), etwas außerhalb in der Stauffenbergstraße oder der Rostocker Straße gibt es auch kostenlose Parkplätze.

Fahrradverleih Köhn, auf der Insel, Fahrräder 8 €/Tag, Kinderanhänger 4 €, geöffnet Mo–Fr 9–18 Uhr und Sa 9–12 Uhr, Lange Str. 36, ✆ 039932-81947 (Notdienst: ✆ 0162-5653143).

Feste/Veranstaltungen Am ersten Juliwochenende das Malchower Volksfest, am dritten Augustwochenende dann das Hafenfest.

Freibad Malchower Strandbad in der Trostfeldsiedlung, nördlich vom Zentrum (Richtung Nossentiner Hütte), noch vor dem Bahnhof rechts ab (Festplatz). Im Sommer tägl. geöffnet. Am Fleesensee 1, ✆ 039932-88185.

Wassersport Kanustation Malchow, Kanu- und Kajakvermietung auf der Insel, ab 5 €/Std., 15–25 €/4 Std., 20–35 €/Tag. Lange Str. 11, ✆ 039932-81960.

Bootsverleih Führerscheinfreie Elektroboote werden bei **Charter Selge** angeboten: Tagespreis 80–90 €. Am Stadthafen 7, ✆ 039932-472890, www.charter-selge.de.

Sonstiges Sommerrodelbahn (mit Schlepplift) und **Affenwald**, Anfahrt Richtung Autobahn, kurz vor der Auffahrt auf der linken Seite, 4 km von Malchow. Pro Fahrt Erw. 2,20 € (6er-Karte 9,50 €), Kinder (3–14 J.) 1,60 € (6er-Karte 7,50 €). Daneben gibt es den *Affenwald*, ein Freigehege mit Berberaffen. Eintritt 3,50 €, Kinder 3 €. April bis Okt. geöffnet. Karower Chaussee 6, ✆ 039932-18422, ✆ 039932-18423, www.sommerrodelbahn-malchow.de.

⌒ Übernachten/Essen & Trinken

Rosendomizil ⑥, schönes Hotel mit gelungen modernem Ambiente, direkt bei der Brücke, sehr stilvoll eingerichtete Zimmer mit Seeblick. Seit einiger Zeit gibt es eine Dependance (Hofgarten) in der Kirchenstraße unweit der Drehbrücke, mit einladenden, gemütlichen Studios, Terrasse zum Wasser hinaus, Badestelle Sauna/Wellness und Design-Geschäft im Erdgeschoss. Im Haupthaus auf der Insel befinden sich das Restaurant und Café: Man sitzt im halbrunden Anbau oder auf der Terrasse direkt am Wasser, in jedem Fall aber mit herrlichem Blick auf See und Kloster. Die Küche serviert internationale, asiatisch inspirierte Gerichte. Nachmittags gibt es auch kleinere Snacks bzw. Kaffee und Kuchen. Gehobenes Preisniveau. In der Saison 8–22 Uhr geöffnet, im Winterhalbjahr 9–21.30 Uhr, 14–18 Uhr kleine (günstigere) Küche. EZ 99–129 €, DZ 109–139 €, Frühstück inkl. Lange Str. 2–6, 17213 Malchow, ✆ 039932-18065, ✆ 039932-18064, www.rosendomizil.de.

Inselhotel ④, solides Hotel mit freundlichem Service in schöner Lage (auf der Altstadtinsel bei der Brücke). Wem nach gutbürgerlicher, mecklenburgischer Küche auf mittlerem Preisniveau ist, der is(s)t hier genau richtig. Mit Terrasse. EZ 60 €, DZ 78–82 €, Frühstück inkl. An der Drehbrücke, 17213 Malchow, ✆ 039932-8600, ✆ 039932-86030, www.inselhotel-malchow.de.

Ferienwohnungen am Stadthafen ⑦, direkt an selbigem, im Erdgeschoss das Steakhaus „Steak und meer". Noch recht neue Wohnungen mit Blick aufs Wasser, für 2 Pers. 75 €/Tag, etwas größer für 2–4 Pers. 120 €/Tag, alle mit Balkon(en) und Einbauküche. Endreinigung 29–39 €, Hund 20 €. Am Stadthafen 1, 17213 Malchow, ✆ 039932-1670, ✆ 039932-16732, www.stadthafen-malchow.com.

Don Camillo ②, das Restaurant am östlichen Rand der Insel befindet sich im ehemaligen Fährhaus: italienische Küche (Pizza 6–11 €), Steaks, Fisch und Salate, schöne Terrasse mit Seeblick. Tägl. ab 11 Uhr geöffnet. Lange Str. 68, ✆ 039932-14071.

Fisch-Imbiss ⑤, ganz ausgezeichnete, frische Fischbrötchen erhält man auf der Altstadtinsel in der Langen Straße (von der Brücke kommend rechter Hand, auf das „Fisch"-Schild achten). Mo–Fr 9–18 Uhr, Sa 9–12 Uhr, So geschlossen.

Jugendherberge JH Malchow ③, renoviertes Backsteingebäude (Zufahrt durch einen Torbogen) am Ortsrand von Malchow in der Westsiedlung, gut 2 km außerhalb vom Zentrum, beschildert. Große Wiese am Haus, Beachvolleyball. Übernachtung im Mehrbettzimmer (mit Frühstück) 17 €/Pers., Senioren (ab 27 J.) zahlen 20 €, Halbpension 4 €. Check-In nur 16–18 Uhr. Platz der Freiheit 3, 17213 Malchow, ✆ 039932-14590, ✆ 039932-14579, www.malchow.jugendherberge.de.

Camping Naturcamping Malchow ①, gut ausgestatteter Platz am Ostufer des Plauer Sees, 4,5 km nordwestlich vom Zentrum. Badestrand (auch Hundestrand), Fahrrad-

Stopover Drehbrücke

verleih, Liegeplätze, Gaststätte und Bier-
garten, kleiner Laden, kostenloses W-LAN,
Angelkarten und -zubehör sowie Räucher-
möglichkeit für selbst geangelte Fische.
Ganzjährig geöffnet. Erw. und Jugendliche
5,80 €, Kinder (2–13 J.) 2,90 €, Hunde 2,90 €,
Stellplatz für Zelt/Wohnmobil/Pkw 8,60 €,
Strom 2,50 €. Wohnmobilhafen vor der

Schranke 10 €/Nacht. Anfahrt: von Malchow Richtung Autobahn, unter dieser hindurch und gleich danach links ab (Camping-
symbol), dann noch einige hundert Meter
auf schmaler Asphaltstraße durch den
Wald. Zum Plauer See 1, 17213 Malchow,
☏ 039932-49907, ✉ 039932-49908, www.
campingtour-mv.de/malchow.

Sehenswertes

Kloster, Klosterkirche und Mecklenburgisches Orgelmuseum: Das 1298 von Röbel
nach Malchow verlegte Nonnenkloster wurde im Zuge der Reformation in ein Stift
für unverheiratete adelige Damen umgewandelt, das bis 1918 Bestand hatte. Die
Klosterkirche wurde 1888 auf den ausgebrannten Ruinen eines Vorgängerbaus errichtet und präsentiert sich in schönster Backstein-Neugotik: mit schlanken Stre-
ben und Pfeilern, verspieltem Giebelschmuck und einem sich elegant verjüngenden
Turm. Im Inneren beherbergt das Gotteshaus heute einen Teil des Orgelmuseums:
Zu sehen sind zahlreiche alte Orgeln und Einzelteile, teils restauriert, teils in noch
unrestauriertem Zustand. Im Rahmen einer Führung gibt es neben orgelhistori-
schen Informationen auch praktische
Klangbeispiele am Objekt.

Malchows Klosterkirche

Im gelben Pfarrhaus auf der anderen
Straßenseite befindet sich der zweite Teil
des Orgelmuseums mit weiteren Ausstellungsstücken. Vor allem aber informieren hier Schautafeln über die Geschichte des Orgelbaus und über den
mecklenburgischen Orgelbau im Beson-
deren. So erfährt man einiges über die
Orgelbauerfamilie *Friese*, die von
Matthias (1739–1786) bis Friedrich
Friese III. (1827–1896) über vier Generationen die Kirchen Mecklenburgs mit
Orgeln ausstattete (z. B. in Kummerow,
Parchim und Schwerin).

Kirche und Orgelmuseum: April bis Sept.
tägl. 10–17 Uhr, im Okt. tägl. 10–16 Uhr, Nov.
bis März Di–Fr 10–15 Uhr, Sa/So, 11–15 Uhr.
Führungen einschließlich Klangproben: Mai
bis Sept. Di–Sa um 11.30 Uhr (und nach Voranmeldung). Eintritt 2,50 €, erm. 1,50 €, Führung 2 €, Fotoerlaubnis 1 €. Im Juli und August finden immer sonntags um 11.30 Uhr
Orgelmatineen statt (7,50 €, erm. 4 €). Kloster 26, 17213 Malchow, ☏ 039932-12537,
www.orgelmuseum-malchow.de.

**Stadt- und Heimatmuseum „Kiek in un
wunner di":** Das Museum unweit des
Klosters vermittelt einen Einblick in die
Lebenswelt der Jahrhundertwende und

des frühen 20. Jh. In dem historischen Klassenzimmer fehlen weder Schiefertafel noch Rohrstock, die Küche präsentiert sich mit altem Bollerofen und Waschzubehör. Auch eine historische Schusterwerkstatt und eine Druckerei sind zu besichtigen.

Ostern bis Ende Okt. tägl. 10–16 Uhr, Erw. 2,50 €, erm. 1,50 €, Familienkarte 6,50 €, Fotoerlaubnis 1 €. Friedrich-Lessen-Weg 1, 17213 Malchow, ☎ 039932-12602, www.kiekin unwunnerdi.de.

DDR-Museum: Das überaus beliebte Museum ist im ehemaligen Film-Palast unweit der Stadtkirche untergebracht. Seit 1999 wird hier über Alltag, Kultur und Technik aus 40 Jahren DDR informiert, die „Sibylle" liegt auf dem Beistelltischchen, NVA-Uniformen an der Wand, in den Vitrinen allerlei Alltagsgegenstände aus Küche und Haushalt, außerdem jede Menge Kinderspielzeug. Die Sammlung wird ständig ausgebaut.

April bis Okt. tägl. 10–17 Uhr, im Juli/Aug. Di bis 21 Uhr, Nov. bis März Di–Do 10–16 Uhr, Sa/So 13–16 Uhr, Mo/Fr geschlossen. Erw. 2,50 €, erm. 1,50 €, Familien 6,50 €, Fotoerlaubnis 1 €. Führungen nach tel. Anmeldungen 2 €/Pers., insgesamt aber mind. 20 €. Kirchenstr. 25, 17213 Malchow, ☎ 039932-18000.

Farbenfrohe 60er: im DDR-Museum

Zwischen Malchow und der Müritz

Göhren-Lebbin/Untergöhren: Die verschlafenen mecklenburgischen Dörfer südlich des Fleesensees und des Kölpinsees haben sich in wenigen Jahren zu einer beispiellosen, gigantischen Ferienanlage entwickelt, laut eigenen Angaben die größte in Deutschland. Entsprechend nennt sich das Anwesen nicht „Resort" oder „Anlage", sondern *Land Fleesensee*. Und das touristische Angebot des „Landes" ist kaum zu überblicken: eine bemerkenswerte Golfanlage mit drei (!) 18-Loch- und zwei 9-Loch-Plätzen sowie Club und riesiger Driving-Range, eine Reitanlage, zahlreiche weitere Sportmöglichkeiten wie Segeln und Surfen, Tennis, Fitness etc. Dazu gibt es eine Indoor-Kletterwand und ein großes Wellnessareal (nach eigenen Angaben das größte Spa Deutschlands), ebenso ein Erlebnisbad und eine Badestelle am Fleesensee, dort auch Bootsverleih und Liegeplätze. Schließlich zum Übernachten das schicke Hotel Radisson Blu im Schloss, der Robinson-Club Fleesensee (der einzige in Deutschland), das Iberohotel direkt am See, das Dorfhotel mit zahllosen Appartementhäusern, dazu gastronomische Einrichtungen, Shoppingmöglichkeiten, Konferenz-Center, Nachtleben und und und. Wir ersparen uns einen detaillierten Überblick über das kaum Überblickbare und verweisen auf www.fleesensee.de.

Um die Müritz

Das „Kleine Meer" ist das Herz der Mecklenburgischen Seenplatte. An seinem Nordufer liegt Waren, das touristische Zentrum der Region, südöstlich schließt sich der herrliche Müritz-Nationalpark mit zahllosen (Rad-)Wanderwegen und vielen Aussichtspunkten an.

„Kleines Meer" ist nicht nur ein gleichermaßen passender wie liebevoller Spitzname für den größten See der Mecklenburgischen Seenplatte – der Name *Müritz* leitet sich vom Slawischen *morcze* ab, was tatsächlich soviel heißt wie „kleines Meer". Mit 117 qkm ist die Müritz der mit Abstand größte See des Landes und der größte Binnensee Deutschlands. Besonders tief ist er allerdings nicht, im Schnitt kaum 6 m, an seiner tiefsten Stelle in der Binnenmüritz bei Waren misst er 31 m, am Ostufer nur 1–2 m. Doch gerade dieses flache, häufig schilfbewachsene Ufer ist heute als Teil des *Müritz-Nationalparks* die besondere Attraktion: An Land frei von Autos, im Wasser ohne Schiffsverkehr, sind das Ostufer und die flachen Seen und Moorlandschaften dahinter ein Paradies für Wasservögel. Am Westufer dagegen finden sich weite Felder, unterbrochen von kleinen Bauern- und Gutsdörfern.

Wer die sportliche Herausforderung sucht, ist an der Müritz genau richtig. Radfahrer versuchen sich an der großen Rundtour um den See (gut 80 km), Wanderer können zwischen zahlreichen gut ausgewiesen und oft einsamen Wegen durch die herrliche Natur im Nationalpark Müritz wählen und auch Paddler finden auf den abgelegenen Kanälen und Seen (süd-)östlich der Müritz ein grandioses Revier. Touristischer Hauptort ist das lebendige Städtchen Waren an der Mü-

Zu den **schönsten Wanderungen** im Müritz-Nationalpark und natürlich zur großen Müritz-Umrundung (mit dem Fahrrad, in zwei Etappen) finden Sie am Ende dieses Reiseführers auf den S. 297–312 ausführliche Wegbeschreibungen mit detaillierten Karten.

ritz, das sich auch hervorragend als Ausgangspunkt für Wanderungen und Radtouren eignet, gefolgt von Röbel an der Westseite, dem zweiten Urlaubszentrum
der Gegend. Wer mehr Ruhe sucht, kann sich in einer der Unterkünfte im Nationalpark einmieten.

Röbel   ca. 5300 Einwohner

**Farbenfrohe Fachwerkhäuser, zwei schmucke Kirchen samt fotografen-
freundlichem Aussichtspunkt und eine neue Hafenpromenade: Röbel ist
neben Waren das zweite, allerdings deutlich kleinere touristische Zentrum
an der Müritz.**

Das Städtchen an einem tief ins Land reichenden Müritzarm wirkt größer als es ist.
Von einem kompakten Zentrum rund um den Marktplatz (Neu-Röbel) reicht ein
Straßenzug zum Bahnhof, während in die entgegengesetzte Richtung eine Straße in
weitem Bogen vorbei an der Marienkirche (Alt-Röbel) zum Hafen führt. Dazu gibt
es zwei weitere kleine Ortsteile, einer mit dem wohlklingenden Namen Gildekamp,
der andere – nahe dem Hafen – heißt fantasielos Stadtrand-Siedlung, das war's
auch schon. Wer aber via Umgehungsstraße an Röbel vorbeifährt, verpasst ein
überaus buntes Hafenstädtchen am „Kleinen Meer":

Die schmucken Häuserfassaden werden von farbigem Verputz und kontrastrei-
chem Fachwerk geziert. Im Zentrum von Neu-Röbel steht die wuchtige *Nikolaikirche* am malerischen Marktplatz. Die ungleich elegantere *Marienkirche* erhebt sich
am Rand von Alt-Röbel über die Binnenmüritz. Von ihrem ufernahen, hoch
aufragendem Turm kann man herrliche Ausblicke über die Umgebung genießen.
Auf dem Ziegenmarkt, in etwa an der Schnittstelle zwischen Neu- und Alt-Röbel,
steht die Ziege, eine Skulptur des mecklenburgischen Bildhauers *Jo Jastram*, eine
weitere Skulptur, das Pferd in Alt-Röbel, stammt von seinem Neffen *Thomas
Jastram*. Um das weite Hafenbecken, von dem aus im Sommer die Ausflugsdampfer
auf Müritz-Rundtour starten, führt die lange Strandpromenade. An der Großen
Wünnow und den Rändern der Binnenmüritz stehen abgelegen malerische Boots-

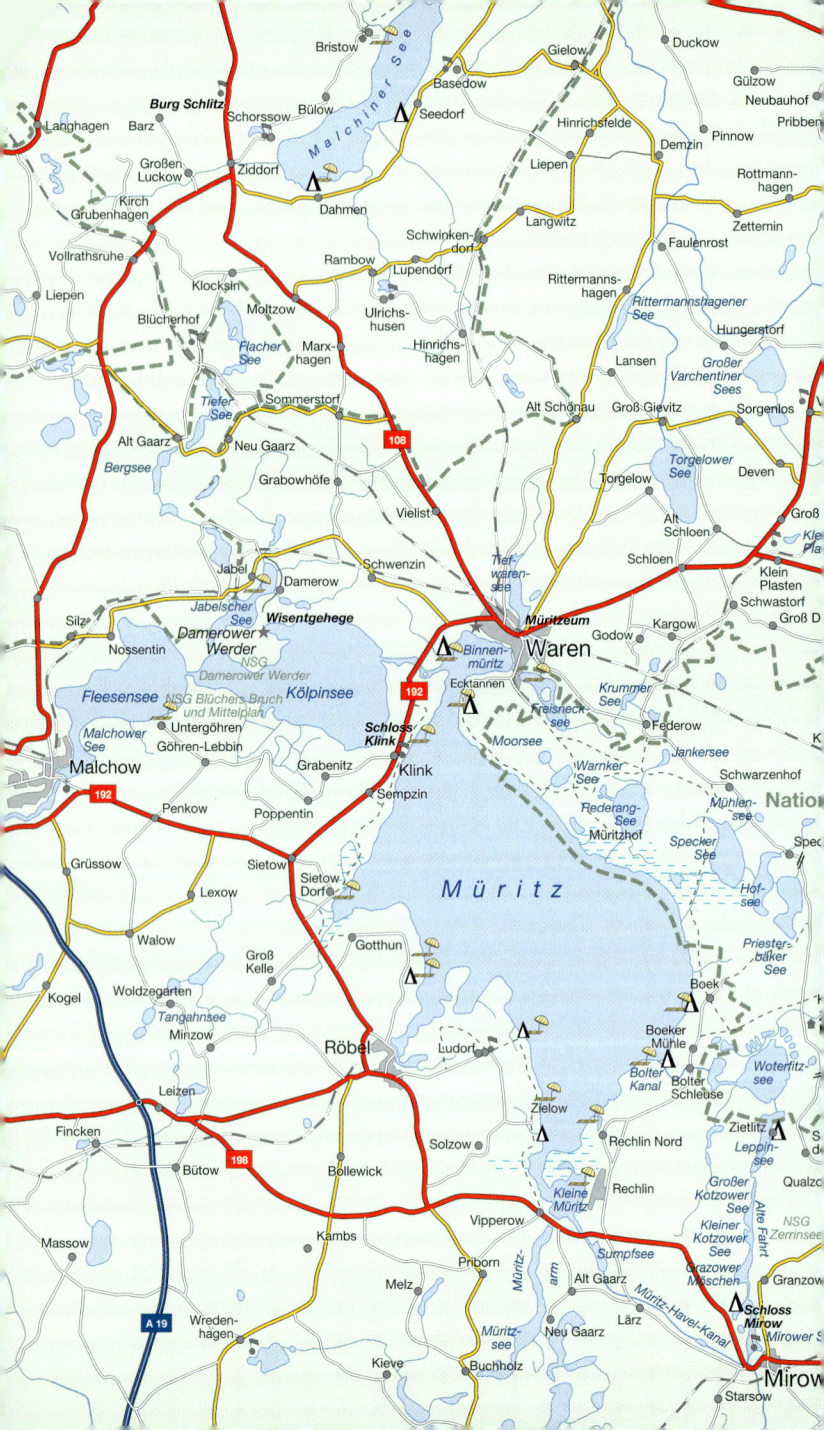

schuppen. Und auf dem Hügel über der Stadt, auf dem einst eine Burg thronte, erhebt sich eine renovierte Windmühle.

Dabei sollte die malerischen Beschaulichkeit nicht darüber hinwegtäuschen, dass es sich bei Röbel um eine altehrwürdige Stadt handelt, schließlich erhielt der Ort schon in der ersten Hälfte des 13. Jh. das Stadtrecht (bestätigt und urkundlich verbürgt 1261). Erste Besiedlungsspuren gehen sogar auf prähistorische Zeit zurück. Mit der Völkerwanderung ließen sich wendische Stämme an dem tief eingeschnittenen Müritzarm nieder und errichteten an dem Ort, über dem sich heute die Marienkirche erhebt, eine Tempelburg. Nach dem Sieg Heinrichs des Löwen über die Slawen zogen westfälische Siedler nach Röbel und gründeten Ende des 12. Jh. Neu-Röbel unweit des alten Röbel.

Doch anders als in den meisten Orten Mecklenburgs, in denen sich Neusiedler und Alteingesessene bald zu einer Gemeinschaft vermischten, kamen Alt- und Neu-Röbeler nicht zusammen, sondern lebten in getrennten Gemeinden. So bauten die wendischstämmigen Alt-Röbeler (weitgehend Bauern und Fischer) ihre Marienkirche fast zeitgleich mit der Nikolaikirche, die sich die Neu-Röbeler (vor allem Handwerker und Händler) in die Mitte ihres Gemeinwesens stellten. Der Grund: Alt-Röbel gehörte zum Bistum Schwerin, während Neu-Röbel dem Bistum Havelberg zugeteilt war. Die kirchliche Trennung der beiden Röbels blieb bis ins 19. Jh. bestehen, auch wenn die Nachbarn ein ähnliches Schicksal teilten (schwere Stadtbrände im frühen 16. Jh., die Auswirkungen des Dreißigjährigen Kriegs und die große Sturmflut von 1714) – eine Trennung, die bis heute im Stadtbild zu sehen ist: hier die hafennahe, lang gezogene „Altstadt" zwischen Wünnow, Müritz und Mönchteich, dort die kompakte „Neustadt" rund um den Marktplatz.

Um die Müritz → Karte S. 138/139

Basis-Infos

Information Die Touristinformation Röbel ist leicht zu verfehlen: das Haus des Gastes findet sich neben der Marienkirche mit ihrem markanten Kirchturm. Hier erhält man Infos, Karten, Broschüren, Tickets usw. Auch Stadtführungen werden angeboten.
Im Haus des Gastes befindet sich zudem die *Heimatstube* (ein paar Exponate zum historischen Handwerk und Schautafeln zur Stadtgeschichte, S. 144). Die Öffnungszeiten hängen aus, in der Hauptsaison täglich, in der Nebensaison nur Mo–Fr 10–16 Uhr. Straße der Deutschen Einheit 7, 17207 Röbel/Müritz, ✆ 039931-80114, ✉ 039931-80112, www.stadt-roebel.de.

Eine private Info samt Zimmervermittlung befindet sich im Hofcafé am Ziegenmarkt, Straße des Friedens 39, ✆ 039931-539755, www.zimmervermittlung-mueritz.de.

Verbindungen Bus: Mit der Linie 12 (dat Bus) etwa stündl. Verbindung mit Waren (und weiter nach Penzlin und Neubrandenburg), spärliche Anbindung dagegen nach Malchow sowie zu den umliegenden Dörfern.

Schiff: Mit der *Weißen Flotte* von Anfang April bis Anfang Okt. ca. 6-mal tägl. nach Klink (Fahrtzeit 40 Min.) und Waren (gut 70 Min.), 4-mal zum Bolter Kanal (gut 1 Std.). Preise: nach Klink einfach 8 € (hin/zurück 12 €), nach Waren 9 € (14 €), Bolter Kanal 9 € (14 €), Kinder ca. 50 % Ermäßigung, Fahrrad und Hunde je 3 € pro Strecke.
Zudem Halb- und Ganztagesfahrten zum Kölpinsee und zum Plauer See (Plau und Bad Stuer) sowie Müritzrundfahrten. Abfahrt am Stadthafen, Tickets an Bord. Infos und Buchung unter ✆ 03991-141981 oder 122668, www.weisse-flotte-mueritz.de.

Taxi: *Lembcke*, ✆ 039931-59088, oder *Pollin*, ✆ 039931-83830.

Aktivitäten

Baden Müritzbad, das Röbelsche Freibad liegt etwas mehr als 1 km nördlich des Stadthafens. Gebadet wird natürlich in der Müritz, bewachter Badestrand, große Liegewiesen, diverse Sportmöglichkeiten. Geöffnet Mitte Mai bis Mitte Sept. Strandbadstr., ✆ 039931-59124.

MüritzTherme, Schwimm- und Spaßbad am westlichen Rand der Altstadt, samt Sauna und Kegelbahn. Erw. 5,50 €/Std. bis 15 €/Tag (inkl. Sauna 11 €/2 Std. bis 18 €/Tag), Kinder 3,50 €/Std. bis 7,50 €/Tag (inkl. Sauna 8 €/2 Std. bis 10,50 €/Tag). Tägl. 9–21 Uhr (Sauna ab 10 Uhr). Gotthunskamp 14, ✆ 039931-87819, www.mueritztherme.de.

Fahrradverleih Dluginski, Pferdemarkt 14, ✆ 039931-52823, sowie beim **Wasser-Ser-vice-Center Röbel** (s. u.).

Segeln Wasser-Service-Center Röbel, Bootsverleih (Jollen, Motorboote), Yachtcharter, auch Segelunterricht und -schein, zudem Liegeplätze und Tankstelle sowie Fahrradverleih. Seebadstr. 37, ✆ 039931-51123, ✉ 039931-51140, www.wsc-roebel.de.

Bootsvermietung Stolschewski, Verleih von Ruder-, Segel- und Motorbooten. Straße der Deutschen Einheit 21, ✆ 039931-52317.

Übernachten

*** Seestern **6**, gepflegtes Hotel in herrlicher Lage an der Strandpromenade, großzügige Zimmer, fast alle mit Blick auf die Binnenmüritz und Röbel, einige mit Balkon direkt über dem Wasser. Empfehlenswertes Restaurant mit Wintergarten und Terrasse im Haus (s. u.), dazu kleiner Garten am Wasser samt Anlegestelle. Parkplätze am Haus, W-LAN. EZ 60 € ，DZ 65–88 €, mit Balkon 88 €, jeweils inkl. üppigem Frühstücksbuffet, Hunde auf Anfrage. Müritzpromenade 12, 17207 Röbel, ✆ 039931-58030, ✉ 039931-580339, www.hotel-seestern-roebel.de.

Seglerheim **5**, gleich neben dem Seestern, etwas einfacher und entsprechend günstiger, aber in einem sehr hübschen, reetgedeckten Haus, das auf Pfählen zur Hälfte über das Wasser reicht und eine entsprechend idyllische Terrasse besitzt; acht Zimmer stehen zur Verfügung. EZ 46 €, DZ

57–105 € (je nach Größe und Lage, sehr schön natürlich die Zimmer zur Müritz hin), Suite 128 €, jeweils inkl. Frühstück. Müritzpromenade 11, 17207 Röbel, ☎ 039931-59181, 🖷 039931-59206, www.seglerheim.de.

Landhaus Müritzgarten ▮, in bester Landhotel-Tradition, sehr ruhig am nördlichen Rand von Röbel gelegen. Große Liegewiese, Sauna und Fahrradverleih, mit gediegenem Restaurant *Landhausstuben* (nur abends, nachmittags auch Kaffee und Kuchen). EZ 65–85 €, DZ 98–125 € (je nach Größe, mit/ohne Balkon oder Terrasse), Suite ab 118–135 €, jeweils inkl. Frühstück, Hunde 8 €, Seebadstr. 45, 17207 Röbel, ☎ 039931-8810, 🖷 039931-881113, www.landhaus-mueritzgarten.m-vp.de.

***S **Müritz-Strandhotel** ▮, modernes Hotel direkt neben dem Landhaus Müritzgarten. Restaurant mit Terrasse und Wintergarten (abends geöffnet, zu Saison auch nachmittags), im Haus auch *Motte's Bar* (Mo geschlossen). Parkplätze am Haus, W-LAN. EZ 56–65 €, DZ 74 €, Appartement für 2 Pers. 105 €, für 4 Pers. 165 €, einschließlich Frühstück. Seebadstr. 44, 17207 Röbel, ☎ 039931-53050, 🖷 039931-530520, www.mueritz-strandhotel.de.

Landhaus Müritzterrasse , direkt am Hafen, auch Restaurant mit Terrasse zur Müritz. EZ 50 €, DZ 60 € (zur Straße), 80 € (Seeblick), jeweils inkl. Frühstück. Straße der deutschen Einheit 27, 17207 Röbel, ☎ 039931-8910, 📠 039931-89126, www.mueritzterrasse.de.

Camping   Camping Pappelbucht , einfacher Platz direkt an der Müritz, im Norden von Röbel neben dem Müritzbad gelegen. Etwa 150 Stellplätze, Fahrradverleih (5 €/Tag) und Kanuverleih (12 €/Tag), freier Eintritt ins Müritzbad und 10 % Nachlass bei einem Besuch der MüritzTherme. Pro Pers. 3,30 €, Zelt 3,10–5,10 €, Wohnwagen/-mobil 6,20 €, Auto 1 €, Hund 1 €. Seebadstr. 38 a, ☎ 039931-59113. In der Nebensaison Kontakt über die MüritzTherme: ☎ 039931-87819, www.mueritztherme.de

(Essen & Trinken   (→ Karte S. 141)

Zum Müritzhof , beliebtes Restaurant mitten in Röbel, schräg gegenüber dem Haus des Gastes. Aus der Küche kommt Deftiges von der Weide und aus der Müritz, Hauptgericht zwischen 10 und 14 €. Zur Saison täglich mittags und abends geöffnet, in der Nebensaison Mi und Do Ruhetag. Straße des Friedens 77, ☎ 039931-51265.

»» Unser Tipp: Regattahaus , wirkt ein wenig wie ein maritimes Vereinshaus, was nicht wundert, im Prinzip ist es das auch. Nichtsdestotrotz werden auch Nichtsegler mit viel Charme und Freundlichkeit bewirtet. Das Regattahaus ist für seine bodenständige Fischküche bekannt, auf der umfangreichen Karte finden sich entsprechend vor allem Variationen heimischer Fische, das Ganze bei durchaus moderaten Preisen. Wir waren vom gebratenen Müritz-barsch wie auch vom Wels überaus angetan. Täglich ab mittags geöffnet, das Regattahaus liegt ein Stück (etwa 5 Min. zu Fuß) nördlich des Hafens. Müritzpromenade 20, ☎ 039931-53536. **«**

Seestern , das Restaurant des gleichnamigen Hotels bietet eine feine, auf die Jahreszeit abgestimmte Küche, auf der kleinen, ausgesuchten Karte findet sich neben Fischgerichten auch Wild. Wir genossen ein hervorragendes Wildgulasch. Zuvorkommender, freundlicher Service. Im Sommer mit schönem Garten, direkt an der Binnenmüritz und mit Blick auf Röbel. Mittleres bis leicht gehobenes Preisniveau. Zur Saison täglich ab mittags, in der Nebensaison nur abends geöffnet. Müritzpromenade 12, 17207 Röbel, ☎ 039931-58030, www.hotel-seestern-roebel.de.

Am Hafen von Röbel

Imbiss Fischhaus Meyl **8**, nahe dem Hafen. Fischräucherei, Fischverkauf und beliebter Imbiss, köstliche Fischbrötchen, hervorragende geräucherte Forellen, es gibt auch warme Mittagsgerichte, ein paar Bierbankgarnituren stehen auch im Hof. Im Hafen liegt zur Saison quasi als Fischfiliale auch ein Imbissschiff vor Anker. Straße der Deutschen Einheit 48, ℻ 039931-50184, www.fischhaus-meyl.de.

Café Hofcafé am Ziegenmarkt **10**, sympathisches Café mit fair gehandeltem Kaffee und hausgebackenen Kuchen, außerdem Dritte-Welt-Laden (v. a. Kaffee und Tee), Zimmervermittlung und private Touristinformation. Ideal für eine Pause zwischendurch. Straße des Friedens 39, ℻ 039931-539755.

Sehenswertes

Marienkirche: Das Gotteshaus ist deutlich älter, als es auf den ersten Blick wirkt. Seine vermeintliche Jugend ist dem hoch aufragenden Kirchturm geschuldet, für den ein dem neugotischen Stil zugetaner Architekt aus dem 19. Jh. verantwortlich war. Dabei wurde die Marienkirche bereits in der ersten Hälfte des 13. Jh., wahrscheinlich über den Resten eines heidnischen Tempels, begonnen (und im 15. Jh. vollendet). Die schöne Hallenkirche ist damit ein frühes Beispiel der Norddeutschen Backsteingotik, was zumal für den ländlichen Raum bemerkenswert ist. Die Kirche, deren Schiffe von gelungenen Kreuzrippengewölben abgeschlossen werden, erhebt sich zwischen Altstadt und Müritzufer. Bei der Sturmflut 1714 wurden ihre Fundamente unterspült, sodass der Baukörper Schaden nahm. Knapp 150 Jahre später musste St. Marien generalsaniert werden. Aus dieser Renovierungsphase stammt nicht nur die Innenausstattung, sondern auch der 58 m hohe Turm samt Aussichtsplattform. Eine Turmbesteigung lohnt sich, den 148 Stufen zum Trotz, da sie mit einem herrlichen Ausblick über Röbel und die Müritz belohnt. Ein wenig schwindelfrei sollte man allerdings sein, nicht zuletzt wegen des recht niedrigen Geländers.
Mai bis Sept. tägl. 10–18 Uhr, Turmbesteigung 1 €, erm. 0,50 €.

Fassaden in Röbel

Nikolaikirche: Kurz nach Baubeginn der Marienkirche ließen es sich die Neu-Röbeler nicht nehmen, in ihrer jungen Gemeinde ebenfalls ein Gotteshaus zu errichten. Wie bei der Marienkirche dauerte es bis ins 15. Jh., bis das Langhaus eingewölbt und der Bau vollendet war. Auch St. Nikolai wurde im 19. Jh. restauriert und erhielt dabei seine weitgehend neugotische Innenausstattung. Doch nicht nur in ihrer Entstehungsgeschichte, auch in ihrer architektonischen Konzeption sind sich die beiden Kirchen ähnlich. Wie bei der Schwesterkirche handelt es sich bei St. Nikolai um eine dreischiffige Hallenkirche mit geradem Chorschluss. Deutlich eleganter aber zeigen sich die schlanken Pfeilerbündel (statt der eher stämmigen, rechteckigen Säulen von St. Marien), die in das sehenswerte Kreuzrippengewölbe übergehen. Juni bis Sept. Mo–Sa 10.30–18 Uhr.

Heimatmuseum: Im ersten Stock des Haus des Gastes ist das Heimatmuseum von Röbel untergebracht. Zu sehen sind zahlreiche Exponate aus der Arbeitswelt der Bauern und Fischer, aber auch der Handwerker. Das kommt nicht von ungefähr, handelt es sich doch bei Alt-Röbel um eine am See gelegene Ackerbürgerstadt, während die „Neubürger" von Neu-Röbel ihr täglich Brot vor allem als Händler und Handwerker verdienten. Teils sind die Ausstellungsstücke etwas willkürlich zusammengestellt, teils auch mit erläuternden Schautafeln und historischen Fotos und Karten flankiert. So einfach wie gelungen ist die Idee, historische Anekdoten und Hintergründe über Kopien der „Röbeler Zeitung" näher zu bringen. Mai bis Sept. Mi–Fr 10–15 Uhr, Sa 11–15 Uhr; Okt. und April Di–Fr 10–15 Uhr, Nov. bis März geschl.

Südlich von Röbel

Röbel ist eingebettet in eine sanft hügelige Landschaft, in die der lang gestreckte Müritzarm hereinreicht. Hier erstrecken sich zwischen kleinen Weilern gewissermaßen flächendeckend Felder und Weiden. Anders als am Ostufer der Müritz finden sich hier keine nennenswerten Waldgebiete. Inmitten dieser seit alters her landwirtschaftlich geprägten Kulturlandschaft wundert es nicht, neben zahlreichen Gutshöfen und Herrenhäusern auch Deutschlands größte Scheune zu finden.

Bollewick

Im keine 3 km südlich von Röbel gelegenen Bollewick steht ein monumentales Gebäude aus Feld- und Backstein, das bei einer Länge von 125 m und einer Breite von 34 m auf zwei Stockwerken fast 1 ha Nutzfläche überdacht. Heute ist die *Scheune*, wie das Bauwerk selbstbewusst genannt wird, in gewisser Weise eine rustikale mecklenburgische Shopping-Mall: Hier gibt es Handwerker und Läden, Hotel, Café und Gaststätte, Veranstaltungsort und Regionalmarkt – alles unter einem langen Dach.

Übernachten/Essen   Landhotel zur Scheune, neben vielem anderen findet sich in der großen Scheune auch Platz für die 25 DZ, ein EZ und zwei Mehrbettzimmer des Biohotels. Dazu gehören auch der Gutsherrenkeller (v. a. für Feste und Veranstaltungen) und die Dorfschenke (eher bodenständige, regionale Gerichte), beide auf ihre Weise urig. EZ 69 €, DZ 88 €, Mehrbettzimmer (z. B. 4 Erw., 2 Kinder) 126 €, jeweils inkl. Frühstück. Dudel 1, 17207 Bollewick, ☏ 039931-58070, ✎ 039931-5807111, www.reschke-hotels.de.

Einkaufen/Veranstaltungen   Viel Platz für kleine und größere Läden, Märkte, Feste und sonstige Veranstaltungen finden sich in *der Scheune* in Bollewick. Für den hungrigen Reisenden sind natürlich zunächst der Bauernladen, die Bäckerei, das Café sowie die Dorfschänke interessant. Daneben findet sich jede Menge Souvenir-Schnickschnack, aber auch traditionelle, handfeste Handwerksbetriebe wie Drechsler, Kürschner und Kerzenmacher. Ähnlich abwechslungsreich ist das Veranstaltungsangebot – vom Kunstevent über das Kräu-

Blick vom Turm der Marienkirche auf das „Kleine Meer"

terseminar bis zum Kinderfest mit Mais-labyrinth. Die Scheune ist tägl. 10–18 Uhr geöffnet. Dudel 1, 17297 Bollewick. Infos auch unter www.diescheune.de.

🌿 **Land!Gut**, der Scheune gegenüber liegt der Regionalmarkt Bollewick. Hier gibt es Öl und Essig, Fleisch und Käse, Marmelade und Honig, Obst und Gemüse usw. – alles regionale Produkte, vieles davon Bioware. Außerdem Imbiss. Mai bis Sept. tägl. 10–18 Uhr, Okt. bis Dez. Di–So 10–16 Uhr. Dudel 20, ☎ 039931-53892. ■

Café/Veranstaltungen   Café Scheune, knapp 10 km südlich von Bollewick findet sich kurz vor Wredenhagen eine weitere Scheune, diese aber urgemütlich und szenig: Café, Kneipe, Kino, Konzertbühne, Galerie (Programme unter www.cafe scheune.de). Draußen schöner Garten (ideal auch einfach nur für ein Päuschen bei Kaffee und hausgemachtem Kuchen). Im Sommer Di–So 14–22 Uhr, im Winter Do–Mo 18–22 Uhr, Sa/So ab 14 Uhr. Dorfstraße 1, 17209 Wredenhagen, ☎ 09925-2346.

Übernachten/Essen in der Umgebung
Kavaliershaus Fincken, noch recht neues Appartementhaus im sorgfältig restaurierten Kavaliershaus neben dem Schloss. Fincken selbst ist ein ziemlich abgelegenes, winziges Dorf mit ein paar Plattenbauten und ohne Gastronomie, in dem man ohne Motorisierung ganz schön alt aussieht. Das Kavaliershaus bietet zwölf helle, moderne Appartements („Suiten"), die meisten mit kleiner Küche. Außerdem Frühstücksraum, Sauna, Garten mit Liegewiese und eigener Badestelle. DZ 90 €, Suite für 2–4 Pers. mit Kochgelegenheit 120 €, für bis zu 6 Pers. 150 €, Frühstück 12 € pro Pers., Hund 8 €/Tag. *Anfahrt*: zunächst von Röbel Richtung Autobahn, diese überqueren und dann links ab über Kaeselin nach Fincken. Hofstraße 12,

17209 Fincken, ☎ 039922-82700, ✉ 039922-827029, www.kavaliershaus-finckenersee.de.

≫ Unser Tipp: Gutshof Woldzegarten, der 12 km nordwestlich von Röbel gelegene Gutshof zählt zu den schönsten Unterkünften der Seenplatte. Über den Ort Woldzegarten gibt es nicht viel zu sagen, außer, dass sich unweit der idyllische Tangahnsee (mit Badestelle) befindet, der vom Gutshof nur ein Steinwurf entfernt liegt. Das Anwesen am westlichen Ortsrand strahlt in frisch renoviertem Backstein wie aus dem Bilderbuch, innen mit Geschmack und Liebe zum Detail renoviert. Die 20 Zimmer sind stilvoll in Weiß mit Rattan und Holz eingerichtet. In einem Anbau mit riesiger Glasfront befindet sich der Wellnessbereich mit Schwimmbad. Außerdem Garten und Liegewiese, Fahrrad- und Bootsverleih. Jüngst entstand ein weiterer Anbau mit Ferienappartements („Alte Schäferei"). Günstige Unterkunft im Mehrbettzimmer findet man in der gegenüberliegenden Gutsscheune („Scheunenquartier"). Vom Restaurant mit Terrasse schweift der Blick über Wiesen und Weiden, dahinter der Waldsaum des Sees. Restaurant mittags und abends geöffnet, ganztägig auch Café; Tagesmenü für Hausgäste 29–32 € (Externe für abends reservieren). EZ 79 €, DZ 109–129 €, Galeriezimmer/Suite 149–169 €, jeweils inkl. Frühstück; im Scheunenquartier 25 € pro Pers. ab 14 J., Kinder unter 14 J. zahlen 12,50–18,50 € (mit Etagendusche), Frühstück auch hier inkl. Hund 15 €/Tag. *Anfahrt*: Von Röbel die Straße Richtung Autobahn A 19 nehmen, kurz vor der Auffahrt bei Dambeck rechts abbiegen nach Minzow; von dort weiter nach Woldzegarten. Das Gutshaus am Ortsrand ist nur spärlich beschildert. Walower Str. 30, 17209 Woldzegarten, ☎ 039922-8220, ✉ 039922-82255, www.gutshof-woldzegarten.de. ≪

Ludorf

Kaum 4 km östlich von Röbel findet sich im beschaulichen Ludorf eine bemerkenswerte *Kirche*. Der gotische Backsteinbau erhebt sich über einen im Kern achteckigen Grundriss, über den sich ein hoch aufragendes, spitzes Dach erhebt. An den Zentralbau schließen ein rechteckiger Vorbau (der wohl ein Turm werden sollte), zwei sechseckige Seitenanbauten und eine Art halbrunder Chor an, sodass sich daraus ansatzweise ein Kreuz ergibt. Kurzum: Auf engstem Raum, denn sonderlich groß ist dieses erstaunliche Kirchlein nicht, scheint ein Höchstmaß an Verwinkelung realisiert. Im Innern zeigt sich die Kirche eingewölbt von einem gleichmäßigen, tief hinab greifenden Rippengewölbe.

Mai bis Sept. tägl.10–18 Uhr geöffnet, in der Nebensaison bei Familie Pauls melden (Kirchenstr. 6, ☎ 039931-51332).

Eines der vielen Gutshäuser um die Müritz

Neben der Kirche prägt vor allem das prächtige *Gutshaus* das Ortsbild von Ludorf. Der Herrensitz wurde Ende des 17. Jh. errichtet und beherbergt heute ein gehobenes Hotel (samt Restaurant). Schräg gegenüber der Kirche befindet sich schließlich ein kleines Gutsmuseum, dessen Exponate vor allem das ländliche Leben in alter Zeit veranschaulichen.

In der Saison tägl. 10–17 Uhr.

Übernachten/Essen ≫ Unser Tipp: Gutshaus Ludorf, schickes Ambiente im herrschaftlichen Herrenhaus, angemessen stilvoll erweist sich die Einrichtung, hübsch und geschmackvoll eingerichtet sind auch die 22 Zimmer (samt Suite). Hinter dem Haus erstreckt sich ein schöner, kleiner Park. Freundliche und zuvorkommende Hotelleitung. Das gehobene Restaurant *Morizaner* bringt feine (auch vegetarische) Gerichte vor allem aus regionalen Produkten (Slow Food) auf den Tisch, entsprechend gehobenes Preisniveau. Fahrradverleih (8 €/Tag). EZ 67–86 €, DZ je nach Größe und Ausstattung 110–160 €, Suite 180 €, auch Arrangements, Hunde 15 €. Gutshaus Ludorf, 17207 Ludorf/Müritz, ☎ 039931-8400, ☏ 039931-84020, www.gutshaus-ludorf.de. ≪

Camping Müritzpark Ludorf, schöner, direkt an der Müritz gelegener, einfacher Platz ohne viel Service, ein paar Stellplätze im Schatten von Bäumen direkt am Wasser; kein Laden oder Fahrradverleih, nur ein kleiner Imbiss und Anlegestelle (Wasserwanderrastplatz). Erw. 4,50 €, Kinder (bis 14 J.) 3 €, Jugendliche (15–18 J.) 4 €, Zelt 4,50 €, Caravan 5 €, Auto 2,50 €, Hunde 2 €, Strom 2 €. Müritzpark Ludorf, 17207 Ludorf/Müritz, ☎ 039931-51640, www.mueritzpark-ludorf.m-vp.de.

Zielow und Gutshaus Solzow

Etwa auf halbem Weg von Ludorf nach Vipperow zweigt die Straße in das hübsche Dorf Zielow nahe dem Müritzufer ab. Im Ort gibt es eine schöne, backsteinerne Fachwerkkirche aus der ersten Hälfte des 19. Jh. (im Sommer tägl. bis 17 Uhr) sowie ein Hotel (samt Restaurant und Reiterhof), ein wenig südlich finden sich eine

Weites Land – südlich von Röbel

idyllisch gelegene Jugendherberge und ein breites Wassersportangebot. Das benachbarte Solzow ziert ein weiteres Herrenhaus. Es stammt aus dem frühen 19. Jh. Das idyllisch in die Landschaft eingebettete Anwesen beherbergt heute ein Hotel.

Übernachten   Seehotel Zielow, große, hufeisenförmige Anlage nahe der Müritz, Hotel, Reiterhof (auch Reitstunden, Kutschfahrten, Pensionsboxen), Hallenbad, Wellnessangebote, Billardraum, Zimmer auch im Nebengebäude. Das Restaurant des Seehotels wird von Lesern empfohlen „vor allem, was das Preis-Leistungs-Verhältnis sowie den exzellenten Service angeht", mit schöner Terrasse. EZ 66 €, DZ 90–120 €; Suite 90–150 € (je nach Größe, Seeblick usw.), Hunde 7 €. Seeufer 11, 17207 Ludorf/Müritz (OT Zielow), ✆ 039923-7020, ✇ 039923-70244, www.seehof-zielow.de.

⟫ Unser Tipp: Gutshaus Solzow, in dem renovierten Herrenhaus aus dem 19. Jh. mit großem Garten stehen sieben hübsch eingerichtete Zimmer zur Verfügung (im angrenzenden Gebäude zudem drei Ferienwohnungen); nur für Hausgäste abends Restaurant/Schenke, das Café ist auch für Nicht-Hotelgäste von 14–18 Uhr geöffnet. Alles sehr gemütlich und freundlich. DZ 92 € (Mansardenzimmer 86 €), als EZ 77 € (bzw. 71 €), jeweils inkl. Frühstück. Ferienwohnung ab 74 € (Endreinigung 29 €, Frühstück auf Wunsch 8 €/Pers.), keine Haustiere. Lange Str. 21, 17209 Ludorf/Müritz (OT Solzow), ✆ 039923-2517, ✇ 039923-29978, www.gutshaus-solzow.de. ⟪

Jugendherberge   JH Zielow, ein knapper Kilometer südlich von Zielow, schöner kann eine Jugendherberge kaum liegen. Relativ neues Hauptgebäude direkt an der Müritz (Steg), mit Sportstätten, Kiosk und naher Badestelle, auf dem Gelände auch Fahrrad- und Kanuverleih, Segelschule usw. Auch EZ und DZ (drei davon mit eigenem Bad). April bis Okt. geöffnet. Übernachtung ab 19,50 €/Pers., Senioren ab 27 J. 23,70 €. Seeufer 10, 17207 Ludorf/Müritz (OT Zielow), ✆ 039923-2547, ✇ 039923-28096, www.jugendherbergen-mv.de.

Camping   Camping Zielow, kleiner Platz auf einem ehemaligen Bauernhof im Ort (es werden auch Wohnwagen vermietet). In den Backsteingebäuden befinden sich neben einem Veranstaltungssaal auch Ferienwohnungen und eine Gemeinschaftsküche. Erw. 4 €, Kinder (bis 11 J.) 3,25 €, Zelt 3 €, Wohnmobil 3,50 €, Auto 0,75 €, Hunde 2 €, Strom 1 €, Ferienwohnung ab 45 €. Seeufer 1, 17207 Ludorf/Müritz (OT Zielow), ✆ 039923-2420, www.zielowcamp.de.

Wassersport/Fahrradverleih   Tokon, bei der Jugendherberge südlich von Zielow. Großes Angebot: Kanu- und Kajakverleih (19–26 €/Tag), Segelschule, Jollenverleih, auch Scheine, Tagestörns etc. Fahrradverleih. In der Saison tägl. 9–18 Uhr. Seeufer 7, 17207 Ludorf/Müritz (OT Zielow), ✆ 039923-2011, ✇ 039923-2012, www.tokon.de.

Weiter nach Vipperow siehe „Südlich der Müritz", S. 191.

Zwischen Röbel und Waren: Sietow und Klink

Der kleine Weiler *Sietow Dorf* liegt auf halbem Weg zwischen Waren und Röbel an der Sietower Bucht. Von der wuchtigen Kirche (um 1300) führt ein kurzer Weg hinter zum kleinen Hafen. Die ansässigen Restaurants und Imbisse servieren fangfrischen Fisch.

Weiter auf dem Weg nach Waren gelangt man nach *Klink*, 9 km südlich der Warener Altstadt gelegen. Hier steht am Müritzufer das fotogene und deshalb recht bekannte Schloss Klink. Mit weißem Verputz, backsteinroten Fenstereinfassungen und Giebeln sowie schwarz gedecktem Dach und Turmhauben zeigt es sich schon in der Farbgebung märchenhaft. Dabei stammen die verspielten Erker, Türmchen und Portale keineswegs aus märchenhafter Zeit, nicht einmal aus der deutschen Romantik: Schloss Klink wurde 1898 gebaut und nimmt sich unverkennbar die französischen Loire-Schlösser zum Vorbild. Das 1997/98 renovierte Anwesen beherbergt heute ein Hotel. Etwas nördlich des Schlosses befindet sich der kleine Hafen von Klink samt Promenade.

Verbindungen Bus: Die Warener Stadtbusse fahren halbstündlich bis Klink.

Schiff: Mit der *Weißen Flotte* oder der *Blau-Weißen Flotte* zwischen Anfang April und Anfang Okt. ca. 6-mal tägl. nach Waren (Fahrtzeit 20 Min.) und Röbel (50 Min.). Nach Röbel einfach 8 € (hin/zurück 12 €), nach Waren 4 € (7 €), Kinder ca. 50 % Ermäßigung, Fahrrad und Hunde je 3 € pro Strecke. Tickets an Bord, Infos und Buchungen unter ✆ 03991-141981 oder 122668, www.weisse-flotte-mueritz.de.

Übernachten/Essen Schlosshotel Klink, noble Herberge im Schloss, mit modernem Anbau („Orangerie"). Direkt am See, mit Wellness, Sauna und Schwimmbad, Kegelbahn und Fahrradverleih; mehrere Restaurants und Bars. Übernachtung im Schloss: EZ 85–100 €, DZ 120–150 €, Suite 185–250 €; im Nebengebäude: EZ 95–100 €, DZ 105–120 €, Suite 175–200 €, Frühstück inkl. Hunde 15 €. Schlossstr. 6, 17192 Klink, ✆ 03991-7470, ✉ 03991-747299, www.schlosshotel-klink.de.

Schloss Klink

Um die Müritz → Karte S. 138/139

Stadtpanorama am „Kleinen Meer"...

Waren an der Müritz

ca. 21.000 Einwohner

Ideallage am Nordufer der Müritz, kleinere Seen in der Umgebung, der Nationalpark vor der Haustür – kein Wunder, dass der Luftkurort im Sommer die Gäste in Scharen anzieht. Zusätzliche Attraktivität bietet das Müritzeum, ein modernes Naturmuseum am Rand der Altstadt.

Zwar bietet Waren nur einen Blick auf die Binnenmüritz, das weite Panorama des „Kleinen Meers" eröffnet sich erst weiter südlich; doch reicht schon diese bescheidene Aussicht, um maritime Stimmung aufkommen zu lassen. An der Hafenpromenade ankern zahllose Yachten und Ausflugsschiffe, am gegenüberliegenden Ufer der Bucht, dem Villenviertel Ecktannen, fällt der Blick auf die typischen Bootsschuppen, dahinter erstreckt sich das üppige Grün des Müritz-Nationalparks. Wanderungen oder Radtouren ins Grüne sind von Waren aus problemlos möglich, und auch auf dem Wasser bieten sich zahlreiche Ausflugsmöglichkeiten.

Ein Spaziergang durch die Altstadt führt durch die Fußgängerzone Lange Straße – mit den üblichen Ladenketten, Cafés und Souvenirgeschäften – leicht bergan zum Neuen Markt, dem zentralen Platz am höchsten Punkt der Stadt. Schön herausgeputzte Fachwerkhäuser, allen voran das „Haus des Gastes" mit der traditionsreichen Löwenapotheke nebenan, fallen immer wieder ins Auge, auf dem Marktplatz sticht besonders das Rathaus im Stil der so genannten Tudorgotik hervor. Die beiden sehenswerten Kirchen der Stadt liegen quasi auf einer Achse der Altstadt (der Kirchenstraße), in deren Mitte sich der heutige Marktplatz ausdehnt. Lohnend ist in jedem Fall ein Besuch der Marienkirche (→ S. 161), von deren Turm sich ein herrlicher Rundblick auf Waren und die Umgebung bietet, wogegen die Georgskirche (→ S. 160) am Alten Markt inmitten der ältesten Gebäude der Stadt zu finden ist.

Waren an der Müritz

Vom Neuen Markt führt die breite Marktstraße hinunter zum Yachthafen mit mehreren Cafés und Restaurants, in dessen Mitte zwei alte Speicherhäuser stehen, die modernisiert und zu Hotel und Gastronomiebetrieb umfunktioniert wurden. Ein netter Spaziergang führt von hier in westliche Richtung direkt am Wasser entlang durch einen schmalen Park zur Steinmole mit weiteren Ausflugsbooten sowie zum Müritzeum (→ S. 159) auf der gegenüberliegenden Seite, der größten Attraktion der Stadt. Etwas weiter, aber ebenfalls lohnend, ist der Spaziergang in die andere Richtung zum Villenviertel Ecktannen und dort an der Promenade entlang.

Geschichte: Wann genau das heutige Waren besiedelt wurde, ist nicht bekannt, erstmals urkundlich erwähnt wird die Siedlung 1218 unter dem Namen „Warne". Durch Nikolaus I. von Werle erhielt sie 1260 das Stadtrecht, eine zweite Siedlung entstand etwa zur gleichen Zeit um die Georgskirche, die 1273 erstmals erwähnt wird. 1325 wurden die beiden Siedlungen auf der langen Anhöhe zwischen Binnenmüritz und Tiefwarensee zu einer zusammengelegt – die heutige Warener Altstadt.

Im 14. und frühen 15. Jh. war Waren die Residenz der Herzöge von Werle, nach dem Aussterben dieser Linie wird es 1436 Besitz des Herzogtums Mecklenburg, bei der Landesteilung von 1621 fällt Waren an das Herzogtum Mecklenburg-Schwerin. Im 17. Jh. zerstören mehrere Brände Teile der Stadt, am schlimmsten im Jahr 1699, als gerade noch die beiden Kirchen St. Marien und St. Georg sowie einige wenige Häuser am Alten Markt verschont bleiben. Erst seit Anfang des 19. Jh. geht es mit Waren langsam, aber stetig wirtschaftlich bergauf, zunächst durch den Bau des Elde-Kanals (1798–1834) und der damit deutlich vereinfachten Schifffahrt im Müritzgebiet, Ende des 19. Jh. dann durch den Bau der Eisenbahnlinie nach Malchin sowie der Strecken Parchim–Neubrandenburg und besonders Berlin–Rostock, die beide über Waren führen – die Stadt wird ein wichtiger Verkehrsknotenpunkt. Ab Mitte des 19. Jh. setzt ein bescheidener Tourismus in Waren und rund um die Müritz ein, deren berühmtester Gast *Theodor Fontane* war, der 1896 seinen Sommerurlaub hier verbrachte.

Bis zum Ersten Weltkrieg und erneut in den Zwanziger Jahren erfreute sich Waren großer Beliebtheit als Kur- und Badestadt. In den 1950er Jahren siedelte sich dann allerdings Industrie an, zudem wurde eine Landwirtschaftliche Produktionsgenossenschaft (LPG) und eine Fischereigenossenschaft gegründet, 1954 außerdem der VEB Metallguss (Schiffsschrauben). Der heute so beschauliche Hafen diente damals als reiner Umschlags- und Verladehafen mit direkter Bahnanbindung, von Tourismus keine Spur. Wichtigster Industriebetrieb der Stadt ist heute die Mecklenburger Metallguss GmbH, deren riesige Schiffsschrauben auf dem Werksgelände (an der B 108 Richtung Teterow) nicht zu übersehen sind. Ansonsten lebt Waren hauptsächlich von Touristen und Kurgästen – seit 1999 darf sich die Stadt offiziell „Luftkurort" nennen. Seitdem haben sich hier, unter anderem um den Tiefwarensee, diverse Kurkliniken angesiedelt.

Basis-Infos

Information Haus des Gastes, am Neuen Markt im Zentrum. Umfangreiches Infomaterial, Unterkunftsverzeichnis, Zimmervermittlung, Stadtplan für 1 €. Das Haus des Gastes bietet von Mai bis Okt. jeden Mo um 18 Uhr *kostenlose Gästeinformation*. Zudem werden *Stadtführung*, *geführte Radtouren* und *Kranich-Beobachtungstouren* organisiert (→ unten). Geöffnet Mai bis Sept. tägl. 9–20 Uhr, sonst Mo–Fr 9–18 Uhr, Sa 10–15 Uhr, So geschlossen. Neuer Markt 21, 17192 Waren, ✆ 03991-666183, ✆ 03991-664330, www.waren-mueritz.de.

Warens Haus des Gastes

Kurkarte/Gästekarte Wer eine Unterkunft in Waren hat, zahlt in der Hauptsaison 1,50 €/Tag Kurtaxe, in der Nebensaison 1 € (ab 16 Jahren) und erhält eine Gästekarte und damit diverse Vergünstigungen, u. a. bei den Führungen/Touren des Info-Büros (jeweils 0,50 € günstiger).

Verbindungen Bus: Stadtbusse alle 30 bis 60 Min. zwischen Bahnhof, Altstadt und Ecktannen, halbstündl. zwischen Altstadt, Bahnhof und Klink. In die Umgebung: Etwa stündl. nach Röbel und Neubrandenburg (Sa/So nur 5-mal tägl.), 2-mal Ankershagen, ca. 6-mal nach Malchow, ca. 4-mal nach Speck (im Nationalpark; s. auch „Nationalpark/Verbindungen" S. 173). Auskunft unter ✆ 03991-6450, www.pvm-waren.de.

Nationalpark-Bus Von 1. Mai bis 1. Okt. jeden Tag von 9–15 Uhr stündlich und um 16.30 Uhr ab Waren Steinmole über Federow, Schwarzenhof, Speck, Boek und Bolter Kanal nach Rechlin und retour (oder weiter mit dem Bus ab Rechlin über Röbel/Klink zurück nach Waren), mit kostenlosem Fahrradtransport (Anhänger). Tagesticket 8,50 €, erm. 4 €, 3-Tagesticket 19 € (8 €), Tagesticket Familie 17 € (bis zu 4 Kinder), Kurzzeitticket für max. 15 Min. Fahrtzeit 3,50 €; Kinder unter 6 J. frei, Hund 2 €. Die Bus-Schiff-Kombination kostet jeweils etwa das Doppelte. Infos: ✆ 03991-6450, www.nationalparkticket.de.

Die Blau-Weiße-Flotte im Hafen von Waren

Bahn: 1mal tägl. ICE nach Rostock und über Neustrelitz, Berlin, Leipzig und Nürnberg nach München; alle 2 Std. Regionalexpress nach Berlin (Dauer 1 Std., 40 Min.); in Gegenrichtung nach Rostock (ca. 50 Min.); alle 2 Std. nach Güstrow (30 Min.), stündl. nach Neustrelitz (ca. 25 Min., dort Umsteigen nach Neubrandenburg), zudem stündl. nach Schwerin (immer mit Umsteigen, je nach Verbindung 1,5–3 Std.). Die Strecke Waren–Güstrow–Rostock–Warnemünde sowie Waren–Neustrelitz–Berlin wird je 1-mal tägl. von der Privatbahn Interconnex befahren (www.interconnex.com); die Strecke Ludwigslust–Malchow–Waren–Kratzeburg–Neustrelitz–Oranienburg (mit zahlreichen Zwischenstopps) und zurück wird 7-mal tägl. von der Ostdeutschen Eisenbahn ODEG befahren. ✆ 03871-6069315, www.odeg.info.

Touristenbahn: Mit der Bäderbahn ab Steinmole durch die Altstadt, zur Reha-Klinik und Ecktannen und retour, Dauer ca. 50 Min. Erw. 6 €, Kinder 3 €, Familienticket 15 €. Ostern und von Mai bis Okt. tägl., Abfahrt 10.30–16.30 Uhr jede Stunde.

Schiff: Es gibt mehrere Reedereien, mit denen neben Linienfahrten auch Rundfahrten und ganztägige Ausflugstouren möglich sind.

Mit der *Weißen Flotte* zwischen Ostern und Anfang Okt. ca. 5-mal tägl. nach Klink (Fahrzeit 20 Min.) und Röbel (1 Std., 15 Min.), 3-mal zum Bolter Kanal (2 Std., 20 Min.) und zum Hafendorf Müritz/Rechlin Nord (2 Std., 45 Min.). Nach Klink einfach 4 € (hin/zurück

7 €), nach Röbel und Bolter Kanal je 9 € (14 €), Kinder 50 % Ermäßigung, Fahrrad und Hunde je 3 €/Strecke.
Zudem Halb- und Ganztagesfahrten zum Kölpinsee, Jabelschen See, nach Damerow sowie nach Malchow, in südliche Richtung nach Mirow, jeweils mit Landgang. Abfahrt am Stadthafen, Tickets an Bord oder im Büro im Kietzspeicher schräg gegenüber vom Müritzeum. Infos und Buchung ✆ 03991-122668, www.weisse-flotte-mueritz.de.

Die *Blau-Weiße Flotte* der Warener Schifffahrtsgesellschaft bietet neben obigem Programm zusätzlich die Sieben-Seenfahrt (mit Stopover in Malchow und Plau, 25 €) sowie eine geführte Rad-Schiff-Wanderung im Nationalpark an (22 €), außerdem die kleine und große Müritzrundfahrt (7–15 €). Tickets an Bord (am Stadthafen), Radwanderer erhalten Rabatt. Infos unter ✆ 03991-663034, www.blau-weisse-flotte.de.

Darüber hinaus bietet die *Müritzer Flotte* ein ähnliches Programm wie obige, zusätzlich Sonderfahrten (jeweils Aushänge). Infos an der Ticketbude an der Steinmole (hier auch Abfahrt), ✆ 03991-666664, www.mueritzer-flotte.de.

> Für kombinierte **Bus- und Schiffsreisen** rund um die und auf der Müritz empfiehlt sich das Nationalparkticket (→ S. 174).

Um die Müritz → Karte S. 138/139

Aktivitäten und Veranstaltungen

Angeln Touristenfischereischeine (20 €/28 Tage) und Angelkarten verkauft die Müritz-Information im Haus des Gastes (→ oben); organisierte Angeltouren bietet die **Fischerei Müritz-Plau**, hier auch Geräteverleih. Eldenholz 42, ☎ 03991-15340, www.mueritzfischer.de.

Bootsverleih U. a. bei der **Müritz-Marina Waren**, hier kann man stunden- bzw. tageweise ein Boot ausleihen – auch ohne Führerschein: Motorboot für bis zu 5 Pers. 15 €/Std. und 80 €/Tag, inkl. Sprit. Am Campingpark Kamerun, ☎ 0171-7302476, www. mueritzbootswelt.de.

Längerfristiger Yachtcharter, Hausbootvermietung → S. 63.

Fahrradverleih Zahlreich in der Altstadt und beim Hafen, aber Achtung: In der Hochsaison sind die Räder teilweise schnell weg, daher sollte man zu Stoßzeiten einen Tag vorher reservieren.

Zweirad Karberg, in der Fußgängerzone im Zentrum, gleich ums Eck vom Neuen Markt. Die Räder sind gut in Schuss. Tourenrad 5,50–6,50 €/Tag, MTB 8 €, Kinderanhänger 6 €, Kindersitz 2 €. Auch Reparatur-

werkstatt und Radwanderkarten. Mo–Fr 8–18 Uhr, Sa 8–12 Uhr, Rückgabe Sa/So bis 19 Uhr. Lange Str. 46, ☎ 03991-666080, ⌂ 03991-666081, www.zweirad-karberg.de.

Fahrradvermietung Harry Hurtig, an der Straße Richtung Nationalpark und Ecktannen. Hier kostet ein 7-Gang-Tourenrad 7,50 €/Tag, ein MTB 8–12 €. Auch E-Bikes. Kundenparkplätze vorhanden. Mo–Sa 9–18 Uhr geöffnet. Am Seeufer 24, Filiale in der Strandstr. 3 b (Steinmole), ☎ 03991-674585, ⌂ 03991-668003, www.harryhurtig.de.

Müritzer Fahrrad-Stationen, Südseite Stadthafen, am Anfang der Straße Richtung Ecktannen/Nationalpark. Tourenrad 6–8 €/Tag, MTB 9 €, Kinderrad 5 €, Kinderanhänger 5 €. Geöffnet April bis Okt. tägl. 9–19 Uhr. Am Seeufer 75, ☎ 03991-669407, www. fahrradverleih-mueritz.com.

Geführte Radtouren Mai bis Sept. werden von der Tourist-Information Mo–Sa jeweils um 11 Uhr **geführte Radtouren** in den Nationalpark angeboten (ca. 4 Std., 9 €, Kinder bis 14. J. frei) sowie immer Mi um 11 Uhr eine geführte Radtour zum Damerоwer Werder (mit Wisentgehege, ca. 5 Std., 9 €, Kinder bis 7 J. frei). Während der Sommermonate außerdem **Dia- und Filmvorträge** (genaue Termine erfragen).

Klettern **Kletterwald Müritz**, zwischen Volksbad und Campingplatz Kamerun unweit der Müritz. 3 ha großes Gelände, neun Parcours verschiedener Schwierigkeitsgrade. Geöffnet Ende März bis Ende Okt. tägl. ab 10 Uhr (bei entsprechendem Wetter), letzter Einlass ca. 3 Std. vor Sonnenuntergang. Erw. 19–25 € (2 bzw. 3 Std.), Kinder/Jugendliche 16–22 €, bis 12 J. 13–19 €. Auch Familientickets (31–70 €). Kameruner Weg 13 (ab Röbeler Chaussee beschildert), ☎ 0172-6068358, www.kletterwald-mueritz.de.

Kranich-Beobachtungstouren Zwischen ca. 20. August und ca. 25. Okt. fährt ab Waren um 17.30 Uhr (ab Mitte Sept. um 17 bzw. 16.30 Uhr, im Okt. um 16 bzw. 15.30 Uhr) ein Sonderbus ab Waren/Steinmole zu den Treffpunkten Federow und Schwarzenhof, von denen die geführten Touren starten (Details bei den jeweiligen Orten). Dauer ab Waren ca. 3 Std., 7,50 €/Pers., Kinder bis 14 J. frei. Infos und Tickets auch hier im Haus des Gastes.

Sport mal ohne Wasser ...

Bootsanleger in Waren

Stadtführung Das Haus des Gastes bietet **Stadtführungen** an, von Mai bis Sept. Mo–Fr 10 Uhr, Sa/So 11 Uhr (Erw. 5 €, Kinder bis 14 J. 2,50 €, bis 7 J. frei); von Mitte Okt. bis Mitte März nur 1-mal wöchentlich am Freitag um 18 Uhr. Wer lieber auf eigene Faust losgeht, kann bei der Touristinformation einen **Audioguide** für den individuellen Stadtrundgang ausleihen (6 €).

Veranstaltungen **Müritz Sail**, alljährlich am vorletzten oder letzten Wochenende im Mai in Waren – großes Volksfest mit Riesenrad und Karussellen am Hafen, Fischbuden und Livemusik, Festumzug und Feuerwerk. Auf dem Wasser gibt es Fischerstechen, diverse Regatten und Drachenbootrennen. Aktuelle Termine und Veranstaltungskalender unter www.mueritzsail.net.

Müritz-Saga, Anfang Juli bis Ende Aug. Mi–So Abend auf der Naturbühne Mühlenberg (am Tiefwarensee): Schauplatz des Kostümspektakels ist Mecklenburg im 17. Jh. Tickets 18–25 €, ermäßigt 16–23 €, Kinder bis 14 J. 10–15 €, bis 6 J. frei. Aufführungen um 19.30 Uhr, So um 17 Uhr. Tickets im Haus des Gastes oder unter ✆ 01805-288244, teilweise auch Abendkasse. Mehr Infos unter www.mueritz-saga.de.

Für sportlichere Naturen: Der Müritz-Duathlon findet am zweiten Mai-Wochenende statt, der Müritz-Triathlon am letzten Samstag im Juli. Infos und Anmeldungen unter www.mueritz-sportclub.de.

Lauf um die Müritz, am dritten Wochenende im August, zwei Läufe (26,5 und 75 km), www.mueritz-lauf.de.

Müritzschwimmen, immer am ersten Samstag im August: 1950 Meter beträgt die Strecke von der Badestelle Ecktannen zum Warener Volksbad (Ziel), die besten Athleten schwimmen diese Distanz in etwa 23 Minuten. Infos und Anmeldungen: www.mueritzschwimmen.de.

🚶 Von Waren aus starten **zwei Wanderungen** in den Nationalpark: eine Rundwanderung um die Feisneck (Tour 3, 8,5 km, ca. 2 Std., 30 Min.) und eine Wanderung zum idyllisch gelegenen Müritzhof (Tour 2, 14,5 km, ca. 4 Std.).

Und natürlich startet hier auch die **Radtour** durch den Nationalpark und rund um die Müritz (Tour 4, 82 km, ca. 8 Std.). Ausführliche Tourbeschreibungen finden Sie im (Rad-)Wanderführer am Ende dieses Reisehandbuchs auf S. 295–304.

Wassersport Surf- und Segelschule „fun müritz", am Campingpark Kamerun (S. 158). Surfbrettverleih 10–15 €/Std., Anfängersurfkurs 120 €, Jollen- und Katamaranverleih 65–110 €/Tag, Segel- bzw. Katamarankurs 190 €. Schnupperkurs Katamaran 55 €. Kajak-/Canadierverleih 4–6 €/Std. Wiesenweg 17, ✆ 03991-125917, ✉ 03991-124000, www.fun-mueritz.de.

Übernachten

Im Zentrum **** Kleines Meer , in ruhiger Lage am alten Marktplatz; einladendes Hotel mit 30 Zimmern, stilvoll in modernem Design eingerichtet. Zimmer mit Blick auf die Müritz oder auf den Markt; Bar und Sauna. Feinschmeckerrestaurant im Haus (→ unten). Schöne Terrasse, Tiefgaragenplätze vorhanden. EZ 99–120 €, DZ 128–148 €, Studio 150–160 €, Frühstück inkl. Alter Markt 17, 17192 Waren, ✆ 03991-6480, ✆ 03991-648222, www.kleinesmeer.com.

»» Unser Tipp: Am Yachthafen , zentraler geht es nicht: direkt am Stadthafen und mitten im Geschehen, inklusive allabendlichem Flanieren vor der Haustür. Die Zimmer sind großzügig geschnitten und stilvoll eingerichtet. Dabei empfehlen sich nicht allein die hafenseitigen Zimmer, auch zur Stadt hin lässt es sich komfortabel (und vor allem vergleichsweise günstig) wohnen; es gibt auch eine Gemeinschaftsterrasse zum Hafen hin. Freundlich Hotelleitung, die sich aufmerksam um das Wohl der Gäste kümmert. Sauna im Haus, nachmittags dient der Wintergarten (im Sommer mit Terrasse) als Café. W-LAN, Parkplätze am Haus. EZ 60–65 €, DZ ohne Seeblick 87 €, mit Seeblick 97–125 €, mit Balkon und Seeblick 125–135 €, Frühstück inkl. Keine Haustiere. Strandstr. 2, 17192 Waren, ✆ 03991-67250, ✆ 03991-672525, www.am-yachthafen.de. ««

Harmonie , gepflegtes Hotel gegenüber vom Müritzeum. Gediegene Einrichtung mit Stilmöbeln, 23 Zimmer, Lift. Wellnessbereich mit Sauna, Whirlpool, Solebad, Massagen und Kosmetikangebot. Parkplatz. EZ 99–109 €, DZ 119–129 €, jeweils inkl. Frühstück. Hund 10 €/Tag. Kietzstr. 16, 17192 Waren, ✆ 03991-66950, ✆ 03991-669529, www. hotelharmonie-waren.de.

Stadt Waren , sympathisches Garni-Hotel in der Altstadt, nur ums Eck zum Neuen Markt. Angenehme Zimmer, netter, hilfsbereiter Service; Lift, Sauna im Haus, Tiefgarage (im Preis enthalten!). Hübscher Innenhof. EZ 60 €, DZ 88 €, inkl. Frühstück. Große Burgstr. 25, 17192 Waren, ✆ 03991-62080, ✆ 03991-620830, www.hotel-stadt-waren.de.

Weit Meer , vom jugendherbergsartigen Design der Rezeption sollte man sich nicht täuschen lassen, hinter den Zimmertüren finden sich schöne, neue Zimmer auf Drei-

Sterne-Niveau. Großes Plus des Hotels: die ruhige Lage auf dem Weg in den Nationalpark und doch direkt an der Müritz. Zu dem freundlichen Familienbetrieb gehört auch die *Kulturkneipe FloMaLa* – mit gemütlicher Gaststube sowie Terrasse mit Blick auf die Müritz, in der man recht gut essen kann. Ruhesuchenden sei ein Zimmer nach hinten hinaus (Balkon oder Terrasse) empfohlen, ideal ist eines der hinteren Zimmer im Erdgeschoss, die etwas von der Restaurantterrasse entfernt liegen – hier kann man in wenigen Schritten vom eigenen Zimmer aus direkt in die Müritz springen. EZ 65 €, DZ landseitig 95 €, zur Müritz hin 115 €. Am Seeufer 54, 17192 Waren, ✆ 03991-633054, ✆ 03991-633635, www.hotel-weitmeer.de.

Nossentiner Heide

Waren-West

Warendorfer Str.

Chaussee

Röbel, Malchow

Röbeler

Kamer

Kameruner Weg

Kamerun

Zur Stillen Bucht

Waren an der Müritz

200 m

Hotel am Müritz-Nationalpark **13**, recht neues Hotel, ganz ruhige Lage ein Stück abseits, direkt an den Feisneck-Wiesen, schöner und weiter Blick, mit Garten, Restaurant (mittleres Preisniveau). Zu Fuß ein gutes Stück zum Zentrum. Parkplatz vorhanden. Zeichen- und Töpferkurse, im Haus Sauna, Fahrradverleih (6 €/Tag). EZ 65 €, DZ 95 €, Galeriezimmer (2 Pers.) 130 €, inkl. Frühstück. Ferienwohnung (2 Pers.) 100 €, ab der zweiten Nacht 65 €. Halbpension 20 € pro Pers. und Tag; Hund 7 €/Tag. Anfahrt: vom Zentrum Richtung Parkplatz Specker Straße, diesen rechts liegen lassen, nach ein paar hundert Metern liegt das Hotel auf der linken Seite. Specker Str. 71, 17192 Waren, ☎ 03991-62190, 🖷 03991-621931, www.hotel-nationalpark.de.

Im Villenviertel Ecktannen Ringhotel Villa Margarete **12**, zwischen hohen Bäumen im ruhigen Viertel Ecktannen, nur wenige Meter zum Bootsanleger und den Badestellen. Freundliche Atmosphäre, gehoben (vier Sterne), die 30 Zimmer stilvoll-gediegen, z. T. mit Balkon, Lift vorhanden, Restaurant. Diverse Kosmetikbehandlungen, Massagen, Bäder, Sauna, Solarium, Solebad und „Floatarium". Zahlreiche Wellness-Arrangements. EZ 89 €, DZ 125–155 €, inkl. Frühstück. Halbpension 25 € pro Pers. und Tag, Hund 12 €/Tag. Fontanestr. 11, 17192 Waren, ☎ 03991-6250, 🖷 03991-625100, www.villa-margarete.de.

Seehotel Ecktannen **14**, dieses ebenfalls sehr einladende Hotel in der schönen

Fontanestraße gibt es schon seit 1906. Klassische Villa, nur wenig oberhalb der Strandpromenade gelegen, sehr gepflegt, gediegene Einrichtung, mit Bar, schöne Terrasse nach hinten hinaus, Garten (dahinter der Parkplatz) und eigener Bootsanleger; Sauna im Haus, zudem Massage- und Kosmetikangebote. Das zugehörige Restaurant Moritz mit gediegen-stilvollem Speisesaal ist ganztägig geöffnet. Hunde willkommen. EZ 80 €, DZ 110 €, Suite mit Balkon 134 €, Frühstück inkl. Halbpension 25 €. Hund 12–15 €/Tag. Fontanestr. 51, 17192 Waren, ☎ 03991-6290, 📠 03991-629100, www.seehotel-ecktannen.de.

Jugendherberge Jugendherberge Waren **9**, neues, blau-grünes Gebäude etwas außerhalb des Zentrums (ca. 10 Gehminuten) zwischen Binnenmüritz und Feisneck, Badestelle ca. 700 m entfernt. Terrasse, Tischtennis und Volleyball. 102 Betten in 30 Zimmern, zwei Zimmer mit rollstuhlgerechter Einrichtung. Übernachtung im Vierbett-Zimmer 21,90 € (Senioren ab 27 J. 26,70 €), im DZ 25,90 € (31,60 €), jeweils inkl. Frühstück, Halbpension plus 4–5 €, auch Vollpension möglich. Frühzeitige Buchung ist ratsam, und natürlich muss man DJV-Mitglied sein (geht auch noch vor Ort: Junioren 12,50 €, Senioren 21 €). An der Feisneck 1 a, 17192 Waren, ☎ 03991-186900, 📠 03991-186904, www.waren.jugendherberge.de.

Camping Campingpark Kamerun **1**, auf der Westseite der Binnenmüritz (ab Hauptstraße Röbeler Chaussee ausgeschildert), direkt am See. Mit Badestelle und Surfschule (s. oben), Fahrrad- und Bootsverleih, außerdem Liegeplätze, Kiosk, Restaurant und Biergarten, Angelteich, Hundewiese und Hundestrand. Ganzjährig geöffnet. Pro Person 6,10 €, Kind 2–13 J. 3,05 €, Stellplatz je nach Lage 10,40–13,55 €, Zelt inkl. Fahrrad/Motorrad 4,50 €, Hund 3,05 €, Bootsliegeplatz 7,50 €, Mietwohnwagen 47 €/Nacht, Appartement ab 80 €. Wohnmobilstellplatz vor der Schranke pauschal 12 €/Nacht; W-LAN kostenlos. Zur Stillen Bucht 3, 17192 Waren, ☎ 03991-122406, 📠 03991-122512, www.campingtour-mv.de.

Camping Ecktannen **15**, bestens durchorganisiertes (manche Leser finden auch: zu streng organisiertes) Gelände direkt an der Müritz, mit schöner Badestelle, Fahrradverleih am Platz, Bushaltestelle am Eingang. 450 Stellplätze in Wald und Wiese, teilweise aber nur mäßig schattig. Moderne sanitäre Einrichtungen, Kiosk (Fischbrötchen etc.), Bolzplatz und Spielplatz, zur Kinderbelustigung gibt es die „Kulturbüxe" gegenüber der Rezeption, hier diverse Veranstaltungen. Ruderbootverleih beim Camping, ein paar Schritte abseits gibt es auch eine Gaststätte. Ganzjährig geöffnet. Pro Pers. 4,85 €, Wohnwagen (mit Auto) oder Wohnmobil 7–8 €, Zelt 4–5 €, Auto 3,50 €, Motorrad 3 €. Auch schlichte Blockhütten für 12 €/Nacht (max. 2 Pers.), außerdem gibt es am Eingang einen Wohnmobilstellplatz („Quickcamp") für 10 €/Nacht. Fontanestr. 66, 17192 Waren, ☎ 03991-668513, 📠 03991-664675, www.camping-ecktannen.de.

Übernachten im Nationalpark → S. 174.

Ⓔ Essen & Trinken (→ Karte S. 156/157)

Kleines Meer **6**, Feinschmeckerlokal des gleichnamigen Hotels. In hellem, modernem Ambiente wird feine regionale Küche serviert, u. a. Müritzfisch und Wild, dazu eine recht große Auswahl an Weinen, und leckere Desserts. Schöne Terrasse mit Müritzblick. Hauptgerichte um 20–25 €, Menüs 29–55 €, relativ günstiger Mittagstisch. Tägl. mittags und abends geöffnet, im Winter So/Mo geschlossen. Alter Markt 7, ☎ 03991-6480, www.kleinesmeer.de.

Windfang **5**, etwa in der Mitte des Stadthafens, ebenfalls mit Terrasse (überdacht). Ähnliches Angebot wie die anderen Restaurants hier an der Promenade, neben frischem Fisch wird hier auch Wild serviert, gute Küche zu mittleren Preisen. Innen gemütlich (mit Sofa), freundlicher Service. Tägl. ab 11 Uhr durchgehend geöffnet. Müritzstr. 18, ☎ 03991-668465.

Pier 13 **11**, beliebtes Lokal am Hafen, mit Terrasse. Innen urig eingerichtet mit viel Holz. Durchgehend geöffnet, nachmittags Kaffee und Kuchen. Mittleres bis leicht gehobenes Preisniveau. Tägl. 11.30 bis ca. 23 Uhr (in der Nebensaison kürzer). Strandstr. 4, ☎ 03991-664241.

Zum Müritzfischer **8**, Fischgaststätte am Hafen, Fischbrötchen (2,50–3,50 €) auch zum Mitnehmen. Tägl. durchgehend 10.30–21 Uhr geöffnet. Strandstr. 3, ☎ 03991-667970, www.mueritzfischer.de.

Einen Fischimbiss gibt es auch beim **Fischerhof Waren** **2** – Fischbrötchen, Fischsuppe, Räucherfisch etc. Mit Holzterrasse am See, Bootsvermietung nebenan. Während der Saison tägl. 8–20 Uhr geöffnet, Seeufer 73, ☎ 03991-633110.

Kulturkneipe FloMaLa **10**, wer Richtung Ecktannen wohnt und abends eben mal was essen oder auf ein Bier weg will, für den empfiehlt sich die Kneipe/Gaststätte des Hotels „Weit Meer". Typische mecklenburgische Fisch- und Fleischkarte, gut und nicht teuer, nachmittags Café. Gemütlicher Gastraum (vorne) und schöne Terrasse (hinten), hier ein paar Tische mit herrlichem Müritzblick. Zur Saison tägl. ab 11.30 Uhr, Nov. bis März nur abends (und Sa/So ab 12 Uhr). Am Seeufer 54, ☎ 03991-633054, www.hotel-weitmeer.de.

》》 Lesertipp: „In Waren haben wir ein gutes italienisches Ristorante entdeckt: **Carpediem** in der Kirchenstraße 17, sehr gute Pizza (aber nicht nur!), freundlicher Service." ☎ 03991-1797550. **《《**

Essen & Trinken außerhalb Waldschenke **16**, ein schöner Waldspaziergang führt von Ecktannen an der Müritz entlang zur Waldschenke (auch mit dem Auto erreichbar, es gibt sogar eine Bootsverbindung nach Waren im 2-Stunden-Takt, Anlegestelle Waldschenke). Schöne, ruhige Waldlage, Terrasse hinter dem Haus, Wiese mit Schaukel. Mittagstisch, auch kleinere Snacks, außerdem selbst gebackener Kuchen; günstig. Im Sommer tägl. 11–21 Uhr geöffnet. Strandpromenade 4,

Blick auf das Müritzeum

☎ 03991-666922. *Anfahrt:* Neben dem Seehotel Ecktannen in den Forstweg (beschildert) und 1,7 km durch den Wald bis zum Lokal.

Essen & Trinken im Nationalpark u. a. Müritzhof → S. 175.

Essen & Trinken in der Umgebung **》》 Unser Tipp:** Leddermann, → Klein Plasten, S. 162. **《《**

Nachtleben Die **Hafenbar** (im ersten Stock über Pier 13) bietet am späteren Abend die Möglichkeit, auch mal das Tanzbein zu schwingen, Fr und Sa manchmal auch mit DJ. Ab 19 Uhr geöffnet. Strandstr. 4, ☎ 03991-664241.

Sehenswertes

Müritzeum

Seit 2007 ist nicht nur Waren, sondern die ganze Region um eine Attraktion reicher. Der Rundbau mit seiner eigenwilligen Fassade (aus angesengten Holzbohlen, die auf die hiesige Tradition des Teerschwelens verweisen) unweit der Steinmole ist kaum zu übersehen. Dahinter verbirgt sich Deutschlands größtes Aquarium für Süßwasserfische – gefüllt mit 100.000 Litern Wasser und über vierzig Fischarten – sowie eine Vielfalt von „Themenräumen", die dem Besucher die geografischen und geologischen Charakteristika der Müritzregion ebenso nahebringen wie deren Flora und Fauna. Ein besonderer Schwerpunkt liegt dabei natürlich auf dem Natur- und Umweltschutz. Hinzu kommt der gestaltete Außenbereich um den Herrensee und die große *Naturhistorische Landessammlung* im alten Museumsbau, der in die Anlage integriert wurde.

Ein **Rundgang** im Müritzeum beginnt im *Foyer*, von dem aus die einzelnen The-
menräume abzweigen. Dort erfährt der Besucher nicht nur alles Wissenswerte über
die Naturräume der Müritzregion, er kann auch auf Zeitreise in die Steinzeit gehen,
den verschiedensten Vogelstimmen lauschen, die besondere Anatomie des Spechts
bewundern, das Innenleben eines Ameisenhügels begutachten, Waldboden unter
dem Mikroskop erforschen, Fußspuren der Waldbewohner erraten, das berühmte
Adlerauge im Fernglas simulieren oder die etwas unheimliche Geräuschkulisse des
nächtlichen Waldes erleben – das Ganze überaus anschaulich und mit Liebe zum
Detail gestaltet, sodass man hier wirklich Stunden verbringen kann. Vor allem für
Kinder ist der Besuch ein Erlebnis.

Besondere Beachtung schenkt die Ausstellung dem Kranichzug, der in Mecklenburg-Vorpommern mittlerweile zu einem Tourismusmagneten geworden ist, sowie
dem Müritz-Nationalpark und den uralten Eichen von Ivenack (→ S. 270). Im kleinen Kino des Müritzeums ist ein Film über die Region zu sehen.

Das *Untergeschoss* widmet sich der Wasser- und Unterwasserwelt der Müritz und
beherbergt neben dem großen, über zwei Etagen reichenden Aquarium (das auch
im Erdgeschoss eine riesige Ansichtsfläche bietet) eine ganze Reihe an kleineren
Aquarien, zudem Erläuterungen zum Lebensraum Wasser (z. B. Fluss und Moor).
Um die Anschaulichkeit zu erhöhen, wurde ein Teil des Herrensees abgetrennt und
zum Aquarium umfunktioniert.

Über eine Rampe kann man auf das Dach des Müritzeums steigen und hier den
herrlichen Blick genießen, außerdem im „Erlebnisgarten" um den Herrensee herum-
spazieren. Durch den Garten gelangt man zu einem Backsteingebäude aus dem Jahr
1866, dem alten Müritz-Museum, in dem unter dem Motto „Natur im Sammlungs-
schrank" eine Vielzahl von Präparaten, darunter Rothirsch, Adler und ein Elchkopf,
hauptsächlich aber Insekten und kleine Reptilien gezeigt werden. Zu sehen sind
auch Fossilien und (im Treppenhaus) ein eindrucksvoller Exkurs in 250 Millionen
Jahre Erdgeschichte. Ein ganzer Raum widmet sich den Forschern und Sammlern
des 19. Jh., die am Aufbau dieser Ausstellung maßgeblich mitgewirkt haben; erläutert
wird auch, wie man ein Eichhörnchen oder eine Drossel präpariert. Wer dabei den
Forschergeist in sich entdeckt hat, kann sich in der rund 16.000 Bände umfassenden, komplett digitalisierten Bibliothek des Hauses weiter in die Materie vertiefen.

April bis Okt. tägl. 10–19 Uhr, sonst tägl. 10–
18 Uhr, letzter Einlass jeweils eine Stunde vor
Schließung. Erw. 7,50 €, ermäßigt 6 €, Kinder
6–16 J. 3 €, unter 6 J. frei, Familienkarte 17 €.
Das Müritzeum wie auch der Garten und das
alte Museumsgebäude sind barrierefrei.
Hunde sind erlaubt, evtl. aber durch die besondere Geräuschkulisse irritiert. Merchan-
dising-Shop beim Eingang, hier befindet
sich auch das Selbstbedienungsrestaurant
(ein kleiner Bereich auch à la carte), ganztägig geöffnet, mit Terrasse. Steinmole 1,
☎ 03991-633680, www.mueritzeum.de.

Georgskirche: Die Kirche am Alten Markt wird 1273 erstmals erwähnt. Vom Ursprungsbau ist nach den vielen verheerenden Stadtbränden allerdings fast nichts
mehr zu sehen; der Wiederaufbau erfolgte ab dem 18. Jh., Mitte des 19. Jh. wurde
die Backsteinkirche dann überwiegend im neugotischen Stil umgestaltet. Im Kir-
cheninneren sehenswert sind neben dem Ziegelfußboden (einer der ältesten
erhaltenen Teile des Gotteshauses) vor allem die bunten Glasfenster. Auf einem ist
der Ritter St. Georg dargestellt. Von kunsthistorischem Interesse ist auch die holz-
geschnitzte Kreuzigungsgruppe aus dem 14. Jh. (über dem Triumphbogen). Im
Sommer finden in St. Georg regelmäßig Orgelkonzerte statt.
April bis Okt. Mo–Sa 10–16 Uhr, So nur zum Gottesdienst um 9.30 bzw. 10 Uhr. Im Winter
geschlossen.

Marienkirche: In Warens ansehnlicher Silhouette bildet die Marienkirche mit ihrem eleganten Turm das Gegengewicht zur wuchtigen Georgsirche. Der „schlanke" Eindruck von St. Marien ergibt sich unter anderem dadurch, dass der Turm zum großen Teil in die Hallenkirche integriert ist. Heute etwas oberhalb des Neuen Markts gelegen, erhob sich an dieser Stelle einst eine Burg. Auf den Fundamenten der dazugehörigen Kapelle entstand in der ersten Hälfte des 14. Jh. das heutige Gotteshaus. Nach einem verheerenden Brand stand die Kirche lange Zeit in Ruinen. Ende des 18. Jh. wurde der Innenraum komplett umgestaltet und gibt sich seither klassizistisch, aber weitgehend unspektakulär. Zuletzt wurden Teile des Innenraums renoviert. Die Turmbesteigung ermöglicht einen herrlichen Blick über Altstadt, Hafen und Müritz.

In der Saison Mo–Fr 10–18 Uhr, Sa 10–16 Uhr, So 11–16 Uhr, im Winterhalbjahr eingeschränkt. Turmbesteigung Mai bis Okt., Erw. 1 €, Kinder 0,50 €.

Neuer Markt und Stadtgeschichtliches Museum: Rund um den Neuen Markt erstreckt sich ein schmuckes Fassaden-Ensemble, aus dem vor allem die *Löwenapotheke* und das *Neue Rathaus* herausstechen, beide gebaut um 1800. Erstere

Start zur großen Müritzrundfahrt

ist ein farbenfroher Fachwerkbau, der heute die Touristinformation beherbergt. Letzterem wurde bei einem Umbau Mitte des 19. Jh. eine neugotische, an den Tudorstil angelehnte und entsprechend verspielte Fassade verliehen.

In den beiden obersten Stockwerken des Neuen Rathauses befindet sich auch das *Stadtgeschichtliche Museum* von Waren. Zahlreiche gut erhaltene Ausstellungsstücke geben einen Einblick in das einstige Alltagsleben der mecklenburgischen Kleinstadt. Zu sehen sind u. a. zwei alte Velos aus der Pionierzeit des Radelns, zahlreiche Handwerksgerätschaften sowie ganze historische Zimmereinrichtungen und Amtsstuben. Schautafeln informieren über die Stadtgeschichte, die historische Arbeitswelt usw. Auch die folgende wunderliche Geschichte erfährt man hier: Am 29. Juni 1671 wütete eine schreckliche Feuersbrunst in der Stadt. 400 Häuser waren niedergebrannt, neben den Kirchen auch das Rathaus und die Stadttore. Bei der Georgskirche aber hatte das Feuer das Zifferblatt der Turmuhr verbrannt, doch den darüber angebrachten Schriftzug *Soli Deo Gloria* (Gott allein die Ehre) verschont. Dieses Wunders wegen seien daraufhin viele (wieder aufgebaute) Häuser mit diesem Schriftzug versehen worden.

Museum: Mo–Fr 9–17 Uhr, Sa/So 14–17 Uhr, Erw. 2 € (mit Kurkarte 0,50 €), erm. 1 € (mit Kurkarte ebenfalls 0,50 €). Neuer Markt 1, ☎ 03991-177137.

Baden

Größter zentrumsnaher Müritzstrand ist das *Warener Volksbad* im Kameruner Weg (zweigt von der Röbeler Chaussee ab, ca. 1,5 km vom Altstadtzentrum) mit Liegewiese und sandigem Badestrand, großer Rutsche und Steg sowie Beachvolleyball-Feld. Die Gaststätte „Strandkorb" versorgt die Gäste (tägl. ab 11 Uhr), der Eintritt ist frei (✆ 03991-122177). Eine weitere große Badestelle gibt es an der *Feisneck* nahe der Jugendherberge (im Sommer DLRG-überwacht); die *Badestelle Ecktannen* auf dem Weg zwischen dem gleichnamigen Campingplatz und der „Waldschenke" bietet Sandstrand und Liegewiese und ist ebenfalls DLRG-überwacht. An den offiziellen Badestellen herrscht in der Regel Hundeverbot. Wer textilfrei baden möchte oder mit Vierbeiner unterwegs ist, kann dies an vielen kleinen und teilweise auch recht versteckt gelegenen Badestellen rund um die Feisneck tun. Kanu- und sonstige Bootsverleiher befinden sich bei den beiden Campingplätzen, eine Surfschule beim Campingplatz Kamerun (S. 158).

Nordöstlich von Waren

Die Waren und Stavenhagen verbindende B 194 erscheint dank dreier nobler Immobilien wie eine schmucke Schlosshotelachse, an der die teils als Herbergen genutzten Herrenhäuser Groß Plasten, Varchentin und Kittendorf im Fünf-Kilometer-Abstand die Blicke auf sich ziehen.

Alt Schloen

Zunächst erreicht man nordöstlich von Waren (hinter Neu Schloen und über die Landstraße) Alt Schloen mit seiner unvermittelt wuchtigen Kirche. Das aus Feld- und Backsteinen errichtete Gotteshaus, in dessen Grundfesten übrigens ein alter Mühlstein integriert ist, stammt aus dem frühen 13. Jh. Unweit der Dorfkirche wurde unlängst die alte Wassermühle restauriert, die heute ein Wirtshaus beherbergt.

Klein Plasten und Groß Plasten

Klein Plasten, an der Abzweigung der B 194 von der B 192 gelegen, wäre als unscheinbares Straßendorf nicht der Rede wert, gäbe es nicht ein unscheinbares, wenngleich unübersehbares, in jedem Fall aber unbedingt empfehlenswertes Restaurant (s. u.), das auch die 10 km Anfahrt von Waren lohnt. Im Nachbardorf Groß Plasten, auf der anderen Seite der Bundesstraße, findet sich das gleichnamige prächtige Schloss (allerdings am Klein Plastener See gelegen) aus der Mitte des 18. Jh., in dem heute ein schickes Hotel residiert.

Übernachten/Essen Schlosshotel Groß Plasten, nobles Hotel in einem prächtigen Schloss aus dem 18. Jh. In der Küche des gehobenen Restaurants werden bevorzugt regionale und saisonale Produkte veredelt, auch vegetarische Gerichte. Feudale Terrasse über dem See. Stilsicher und edel eingerichtete Zimmer, teils im Schloss, teils im früheren Kutscherhaus (Vorteil: teils mit Schlossblick). Diverse Arrangements und Wellnessangebote. Sehr freundlicher Service. Ganzjährig geöffnet. EZ 78–88 €, DZ 103–128 € (je nach Größe, Ausstattung, Seeblick etc.),

Juniorsuite ab 141 €, Suite 173 €. Parkallee 36, 17192 Groß Plasten, ✆ 039934-8020, 🖷 039934-80299, www.schlosshotel-grossplasten.de.

》》 Unser Tipp: Leddermann, unscheinbares Restaurant an der Abzweigung der B 194 von der B 192, Parkplatz davor. Innen eher unspektakulär, man kommt wegen der hervorragenden Küche, für die der Koch Carsten Leddermann in der Gegend bekannt ist. Sehr gute, raffinierte Fischgerichte, alle unter 12 €, für das Gebotene preiswert. Wir probierten das Welsfilet in Weißweinsauce mit Lauchgemüse und Thymiankartoffeln sowie den

Waren an der Müritz – zwischen Hafen und Steinmole

Dorsch mit Kräuterkruste und Wurzelgemüse – beides rundum gelungen. Köstlich auch die Desserts. Di–So 11–22 Uhr geöffnet. Am Bahnhof 8 a, 17192 Klein Plasten, ☎ 039934-89944, www.restaurant-leddermann.

de. *Anfahrt*: von Waren Richtung Neubrandenburg (B 192), nach ca. 10 km kommt man zur Abzweigung der B 194 (Richtung Stavenhagen), hier auf der linken Seite. **«**

Varchentin und Büdnerei Lehsten

Eine ähnlich feudale Unterbringung wie in Groß Plasten sollte im Herrensitz des nördlich gelegenen Dorfes Varchentin entstehen. Das im Tudorstil errichtete neugotische Schloss aus der Mitte des 19. Jh. (Architekt war der Schweizer *Auguste de Meuron*) ist von einem weitläufigen Park umgeben, den *Peter Joseph Lenné* gestaltete. Es blieb bei der Ankündigung, das stolze Schloss wartet weiter darauf, dass ihm jemand die angemessene Aufmerksamkeit schenkt. Am nordöstlichen Ende des Dorfs steht neben einem idyllischen Hof mit Hofladen, Imbiss und Café die hübsche, kleine Dorfkirche mit Holzturm (geöffnet nur zum Gottesdienst).

Ca. 3 km östlich von Varchentin liegt *Lehsten,* in dessen Büdnerei mehr Leben ist als im benachbarten Schloss. Das ehemalige, sorgsam renovierte Anwesen – Büdner wurden in Mecklenburg Kleinbauern genannt, zur deren Besitz, der „Bude" auch etwas Land gehörte – beherbergt heute ein beliebtes Galeriecafé.

Café/Einkaufen Gutswerk, der sympathische Hofladen mit Café und Imbiss ist im idyllischen ehemaligen Pfarrhof unweit der Kirche von Varchentin gelegen, herrlich für eine Kaffeepause unterm alten Walnussbaum. Im Hofladen werden vor allem regionale Produkte angeboten, Wild aus eigener Schlachterei, selbst gebackenes Brot, Säfte und Honig aus eigener Herstellung usw. Hier gibt es (nach eigenen Angaben) auch die „Extrawurst". Hofladen und Café zur Saison Mo–Fr 9–17 Uhr, Sa 10–12 Uhr. Vor dem Schloss rechts halten. Alter Pfarrhof, ☎ 039934-8780, www.gutswerk.de. ■

Büdnerei Lehsten, urgemütliches Galeriecafé mit wechselnde Ausstellungen, Kleinkunst- und Konzertbühne, Workshops (z. B. Koch-, Schmuck- oder Malkurs). Außerdem stehen Zimmer und Ferienwohnungen zur Verfügung (EZ 33 €, DZ ab 36 €, Ferienwohnung ab 64 €, Frühstück 7,50 €/Pers., keine Haustiere). Das Café ist Mai bis Aug. tägl. 14–18 Uhr, Sept./Okt. Do–So 14–18 Uhr, im Winter nur Sa/So 14–18 Uhr geöffnet, Jan./Febr. geschlossen. Friedrich-Giese-Str. 1, 17219 Lehsten, ☎ 039928-5639, www.buednerei-lehsten.de.

Um die Müritz → Karte S. 138/139

Kittendorf

In Kittendorf, nur 5 km nördlich von Varchentin, steht ein Schloss, das mit dem Varchentiner einiges gemein hat. Ebenfalls Mitte des 19. Jh. im gepflegten Tudorstil der Neogotik errichtet, ist auch Schloss Kittendorf von einem schönen, weitläufigen Park (samt idyllischem Teich) umgeben, der (natürlich) von *Peter Joseph Lenné* entworfen wurde. Schloss Kittendorf aber, als dessen Architekt der Schinkelschüler *Friedrich Hitzig* verantwortlich zeichnet, wirkt viel leichter und verspielter als das eher auf Repräsentation bedachte Schloss Varchentin. Der schmucke Herrensitz mit der verspielten Fassade und dem eleganten Türmchen wird heute als Hotel genutzt.

Übernachten/Essen   Schlosshotel Kittendorf, prachtvolles Hotel in verspielt neugotischem Schloss, umgeben von einem weitläufigen Park. Mit Restaurant und hübschem Café in der lichtdurchfluteten „Orangerie". Nach kürzlich erfolgtem Besitzerwechsel können sich die Preise ändern. EZ 70 €, DZ je nach Ausstattung 99–129 €, Suite 130–159 €. 17153 Kittendorf, ✆ 039955-500, ✆ 039955-50140, www.schloss-kittendorf.de.

Abseits der Bundesstraße: Sorgenlos, Hungerstorf und Faulenrost

Abseits der B 194, fern von den beliebten Seen, aber noch nicht in der Mecklenburgischen Schweiz gelegen, erstreckt sich zwischen dem Nationalpark und Stavenhagen eine liebliche Landschaft, durch die sich die noch junge Peene schlängelt. So friedlich erscheint dem flüchtigen Besucher die Gegend, dass es nicht wundert, wenn man bei der Tour über enge Landstraßen und durch kleine Dörfer einen winzigen Weiler namens *Sorgenlos* passiert. Sorgenlos liegt übrigens westlich von Varchentin bzw. von der B 194 (Abzweigung *Deven*) auf dem Weg nach *Groß Gievitz* am *Torgelower See*. Das Gutshaus von Groß Gievitz befindet sich in Privatbesitz, die wuchtige Feldsteinkirche (im Innern u. a. mit mittelalterlichen Wandmalereien) aber ist zu besichtigen.

Den Schlüssel zur Kirche von Groß Gievitz erhält man bei Frau Bollmann (Dorfstr. 16).

Weiter nach Norden gelangt man am lang gestreckten *Rittermannshagener See* entlang nach Faulenrost an der Peene. Direkt von Waren fährt man mit dem Pkw nach Faulenrost via Alt Schönau, mit dem Fahrrad ist es wohl am schönsten von der Kirche bei Varchentin aus: Von hier führt ein kleines Sträßchen, das südlich des Großen Varchentiner Sees nur noch für Fußgänger und Radler passierbar ist, über einen Weiler mit dem nicht mehr ganz so sorglosen Namen *Hungerstorf* nach *Faulenrost*. Ein beliebtes Ausflugsziel ist Faulenrost dank des idyllischen Welshofs, einer Traditionsfischerei mit angeschlossenem, empfehlenswertem Restaurant. Enge Landstraßen führen von hier aus weiter zu den fotogenen Schlössern von Basedow im Norden (S. 278), nach Ulrichshusen im Westen (S. 280) oder eben nach Varchentin und Kittendorf im Osten.

Übernachten/Essen   In   Faulenrost
>>> Unser Tipp: 🌿 Welshof, und Restaurant **Zum Fischer Fritz**, das Familienunternehmen ist ein beliebtes Ausflugsziel; in der idyllisch an der Peene gelegenen Fischerei wird alles gefangen, was Seen und Peene hergeben: Aal und Zander, Forelle und Schleie und natürlich Welse. Die Fische werden frisch oder geräuchert verkauft oder im Restaurant veredelt. Wir waren vom Wels in Meerrettich-Dillkruste sehr angetan. Urgemütlicher Gastraum, schöne Terrasse, sehr freundlicher Service, mittleres Preisniveau (Fischgerichte 10–14 €). Es werden auch kleine Bungalows vermietet (Preis auf Anfrage). Der Name des Restaurants ist übrigens kein zungenbrecherischer Kalauer, vielmehr war der Gründer des Traditionsunternehmens ein Fischer namens Fritz. Das Restaurant ist tägl. 11–23 Uhr geöffnet. Dorfstr. 2, 17139 Faulenrost, ✆ 039951-2135, www.welshof-schliemann.de. **«««**

Paradiesisch: im Müritz-Nationalpark

Müritz-Nationalpark

Grün und blau – die inoffiziellen Farben Mecklenburgs prägen auch den herrlichen Nationalpark: dichte Wälder und verwunschene Seen, weite Schilfgürtel entlang des „Kleines Meeres", unwegsame Moorlandschaften und versteckte Wiesen und Weiden. Über diesem Naturparadies kreisen Fisch- und Seeadler und im Herbst kommen die Kraniche in Scharen zu Besuch.

Der 1990 gegründete Müritz-Nationalpark umfasst mit seinen 320 qkm Fläche zwei Teilgebiete: Der überwiegende Teil (260 qkm) liegt östlich der Müritz und grenzt an deren Ufer. Ein kleineres Waldgebiet (62 qkm) befindet sich südöstlich davon zwischen Neustrelitz und Feldberg um den Ort Serrahn, dessen Buchenwälder seit Kurzem zum Weltnaturerbe gehören. Den Müritz-Nationalpark bedecken zu fast drei Vierteln (72 %) weitflächige Waldgebiete, von denen die besagten Buchen aber nur einen kleinen Anteil ausmachen: Drei Viertel der Waldflächen im Park sind von Kiefern bestanden. Berühmt ist das Gebiet – vor allem der große Nationalpark-Bereich östlich der Müritz – jedoch für seine zahllosen Seen (davon 107 mit einer Größe von mehr als 1 ha) und Tümpel, dazu die vielen Moore, die eine unvergleichliche Vielfalt an Wasservögeln und eine ganz besondere Flora hervorbringen.

Die Landschaft des Nationalparks mit ihren Seen entstand am Ende der letzten Eiszeit, als sich Gletscher aus Skandinavien über den Kontinent schoben und Gesteinsmassen, so genannte Endmoränen, vor sich auftürmten. In ihren Absenkungen und Tälern bildeten sich die heutigen Seen und Flüsse, die das „Land der Tausend Seen" zum wasserreichsten in ganz Europa machten.

Regeln im Nationalpark

Dem Naturliebhaber sind die meisten Regeln ohnehin klar, trotzdem hier der vom Nationalparkamt herausgegebene Kodex, um die Natur möglichst wenig zu stören:

- Verlassen Sie nicht die ausgewiesenen Wege.
- Verhalten Sie sich an den Beobachtungsständen möglichst leise.
- Nehmen Sie keine Pflanzen oder Steine aus dem Nationalpark mit.
- Hinterlassen Sie keinen Müll; Raucher sollten die erhöhte Waldbrandgefahr beachten und ihre ausgedrückten Kippen wieder mitnehmen.
- Hunde sind im gesamten Nationalpark-Gebiet an der Leine zu führen!
- Parken Sie nur an den vorgesehenen Parkplätzen, zelten Sie nur auf den ausgewiesenen Campingplätzen des Nationalparks.

Im Mittelalter wurde die Gegend von vorwiegend freien Bauern besiedelt. Nach dem Dreißigjährigen Krieg gewann die Gutsherrschaft weitgehend Überhand, aus den Bauerndörfern wurden vermehrt Gutswirtschaften. Neben den Fischern und Bauern ernährten Wald und Heide östlich der Müritz auch Köhler und Teerschweler, Torfstecher und Schäfer. Letztere betreiben auch heute noch extensive Viehwirtschaft im Nationalpark. Das heutige Naturparadies hat seine Entstehung zum Teil auch dem Eingriff durch Menschenhand zu verdanken: Mit der Schiffbarmachung von Elde und Havel in den Jahren 1798 bis 1834 und der so entstandenen Elde-Havel-Wasserstraße sank der Wasserspiegel der Müritz um 1,5–2 m und hinterließ am Ostufer eine beeindruckende, oft unzugängliche Moorlandschaft und einige kleinere Seen – heute der Lebensraum für seltene Pflanzen- und Vogelarten.

Malerisch: eine von ungezählten Müritzbuchten

Während das ausgedehnte Waldgebiet von Serrahn 1833 von den Großherzögen des nahen Neustrelitz zur Privatjagd erklärt und zu diesem Zweck sogar eingezäunt wurde, erfuhr das Gebiet am Ostufer der Müritz eine wirtschaftliche Nutzung: zunächst durch die Ziegelei (durch Tonabbau auf den trockengelegten Flächen der Müritz), dann als großflächiges Weideland. Nachdem Teile des Gebietes wieder aufgeforstet waren, ging man auch hier der Jagd nach – erst war es ein Leipziger Unternehmer, seit den 1950er Jahren

hohe Parteifunktionäre. 1969 wurde das Gebiet östlich der Müritz dann zur Staats-
jagd erklärt. Auf einem 1934 abgebrannten, rund 2000 ha großen Teilstück errichtete
die sowjetische Armee nach dem Zweiten Weltkrieg einen Truppenübungsplatz.

Trotz aller Jagdleidenschaft auf der einen und dem heute veröden Militärgebiet
auf der anderen Seite spielte der Naturschutz in einigen Gebieten des heutigen Nationalparks seit Jahrzehnten eine Rolle. Schon 1931 entstand ein erstes, wenn auch
recht kleines Schutzgebiet um den Müritzhof, nach dem Zweiten Weltkrieg wurden
rund 5000 ha am Ostufer der Müritz unter Schutz gestellt. Doch ausgerechnet dies
wirkte sich negativ auf die Fauna des Gebietes aus: Das Areal wurde von Büschen
zugewuchert, die Brutvögel fanden keine Nistplätze mehr und blieben weg. So ging
man dazu über, das Gebiet wieder als Weideland zu nutzen. Die Natur „sich selbst
zu überlassen" funktionierte dagegen im Serrahner Teil des Nationalparks umso
besser: Seit über 40 Jahren wächst hier ein regelrechter Urwald aus Buchen.

Der Müritz-Nationalpark wurde bei der letzten Ministerratssitzung der DDR am
12. September 1990 gegründet, der stellvertretende Umweltminister der letzten
DDR-Regierung, Michael Succow, ließ dabei gleich 14 Naturschutzgebiete – fast
5 % der Staatsfläche der DDR – ausweisen. Rund 7 % des Müritz-Gebiets werden
heute landwirtschaftlich genutzt und alljährlich zählt man über eine halbe Million
Besucher – der Nationalpark ist einer der größten Touristenmagnete der Region.
Insgesamt erschließen 600 km Wander- und Radwege Deutschlands größten Bin-
nen-Nationalpark für Besucher.

Am 25. Juni 2011 erhielten fünf alte Buchenwälder in Deutschland den Rang eines
UNESCO-Weltnaturerbes zuerkannt, einer davon ist der *Serrahner Buchenwald* im
östlichen Teilgebiet des Nationalparks. Im Forsthaus des kaum fünf Häuser zählen-
den Ortes Serrahn soll in naher Zukunft eine naturkundliche Ausstellung zum Buchenwald entstehen.

Flora und Fauna im Müritz-Nationalpark

Der Wechsel zwischen ausgedehnten Wäldern, vielen großen und kleineren Seen,
Mooren und Sumpfgebieten bringt im Müritz-Nationalpark eine ganz eigene Flora
und Fauna hervor. Dank der Unzugänglichkeit von Seeufern und Moor- bzw.
Sumpfgebieten bietet er vor allem Wasservögeln einen besonders geschützten
Lebensraum.

Die Wälder im Nationalpark werden von Kiefern – die hier einst im Zuge der Wie-
deraufforstungen gepflanzt wurden –, den schnell wachsenden, anspruchslosen
Birken und den hier ursprünglich beheimateten Rotbuchen dominiert, Letztere vor
allem im Osten um Serrahn. Die Moore des Nationalparks, immerhin 8 % der
Gesamtfläche, entstanden entweder durch die Verlandung „alter" und flacher Seen
(was durch die künstliche Absenkung des Wasserspiegels mit dem Bau des Elde-
Havel-Kanals beschleunigt wurde), an manchen Stellen aber auch durch das Ansteigen des Grundwasserspiegels. Als nährstoff- und sauerstoffarmes Biotop eignen sie
sich nur für bestimmte Pflanzenarten, darunter *Torfmoos* und *Wollgras*, die fleischfressende Pflanze *Sonnentau* und das seltene *Moor-Greiskraut*. Im Bereich um
Moore und Seen, v. a. in der Gegend südlich des Müritzhofs, finden sich noch einige ausgedehnte Riedflächen, die u. a. von *Schneidried* bewachsen sind, einem
kaum noch vorkommenden Sauergrasgewächs. Die zahlreichen Seen hingegen sind
oft von einem dichten Röhricht- und Schilfgürtel gesäumt, manche von ihnen sind
ganz klar, andere trüb und bräunlich. Im Sommer blühen hier *Weiße Seerosen* und

Um die Müritz → Karte S. 138/139

die gelben *Teichrosen*. An die tausend verschiedene Pflanzenarten sprießen im Müritz-Nationalpark, zudem fast 300 Moos- und Flechtenarten und fast 600 verschiedene Pilze.

Das größte Säugetier im Park ist der *Rothirsch,* der – wie auch Reh und Damwild – im 20. Jh. quasi zur Jagd gezüchtet wurde. Aus Mangel an natürlichen Feinden breitet er sich hier aus und wird, um den Bestand zu begrenzen, als einziges Tier im Park noch heute gejagt. Darüber hinaus tummeln sich in den Wäldern Wildschweine und Füchse. In der wasserreichen Gegend fühlen sich Biber und Fischotter zu Hause, von den Lurchen ist besonders der *Moorfrosch* zu erwähnen, dessen männliche Vertreter sich zur Laichzeit in ein leuchtendes Hellblau verfärben. Berühmt ist der Nationalpark jedoch für seine Vielfalt an (Wasser-)Vögeln, die vom majestätischen Kranich bis zum farbenfrohen Eisvogel reicht. Von den Raubvögeln zählen natürlich die beiden Adlerarten zu den größten Attraktionen: Der *Fischadler* ist nur im Sommerhalbjahr zwischen März/April und August/September im Müritz-Nationalpark anzutreffen (überwintert wird im Mittelmeerraum oder Westafrika) – das aber so häufig wie nirgendwo sonst in Europa. Über hundert Brutpaare zählte man zuletzt in Mecklenburg-Vorpommern, und wer den Greifvogel mit dem charakteristischen weißen Kopf mit dunkler Maske beobachten will, kann ihn, mit etwas Glück, von den Beobachtungspunkten bei den Fischteichen bei Boek oder am Rederang-See (bei Federow) erspähen, zudem befinden sich einige Horste auf Strommasten südlich von Federow. Wer keinen der Greifvögel zu sehen bekommt, wird in Federow bei der Nationalpark-Information mit einer Live-Videoübertragung aus einem Fischadlerhorst entschädigt.

Während sich der Fischadler fast ausschließlich von Fisch ernährt, greift der deutlich größere *Seeadler* (mit einer Spannweite von 2–2,5 m der größte Greifvogel Mitteleuropas) auch nach Wasservögeln, Mäusen, Fischottern und sogar nach Füchsen, notfalls aber auch zu Aas. Dies ermöglicht es dem Seeadler, in unseren Breitengraden zu überwintern. In Mecklenburg-Vorpommern ist der Bestand am dichtesten, von etwa 600 Brutpaaren deutschlandweit jagen und brüten etwa die Hälfte zwischen Schwerin und Usedom, Müritz und Hiddensee. Erkennbar ist der Seeadler am mächtigen Schnabel und durchgehend braunen Federkleid. Wer ihn im Nationalpark zu Gesicht bekommen will, sollte es am besten an den Beobachtungsständen bei den Boeker Fischteichen oder am Warnker See (Richtung Müritzhof) versuchen. Seine Horste befinden sich meist auf hohen Bäumen, Fischadler dagegen nisten heute vermehrt auf Strommasten.

Zum Thema **Adler in Mecklenburg-Vorpommern** siehe auch unter Flora und Fauna, S. 22.

In den Röhrichten und Schilfgürteln der Seen nisten u. a. die seltene *Rohrweihe* und die gefährdete *Große Rohrdommel*: Vor allem im Frühjahr sind in der Dämmerung ihre dumpfen, dröhnenden Balzrufe zu hören, die ihr den Beinamen „Moorochse" eingebracht haben. Zu sehen bekommt man diesen extrem scheuen Vogel jedoch fast nie: Sein braunes Federkleid ist vom umgebenden Schilf kaum zu unterscheiden. Auch der seltene Schwarzstorch, Eisvögel, Fischreiher und Wildgänse fühlen sich hier – zumindest saisonal – wohl.

Kraniche im Müritz-Nationalpark

Ihr ganz besonderer Balztanz hat sie berühmt gemacht, aber auch das laut-starke Trompeten, mit dem sie sich allabendlich bei Einbruch der Dämme-rung an ihren Schlafplätzen im Müritz-Nationalpark einfinden. Bis zu 8000 Graue Kraniche (*Grus grus*), so die Schätzungen, treffen sich im Frühjahr und Herbst täglich zur gemeinsamen Rast am Nordufer des Rederang-See bei Federow, dem bekanntesten Kranich-Beobachtungsort der Gegend. Entsprechend hoch ist auch der Andrang der Kranichfans im Müritz-Nationalpark.

Die Kraniche überwintern in der spanischen Extremadura bzw. im Norden Marokkos oder Algeriens, durch die milden Winter auch zunehmend in Südwestfrankreich, den Sommer verbringen sie in Süd- und Mittelschwe-den. Der Müritz-Nationalpark dient also nur als – vor allem im Herbst oft Wochen andauernde – Zwischenstation, um sich für die weite Reise zu stär-ken. Gereist wird im Verband und in der charakteristischen „V"-Formation. Bei ihren Langstreckenflügen nutzen die Kraniche die Thermik und können, bei Rückenwind, mit nur wenigen Flügelschlägen eine Geschwindigkeit von über 80 km/h erreichen. Distanzen von über 1000 km ohne Zwischenstopp sind durchaus möglich.

Doch dazwischen ruhen sie sich eben in Nordostdeutschland aus, bevorzugt in den weiten Wassergebieten der Landzunge östlich von Zingst (im Natio-nalpark Vorpommersche Boddenlandschaft) sowie hier in den Sumpfgebie-ten des Müritz-Nationalparks. Fast 80.000 Kraniche auf der Durchreise durch Deutschland wurden 2007 gezählt; etwa 60 Paare bleiben ganzjährig hier im Nationalpark. Gebrütet wird im flachen Wasser auf dem Boden, meist im Schutz eines Baumes, in einem großen, aus aufeinander geschich-

Grus grus beim Zwischenstopp

teten Pflanzenstängeln bestehenden Nest, in dem in der Regel zwei bräunlich-graue Eier liegen. Nach gut vier Wochen Brutzeit schlüpfen die Küken mit rotbraunem Daunenkleid, die dann maximal bis zum nächsten Frühjahr bei ihren Eltern leben. Das Brutpaar selbst bleibt oft ein Leben lang zusammen. Ein ausgewachsener Kranich bringt es auf eine Standhöhe von 1,20–1,30 m bei einem Gewicht von 6–7 kg und einer Flügelspannweite von über 2 m, damit ist er der größte Vogel Deutschlands. Sein Federkleid ist grau mit schwarzem Oberkopf samt roter Mütze und seitlichen weißen Streifen, die Schwungfedern bilden eine schwarze Schleppe. Die Jungvögel sind durch ihren bräunlichen Kopf zu erkennen. Kraniche sind Allesfresser, die ihre Nahrung beim Umherschreiten vom Boden bzw. im flachen Wasser aufsammeln und damit wie auch die Reiher und Störche zu den so genannten Schreitvögeln zählen. Die flachen Sumpfgebiete dienen aber nicht nur als Nahrungsquelle, sondern auch als Schutz gegen Feinde wie den Fuchs. Geschlafen wird stehend im knietiefen Wasser.

Aus der Nähe wird man einen Kranich wohl kaum zu sehen bekommen. Die Tiere sind sehr scheu und fliegen schon bei einer Annäherung auf etwa 300 m auf. Bessere Chancen hat man von besagtem Beobachtungsturm am Rederang-See, doch auch hier sollte man unbedingt ein Fernglas dabei haben. Bei ihrer berühmten Balz wird man die Kraniche nur gelegentlich im Frühjahr erleben dürfen, diese findet hauptsächlich an den Brutplätzen in nördlicheren Gefilden statt – Ausnahme sind die Kraniche, die ganzjährig hier bleiben. Während die Tiere bis vor etwa zwanzig Jahren noch als überaus selten galten, hat sich ihr Bestand heute vervielfacht. Vor allem durch die im Jahr 1990 ausgewiesenen strengen Schutzgebiete des *Nationalparks Vorpommersche Boddenlandschaft* und des *Müritz-Nationalparks* finden die Kraniche hier optimale Bedingungen ohne Störung durch Mensch und Landwirtschaft.

Über den Kranich wird schon in der Mythologie als Glücksbringer berichtet. Auf altägyptischen Grabplatten ist er genauso zu finden wie im russischen Märchen, in Indien verehrt man ihn als Gott, in China als göttlichen Himmelsboten und als Symbol für Weisheit und ein langes Leben, in Japan werden Papierkraniche als Glücksbringer gefaltet. Seinen Namen als „Vogel des Glücks" soll der Kranich allerdings in Schweden bekommen haben, wo sein Erscheinen im Frühjahr das Ende der dunklen, kalten Zeit einläutet. Kein Wunder, dass immer mehr Besucher die Faszination, die von den großen, eleganten Vögeln ausgeht, auch aus der Nähe (bzw. aus relativer Nähe) erleben wollen. Die alljährlich ab dem Frühherbst (ca. Ende August bis ca. Ende Oktober) angebotenen Kranichtouren in den Nationalpark erfreuen sich jedenfalls großer Beliebtheit.

Kranich-Führungen Der Beobachtungsturm am Nordufer des Rederang-Sees bzw. der Weg dorthin (Markierung: *rotes Eichhörnchen*) von Federow und Schwarzenhof aus ist während des Kranichzugs von Ende Aug. bis Ende Okt. täglich ab 16 Uhr gesperrt, allerdings im Rahmen einer Führung zu begehen. Wer daran teilnimmt, sollte sich warm und in gedeckter Kleidung anziehen, unbedingt ein Fernglas mitnehmen und nur ohne Blitz fotografieren. Reservierung (ratsam!) unter ☎ 03991-668849 (Federow) oder ☎ 03991-670091 (Schwarzenhof). Infos und Reservierung auch im Haus des Gastes in Waren (S. 152) und unter www.nationalpark-service.de Führung 7,50 €/Pers., Kinder 7–15 J. 4 €, unter 7 J. frei.

Unterwegs im Nationalpark

Mit dem *Pkw* kommt man im Nationalpark nicht allzu weit. Zwar kann man alle Orte mit dem Auto anfahren, das war es dann aber auch schon. Die Straße zwischen Speck und Boek ist für Pivat-Pkw gesperrt und erleben lässt sich die Faszination Nationalpark hinter der Windschutzscheibe ohnehin nicht. Mobil sein heißt im Nationalpark: Den *Nationalpark-Bus* erwischen, sich auf's Fahrrad schwingen oder die Wanderstiefel schnüren!

Wer nur einen Tag im Nationalpark verbringen kann, sollte sich auf keinen Fall die besonders schöne Wanderung bzw. Radtour zum idyllischen Müritzhof entgehen lassen, der von Waren aus einfach zu erreichen ist (→ Wanderung 2, S. 295): Während der knapp 15 km erhält man abwechslungsreiche Einblicke in den Nationalpark – und kann auf dem malerisch gelegenen Müritzhof in den Genuss eines hervorragenden Blechkuchens kommen... Wer mehr Zeit hat, findet in den Ortschaften des Nationalparks zahlreiche Unterkunftsmöglichkeiten, die garantiert Ruhe bieten, sowie darüber hinaus ausreichend Restaurants (Adressen → unten).

In den Nationalpark führen vier „Eingänge":

• im Norden über Waren/Federow (→ S. 176), Schwarzenhof (→ S. 178) und Speck (→ S. 178);

• im Nordosten über Ankershagen (→ S. 179), Kratzeburg (→ S. 183) und Granzin (→ S. 184);

• im Südosten über Blankenförde/Kakeldütt (→ S. 185) und

• im Süden von Boek aus (→ S. 187).

Wandertipps! Von nahezu allen Orten bieten sich ideale Wandermöglichkeiten. Die schönsten Wanderungen finden Sie zusammengefasst und detailliert beschrieben im (Rad-)Wanderführer am Ende dieses Reisehandbuches (→ S. 292). Für den Nationalpark sind das zwei Wanderungen von Waren (**Tour 2 zum Müritzhof** und **Tour 3 um die Feisneck**), ein kurze Wanderung bei Ankershagen (**Tour 5** zur Havel-Quelle), eine Wanderung bei **Kratzeburg** (**Tour 6**) und die **(Rad-)Wanderung** zu den **Boeker Fischteichen** (**Tour 7**). Außerdem führt die erste Etappe der **Rad-Rundtour um die Müritz** einmal von Nord nach Süd durch den Nationalpark (**Tour 4**). Und schließlich leitet ebenfalls eine herrliche, nicht allzu lange Wanderung (**Tour 8**) durch das Teilgebiet **Serrahner Wald**.

Der *Nationalparkbus* übrigens (→ S. 152 und 173) verbindet nur die Orte im westlichen Teil des Parks. Er fährt von Waren via Federow, Schwarzenhof und Speck (es gibt auch Haltestellen mitten im Nationalpark, z. B. am Käflingsberg oder am Zartwitzer Kreuz) bis Boek und Boeker Mühle, teils auch weiter bis Bolter Schleuse und Rechlin.

An den Rändern des Nationalparks schimmern zwischen üppigem Grün fantastische *Wasserwanderreviere*. Ab der Bolter Schleuse kann man die Alte Fahrt hinab nach Mirow erkunden und im Osten des Nationalparks die Seenkette entlang der Havel, die bei Ankershagen entspringt und ab Kratzeburg für Kanuten befahrbar ist (→ S. 183). Der Paddler hat diese Gewässer weitgehend für sich, da zahlreiche Flussläufe und Seen für Motorboote gesperrt sind.

Basis-Infos

Information Es gibt mehrere, mehr oder weniger große Nationalpark-Informationsbüros. Eines der wichtigsten ist das in **Federow** (→ S. 177), hier gibt es auch die Fischadler-Live-Kamera. Kleinere Infostellen befinden sich in **Schwarzenhof** (mit kleiner historischer Ausstellung, → S. 178), in der alten Schmiede in **Speck** (→ S. 179) und im Gutshaus von Boek (→ S. 187). Eine Live-Übertragung gibt es auch in **Ankershagen-Friedrichsfelde** (→ S. 180), hier wird allerdings aus einem Storchennest übertragen. In der Nationalpark-Information in **Kratzeburg** (→ S. 183) widmet sich eine Ausstellung der Fledermaus. Das Info-Zentrum **Blankenförde** (→ S. 186) befindet sich gerade im Aufbau, hier entsteht eine Ausstellung zum Projekt *Moore und Große Rohrdommel an der oberen Havel.* Auch in **Serrahn** (→ S. 229) soll eine große Ausstellung entstehen, Thema ist natürlich *Welterbe alter Buchenwald.*

Öffnungszeiten für alle: Anfang Mai bis Ende Okt. tägl. 10–17 Uhr, im Sommer teils bis 18 Uhr.

Infos zum Nationalpark erhält man auch in **Waren** (→ S. 152) und in **Neustrelitz** ist der Stadtinformation eine Nationalpark-Info-

stelle angeschlossen (→ S. 222). Web-Infos: www.nationalpark-mueritz.de oder www.nationalpark-service.de.

Führungen und Touren im Nationalpark Das Nationalparkamt hält Jahr für Jahr ein großes Angebot bereit: naturkundliche und vogelkundliche Wanderungen, geführte Radtouren, historische Rundgänge. Am beliebtesten sind natürlich die Führungen zu den gefiederten Attraktionen des Nationalparks: Jährlicher Höhepunkt sind die Wanderungen zum Kranicheinflug (ab Federow, → S. 177), nicht minder gefragt ist die Adlersafari (ab Federow, → S. 177). Das gesamte Angebot liegt in den Infobüros aus (Broschüre) bzw. kann dort erfragt werden oder ist unter www.nationalpark-service.de zu finden.

Verbindungen Da der Nationalpark für den privaten Autoverkehr fast vollständig gesperrt ist, ist man auf das Fahrrad, die Füße oder aber den **Nationalpark-Bus** angewiesen. Dieser verkehrt von Ende April bis Anfang Okt. auf der „Müritz-Linie" zwischen 9–16.30 Uhr stündlich ab *Waren* (Steinmole) über *Federow, Schwarzenhof, Speck* nach *Boek* und weiter bis zum *Bolter Kanal* (3-mal am Tag auch über Bolter

Rauhwolliges Pommersches Landschaf

Um die Müritz → Karte S. 138/139

Schleuse bis Rechlin) sowie wieder zurück (tägl. 10.10–16.50 Uhr, bzw. Mo–Fr auch 17.40 ab Boek). Fahrräder können mitgenommen werden, solange Platz im Anhänger ist. Tickets im Bus (Achtung: Es gibt nur ein Tages- bzw. ein Kurzzeitticket! Preise siehe unten), Infos unter ☎ 03991-6450.

Mit dem Schiff: Von der Anlegestelle *Bolter Kanal* fährt in der Saison 2- bis 3-mal tägl. eine Fähre der *Weißen Flotte* von und nach Waren sowie 2- bis 3-mal tägl. nach Röbel. Fahrtzeit nach Waren ca. 1,5 Std., nach Röbel ca. 1 Std. Das Nationalparkticket (Bus und Schiff) ist für die Weiße Flotte gültig, ansonsten beträgt der Normalpreis nach Waren bzw. Röbel 9 €, Kinder die Hälfte. Fahrplan-Infos unter ☎ 03991-122668 oder www.mueritzschiffahrt.de. Weitere Schiffsfahrten auf der Müritz → Waren, S. 153.

Nationalpark-Ticket

Lohnend vor allem, wenn man mehr als einen Tag im Nationalpark unterwegs sein will und/oder den Ausflug mit einer Schiffsfahrt verbinden möchte. Das *Tagesticket Bus* kostet 8,50 €, Kinder von 6–14 J. 4 €, Familienticket mit bis zu 4 Kindern 17 €, Kurzzeit-Ticket (15 Min.) 3,50 €/Pers.

Kombiticket Bus & Schiff 17 €, Kinder 8 €, Familien 34 €.

3-Tages-Ticket Bus 19 € (erm. 8 €, Familie 34 €).

3 Tage Bus & Schiff 37 € (erm. 16 €, Familie 55 €).

Wochenticket Bus 34 € (erm. 15 €).

Wochenticket Bus & Schiff 55 € (erm. 26 €).

Tickets in den Bussen der Müritz-Linie sowie an Bord der Fahrgastschiffe der Weißen Flotte, ebenso im Haus des Gastes in Waren und den Touristinformationen im Nationalpark. Infos unter www.nationalparkticket.de.

Boots- und Kanuverleih Für den Lauf der **Oberen Havel** gibt es Kanuverleihstationen in *Kratzeburg* (→ S. 184), *Granzin* (→ S. 185), und *Blankenförde* (→ S. 186), für die **Alte Fahrt** (von der Bolter Schleuse nach Mirow) findet sich ein Kanuverleih an der *Bolter Schleuse* (→ S. 190), und einer bei *Schillersdorf* (→ S. 186).

Kremserfahrten Fahrten mit der Planwagen-Kutsche durch den Nationalpark bietet **Carsten Vinzing** an. Die Touren starten in Kargow (ca. 3 km nördlich von Federow), andere Abfahrtsorte/Haltestellen nach Absprache, Reservierung ratsam. Preisbeispiel: Kutschfahrt (bis 4 Pers.) 75 €/2 Std., Kremserfahrt zum Müritzhof, 4 Std., 19 €/Pers. Infos in der Nationalpark-Information Federow oder unter ☎/☏ 03991-670419, www.mueritz-kutsche.de.

Übernachten und Essen im Nationalpark

Übernachten im Nationalpark Es bestehen diverse Übernachtungsmöglichkeiten im Nationalpark. Das Angebote reicht vom Schlaflager im Heu (die **Radlerscheune** in Blankenförde, → S. 186) über einfache Pensionen (z. B. in Ankershagen, → S. 180) und Landhotels (z. B. **Müritz-Hotel** in Boek, → S. 188, oder **Kranichrast** in Schwarzenhof, → S. 178) bis zum Gutshaushotel (**Guthaus Federow**, → S. 177).

Abseits der Ortschaften liegt die **Pension Zur Fledermaus** ca. 1 km südlich des Parkplatzes Specker Straße (Waren). Die Pension ist nur zu Fuß oder mit dem Fahrrad erreichbar, nächtliche Ruhe ist hier garantiert. Das graue, nicht mehr ganz taufrische Gebäude erhebt sich auf einer Anhöhe oberhalb des Teufelsbruchs (Moor). Einfache Zimmer mit TV, die meisten auch mit Bad. Halbpension möglich, im Haus auch ein kleiner Kiosk, auch zur Rast für einen Kaffee/Imbiss auf der Terrasse. Geöffnet Ostern bis Okt. Günstig: EZ ab 32 €, DZ ab 58 €, Dreibett-Zimmer ab 85 €, Frühstück inkl. Am Teufelsbruch 1, 17192 Waren, ☎ 03991-663293, ☏ 03991-663294, www.pension-fledermaus.de.

Camping Mehrere Campingplätze haben sich an den Rändern des Nationalparks angesiedelt: Zwei liegen am südlichen Müritzufer (**Campingplatz Boek** und **Camping Bolter Ufer**, Boeker Mühle, → S. 188 und 189), einen entzückenden, einfachen Campingplatz gibt es in Kakeldütt (**Hexenwäldchen**, → S. 186), ein weiterer sehr sympathischer Platz versteckt sich bei Kratzeburg (**Campingplatz Naturfreund**, → S. 184).

Am Müritzhof

Mitten im nationalparklichen Nirgendwo (aber mit Bahnanschluss!) liegt der **Campingplatz Zur hohlen Eiche** in Klockow: ein paar Kilometer östlich von Ankershagen, ein kleiner, unparzellierter Platz (65 Stellplätze) auf einer Waldlichtung, mit Gaststätte, und Fahrradverleih. Erw. 4,50 €, Kinder 2,50 €, Studenten 3,50 €, Zelt 3–4 €, Wohnwagen/-mobil 6 €, Pkw 1,50 €, Motorrad 1,50 €, Hund 1,50 €. Es werden auch einfache Blockhütten für 3–6 Pers. angeboten (30–60 €/Tag). Dorfstraße 1f, 17219 Klockow, ☎ 039921-36900, 📠 039921-36901, www.kleiner naturzeltplatz.de.

Des Weiteren gibt einen *Caravanstellplatz* in Schwarzenhof (S. 178).

Essen & Trinken   Möglichkeiten für eine Rast gibt es praktisch in jedem der Orte im Nationalpark, Restaurants für das gepflegte wie auch bodenständige Abendessen finden sich ebenfalls (Details und Tipps bei den jeweiligen Ortsbeschreibungen).

Abgelegen, aber unbedingt einen Besuch wert sind das idyllische Gartencafé der **Zartwitzer Hütte** (S. 186) sowie der Müritzhof:

》》 Unser Tipp: 🍃 Müritzhof, der vom Lebenshilfewerk bewirtschaftete Landschaftspflegehof liegt in herrlicher Alleinlage inmitten der traumhaften Nationalpark-

landschaft. Von April bis Okt. ist die dazugehörige Gaststätte (und das heißt vor allem: die sehr schöne Terrasse teils unter mächtigen Eichen, immer mit großartiger Aussicht) täglich von 10–18 Uhr geöffnet. Dieses mecklenburgische Idyll ist aber nicht allein wegen der Lage beliebt und gerühmt. Hier laben sich Wanderer und Radler entweder an Kaffee und Kuchen oder an der deftigen mecklenburgischen Küche. Schaf und Rind stammen aus der eigenen extensiven Viehhaltung des Hofes, das Wild aus dem Nationalpark, der Fisch aus der Müritz. Und der Streuselkuchen vom Blech ist wie ein Streuselkuchen vom Blech sein soll. Dabei nicht teuer (Fisch um 10 €, Fleischgerichte um 12 €, kleinere Gerichte um 5 €). *Lage*: Der Müritzhof liegt etwa 7 km südlich von Waren und ist nur zu Fuß oder mit dem Fahrrad zu erreichen (Wander-/Radweg ab Parkplatz Specker Straße, detaillierte Wegbeschreibung s. Wanderung 2, → S. 295). ☎ 03991-611540, www. müritzhof.de. 《《

Führungen   Vom Müritzhof starten von April bis Okt. jeden Di um 11 Uhr 3-stündige Führungen durch den Nationalpark zur Wacholderheide am Ostufer der Müritz (7,50 €/ Pers., ☎ 03991-611540). Weitere Führungen im Nationalpark → S. 177 und S. 188.

Fischerei im Nationalpark

Ortschaften im und am Rand des Müritz-Nationalparks

Einstmals lagen die Dörfer Federow, Schwarzenhof, Speck und Boek – alles kleine Weiler rund um ein Gutshaus – an der für die Region wichtigen Verbindungsstraße von Waren nach Mirow. Mit der Einrichtung des Nationalparks aber wurde die Strecke zwischen Speck und Boek für den Durchgangsverkehr gesperrt. Nur der Nationalparkbus bzw. etwas nostalgischer: die Kutsche, halten weiter die Nord-Süd-Verbindung aufrecht.

Die meisten Besucher kommen über *Federow* in den Nationalpark. Mitten im Müritz-Nationalpark befinden sich die kleinen Weiler *Schwarzenhof* und *Speck.* Im Osten gelangt man über die sehenswerten Dörfer *Ankershagen* (mit Museum für den Troja-Entdecker Schliemann), *Kratzeburg* am Käbelicksee oder das versteckte *Granzin* in den Nationalpark; etwas weiter südlich über *Blankenförde/Kakeldütt.* Der südliche Nationalparkeingang schließlich ist *Boek.*

Federow

Das hübsche, alte Gutsdorf ist das nördliche Tor in den Nationalpark. Hier befindet sich auch das vielleicht wichtigste Informationszentrum des Parks und von hier starten auch mehrere vom Nationalpark angebotenen Führungen, darunter auch diejenigen zu den Adlern und zu den Kranichen. Neben dem schmucken Gutshaus aus dem 19. Jh., das heute ein Hotel mit Restaurant beherbergt, ist es vor allem die gotische Feldsteinkirche von Federow, die von sich reden macht: Das kleine, altehrwürdige Gotteshaus dient nämlich als *Hörspielkirche* – hier gibt es Kino für die Ohren: Von Juli bis September werden in der Kirche Hörspiele aufgeführt (d. h. abgespielt), das Programm reicht vom Kinderhörspiel über den Krimi bis zur Klassik. Daneben gibt es u. a. auch (Kirchen-)Musik zu hören.

Hörspielkirche: Mai bis Sept. tägl. ab 11 Uhr; Hörspielprogramm Ende Juni bis Anfang Sept., dann tägl. mindestens vier Veranstaltungen (13.30 Uhr und 15 Uhr Kinderhörspiel, 16.30 sowie 18.30 Uhr Erwachsenenhörspiel), sonntags Gottesdienst. Aktuelles Programm vor Ort oder unter www.hoerspielkirche.de.

Information Die **Nationalpark-Information Federow** liegt mitten im Ort; freundlich und kompetent, umfangreiches Infomaterial, Buch- und Souvenirladen, es werden auch geführte Touren angeboten (→ unten); Fischadler-Live-Übertragung (s. u.); Fahrradverleih (5 €/halber Tag, 7 €/Tag, auch Anhänger), Wohnmobilstellplatz (3 €/Nacht; Strom vorhanden). Ende März bis Ende Sept. tägl. 9–18 Uhr geöffnet, im Okt. tägl. 9–17 Uhr, im Winter geschlossen. 17192 Federow, ✆ 03991-668849, www.nationalpark-service.de.

Fischadler live

In der Nationalpark-Information Federow kann man den Fischadlern ins Nest schauen! Eine Kamera überträgt live von einem der Adlerhorste, die in der Umgebung auf den Strommasten zu finden sind. So werden einzigartige Einblicke in die Aufzucht der Jungtiere vom Schlüpfen aus dem Ei über den ersten Flugversuch bis zum Abflug im Herbst möglich.

Geführte Touren U. a. **Adlersafari**, April bis Sept. tägl. 11.15 Uhr (im Okt. Mo, Mi und Sa); Dauer 3 Std. (ca. 4,5 km). Erw. 7,50 €, Kinder 7–15 Jahre 4 €, unter 7 J. frei.

Vogelkundliche Wanderung („Was fliegt denn da?"), hauptsächlich für Kinder, zuletzt Juli/Aug. jeden Mi 10.30 Uhr, Dauer 2 Std. (ca. 1,5 km). Erw. 5 €, Kinder 3 €.

Vogelstimmen-Wanderung, nur im April (Sa 8 Uhr und 17 Uhr) und Mai (Sa 8 Uhr), jeweils 3-stündige Wanderung (ca. 4 km), Erw. 7,50 €, Kinder 7–15 J. 4 €, unter 7 J. frei.

Fahrradtour durch den Park („Wälder – Moore – Adler"), Juni bis Aug. Mo 13 Uhr und Mi 18 Uhr, Dauer 3 Std. (ca. 14 km). Erw. 7,50 €, Kinder bis 14 Jahre frei.

Kranichtour – das Highlight: Ende Aug. bis Ende Okt. 1-mal tägl. am späten Nachmittag/frühen Abend, Dauer 3 Std. Erw. 7,50 €, Kinder bis 14 J. frei. Kranichtour auch ab Waren, → S. 154.

Start für alle Touren: Nationalpark-Information Federow, hier auch Infos und Anmeldung (ratsam, v. a. für die Kranichtour).

Beobachtungsstand Um Federow gibt es mehrere Möglichkeiten, Fischadler zu beobachten, zahlreiche Brutpaare haben ihre Nistplätze auf den Strommasten um den Ort.

»» Lesertipp: „Sehr lohnenswert ist auch der kurze Rundweg um den Hofsee. Dort gibt es einen Aussichtspunkt, von dem aus man ein Adlernest im Baum sehen kann." **«««**

Eine der schönsten Beobachtungsplattformen liegt südlich von Federow am einsamen Rederangsee (knapp 2 km, der Wandermarkierung „Rotes Eichhörnchen" folgen).

Achtung: Der beliebte und sowohl von Federow als auch von Schwarzenhof viel begangene Wanderweg zum Rederangsee und dessen Beobachtungsturm am Nordufer (Markierung *Rotes Eichhörnchen*) ist zwischen ca. 20./25. Aug. bis ca. 31. Okt. (je nachdem, wann die Kraniche abfliegen) tägl. ab 16 Uhr gesperrt. Zu diesen Zeiten kommt man nur mit einer Führung dorthin (s. o.).

Einkaufen Ein kleiner Lebensmittelladen befindet sich zwischen Kirche und Nationalpark-Information.

Übernachten/Essen Gutshaus Federow, sehr schönes, stilvolles Hotel in einem Herrenhaus aus der Mitte des 19. Jh., hinter dem Hotel befindet sich der kleine Hofsee. 16 Zimmer, Restaurant mit gutbürgerlicher Küche, auch Café, nette Terrasse, sehr freundlich. Alle Zimmer mit W-LAN. DZ 85 € (Seeseite 90 €), mit Balkon 95 € (Seeseite 100 €), Dreibett-Zimmer 110 €, Suite 120 €, jeweils inkl. Frühstück, Halbpension möglich (17 €/Pers.), Hund 10 €. Am Park 1, 17192 Federow, ✆ 03991-674980, ✆ 03991-67498100, www.gutshaus-federow.de.

Zum Jäger, schwäbische Küche in Mecklenburg, das freundliche Gasthaus neben der (Hörspiel-)Kirche war einst Scheune und Stall des Gutshauses; günstige Hausmannskost, natürlich auch Wild; eigene Brennerei; ein paar Tische stehen auch draußen, innen waidmännisch-gemütlich unter der Gewölbedecke des ehemaligen Kuhstalls. Mai bis Okt. tägl. 10–22 Uhr. Am Park 2, ✆ 03991-6737918, www.zumjaeger-federow.de.

Die bunte Kuh, Gaststätte und Pension auf einem Bauerhof gegenüber der Nationalpark-Information, schöner Garten mit Kinderspielplatz. Mit Streichelzoo. DZ 60 € inkl. Frühstück. Damerower Str. 8, ✆ 03991-670038, ✆ 03991-670071, www.diebuntekuh.com.

Um die Müritz → Karte S. 138/139

Schwarzenhof

Auch in Schwarzenhof stand einst ein Gutshaus, das aber um 1900 abbrannte und nicht wieder aufgebaut wurde. Der kleine, aus wenigen Häusern bestehende Ort ist vielleicht nicht der spektakulärste rund um den Nationalpark. Dafür eignet er sich – auf halbem Weg zwischen Federow und Speck sowie unweit des Specker und des Rederangsees gelegen – hervorragend als Ausgangsort für Radtouren und Wanderungen.

Information Keine „richtige" Nationalpark-Information, sondern eher ein Infopoint mit ein paar Broschüren und einer kleinen **Ausstellung** (alte Werkzeuge wie ein Torfstecher, viele historische Fotos und Infotafeln). Um Ostern und von Mai bis Okt. tägl. 8.30–17 Uhr. Schwarzenhof 15, 17192 Schwarzenhof (Kargow), ☎ 03991-670093.

Übernachten/Essen Nationalparkhotel **Kranichrast**, modernes, großes Hotel am Ortsausgang von Schwarzenhof (in Richtung Speck); freundlicher, aufmerksamer Service. Sauna, Kegelbahn und Fahrradverleih (ab 5 €/Tag); großes und beliebtes Restaurant mit Panoramafenstern (gutbürgerlich, viele Wildgerichte und natürlich Fisch, leicht gehobenes Preisniveau) sowie Terrasse vor dem Haus (auch Café), im Innenhof während der Saison kleiner Imbiss und eigene Fischräucherei. Im Winter nicht durchgehend geöffnet (am besten telefonisch nachfragen). EZ 66,50 €, DZ 80 €, inkl. Frühstück, Hunde 6 €. Dorfstr. 15, 17192 Schwarzenhof, ☎ 03991-67260, 🖷 03991-672659, www.nationalparkhotel-kranichrast.de.

Caravanstellplatz Ziegenwiese, schräg gegenüber der Information, etwa ein Dutzend Stellplätze (mit Stromanschluss), 7,50 €/Nacht, Strom 1,50 €, mit kleinem „Scheunenladen". Schwarzenhof 7, ☎ 03991-633842.

Üdis Imbiss, der idyllische Garten ist ideal für eine kurze (oder auch etwas längere) Rast, kleine Gerichte, Kaffee und Kuchen, günstig und freundlich, Mai bis Mitte Okt. tägl. 10–18 Uhr geöffnet, Dorfstr. 10, ☎ 03991-670440.

Speck

In Speck befindet man sich nun mitten im Müritz-Nationalpark – weit und breit nichts als Seen und Moore, Wiesen und Wald. Auch hier steht ein Gutshaus, das erst in den 1930er Jahren auf den Grundmauern eines älteren Herrenhauses gebaut worden war und heute in Privatbesitz ist. Nahebei erhebt sich die kleine Kirche von Speck aus der zweiten Hälfte des 19. Jh., die eine schmucke, farbenfrohe Kassettendecke ziert. Zentral und an der einzigen „Kreuzung" des kleinen Weilers steht einladend die alte Schmiede. Hierin wird aber nicht mehr mit Hammer und Amboss geschuftet, vielmehr verbirgt sich hinter den vier Säulen eine kleine Nationalpark-Information samt nettem Café.

Der Name des kleinen Dorfes weist übrigens weder auf Schweinezucht hin, noch will er uns etwas über die Leibesfülle der Bewohner erzählen. Vielmehr soll er aus dem Slawischen stammen und soviel wie „Befestigter Deich" oder „Weg über sumpfiges Gelände" bedeuten.

Etwa 2 km südöstlich von Speck erhebt sich ein beliebter, da aussichtsreicher Turm auf dem *Käflingsberg*. Zunächst geht man hinter Speck auf der Straße in südlicher

Richtung weiter, um nach etwa 1 km kurz hinter der Bushaltestelle links in einen Waldweg abzuzweigen. Auf diesem Fußweg erklimmt man den Käflingsberg genannten, für hiesige Verhältnisse geradezu steilen Hügel und erreicht nach einem knappen weiteren Kilometer das schlanke, 55 m hohe Stahlgerippe. Hinauf zur Besucherplattform auf 31 m steigt man über 167 schweißtreibende Stufen. Bei gutem Wetter ist die Aussicht über den Nationalpark den Abstecher (und Aufstieg) wert.

Mai bis Okt. tägl. 9–19 Uhr geöffnet.

Information   Nationalpark-Information **Speck** in der alten Schmiede; neben Infos, Karten etc. bekommt man in dem netten kleinen **Café/Imbiss** auch zu Essen und Getränke. Geöffnet Mai bis Okt. tägl. 10–17 Uhr. www.nationalpark-service.de.

Beobachtungsstand   Westlich von Speck führt ein Fußpfad zu einem Beobachtungsstand am Hofsee.

»» Lesertipp: „Sehr schön ist auch der ausgeschilderte kurze Umweg zu einem Aussichtspunkt am Priesterbäker See. Bei ruhigem Verhalten kann man dort sowohl Fischadler im Flug als auch Rotwild im Wald beobachten, wenn es sich dem See nähert." **«**

167 Stufen hoch – der Käflingsbergturm

Um die Müritz → Karte S. 138/139

Ankershagen   ca. 600 Einwohner

Das abgeschiedene Dorf am nordöstlichen Rand des Müritz-Nationalparks ist in doppelter Weise mit dem sagenhaften Troja verbunden. Zum einen war Homer-Übersetzer *Johann Heinrich Voß* Hauslehrer hier im Gutshaus. Zum anderen verbrachte Troja-Entdecker *Heinrich Schliemann* acht Jahre seiner Kindheit in Ankershagen. Entsprechend ist dem später weit gereisten Pastorensohn auch das sehenswerte *Schliemann-Museum* im ehemaligen Pfarrhaus gewidmet. Vor dem Museum steht ein riesiges, hölzernes Pferd, in dessen Bauch sich Kinder wie Odysseus fühlen und über eine Rutsche Troja erobern können. Im Hof steht eine mächtige, über 150 Jahre alte Esche, in deren Schatten die Tische und Stühle des Museumscafés stehen, einen Steinwurf entfernt erhebt sich die schmucke, kleine Kirche von Ankershagen – einfach idyllisch.

Die Gegend um Ankershagen war früh besiedelt, es finden sich Großsteingräber aus der Jungsteinzeit wie auch Hügelgräber aus der Bronzezeit. Im Mittelalter verlief hier eine wichtige Handelsstraße. Damals ließen sich wendische Fürsten in Ankershagen nieder, die hier eine Wasserburg errichteten, von der nur noch Ruinen erhalten sind. Zu besonderem Ruhm brachte es ein Spross der Familie Holstein, die ab Mitte des 15. Jh. die Wasserburg bewohnte.

Henning Bradenkierl

Henning von Holstein brachte es Mitte des 16. Jh. als Raubritter der Burg von Ankershagen zu zweifelhafter Berühmtheit. Er und seine Mannen galten als wenig zimperlich, vor allem wenn es darum ging, Reisende auszurauben. Der Gipfel der Grausamkeit war erreicht, als Hennings Pläne, den Herzog von Mecklenburg zu überfallen und zu ermorden, zufällig von einem Kuhhirten belauscht und vereitelt wurden. Der Hirte warnte den Herzog, der daraufhin eine andere Route einschlug. Henning machte den Verräter ausfindig und soll ihn bei lebendigem Leib in seinem Kamin gebraten haben – Frau und Kinder des Hirten mussten bei der grausamen Hinrichtung zusehen. Seitdem hatte Henning einen neuen Namen – Bradenkierl, der „Braten-kerl". Doch Bradenkierl kam nicht ungestraft davon, der Herzog ließ ihn töten und in einer tiefen Grube verscharren. Aus ihr wuchs – so erzählt es die Legende – das rechte Bein des Raubritters immer wieder heraus, jenes Bein, mit dem er den verzweifelt aus dem Feuer herauskriechenden Hirten wieder zurück in die Glut stieß. Schließlich schnitt man das Bein ab und bestattete es unter dem Altar der Kirche von Ankershagen, wo es noch heute ruhen soll.

Nach den Wirren und großen Verlusten des Dreißigjährigen Krieges und dem darauf folgenden so genannten „Bauernlegen" (der Übernahme verarmter Bauernhöfe durch den Adel) entstand aus dem Bauerndorf Ankershagen im 18. Jh. eines der für Mecklenburg typischen Gutsdörfer mit riesigem Landbesitz und einer Schar leibeigener Bauern. Gutshaus war das ehemalige Renaissanceschloss. Zu Beginn des 19. Jh. wurde nach der Teilung des Gutsdorfs Ankershagen im späteren Ortsteil *Friedrichsfelde* ein weiteres Gutshaus gebaut. Heute befindet sich hier die Informationsstelle des Müritz-Nationalparks, im ehemaligen Schloss von Ankershagen (im 19. Jh. umgebaut) war nach 1945 eine Schule untergebracht. 1980 wurde das Wohnhaus der Familie Schliemann gegenüber der Feldsteinkirche aus dem 13. Jh. in ein Museum umgewandelt.

Information Informationsstelle Müritz-Nationalpark im Gutshaus Friedrichsfelde. Auskünfte und Wanderkarten zur Umgebung, hilfsbereiter und auskunftsfreudiger Mitarbeiter. Zuletzt war hier eine Live-Beobachtungskamera an einem Storchennest in Friedrichsfelde installiert.
Im Nebenraum ist eine Ausstellung zur „Stadtentwicklung" von Ankershagen zu sehen, gezeigt werden u. a. historische Fotos vom Dorf und von den Dorffesten, es gibt Informationen über den Naturraum um Ankershagen usw. Eine weitere kleine Ausstellung widmet sich *Johann Heinrich Voß*, dem Dichter und Übersetzer (u. a. der „Ilias" von Homer), der hier Ende des 18. Jh. als Privatlehrer am Gutshaus tätig war. Im Gutshaus auch Fahrradverleih (5 €/Tag, 3 €/halber Tag). Mai bis Okt. tägl. 9–17 Uhr geöffnet. Am Nationalpark 10, 17219 Friedrichsfelde, ✆/✉ 039921-35046, www.mueritz-nationalpark.de.

Baden Die nächste Badestelle befindet sich am Mühlensee. Südlich von Ankershagen (Richtung Pieverstorf) führt eine schmale Straße zur Havel-Quelle, ganz in der Nähe liegt die Badestelle (auch von Lesern empfohlen). Auch die auf S. 305 beschriebene Wanderung (Tour 5) führt am See entlang.

Essen/Trinken Ein sehr nettes **Café** gehört zum Schliemann-Museum; Tische und Stühle auf der Wiese vor dem Haus, schön zum Sitzen. Kaffee, Kuchen und Kleinigkeiten, gleiche Öffnungszeiten wie das Museum (s. u. „Museum").
》》 Lesertipp: Landgasthof Silberschälchen, „sehr frischer Fisch, köstlich zubereitet." Freundlicher Gastraum, im Sommer mit Terrasse. Außerdem stehen Zimmer zur Verfügung, DZ 65 €, Hund 5 €. Lindenallee 8, 17219 Ankershagen, ✆ 039921-3210, www.pension-silberschaelchen.de. **《《**

Verbindungen Bus mind. 2-mal tägl. von und nach Waren, mit Umsteigen in Möllenhagen (teilweise Wartezeiten) häufiger.

Von Ankershagen, genauer gesagt, vom Gutshaus Friedrichsfelde führt eine kurze **Wanderung** auf angenehmen Wegen zum Mühlensee und weiter zur Havel-Quelle (6 km, knapp 2 Std.). Eine detaillierte Beschreibung finden Sie im (Rad-)Wanderführer am Ende dieses Buches (→ S. 305).

Heinrich-Schliemann-Museum: Im Pfarrhaus gegenüber der Kirche verbrachte Heinrich Schliemann acht Jahre seiner Kindheit, bevor er auf die höhere Schule in die Stadt geschickt wurde. Das denkmalgeschützte Haus aus dem frühen 18. Jh. beherbergt heute das Museum, das den abenteuerlichen Werdegang des Archäologen mit zahlreichen Dokumenten und Exponaten erläutert. Dazu zählen u. a. zeitgenössische Bücher zu Troja, Ithaka und dem Peloponnes, die Nachbildungen der Goldschätze von Troja („Schatz des Priamos") und von Mykene, Modelle der Burganlagen von Mykene und Tyrins, Fotografien diverser Grabungsarbeiten, ein Modell von Schliemanns Wohnhaus „Iliou Melathron" in Athen sowie Erläuterungen zur „Methode Schliemann" für das Erlernen fremder Sprachen (Schliemann beherrschte 20 Fremdsprachen!). Ein kleiner Teil der Ausstellung ist Schliemanns Kindheit in Ankershagen gewidmet. Das obere Stockwerk des Museums, hier befand sich Schliemanns Kinderzimmer, ist wechselnden Ausstellungen vorbehalten.

Ein Stück hinter dem Museum befindet sich noch heute ein winzig kleiner Teich namens „Silberschälchen", dem um Mitternacht (aber nur bei Mondschein) sowie an Johannis (24. Juni) eine geheimnisvolle Jungfrau mit einer silbernen Schale entsteigen soll. Über sie berichtet Schliemann in seiner Autobiografie.

April bis Okt. Di–So 10–17 Uhr, Mo geschlossen, Nov. bis März Di–Fr 10–16 Uhr, Sa 13–16 Uhr, So/Mo geschlossen. Letzter Einlass 30 Min. vor Schließung. Eintritt 4 €, ermäßigt 3 €, Schüler bis 16 J. 2 €, Kinder unter 6 J. frei, Familienkarte 9 €. Lindenallee 1, 17219 Ankershagen, ✆ 039921-3252, ✉ 039921-3212, www.schliemann-museum.de.

Um die Müritz → Karte S. 138/139

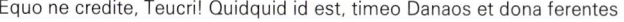

Equo ne credite, Teucri! Quidquid id est, timeo Danaos et dona ferentes

Heinrich Schliemann – Kaufmann und Selfmade-Archäologe

Zwar erblickte er nicht hier, sondern in Neubukow bei Wismar am 6. Januar 1822 das Licht der Welt, doch schon im zarten Alter von eineinhalb Jahren kam der wohl berühmteste deutsche Altertumsforscher nach Ankershagen, wo sein Vater eine Anstellung als Dorfpfarrer gefunden hatte. In Schliemanns Erinnerungen werden seine acht Kindheitsjahre in Ankershagen als besonders glücklich geschildert, und das, obwohl der Vater wegen einer außerehelichen Liebschaft mehr und mehr in Verruf geriet, besonders nach dem frühen Tod der Mutter im Frühling 1831. Knapp ein Jahr später wurde der junge Heinrich zu Verwandten nach Kalkhorst gegeben und 1833 ins Gymnasium nach Neustrelitz geschickt. Im Rückblick erscheint Schliemanns Ankershagen mit seinen frühzeitlichen Besiedlungsspuren fast schon als mythischer Ort, an dem seine Lust am Entdecken erstmals geweckt wurde.

Schliemanns Karriere begann zunächst als Handelsgehilfe in Rostock und Amsterdam. Für seinen holländischen Arbeitgeber gründete er eine Niederlassung in St. Petersburg und machte sich schließlich mit einem eigenen Han-

Feldsteinkirche: Die frühgotische Kirche gegenüber dem heutigen Schliemann-Museum wurde 1266 geweiht und zählt damit zu den ältesten Feldsteinkirchen in Mecklenburg. Im ältesten Teil der Kirche, dem Chorraum, sind einfache, teils recht eigentümliche Wandmalereien zu sehen, die u. a. den Drachentöter oder im Chor diabolische Fratzen darstellen. Der Kirchturm kann bestiegen werden, eine sehr steile Stiege führt hinauf. Nach der ersten Stiege zum Dachstuhl führt linker Hand eine Art „Geheimgang" hinunter, der ist zwar recht eng, erleichtert aber den Abstieg.

Ostern bis Okt. tägl. 8–18 Uhr geöffnet.

Wandmalereien in der Kirche von Ankershagen

delshaus erfolgreich selbstständig. Besonders üppig rollte der Rubel für den geschickten Geschäftsmann während des Krimkrieges (1853–1856), bei dem Schliemann sein damals schon beträchtliches Vermögen vervielfachte. 1864 zählte der Millionär sein Geld zusammen, löste sein Geschäft in St. Petersburg auf und zog einen Strich unter seine bisherigen Unternehmungen. Das Sprachgenie Schliemann ging auf Weltreise, entdeckte sein Faible für die klassische Altertumsforschung und wurde 1869 auf diesem Gebiet von der Universität Rostock sogar promoviert (allerdings in Abwesenheit). Dabei gingen seine Theorien zur klassischen Antike von einem simplen – und oft belächelten – Ansatz aus: Die Werke Homers hielt er nicht nur für mythenschwere Erzählungen, er benutzte sie vielmehr als detaillierte historische Quellen, die ihm auf der Suche nach Troja und Mykene wie geografische Wegweiser zur Seite standen – und dank derer er tatsächlich fündig wurde. Zu seinen berühmtesten Ausgrabungen zählen Troja (u. a. der „Schatz des Priamos") sowie die Burg und die Königsgräber von Mykene. Schliemann starb am 26. Dezember 1890 in Neapel, sein Grab befindet sich auf dem Zentralfriedhof in Athen, wo er zuletzt mit seiner griechischen Frau gelebt hatte.

Kratzeburg
ca. 550 Einwohner

Südlich von Ankershagen und der Havel-Quelle verstecken sich – eingebettet in eine sanft hügelige, teils bewaldete Landschaft zwischen einer Handvoll kleiner Seen – einige kleine Dörfer, wie die malerischen Flecken *Pieverstorf* an der noch sehr jungen Havel oder das abseitige *Liepen* am Lieper See. Haupt der Gemeinde ist Kratzeburg am Nordufer des Käbelicksees. Am Ostufer des Sees gibt es einen sympathischen, kleinen Campingplatz, am Westufer einen freundlichen Kanuverleih mit Imbiss. Der Ort selbst erstreckt sich um eine kleine Fachwerkkirche. Mitten in Kratzeburg liegt auch das „Flatterhus", eine Nationalpark-Information, die sich den Fledermäusen widmet.

Ab dem Käbelicksees ist die Obere Havel für **Wasserwanderer** befahrbar. Der See stellt damit den nördlichsten Punkt des weit verzweigten Wasserwanderreviers der Kleinseenplatte dar. Die Strecke von Kratzeburg die Havel hinab gehört zu den schönsten Paddelstrecken der Gegend. In Kratzeburg beginnt eine schöne **Waldwanderung** (Tour 6, 12 km, ca. 4 Std.) Eine detaillierte Beschreibung finden Sie im (Rad-)Wanderführer am Ende dieses Buches (→ S. 306).

Information Nationalpark-Infozentrum Kratzeburg, kleine Infostelle unweit der Kirche, neben üblichen Infos und Prospekten zum Nationalpark widmet sich das *Flatterhus* vor allem den Fledermäusen (im Erdgeschoss Schautafeln zu Geschichte Kratzeburgs, im Obergeschoss eine kleine Fledermaus-Ausstellung). Mai bis Okt. tägl. 10–17 Uhr geöffnet, im Winter geschlossen. Dorfstr. 31, 17237 Kratzeburg, ✆ 039822-29665, www.mueritz-nationalpark.de.

Essen und Trinken Café Piccolino, am östlichen Ortsrand von Kratzeburg (Richtung Neustrelitz). Das nette Café wird von freundlichen Damen betrieben, die gerne bei der Auswahl der köstlichen Kuchen und Torten behilflich sind. Ein paar Plätze auch draußen. Dorfstr. 2, ✆ 039822-29642.

Einen Fischimbiss gibt es bei der **Havelquellfischerei Berkholz** mit eigener Räucherei und kleinem Hofladen, Dorfstr. 34, ✆ 039822-29966.

Camping Campingplatz Naturfreund, sympathischer Platz auf einer kleinen, abgelegenen Lichtung, rund um eine schmale Schilfwiese und direkt am See. Unkompliziert und nicht parzelliert, ruhig und sehr freundlich geführt. Mit Kanuverleih, Spielplatz, Beachvolleyball-Feld, Badestelle und kleinem Laden. *Anfahrt:* Am östlichen Ortsausgang von Kratzeburg (Richtung Neustrelitz) rechts, etwa 700 m auf Asphalt (unter den Bahngleisen durch) und die letzten 700 m auf Piste, beschildert. Erw. 5,50 €, Jugendliche 5 €, Kinder 3,50 €, Zelt 2–4 €, Caravan 4,50–5,50 €, Pkw 2 €, Strom 4 €, Hunde 4 €. Dorfstr. 3, 17237 Kratzeburg, ✆ 039822-20285, 🖷 039822-29188, www.campingplatz-naturfreund.de.

Kanu-/Fahrradverleih Kanu-Hecht, Bootsvermietung im OT Dalmsdorf; am Ufer des Käbelicksees; direkt am Wasser findet sich auch der Imbiss/Biergarten *R'Adlers-Rast*, in der man Informationen erhält. Der freundliche Familienbetrieb hat auch geführte Wanderungen und Kanutouren im Angebot. Preisbeispiele: Kajak ab 10 €/3 Std. (18 €/Tag); 2er-Canadier ab 17 €/3 Std. (25 €/Tag), 4er-Canadier 22 €/3 Std. (40 €/Tag); auch Ruderboote 8 €/3 Std. (15 €/Tag). ✆ 039822-17983 (Kanuverleih) oder ✆ 039822-17988 (Nationalpark-Tour), www.kanu-hecht.de.

Bootsverleih Kratzeburg, auf dem *Campingplatz Naturfreund* am Ostufer des Käbelicksees.

Verbindungen Kratzeburg liegt an der Bahnlinie Waren–Neustrelitz, ein Zug der ODEG hält alle 2 Stunden im Dorfbahnhof.

Granzin und Krienke

Südöstlich von Kratzeburg liegen abgeschieden am Rand des Nationalparks die charmanten Dörfer Granzin und Krienke. Granzin, über dem gleichnamigen See gelegen, besteht nur aus ein paar Häusern rund um die neugotische Kirche. An der Abzweigung zum Dorf – bzw. an der Havel und mit Wasserwanderrastplatz, je nachdem, auf welchem Wegenetz man unterwegs ist – liegen der sympathische Havelkrug und schräg gegenüber ein nicht minder sympathischer Kanuverleih.

Hier befindet sich auch die Abzweigung nach *Krienke*, einem entzückenden, kleinen Dorf nördlich des *Naturschutzgebietes Zotzensee*. Die Zotzensee-Niederung mit ihren breiten Schilfrändern ist die Heimat der seltenen Rohrdommel. Zu Gesicht bekommen wird man den scheuen Vogel vielleicht nicht, unter Umständen aber ist das charakteristische muhende Rufen des „Moorochsen" zu hören.

Das ganze Dorf ein Tipp! Klein, aber fein ist das touristische Angebot in Granzin. Das fehlt zwar in Krienke, dafür gibt es eine idyllische Badestelle und zur Zartwitzer Hütte ist es auch nicht weit.

Baden Eine lauschige Badestelle liegt etwa 1 km vor Krienke am kleinen Pagelsee, hier auch Parkplätze und Picknickbänke.

Beobachtungsstand Ein großer Beobachtungsturm erhebt sich etwa 1 km südlich von Krienke mit Blick auf den Zotzensee (Markierung: *grüne Rohrdommel*). Zwei weitere Stände liegen an der Landstraße zwischen Granzin und Blankenförde-Kakeldütt.

Essen und Trinken Töpferhof, Café und Keramik in Granzin, im Laden werden geschmackvolle Töpferwaren angeboten, das Hofcafé ist im idyllischen Garten und in der Scheune. Mittöpfern immer dienstags (einfach dazukommen). Auch Kanuverleih, Einstieg vom Grundstück aus, sowie Ferienwohnungen. Sehr freundlich. Geöffnet Mai bis Okt. tägl. 9–18 Uhr. 17237 Granzin, Nr. 4. ✆ 039822-20242, www.toepferhof-steuer.de.

»» Unser Tipp: Havelkrug, italienische Küche an der Havel, sehr freundliches und sympathisches Gasthaus. Draußen gastliche Terrasse, innen großer Saal, aber nicht ungemütlich, man sitzt an schweren hölzernen Tischen. In der Küche werden regionale Produkte zu mediterranen Gerichten verarbeitet. Pizza und Pasta meist unter 10 €, Fisch und Fleisch von der Tageskarte 14–15 €. Kleine, interessante Weinkarte. Mit Anlegestelle für Wasserwanderer. April bis Sept. tägl. ab 12 Uhr geöffnet (Frühstück auf Vorbestellung), im Winterhalbjahr nur Fr–So. Granzin Nr. 1, ✆ 039822-20232, www.havelkrug.de. ««

»» Unser Tipp: Zartwitzer Hütte, zu Fuß oder mit dem Fahrrad sind es nur wenige Kilometer zu einer Oase inmitten des Naturidylls Nationalpark, → S. 186. ««

Kanuverleih/Fahrradverleih Kormoran-Kanutouring, sehr freundlicher und hilfsbereiter Kanuverleih schräg gegenüber dem Havelkrug, der Betreiber hilft auch gern bei der Tourenplanung (und denkt dabei auch über den eigenen Havelabschnitt hinaus). Zur Saison tägl. ab 9.30 Uhr geöffnet. Kajak für 2 Pers. 9 €/Std., 32 €/Tag, Canadier für 2 Pers. 8 €/Std., 28 €/Tag, für 4 Pers. 10 €/Std., 35 €/Tag. Auch Fahrradverleih (ab 7,50 €/Tag). An der Havelbrücke Granzin, ☎ 039822-29888, www.kormoran-kanutouring.de.

> Hinweis für Wasserwanderer: Südlich von Granzin ist ein Stück der Havel nicht befahrbar. Mit einer Lorenbahn können die Boote zum Pagelsee gebracht werden.
>
> Die unter Naturschutz stehenden Seen Zotzensee und Jäthensee (westlich von Blankenförde) dürfen nur innerhalb der Betonnung befahren werden.

Verbindungen Für Autofahrer ist Krienke eine Sackgasse, mit dem Fahrrad oder zu Fuß kommt man zum Zartwitzer Kreuz (und weiter nach Boek oder Speck) bzw. zur Zartwitzer Hütte.

Die kleine Landstraße von Granzin nach Süden Richtung Babke und Blankenförde-Kakeldütt ist dagegen befahrbar (Achtung: entlang der Straße ist das Parken verboten, Nationalpark-Ranger passen auf).

Café-Idyll

Wanderung Von Krienke aus kann man einen schönen Spaziergang unternehmen, bei dem man durch das Dorf und in die Nähe des Zotzensees kommt. Vom Parkplatz am Ortseingang ein paar Schritte zurück, dann links in Feldwegallee (oder in das Dorf, an der T-Kreuzung rechts). Der Markierung *grüne Rohrdommel* folgend geht es nach dem Dorf um ein Waldstück herum zu einem hohen Beobachtungsturm mit Blick über den Zotzensee. Auf dem Rundweg geht es weiter und nach insgesamt knapp 3 km zurück ins Dorf und zum Ausgangspunkt.

Blankenförde-Kakeldütt

In einer idyllischen Ecke mitten im mecklenburgischen Nirgendwo liegt der Doppelort mit dem wohlklingenden Namen Blankenförde-Kakeldütt. Auch hier, am südöstlichen Eingang in den Müritz-Nationalpark, gibt es ein Nationalparkzentrum (im Ortsteil Blankenförde), das sich allerdings zuletzt noch im Aufbau befand. Zu dem bestehenden Infopoint sollen sich in Zukunft Ausstellungen und ein Café gesellen. Oberhalb der Nationalpark-Information erhebt sich die schmucke, 1702 errichtete *Nikolai-Kirche*, ein backsteinerner Fachwerkbau mit holzverschaltem Turm. Auch die Innenausstattung stammt weitgehend noch aus dem 18. Jh. Bei dem vermeintlichen Chorgestühl handelt es sich übrigens um exklusive Sitzplätze verhältnismäßig betuchter Bauern, die sich beim Gottesdienst vom gemeinen Landvolk im wahrsten Sinn des Wortes absetzen wollten.
Den Schlüssel zur Kirche erhält man in der Nationalpark-Information.

Unweit von Kirche und Nationalparkzentrum fließt die Havel (hier ein Wasserwanderrastplatz mit Kanuverleih). Im unteren Ortsteil, in Kakeldütt, findet sich ein sympathischer Campingplatz am kleinen *Jamelsee*. Wenige Kilometer westlich liegt

Schillersdorf, in dessen Ortsteil Zietlitz es ebenfalls einen Kanuverleih gibt. Allerdings befährt man von hier aus nicht mehr das Wasserwanderrevier der Oberen Havel, sondern die Alte Fahrt nördlich von Mirow (→ S. 19 und 192).

Information   Nationalpark-Information **Blankenförde,** unterhalb der Kirche von Blankenförde. Auch wenn sich das Zentrum noch im Aufbau befindet, erhält man hier jede Menge Informationen von den sehr freundlichen und engagierten Mitarbeitern. Eine Ausstellung soll sich in Zukunft (bis 2013) dem Naturschutzprojekt *Moore und Große Rohrdommel an der oberen Havel* und dem dazugehörigen Naturschutzgebiet am Zotzensee widmen. Geöffnet Mai bis Okt. tägl. 10–17 Uhr. Blankenförde 30, 17252 Roggentin, ✆ 039829–22585, www.mueritz-nationalpark.de.

Kanu- und Fahrradverleih/geführte Touren   Raus ins Grüne, sympathischer Kanuverleih an der Havel, sehr freundlich und hilfsbereit. Es werden auch zahlreiche Touren angeboten, Kanu- und Radtouren, Wanderungen und Tierbeobachtung. Auch eigene Imkerei, kleiner Laden und Ferienwohnungen. Zudem Fahrradverleih (Tourenrad ab 8 €/Tag). Der Kanuverleih liegt beim Wasserwanderrastplatz unweit der Kirche von Blankenförde. 1er- und 2er-Kajak oder Canadier 8 €/Std., 20 €/4 Std. und 28 €/Tag; 4er-Canadier 10 €/Std., 25 €/4 Std., 35 €/Tag. Dorfstr. 21, 17252 Blankenförde, www.raus-ins-gruene.de.

Kanubasis Blankenförde, gehört zum Campingplatz *Hexenwäldchen* (s. u.) am Jamelsee (der mit der Havel verbunden ist). 2er-Kajak 21 €/Tag, 4er-Canadier 25 €/Tag, bei längerfristigem Verleih günstiger. Auch Fahrradverleih (6,25 €/Tag). ✆ 039829-20215, www.kanubasis-blankenfoerde.de.

Paddel Paul, der Kanuverleih liegt in Zietlitz bei Schillersdorf am Ufer des Leppinsees und damit bereits an der Alten Fahrt, s. *Mirow/Kanuverleih,* → S. 196.

Übernachten/Camping   Pension Fischerhaus, absolut abgeschieden und ruhig liegt diese einfache Pension am Görtowsee, von der großen Liegewiese aus führt ein Steg in den See. Abendessen für Hausgäste. Kleiner Campingplatz hinter dem Haus, Fahrradverleih (4 €/Std., 7 €/Tag) und Kanuverleih (z. B. Kajak 4 €/Std., 22 €/Tag, 3er-Canadier 6 €/Std., 30 €/Tag). *Anfahrt:* In Blankenförde nicht der Hauptstraße nach Babke folgen, sondern in der Kurve geradeaus, etwa 1 km auf der Landstraße, am Waldrand rechts und nochmal knapp 500 m auf einem Forstweg. Keine Haustiere! EZ 38 €, DZ 51 €, Dreibett-Zimmer 68 €, Appartement ab 47 €, Camping 6 €/ Pers. Stellplatz Zelt 4–6 €, Wohnwagen 11 €. Pension Fischerhaus, 17252 Blankenförde, ✆ 039829-20212, www.pensionfischerhaus.de.

Radlerscheune Blankenförde, Schlafen im Heu, urgemütlich und freundlich. In einer alten, sorgsam renovierten Holzscheune stehen zwei Kammern mit je zwei Einzelbetten, WC, Dusche und Gemeinschaftsküche (unten) sowie drei Kojen im Heu (oben) und eine lauschige Laube (vor der Scheune) zur Verfügung. Sicherheitshalber 1–2 Tage vorher anrufen. Übernachtung im Zimmer 12,50 €/Pers., im Heu 6 €/Pers., Frühstück 5 €/Pers., Scheune komplett 150 € für zwei Nächte. Blankenförde 10 a, 17252 Roggentin/OT Blankenförde, ✆ 0160-97745679 oder 0151-12468859, www.kakelduett@freenet.de.

Zum Hexenwäldchen, sympathisch unsortierter Patz mit entsprechend alternativem Flair, direkt am kleinen Jamelsee. Viele Kin-

---

≫ Unser Tipp: 🐝 **Zartwitzer Hütte,** nach eigenen Angaben „Landliebe und Ökokram" – und das fasst es ganz gut zusammen: Die Zartwitzer Hütte ist eine kleine Oase inmitten einer ohnehin schon traumhaften Landschaft. Schäferei, Hofladen und Gartencafé. Hausgemachte Kuchen und das eine oder andere herzhafte Tagesgericht gibt es im idyllischen Garten; Wurst und Fleisch, Wolle und Felle sowie Honig aus der eigenen Imkerei im Hofladen. Die Rauwolligen Pommerschen Landschafe und die Angusrinder des Hofes weiden ganzjährig im Nationalpark. Es stehen auch ein Ferienhaus und zwei Appartements (69–89 €/Nacht) zur Verfügung. Ostern und Mai bis Aug. tägl. 11–18 Uhr geöffnet. Zartwitzer Hütte, 17248 Rechlin, ✆ 039829-20434, www.ferienim-mueritznationalpark.de. ≪

der, viele Hunde. Sanitäreinrichtungen nicht mehr ganz taufrisch, aber okay. Internetpoint in einem alten Wohnwagen, kleiner Laden, kleiner Streichelzoo; Fahrradverleih (6,25 €/Tag). Die zum Platz gehörende Gaststätte *Räucherkate* liegt oben an der Straße. Es gibt eine kleine Badestelle mit Steg und Kanuverleih (s. o.) – entsprechend dient der Platz auch als Wasserwanderrastplatz. Erw. und Jugendliche 5,60 €, Kinder 3–14 J. 2,90 € (kleines Zelt inkl.), Wohnmobil,

-wagen, großes Zelt je 3,90, Auto 2,60 €, Strom 2,50 €. Dorfstr. 1a, 17252 Blankenförde-Kakeldütt, ☏ 039829-20215, ✆ 039829-22899, www.hexenwaeldchen.de.

Camping am Leppinsee, in Schillersdorf am Ufer des Leppinsees, s. *Mirow/Camping*, → S. 197.

Wasserwanderrastplatz an der Havel in Blankenförde, mit Picknickbänken (kein Camping!), zur Saison mit Imbissbüdchen.

Vielseitiges Gutshaus: Dorfkrug, Museum, Shop und Nationalparkinfo

Boek

Der kleine Ort am südlichen Rand des Nationalparks wird von seinem respektablen Gutshaus dominiert. Das Herrenhaus stammt aus der ersten Hälfte des 19. Jh. und war lange Zeit im Besitz der Familie Le Fort. Dieser Familie entstammt die früher bekannte, heute fast vergessene Schriftstellerin *Gertrud von Le Fort*, die hier ihre Kindheit verbrachte. Heute beherbergt das Gutshaus neben einer Nationalpark-Information einen kleinen Laden, das Dorfmuseum und eine Armee von Zinnsoldaten (im Zinnfigurenmuseum) sowie den Schlosskrug. Unweit vom Gutshaus steht die Backsteinkirche aus der Mitte des 19. Jh. Es gibt ein Hotel mit Restaurant, am Müritzufer einen Campingplatz und nördlich von Boek erstreckt sich der 80 ha große Wildpark.

Information   Nationalpark-Information Boek, im Gutshaus. Sehr freundlich und ungemein hilfsbereit, Infos zum Nationalpark und Tourenangebote. Mai bis Okt. tägl. 10–17 Uhr, www.mueritz-nationalpark.de.

Im Gutshaus befinden sich außerdem das Zinnmuseum (Erw. 3,50 €, Kinder 1,50 €, www.mueritz-miniaturen.de), das kleine Dorfmuseum (Erw. 1,50 €, erm. 0,50 €, Öffnungszeiten wie Nationalpark-Info) sowie ein kleiner *Laden*. Auch Fahrradverleih. Gutshaus Boek, 17284 Boek.

Geführte Touren U. a. **Schafe im Nationalpark?** Schafe als Landschaftspfleger, Fischerei und Vogelschutz im Einklang: Die geführte Radtour (21 km, ca. 4,5 Std.) u. a. zur Zartwitzer Hütte setzt sich vornehmlich mit dem Thema einer extensive Land-/Viehwirtschaft und Fischerei im Nationalpark auseinander. Zuletzt Mai bis Mitte Okt. Do 11 Uhr, Erw. 9 €, Kinder bis 14 J. frei.

》》 Unser Tipp: Dreistündige Führung zu den **Fischern von Boek** – gemeint sind Kormorane, Graureiher und natürlich der Fischadler. Während der Wanderung zu den Boeker Fischteichen erfährt man jede Menge zur Geschichte Boeks und der Fischteiche, zum Nationalpark und seinen Bewohnern und vor allem natürlich zu den „Fischern", allen voran dem eleganten Fischadler. Sichtungen sind nicht unwahrscheinlich, Fernglas nicht vergessen. Zuletzt Juni bis Mitte Okt. immer Do 10 Uhr. **《《**

Fahrradverleih Fahrräder können bei der **Nationalpark-Information** im Gutshaus Boek (6 €/Tag) ausgeliehen werden. Im Ortsteil Bolter Schleuse, Am Bolter Kanal; → *MüritzKanu*, S. 190.

Kutsch- und Kremserfahrten In den Wildpark Boek werden zur Wildbeobachtung Kutschfahrten angeboten. Infos im Kulturladen im Gutshaus oder unter ✆ 039823-27088.

Übernachten/Essen Hotel Müritz-Park, freundliches Hotel, zu dem auch die „Residenz am Ostufer" neben dem Gutshaus gehört. Auch Restaurant mit Terrasse vor dem Haus. Wellnessangebote, diverse

Arrangements. EZ 59 €, DZ 80–90 € (ohne oder mit Balkon/Terrasse), Dreibett-Zimmer 100 €, Suite ab 95 €, jeweils inkl. Frühstücksbuffet; auch Ferienwohnungen (ab 80 €). Boekerstr. 3 b, 17248 Rechlin/OT Boek, ✆ 039823-2700, 🖷 039823-270102, www.hotel-mueritz-park.de.

Camping Campingplatz Boek, kleiner Platz in schöner Lage direkt an der Müritz und am Rand des Nationalparks, auf einer Lichtung im kleinen Wäldchen; eigener kleiner Badestrand mit Kiosk und Imbiss sowie *Surf- und Kanubasis Boek* (s. u.). April bis Okt. geöffnet. Erw. 5 €, Jugendliche bis 18 J. 4 €, Kinder 4–14 J. 3 €, Hunde 2 €, Zelt 3–4 €, Wohnmobil 6 €, Pkw 2 €. 17248 Boek, ✆ 039823-21807 (April bis Okt.) oder ✆ 039823-21261, 🖷 039823-21267, www.campingplatz-boek.de.

Wassersport/Kanuverleih Surf- und Kanubasis Boek, Surfschule und Kanuverleih auf dem Campingplatz Boek, der „Surf-Hecht" ist ein Ableger vom „Kanu-Hecht" in Kratzeburg. Surfkurs für Einsteiger ab 25 €/2,5 Std., Grundkurs 95 €/10 Std., auch Materialverleih. Kanuverleih: Kanu/Kajak 5 €/Std., 25 €/Tag. Es werden auch geführte Kanutouren angeboten. ✆ 0172-3832587, www.surf-hecht.de.

Wandern Auch Boek eignet sich als Ausgangspunkt für Wanderungen. Hier beginnt beispielsweise die Rundwanderung zum Specker Hofsee (nordöstlich von Boek, Markierung *roter Hirsch*, ca. 8 km) oder die Rundwanderung, die zunächst am Müritzufer entlang und dann zu den Fischteichen führt (südlich von Boek, Markierung *gelber Falke*, ca. 9 km).

🚶 Von Boek aus kann man eine schöne **(Rad-)Wanderung** (Tour 7, ca. 7 km, ca. 2 Std. Gehzeit) zu den Fischteichen unternehmen. Eine detaillierte Beschreibung finden Sie im (Rad-)Wanderführer am Ende dieses Buches (→ S. 309).

Boeker Mühle und Bolter Schleuse

Von beidem existiert nur noch der Name: Einstmals gab es in Boek eine Reihe von Mühlen, erst Wasser-, dann Windmühlen, doch sind heute selbst die Überreste dieser Bauwerke längst abgetragen. Und auch die Bolter Schleuse existiert nicht mehr. Seit der Mitte des 19. Jh. war die Schleuse das Herzstück der Wasserstraße, die die Müritz mit der Havel verband, bis sie in den 1930er Jahren vom Müritz-Havel-Kanal abgelöst wurde. Heute ist die *Alte Fahrt* (also der alte, für den Schiffsverkehr stillgelegte Wasserweg), die vom Bolter Kanal über eine Kette von idyllischen Seen bis zum Mirower See führt, ein beliebtes Paddlerrevier – nur an der Stelle, an der früher die verbindende Schleuse stand, müssen die Boote über die Straße getragen werden. Die Schleuse ist heute zugeschüttet. Allerdings gibt es im Ortsteil Bolter Schleuse eine alte Wassermühle, die derzeit zu einem Hotel umgebaut wird.

Übernachten/Essen Fischer-Rotunde, hölzerner Pavillon neben den Fischteichen bei Boeker Mühle, ein netter Fischimbiss mit köstlichen Fischbrötchen, ein paar Tische auch auf einer Terrasse am Teich, zudem gibt es Räucherfisch aus eigener Räucherei. Wer selbst etwas fangen will, darf im Teich angeln (mit entsprechendem Angelschein). Die Fischer-Rotunde wird von dem Unternehmen *Müritzfischer* betrieben. Geöffnet Mitte April bis Okt. ab ca. 11 Uhr meist bis 18 Uhr (in Nebensaison auch mal nur bis 16 Uhr, Juli/Aug. oft bis 21 Uhr). Boeker Mühle 4, ✆ 039823-27754, www. mueritzfischer.de.

Müritzhöh, Garni-Hotel im Ortsteil Bolter Mühle, neues, gelb verputztes Haus oberhalb des Campingplatzes mit kleinem Wellnessbereich; keine Hunde. Fahrradverleih (für Gäste) ab 7 €/Tag. EZ 65 €, DZ je nach Größe 85–100 €, Suite ab 100 €. 17248 Boeker Mühle, ✆ 039823-21682, 📠 039823-27160, www. hotel-mueritzhoeh.de.

Müritzparadies, zu dem Ferienresort gehören zwei Feriendörfer (an der Müritz in Bolter Mühle und an der Alten Fahrt in Bolter Schleuse), ein Naturcamping (Erw. 4,70 €, erm. 4,20 €, Hund 1 €, Stellplatz 4,10–5,70 €), der Naturhafen *Bolter Kanal* und der Wasserwanderrastplatz *Alte Fahrt*, Restaurant, Minimarkt etc. Am Müritzufer 6, 17248 Rechlin/Bolter Mühle, ✆ 039823-2530, www. mueritz.com.

Camping Bolter Ufer, beim Ortsteil Boeker Mühle direkt an der Müritz; Stellplätze in einem kleinen Wäldchen, teils schön schattig, mit Badestrand und Anleger für die Fahrgastschiffe, Gaststätte *Zum Bolter* und kleinem Laden. Auf dem Campingplatz befindet sich auch die *Katamaran- & Surfmühle*. Geöffnet April bis Okt. Erw. 5 €, Jugendliche bis 18 J. 4 €, Kinder 4–14 J. 3 €, Hunde 2 €, Zelt 3–4 €, Wohnmobil 6 €, Pkw

Wasserfarben – an der Müritz

2 €. Auch kleine Blockhütten werden vermietet (ab 45 €). Am Müritzufer 4, 17248 Rechlin/OT Boek, ✆ 039823-21211 (April bis Okt.) oder ✆ 039823-21261, ✉ 039823-21267, www.camping-bolter-ufer.de.

Wassersport/Kanuverleih Katamaran- & Surfmühle, Surf- und Segelschule auf dem Campingplatz Bolter Ufer, auch Kat-Kurse und Sportbootführerscheine, Törns. Zudem Materialverleih, darunter auch Kanus und Kajaks (ab 5 €/Std., 25 €/Tag). Geöffnet April bis Okt. tägl. 10–18 Uhr. Am Müritzufer 2a, ✆ 038923-21380, www.surfmuehle.de.

MüritzKanu, Kanubasis bei der Umtragestelle an der Bolter Schleuse (im Feriendorf *Alte Fahrt*, s. o. unter *Müritzparadies*); große Auswahl vom 1er-Kajak (6 €/Std., 19 €/Tag) über 2- bis 3er-Wandercanadier (9 €/Std., 27 €/Tag) bis zum 10er-Canadier (25 €/Std., 95 €/Tag). Auch Fahrradverleih (7,50 €/Tag). Geöffnet Mai bis Okt. Am Bolter Kanal, ✆ 0160-2900218, www.mueritzkanu.de.

Südlich der Müritz

Rechlin

Rechlin liegt auf der anderen Seite des südlichen Müritzausläufers und wäre eigentlich nicht groß der Rede wert, fänden sich hier nicht gleich zwei recht hübsche Marinas (die eine im Ort an der kleinen Müritz und die Müritz Marina bei Rechlin Nord im Hafenort Müritz), ein kleiner Regionalflughafen und das *Luftfahrttechnische Museum*. Letzteres wird wohl eher speziell Interessierte anziehen, Nicht-Eingeweihte sehen zwischen den paar intakten Maschinen eher rostigen Schrott statt aeronautische Gerätschaft. Schautafeln informieren über die Vergangenheit von Rechlin. 1918 wurde hier die „Flieger-Versuchs- und Lehranstalt am Müritzsee" gegründet; später wurde das Gelände ausgebaut und zunächst von den Nationalsozialisten, dann von den Sowjets in Beschlag genommen, bis friedlichere Zeiten die Kasernen überflüssig und die Rollbahn zu einem zivilen Landeplatz für Kleinflugzeuge machten. Der *Müritzflughafen* befindet sich übrigens etwas südlich von Rechlin (www.mueritzflugplatz.de).

Luftfahrttechnisches Museum: Mai bis Okt. tägl. 10–17 Uhr, Feb. bis April Mo–Do 10–16 Uhr, Fr 10–17 Uhr, Nov. bis Jan. geschlossen. ✆ 039823-20424, ✉ 039823-27966, www.luft fahrttechnisches-museum-rechlin.de.

Hafendorf Müritz, großes Ferienresort in Rechlin Nord. Ferienwohnungen und -häuser, Restaurant, Surf- und Segelcenter, Bootsverleih (vom Ruder- über Segel- bis zu Hausbooten), Strandbad und schließlich die *Müritz-Marina* am kleinen Claassee (natürlich mit Zufahrt zur Müritz). 17248 Rechlin, ✆ 039823-2660, ✎ 039823-26610, www.hafendorf-mueritz.de.

Weiter nach Mirow → S. 193.

Vipperow

Das Dörfchen am Ufer der *Kleinen Müritz*, des südlichen Müritz-Ausläufers, hat zwei Gesichter. Wer den Ort nur kennt wie die meisten Besucher (aus dem Auto nämlich), der sieht nicht mehr als ein Straßendorf an der B 198. Entlang der Dorfstraße dagegen, die nach Norden abzweigt, erstreckt sich das

Wenn Schliemann das gewusst hätte...

ländliche Vipperow mit freundlichem Gasthaus, einem backsteinernen Fachwerktürmchen neben der schönen Feldsteinkirche und jeder Menge Kühe und Kälber, Ziegen und Schafe, Ponys und Pferde, Enten, Gänse und Puten, Katzen und Hunde...

Essen und Trinken Gasthaus zur Müritzquelle, sympathisches, einladendes, rustikal-schlichtes Wirtshaus mit günstiger, bodenständige, Küche; warme Gerichte von 11–14 und 17–21 Uhr, Di Ruhetag. Am westlichen Ortseingang (B 198) links in den Ort. Dorfstr. 18, ✆ 039923-2522.

Kanuverleih/Fahrradverleih Vipperower Kanu, direkt an der B 198 und natürlich am Wasser gelegen (ergo bei der Brücke). 1er-Kajak (6 €/Std., 15 €/Tag) über 2- bis 3er-Kajak (7 €/Std., 25 €/Tag) bis zum 4er-Canadier (7 €/Std., 25 €/Tag). Auch Fahrradverleih (ab 6 €/Tag). ✆ 039923-28021, www.vipperower-kanutreff.de.

Weiter Richtung Röbel → S. 137.

Um Müritzsee und Nebelsee

Südlich der Müritz erstreckt sich eine kleine Seenkette, die ein wenig abseits der viel befahrenen Wasserwanderrouten liegt. Die meisten Boote werden der *Müritz-Havel-Wasserstraße* folgen, die von der Kleinen Müritz durch den Mirower Kanal nach Mirow führt. An die Kleine Müritz schließt aber auch der *Müritzarm* an, der in den Müritzsee übergeht. Am Ende des Müritzsees liegt *Buchholz*, ein beschauliches, kleines Straßendorf mit der typischen Weite norddeutscher Gutsdörfer. Etwas ungewöhnlich ist die kleine, alte Kirche von Buchholz. Ihr Turm ruht auf Pfeilern und bildet so eine arkadenartige, offene Vorhalle. Vom Müritzsee zweigt auch ein kurzer Wasserarm ab, der über den Thüren in den idyllischen Nebelsee mündet, an dessen Südufer das Hotel Ichlim steht.

Übernachten/Essen Seehotel Ichlim, herrliche Lage zwischen Nebel- und Langhagensee, zwar an der Landstraße, aber doch in Alleinlage. Das Haus ist nicht mehr ganz neu, aber gepflegt. Das Grundstück liegt direkt am Südufer des Nebelsees, mit Fahrradverleih und Bootsverleih (Ruder-

boot, Kajak und Motorboot). Zahlreiche Angebote, auch Wellness. Mit Restaurant (mittags und abends geöffnet). EZ ab 41 €, DZ 76–104 € inkl. Frühstücksbuffet. Am Nebelsee 1, 17248 Lärz/OT Ichlim, www.ihrhausamsee.de.

Die Kleinseenplatte

Traumhafte Landschaften erstrecken sich im Schatten des berühmten Nationalparks. Hier gibt es keine Superlative und nur wenige kulturelle Highlights. Dafür aber findet man Stille, Natur und natürlich jede Menge Wasser.

In keiner Gegend gilt mehr als hier: Die Mecklenburgische Seenplatte muss man vom Wasser aus erleben, am besten mit dem Paddel in der Hand oder auf dem Hausboot. Ist man nur mit dem Auto unterwegs, sieht man zwar eine recht hübsche, waldreiche Gegend, möglicherweise aber kaum Seen. Also raus aufs Wasser oder zumindest aufs Fahrrad! Wer aber keine Lust hat auf ein eigenes Boot oder Wasserwandern (organisiert oder auf eigene Faust), für den empfiehlt sich zumindest eine Fahrt auf dem Ausflugsboot. Die Touren, vornehmlich von Mirow aus, dauern zwischen zwei Stunden und einem ganzen Tag.

Die Mecklenburgischen Kleinseen erstrecken sich nördlich und südlich der Achse Mirow–Wesenberg–Neustrelitz. *Mirow* mit seiner sehenswerten Schlossinsel und den malerischen Bootshäusern am See leidet leider sehr unter dem (Lkw-)Durchgangsverkehr und ist gleichermaßen ein Knotenpunkt der Wasserwege. Von hier führt der Mirower Kanal direkt zur Müritz, während die *Alte Fahrt*, die historische Wasserstraße über die Seen nördlich von Mirow und durch den Bolter Kanal, zu den attraktivsten Wasserwanderrouten zählt. *Wesenberg* am Woblitzsee mit seinem schmucken Zentrum ist die stille Mitte der kleinen Seen. Kultureller Höhepunkt und kleine Metropole ist die sehenswerte Residenzstadt *Neustrelitz*. Nördlich dieser Linie reichen die größeren der kleinen Seen bis an den Müritz-Nationalpark heran. Südlich davon öffnet sich eine faszinierende, stille Seenlandschaft, die zu den reizvollsten des Landes gehört. Natürlich empfiehlt sich dort auch ein Abstecher nach *Rheinsberg*.

Doch nicht nur Wasserwanderer, auch Camper finden hier ihr kleines, grünes mecklenburgisches Paradies. Die Campingplatzdichte ist enorm, das Angebot reicht vom großen Pfadfinder-Camp bis zum kleinen, familiären Platz.

Mirow

ca. 3400 Einwohner

Einstmals Nebenresidenz der Herzöge von Mecklenburg-Strelitz, ist das auf halbem Weg zwischen Röbel und Neustrelitz gelegene Städtchen vor allem dank seiner Lage an der Müritz-Havel-Wasserstraße beliebt und gut besucht.

Wer mit dem Auto durch Mirow hindurchfährt, wird weder von Mirows herrschaftlicher Vergangenheit noch von seiner heutigen Attraktivität etwas mitbekommen. Viel Verkehr – und darunter überdurchschnittlich viele Lkw auf der Abkürzungsroute zwischen den Autobahnen A 20 und A 19 – wälzt sich über die Hauptdurchgangsstraße, am zentralen Platz baut sich ein nicht gerade gepflegtes, altes Schloss auf, das seit 1992 den klingenden Namen Sophie-Charlotten-Gymnasium trägt: Hier wurde die gleichnamige Prinzessin geboren, die 1761 an der Seite von Georg III. den englischen Königsthron bestieg. Vom eigentlichen Mirower Schloss ist auf der Durchreise nichts zu sehen. Es lohnt daher unbedingt, sich zu Fuß zur autofreien Schlossinsel aufzumachen, die barocke Anlage mit hübschem Garten und Brücke zur romantischen „Liebesinsel" lädt zu einem Spaziergang ein. Teile des Schlosses wurden jüngst als Museum (und Café) für die Öffentlichkeit zugänglich gemacht, bereits heute stellt die Remise des Schlosses den Rahmen für wechselnde Ausstellungen dar. Von der Liebesinsel bietet sich ein schöner Blick auf den Mirower See und die charakteristischen Bootsschuppen am gegenüberliegenden Ufer.

Der Ort entlang der Bundesstraße gibt sich dagegen wenig spektakulär. Ein schöner Spaziergang führt von der Schlossinsel am Parkplatz vorbei auf einem Fußweg zur Strandstraße und zum Strandbad. Wasserwanderer finden an der Rotdornstraße (am Kanal zwischen „Festland" und Schlossinsel) einen Rastplatz. Ab Mirow bieten sich Boots- bzw. Kanutouren an: auf der „Alten Fahrt" zum Müritz-Nationalpark und zum Bolter Kanal oder auch auf der Kleinseenplatte hinunter bis nach Rheinsberg.

Mirows Ursprünge gehen auf die heutige Schlossinsel zurück. Im Jahr 1226 schenkte der Rostocker Fürst *Borwin* die Insel dem Johanniterorden, der hier eine Ordensniederlassung (Komturei) gründete. Nach dem Dreißigjährigen Krieg wurde die Niederlassung säkularisiert und fiel zunächst an das Herzogtum Mecklenburg-

Schwerin, 1701 dann an das Haus Mecklenburg-Strelitz, das 1704 in der Johanni-terkirche seine Fürstengruft einrichtete. Nach 1709 diente das Mirower Schloss als Witwensitz, nachdem der erste Herzog von Mecklenburg-Strelitz, *Adolf Fried-rich II.*, verstorben war. 1742 brannte das alte Schloss auf der Insel komplett nieder, 1749–1752 entstand ein barocker Neubau. Schon zuvor, im Jahr 1737, war unter-halb der Schlossinsel das „untere Schloss" erbaut worden – hier wurde 1744 *Sophie Charlotte,* die spätere Königin von England, geboren. Doch in dem Maße, wie die Residenzstadt Neustrelitz an Anziehungskraft gewann, verlor Mirow an Attraktivi-tät. 1761 war es mit der herrschaftlichen Hofhaltung in Mirow schließlich vorbei; immerhin wurden in den folgenden Jahrhunderten alle Mecklenburgisch-Strelitzer Herzöge hier in der Fürstengruft zur letzten Ruhe gebettet, zuletzt der 1996 ver-storbene Herzog *Georg Alexander zu Mecklenburg.* Ab Ende des 18. Jh. führte Mi-row ein Schattendasein in der Landespolitik, erst 1919 wurde der Ort zur Stadt er-hoben. 1945 brannte die Johanniterkirche bis auf die Fundamente nieder, lediglich die Fürstengruft blieb unversehrt. Ab 1950 wurde die Kirche wieder aufgebaut.

Basis-Infos

Information Touristinformation im Kava-liershaus (3-Königinnen-Palais) auf der Schlossinsel, freundlich und hilfsbereit. Ge-öffnet tägl. 10–18 Uhr, Schlossinsel 2a, 17252 Mirow, ☎ 039833-269955, ✆ 039833-269954, www.3koeniginnen.de.

Verbindungen Bahn, Bahnhof am süd-östlichen Rand des Zentrums. Mit der Pri-vatbahn ODEG 7-mal tägl. über Wesenberg und Groß Quassow nach Neustrelitz. Ak-tueller Fahrplan unter ☎ 03871-6069315 oder www.odeg.info.

Bus, Abfahrt vor dem Bahnhof, 5-mal tägl. nach Rechlin, 5-mal tägl. nach Wesenberg und 3-mal weiter nach Neustrelitz, 3-mal über Userin und Roggentin nach Neustre-litz, an Schultagen zudem 2-mal tägl. nach Diemitz und Schwarz; detaillierte Infos unter www.vms-bus.de.
Nationalpark-Bus der Fischadlerlinie: vom 1. Mai bis 30. Sept. auf vorherige telefoni-

sche Anmeldung unter ☎ 0174-8344338 (An-meldung bis 8 Uhr morgens des jeweiligen Tages), dann 2-mal tägl. auf der Strecke Kratzeburg – Mirow – Boek, auch Fahrrad-transport. In Boek Anschluss an den Natio-nalparkbus, → S. 173. Weitere Infos unter ☎ 03981-481473.

Schiff, die *Mirower Schifffahrtsgesellschaft* fährt von April bis Okt. ab Mirower Stadtha-fen (Rotdornstraße): 5-Seen-Fahrt zum See-rosenparadies (Leppinsee, nördlich von Mi-row) 1- bis 3-mal tägl., Dauer 2 Std., 10 € (erm. 5 €), 1-mal tägl. 4-Seen-Fahrt zur Die-mitzer Schleuse, 2 Std., 10 € (5 €), Ganzta-gesfahrten nach Waren oder Rheinsberg (mit je 2 Std. Landgang) 1- bis 2-mal pro Wo-che, 25 € (12,50 €). Auch Sonderfahrten. Flyer mit aktuellen Daten bei der Touristinforma-tion. Infos und Reservierung unter ☎ 039833-22270 und www.schiffahrt-mueritz.de.

Aktivitäten

Baden Öffentliches Strandbad mit Liege-wiese beim „Strandrestaurant" (auch Pen-sion) in der Strandstraße 20 nördlich vom Zentrum am Ostufer des Sees; auch Boots-anleger, Zeltplatz, Bootsverleih und besag-tes Restaurant.
Weitere Badestrände bei der Jugendher-berge und beim Camping (beide außerhalb an der Straße Richtung Röbel).

Kanuverleih/Fahrradverleih Gleich drei Anbieter am Ort und zwei weitere im

Umkreis, kein Wunder, schließlich ist Mi-row das Verbindungsglied zwischen der „Al-ten Fahrt" vom Bolter Kanal und der Klein-seenplatte bis hinunter nach Rheinsberg.

MüritzKanu, Station beim Mirower See-hotel auf der Schlossinsel (Hauptsitz am Bolter Kanal/Boeker Mühle). 1er-Kajak 6 €/Std., 13 €/4 Std., 19 €/Tag, 70 €/Woche; 2er-Wanderkajak 34 €/Tag; 2er/3er-Canadier 27 €/Tag, 4er-Canadier 35 €/Tag, Packsack/-tonne 2 €/Tag. Von ca. Mitte Mai bis Ende

Die Kleinseeplatte, Mirow und Wesenberg

3 km

Sept. auch geführte Abendtouren (2 Std. 9 €, erm. 5–6 €) und Ganztagestouren (26 €, erm. 15–18 €) im Angebot. Verleih von führerscheinfreien Motorbooten (5 PS) zu 45 € (halber Tag) bzw. 68 € (ganzer Tag), Sprit inkl.; Fahrrad 7,50 €/Tag. Geöffnet April bis Okt. ✆/℡ 039823-27089, im Winter ✆/℡ 039833-26660, www.mueritzkanu.de.

Kanustation Mirow, gehört zum sympathischen Mirower Campingplatz (→ Übernachten), ca. 2,5 km außerhalb von Mirow nahe der B 198 Richtung Röbel. Unwesentlich teurer als MüritzKanu, auch Drachenboote für bis zu 22 Pers. (140 €/halber Tag, 220 €/Tag), zudem Angelboote (20 €/Tag)

und Tretboote (10 €/Std., 30 €/halber Tag). Mit Imbiss und Badestelle. Geöffnet April bis Okt. tägl. 9–19 Uhr. An der Clön 1, 17252 Mirow, ✆ 039833-22098, ℡ 039833-20345, www.kanustation.de.

Kanu Basis Mirow, an der Jugendherberge Mirow (neben dem Campingplatz → Übernachten), auch hier ähnliche Mietpreise wie bei den obigen. Geführte Tagestouren von Mai bis Sept. immer Sa zum Seerosenparadies (mit Picknick), 37 € pro Pers., Kinder 25 €, Sondertarife für Familien; im Juli/Aug. zusätzlich immer Do Ganztagestour auf der „Alten Fahrt", 27 €/Pers., Kinder 15 €, auch hier Sonderpreise für Familien. Mindestteilnehmerzahl 8 Pers. Retzower Str./Jugendherberge, 17252 Mirow, ☎ 039923-7160, ☏ 039923-71616, www.kanubasis.de.

Kanustation Granzow, in Granzow am gleichnamigen See (beschildert), auch Biwakplatz (6 €/Nacht, Kinder/Jugendliche 3–4 €) und Badestrand. Preisbeispiele: 1er-Kajak 6 €/Std., 13 €/halber Tag, 19 €/Tag, 2er/3er-Canadier 8 €/Std., 19 €/halber Tag, 27 €/Tag. Ruderboot 14 €/halber Tag, 24 €/Tag, Tretboot 9 €/Std. Fahrrad 5,50 € pro Tag, auch Kinderräder/-sitze. Im Sommer (Mai bis Sept.) finden immer Sa (im Juli/Aug. Mi, Fr und Mo) geführte Kanutouren statt (11,50 €/Pers., erm. 7,50–9,50 €, Fami-

lien 32 €), Dauer 4 Std. Geöffnet April bis Okt. tägl. 9–19 Uhr. Am Badestrand, 17252 Granzow, ☎ 039833-21800, ☏ 039833-21844, www.kanustation-granzow.de.

Paddel Paul, am Leppinsee in Zietlitz, einem Ortsteil von Schillersdorf, ca. 12 km nördlich von Mirow (Anfahrt über Granzow, Qualzow und Schillerdorf). Der Kanuverleih befindet sich am Fähranleger, freundlicher Service. Imbiss in einer Blockhütte, mit Biergarten. Preisbeispiele: 1er-Kajak 15 €/Tag, 4er-Canadier 33 €/Tag, Motorboot 35 €, bei längerfristigem Verleih günstiger. Dorfstr. 1, 17252 Schillersdorf, ☎ 039829-20324, www.paddel-paul.de.

Übernachten

Mirower Seehotel, in Bestlage auf der Mirower Schlossinsel, Ruhe ist garantiert; gediegenes, renoviertes Haus mit Restaurant, dazu gehört auch der Ritterkeller (→ Essen & Trinken). Nur 13 Zimmer, Parkplatz am Haus, ganzjährig geöffnet. EZ 50 €, DZ 74 €, jeweils inkl. Frühstück, Halbpension 15 €/Pers. Keine Haustiere. Schlossinsel 3 a, 17252 Mirow, ☎ 039833-20346, ☏ 039833-22180, www.mirower-seehotel.de.

Mecklenburger Hof, gutbürgerliches Haus im Zentrum an der Kreuzung, mit Terrassenrestaurant (→ Essen). Ganzjährig geöffnet. Insgesamt 20 Zimmer, EZ 40–50 €, DZ 48–70 €, jeweils inkl. Frühstück, Halbpension 10 €/Pers., Hund 6 €/Tag. Bett & Bike-Hotel. Töpferstr. 1, 17252 Mirow, ☎ 039833-2620, ☏ 039833-20302, www.mecklenburger hof-mirow.de.

Blaue Maus, Restaurant und Ferienwohnung an der Hauptdurchgangsstraße, nach hinten hinaus netter, kleiner Biergarten. Ferienwohnung mit Küche und Balkon nach hinten hinaus 65 € (für 2 Pers.). Schlossstr. 11, 17252 Mirow, ☎/☏ 039833-21734, www.gasthof-blaue-maus.de.

Außerhalb **Ferienpark Mirow**, in Granzow, ca. 3 km nördlich von Mirow am kleinen See „Granzower Möschen". Großes, wohlorganisiertes Gelände mit zahllosen skandinavischen Holzferienhäusern, bunt und einladend, alle mit Terrasse und kleinem Garten, teils auch mit Obergeschoss, manchmal recht eng gestellt. Großes Freizeitangebot mit Kinderanimation und Ausflügen, Badestrand, Bootsverleih, Kanustation, Volleyball, Fußball, Tischtennis, Basketball, Minigolf, Fahrradverleih, Reiterhof

in der Nähe usw. Empfehlenswertes Restaurant Seerose (verfeinerte Küche zu erstaunlich moderaten Preisen) mit schöner Terrasse sowie das etwas bodenständigere Pfannkuchenhaus. Für Selbstversorger gibt es einen kleinen Supermarkt. Fazit: für Familien mit Kindern der ideale Urlaubsort. Ganzjährig geöffnet. Preis für die 4- bis 8-Personen-Häuser 99–199 €/Tag. In der Hochsaison (Mitte Juli bis Ende Aug.) nur wochenweise zu buchen. Noch mehr Komfort bietet das dazugehörige Aparthotel Seepanorama mit 47 bestens ausgestatteten, schicken Appartements für 2 Pers. (85–105 €/Tag). Granzow 1 a, 17252 Mirow/OT Granzow, ☎ 039833-600, ☏ 039833-60110, www.ferienpark-mirow.de.

Landhotel Am Peetscher See, 3 km südöstlich von Mirow, am Ortsrand von Peetsch, zwar nicht direkt am See gelegen, aber in Laufweite zu einer Badestelle im Ort. Funktionales Hotel, recht beliebt. Im Haus gibt es auch eine Gaststätte (gutbürgerlich-deftige Küche, nicht teuer) Ostern bis Ende Okt. geöffnet. DZ 78 €. Nr. 23, 17252 Mirow/OT Peetsch, ☎ 039833-21315, ☏ 039833-21329, www.landhotel-peetsch.de.

Jugendherberge Jugendherberge Mirow, knapp 3 km außerhalb an der Straße Richtung Vipperow/Röbel (B 198) auf der rechten Seite. Modernes, nach ökologischen Grundsätzen gebautes und geführtes Gebäude wenige Meter vom See. Badesteg, Wiese davor, Beachvolleyball, Basketball, die Kanu Basis Mirow befindet sich gegenüber (→ oben). Insgesamt 138 Betten in 1- bis 6-Bett-Zimmern, z. T. in Bungalows untergebracht, z. T. behindertengerecht ausgestattet. Übernachtung inkl. Frühstück 21,90 €, mit Halbpension 25,90 €, Vollpension 27,90 €, Senioren ab 27 J. zahlen 6 € Aufschlag, auch DZ (ab 25,90 €/Pers.) sowie Zeltplatz (ab 15,50 €/Pers.). Retzower Str., 17252 Mirow, ☎ 039833-26100, ✆ 039833-261030, www.mirow.jugendherberge.de. ■

Camping Zeltplatz in Mirow, einen Zeltplatz findet man beim *Strandhotel Mirow* direkt am See: hier auch Bootsverleih (Kajaks und Canadier), Fahrradverleih (6 €/Tag), Strandbad, Imbiss und Restaurant. Auch für Wasserwanderer, da mit Bootsanleger (1 € pro Meter und Nacht), mit Wasser/Strom. Zeltplatz 6 €/Pers., Kinder 4 €. Strandstr. 20, 17252 Mirow, ☎ 039833-22019, ✆ 039833-20806, www.strandhotel-mirow.de.

»» Unser Tipp: Camping Mirow, gleiche Anfahrt wie zur Jugendherberge, davor aber gleich nach rechts (ausgeschildert). Gehört zur *Kanustation Mirow* (→ oben). Sehr sympathischer, unparzellierter Platz, der Zeltplatz liegt zwar in der Nähe der Landstraße, aber auch geschützt im Wald – entsprechend weicher Boden, viel Schatten – und direkt am See, d. h. mit kleinem Sandstrand und natürlich genannter Kanustation, Spielplatz, Imbiss, neue Sanitäranlagen, sehr angenehme Atmosphäre. Fahrradverleih. Geöffnet Anfang April bis Ende Okt. Pers. 5 €, Zelt 3,50–8 €, Wohnwagen/-mobil 7,50 €, Auto 1,50 €. Es gibt auch Mietzelte für 2–8 Pers. sowie ein „Buscamp" (Matratzenlager im umgebauten Doppeldeckerbus) für Gruppen. An der Clön 1, 17252 Mirow, ☎ 039833-22098, www.kanustation.de. «««

Camping am Leppinsee, der vergleichsweise kleine Campingplatz (gehört zur Campingkette Haveltourist) liegt bei Schillersdorf (ca. 12 km nördlich von Mirow) am Ufer des Leppinsees. Stellplätze unter hohen Kiefern, entsprechend viel Schatten, weicher, sandiger Waldboden. Sie verteilen sich rund um ein zentrales Sanitärgebäude mit kleinem Kiosk und Badestelle am Leppinsee. 5,30 €/Pers., Kinder 2–14 J.

Mirows Schloss als Kulisse: Vorbereitungen für ein abendliches Open-Air-Event

3,70 €, Zelt 4,60–8,20 €, Wohnmobil 6,50 € Hunde 3,50 €, Wasserwandertarif (2 Pers., Kanu, kleines Zelt) 13,80 €. Kontakt über Haveltourist, An den Havelbergen 1, 17237 Groß Quassow/Userin, ☎ 03981-24790, ✆ 03981-247999, www.haveltourist.de.

Wohnmobilstellplatz   Im hinteren Bereich des Parkplatzes vor der Schlossinsel auf der rechten Seite, mit Parkscheibe (max. 12 Std.).

(Essen & Trinken

Mecklenburger Hof, gehört zum gleichnamigen Hotel im Zentrum, die Terrasse vor dem Haus nach Neugestaltung durch die Gemeinde leider ziemlich laut und wenig lauschig. Gute Steaks und Salate, Ofenkartoffeln und Deftiges, auch Mexikanisches zu mittleren Preisen. Freundlicher Service, tägl. mittags und abends geöffnet. Töpferstr. 1, ☎ 039833-2620.

Ritterkeller, Erlebnisgastronomie im urigen Kellergewölbe auf der Schlossinsel; hier können Sie (fast) originale Mittelalterküche genießen, umgeben von Mägden, Spielleuten, Gauklern und Gesindel; gespeist wird mit mittelalterlichem Besteck oder mit den Fingern, Rahmenprogramm inklusive. Abendfüllende Rittertafel zu 29, 39 und 59 €. Tägl. nur abends geöffnet, Reservierung erforderlich unter ✆ 039833-20346.

Blaue Maus, an der Durchgangsstraße Richtung Neustrelitz auf der rechten Seite (noch ein Stück vor dem Mecklenburger Hof). Das Lokal gibt es hier schon seit Urzeiten; uriger Gastraum und netter, kleiner Biergarten im Innenhof, deftige Küche (auch Wild) zu mittleren Preisen. Di–Sa ab 17 Uhr, So mittags ab 12 und dann wieder ab 17 Uhr geöffnet, Mo Ruhetag. Schlossstr. 11, ✆ 039833-21734.

Pizzeria La Casa, gegenüber vom Gymnasium im Schloss, an dem kleinen Platz an der Durchgangsstraße; Parkplätze davor, einige Tische draußen (hier aber sehr viel Verkehr!). Italienisch-gutbürgerlich, gute Pasta und Pizza zu günstigen Preisen. Mittags und abends geöffnet. Schlossstr. 16, ✆ 039833-26795.

Café Café im 3-Königinnen-Palais, sehr schönes Café beim Museum auf der Schlossinsel, sehr freundlich. Innen behaglich unaufgeregter Landausstil, im Sommer sitzt man auf der Terrasse am See. Eine kleine, ausgesuchte Bibliothek lädt zum Schmökern über das Fürstenhaus Mecklenburg-Strelitz, die englischen Könige oder die herrliche mecklenburgische Landschaft ein. Einen Besuch wert sind aber vor allem die angebotenen Süßwaren, darunter raffinierte, den drei Königinnen gewidmete Tortenkreationen und köstliche Pralinen. Tägl. 10–18 Uhr geöffnet, Schlossinsel 2a, ✆ 039833-269955.

Sehenswertes

Schloss und Schlosspark: Das barocke Ensemble aus der Zeit von 1749 bis 1752 mit Schloss und dem gegenüberliegenden Kavalierhaus (Küchen- und Dienstgebäude) wird von der etwas abseits gelegenen Remise (Stallungen und Schuppen, ursprünglich 1385), der Johanniterkirche (→ unten) und dem Torhaus umrahmt. Das Torhaus aus dem Jahr 1588, quasi der Eingang zu Schlossinsel hinter der Brücke, gilt als das älteste Gebäude der Stadt, hier befand sich zeitweise auch eine Münzpräge.

Der Schlossneubau entstand an Stelle eines älteren Schlosses, das 1742 nach einem Blitzeinschlag niederbrannte. Das Anwesen wurde von den Mecklenburg-Strelitzern übrigens nur bis zum Tod der Herzogswitwe *Elisabeth Albertine* im Jahr 1761 bewohnt, danach traf man sich hier nur noch zu Beerdigungen (die Gruft der Herzöge von Mecklenburg-Strelitz befindet sich in der Johanniterkirche gleich gegenüber). Nach 1918 befand sich hier ein Offiziersheim, im Zweiten Weltkrieg ein Lazarett, danach wurde das Schloss bis 1979 als Altersheim genutzt. Seit 2005 wird das Schloss restauriert und soll in den nächsten Jahren der Öffentlichkeit zugänglich gemacht werden:

Die Gewässer um Mirow verbinden die Großseen mit der Kleinseenplatte ...

... hier Kanuten auf Mirows Haussee

Das *Kavaliershaus*, auch *3-Königinnen-Palais* genannt, beherbergt heute das Besucherzentrum (Tourist-Information) Mirows, ein schönes Café und eine ebenso informative wie kinderfreundliche Ausstellung über gleich drei Königinnen...

Die hiesigen Herzöge hatten ein Händchen für gute Partien. Gleich drei Töchter aus mecklenburg-strelitzschem Hause wurden lukrativ zu Königinnen vermählt. Berühmt sind natürlich Luise, die legendäre Königin von Preußen (→ S. 266), und ihre Schwester Friedericke, Königin von Hannover. Doch trug bereits ihre Tante, die in Mirow geborene Sophie-Charlotte, als Gattin Georgs III. Königin von Großbritannien (→ S. 222), ein Krönchen auf der Perücke. In der gelungenen Ausstellung nehmen die drei natürlich einen zentralen Platz ein. Darüberhinaus hinaus wird aber auch die Geschichte des Landes und des Herzogtums insbesondere beleuchtet. Die Ausstellung ist teils interaktiv (z. B. Karte des Herzogtums zu Anfang oder die Ahnengalerie in Friederickes Raum), gegen Ende gibt es noch einen Film über das Haus Mecklenburg-Strelitz zu sehen, deren Mitglieder der große Preußenkönig Friedrich II. ob der wilden Abgeschiedenheit ihrer Residenz „Mirowkesen" nannte...

3-Königinnen-Palais: tägl. 10–18 Uhr geöffnet, Tourist-Info, Ausstellung, Museumsshop und Café (→ S. 198), Eintritt Ausstellung 5 €, Kinder 2 €, Familienticket 12 €; Audioguide 3 €. Schlossinsel 2 a, ☎ 039833-269955, www.3königinnen.de.

Der *Schlossgarten* wurde erst zwischen 1820 und 1860 angelegt, Vorbild waren die englischen Landschaftsgärten des 19. Jh. Ein netter, kleiner Spaziergang führt über eine kleine Brücke zur Liebesinsel (→ unten).

Johanniterkirche, Museum und Fürstengruft: Die Kirche auf der Schlossinsel wurde nicht mit der Ankunft der Johanniter im 13. Jh., sondern erst Mitte des 14. Jh. als einschiffige Hallenkirche errichtet. Der ursprünglich hölzerne Turm wurde nach dem Brand 1742 durch den noch heute stehenden Turm ersetzt, der von einer barocken Turmhaube abgeschlossen ist. Diese wurde 1945 zerstört und konnte erst 1993 wieder aufgebaut werden. Während des Aufstiegs auf den Turm gelangt man zu der kleinen Johanniter-Ausstellung, Schautafeln informieren über die Geschichte des Ordens. Über eine Wendeltreppe erreicht man die Aussichtsplattform im Turmhelm. In der Kirche links hinten befindet sich die unspektakuläre Fürstengruft, in der 40 Mitglieder der herzoglichen Familie begraben liegen.

1. Mai bis 31. Okt. tägl. 10–18 Uhr, Turmaufstieg und Museum 2 €, erm. 1 € (6–18 J.), Familienticket 4 €. Im Winter geschlossen.

Liebesinsel: Die winzige Insel ist vom Schlosspark über eine ebenso winzige Brücke zu erreichen. Schöne, alte Bäume spenden Schatten, und auf den steinernen Bänken mit Aussicht auf den See lässt es sich aushalten. Auf der Liebesinsel fällt die halb abgebrochene Säule über dem Grab des letzten Strelitzer Großherzogs *Adolf Friedrich VI.* ins Auge, der als einziges Mitglied der Fürstenfamilie nicht in der Familiengruft in der wenige Meter entfernten Johanniterkirche beigesetzt wurde.

Adolf Friedrich VI. – Spion oder einfach unglücklich verliebt?

Am 23. Februar 1918 nahm sich *Adolf Friedrich VI.*, der letzte regierende Großherzog von Mecklenburg-Strelitz, im Alter von 35 Jahren das Leben. Das heißt, man vermutet, dass er sich das Leben nahm, denn schlussendlich geklärt wurden die Umstände seines Todes nie – auch ein Mord ist wohl nicht auszuschließen.

Seine Leiche mit tödlicher Schussverletzung fand man in einem Kanal bei Neustrelitz. Ob die Indizien auf Suizid hindeuteten, blieb bis auf weiteres zwischen den geheimen Aktendeckeln der Neustrelitzer Polizei verborgen. Vorausgegangen war jedenfalls eine unglückliche Liebe des Großherzogs zu einer

Adolf Friedrichs Grab auf der Liebesinsel

englischen Fürstin namens *Daisy Pleß*. Sie habe seine Gefühle nicht erwidert, sagen die einen Quellen, deshalb habe er den Freitod gewählt. Eine andere Version zu seinem Tod berichtet jedoch von Briefen, die der Fürst über Umwege an das englische Königshaus geschickt haben soll – keine Liebesbriefe, sondern militärisch brisante Informationen zur Lage im Kriegsjahr 1918. Demnach war Adolf Friedrich nicht der unglücklich Verliebte, der seinem Leben ein Ende setzte, sondern ein Verräter, der aus dem Weg geräumt wurde.

Begraben ist Adolf Friedrich in einem schlichten Grab hier auf der Liebesinsel. Über seinem Grab thront eine Säule, Sinnbild für das abgebrochene Leben des Herzogs, umwunden von einer Schlange, die als Anspielung auf die Verführung verstanden werden soll. Welche Art von Verführung das aber tatsächlich war, bleibt das Geheimnis des Herzogs.

Einsame Wasserwege südlich der Müritz

Die Kleinseenplatte südlich von Mirow

Schmale Kanäle und idyllische Flussläufe, kleine und kleinste Seen, ausladende Buchten und verwachsene Seitenarme sind untereinander zu einem labyrinthischen Gewirr aus Wasserwegen verbunden, das sich von Mirow und Wesenberg bis hinunter nach Rheinsberg zieht.

Südlich vom Mirow, am westlichen Rand der Kleinseenplatte, erstreckt sich der **Schwarzer See**. Er erhielt seinen Namen nicht von einer vielleicht torfigen Farbe der Wasserfläche, sondern von dem kleinen Örtchen **Schwarz**. Die äußerlich unscheinbare, innen barocke Kirche von Schwarz stammt aus der zweiten Hälfte des 18. Jh., nebenan wurde ein kleiner Findlingsgarten angelegt. Am Seeufer gibt es ein Strandbad mit grüner Liegewiese und Beachvolleyballfeld. Im Süden geht der Schwarzer See, der für Motorboote gesperrt ist, in den **Zethner See** über.

Camping Waldcamping Zethner See, kleiner, Platz etwas mehr als 1 km südlich von Schwarz, nur durch die wenig befahrene Landstraße vom See getrennt (mit Badestelle und kleiner Liegewiese, auch Kanuverleih). Geöffnet April bis Mitte Okt. Erw. 4 €, Kinder 2–15 Jahre 2,50 €, Zelt 4–7,50 €, Wohnmobil 8 €, Auto 3 €, Hunde 2 €, Strom 1,50 €. Waldcamping Zethner See, 17252 Schwarz, ✆ 039827-79610, www.wald camping-zethner-see.de.

Die anderen Plätze südlich von Schwarz gehören zum Forsthof Schwarz (www.forst hof-schwarz.de) und dienen als Jugendbegegnungsstätte, Pfadfinderlager, Dauercamperplatz etc.

Der **Vilzsee** ist eine Art „Verteiler" unter den Seen: Gen Westen schließt der *Zethner See* an und an diesen der für Motorboote gesperrte *Schwarzer See* (→ oben). Nach Norden geht es über den lang gezogenen *Mössensee* in den *Zotzensee* und weiter über den Kanal auf der *Müritz-Havel-Wasserstraße* nach Mirow. Richtung Nordost führt ein Kanal zur **Fleeter Mühle** (hier auch ein Wasserwanderrastplatz). Kanus und Kajaks können hier über eine kurze Umtragestelle in den für Motorboote ebenfalls gesperrten *Rätzsee* gehoben werden. Direkt Richtung Osten schließlich muss man die **Diemitzer Schleuse** überwinden, um zum *Labussee* zu gelangen (→ unten). Für Paddler heißt es auch hier, das Boot um die Diemitzer Schleuse herumzutragen, während Motor- und Hausbootkapitäne möglicherweise etwas Geduld mitbringen müssen, um die stauanfällige Schleusenkammer zu passieren. Der Ort **Diemitz** selbst ist ein recht unspektakulärer Ort. Die barocke Kirche aus der zweiten Hälfte des 18. Jh. zeigt in ihrem Inneren eine ansatzweise gewölbte, bemalte Holzdecke.

Übernachten/Camping   Biber Ferienhof, an der Diemitzer Schleuse am Kleinen Peetschsee gelegen, mehrere Ferienwohnungen für 2–4 Pers. (50–75 €/Tag) bzw. 4–7 Pers. (85 €), darüber hinaus ein großes Ferienhaus (12–16 Pers.) mit eigenem Seezugang für 290 € pro Tag; außerdem Holzhäuser direkt am See: für 2–6 Pers. 95–100 €/Tag. Mitte Juni bis Anfang Sept. nur wochenweise, die Holzhäuser werden nur von April bis Okt. vermietet (alle anderen ganzjährig). Hund 15 € pro Aufenthalt. Zum Fe-

rienhof gehören auch ein einfacher Zeltplatz (6 €/Pers., Kinder bis 6 J. frei) mit kleinem Sanitärbereich, außerdem das Restaurant und ein „Outdoorshop" (→ unten). Diemitz Schleuse 5, 17252 Diemitz, ✆ 039827-799790, ℻ 039827-799810, www.biberferienhof.de.

Biber-Tours, hier gibt es erstens einen schönen, schattigen *Naturcampingplatz* mit dem schlichten Namen **C 24** (etwa 1,5 km von der Diemitzer Schleuse entfernt, bei der Kreuzung in den Waldweg hinein), zweitens das *Zelthotel* und drittens das *Floßhotel*. Der Campingplatz liegt schön am nördlichen Ufer des Labussees, mit kleinem Laden, Badesteg, Sanitäranlagen, kleinem Biergarten und kostenlosem W-LAN. Erw./Jugendl. 3,50 €, Kinder bis 6 J. 1,50 €, 7–14 J. 2 €, Zelt 4,50–11 €, Wohnmobil 7 €, Wohnwagen mit Auto 8 €, Hunde 2 €, Strom 1 €, Pkw 2,50 €, Bootsliegeplatz 2 € pro Meter. Das Zelthotel bietet Übernachtung im Wigwam-DZ (mit Bett!) für 30 €/2 Pers., einen Schlafsack kann man, muss man aber nicht mitbringen. Im Floßhotel schließlich – direkt auf dem Wasser – kostet die Übernachtung für 4 Pers. 60 €. Diemitz Schleuse 1, 17252 Mirow/OT Diemitz, ✆ 039827-30011 (Anmeldung für den Campingplatz: ✆ 039827-30599), ℻ 039827-30111, www.biber-tours.de.

Naturcamping am Mössensee, schattiger, eher schlichter, aber schöner Wald- und Wiesencamping bei der Fleether Mühle, sehr abgelegen, auch kleine Bungalows. Schöne Liegewiese bei der Badestelle, Kanu- und Fahrradverleih, kleiner Bootsanleger und Kiosk mit Imbiss. Es gibt einen separaten FKK-Bereich. Ganzjährig geöffnet. Anfahrt: bei der Fleether Mühle nach Fleeth abbiegen, durch den kleinen Ort hindurch, dann noch etwa 1,5 km auf sandigem Wald- und Feldweg. Erw. 4 €, Kinder bis 6 J. 1,50 €, 7–17 J. 2,80 €, Zelt 2,50–4 €, Wohnmobil 6 €, Hunde 2 €, Pkw 2,50 €. Dorfstr. 12, 17252 Mirow/OT Fleeth, ✆/℻ 039833-22030, www.naturcamp-moessensee.de.

Im Stau – an der Diemitzer Schleuse

Feriencamp am Rätzsee, großer Wald-und-Wiesen-FKK-Camping hinter hohem Bretterzaun unweit der Fleether Mühle; mit Zugang zum Rätzsee, Bistro, Kanuverleih. Plätze auch für Wasserwanderer. 5 €/Pers. Fleether Mühle 4, 17252 Mirow/OT Diemitz, ☎ 039833-22095, 📠 039833-22129, www.raetz-see.de.

Essen & Trinken/Einkaufen Restaurant **zum Biber**, gehört zum gleichnamigen Ferienhof, mit schönem Biergarten direkt an der Diemitzer Schleuse. Auf den Teller kommt deftige regionale (und saisonale) Küche, 15–18 Uhr auch Kaffee und Kuchen. In der Hauptsaison tägl. ab 8 Uhr, Nebensaison ab 12 Uhr, die Küche erkaltet um 21 Uhr. ☎ 039827-35965. Im dazugehörigen **Shop** kann man sich komplett ausstatten: vom Paddel über Gummistiefel bis zu Müsliriegel und Zeitschrift. Mai bis Sept. tägl. geöffnet.

Kanu-/Bootsverleih Beim **Biber Ferienhof**, 1er-Tourenkajak 20 €/Tag (2er-Kajak 25–35 €/Tag), 2er-Canadier 25 €/Tag. Es werden auch einfache Flöße (auch zum Übernachten) und eine Motoryacht (Führerschein) angeboten. Diemitz Schleuse 5, ☎ 039827-79934, www.biberferienhof.de.

Biber-Tours Bootsverleih am Campingplatz C 24 (→ oben), Kajak ab 20 €/Tag, Kanu ab 15 €/Tag (1-er) bis 80 €/Tag (10-er), auch Premium-Boote (z. B. Kanu 35 €, Kajak 30 € pro Tag). Stündlicher und natürlich auch günstigerer mehrtägiger Verleih möglich. Geöffnet Ostern sowie Mai bis Sept. tägl. 9–19 Uhr (im Winter nach tel. Reservierung unter ☎ 039827-30011), ☎ 039827-799803, www.biber-tours.de.

Freie Fahrt: Wasserwanderer

Canow ist eine Art stiller Verkehrsknotenpunkt in der idyllischen Mitte von Mecklenburgisch-Nirgendwo. Hier trifft die Mirower Landstraße auf die Straße nach Wustrow und Wesenberg und führt weiter als Rheinsberger Landstraße nach Süden über Zechlinerhütte zum schönen Städtchen Rheinsberg in Brandenburg. Auch weite Wasserwanderwege laufen an der Canower Schleuse zusammen. Im Norden liegt der *Labussee* (nicht zu verwechseln mit dem Großen bzw. Kleinen Labussee bei Wesenberg, dieser hier heißt einfach nur Labussee), durch den die *Müritz-Havel-Wasserstraße* Richtung Mirow und weiter in die Müritz fließt. Nach Süden führt die Wasserstraße sowohl zur *Havel* hin (und somit zum einen weiter nach Wesenberg, zum anderen nach Fürstenberg) als auch nach Süden durch viele kleine Kanäle und Seen bis zum *Grienericksee* bei Rheinsberg.

Canow selbst ist kein besonders spektakulärer Ort, dank seiner Lage aber touristisch recht gut erschlossen. Gleiches gilt für den südlich von Canow und bereits in Brandenburg gelegenen Ort **Kleinzerlang** am Hüttenkanal.

Übernachten/Essen Gasthaus zur **Schleuse**, in Canow an der Hauptstraße, Pension und Restaurant mit bodenständiger Küche zu fairen Preisen; auch Eiscafé, Terrasse neben dem Haus. Sauna, Boots- und Fahrradverleih. Im Winter nur am Wochenende geöffnet. EZ 42 €, DZ 63 €, Appartement 100 €, jeweils inkl. Frühstück. Auch Ferienwohnungen und -häuser (ab 50 €) und Fahrradverleih (8 €/Tag) sowie Kanus (15–

Auch solche Badestellen
finden sich an der Seenplatte

25 €/Tag). Canower Allee 20, 17255 Canow, ☎ 039828-20392, 🖷 039828-20138, www.gasthaus-zur-schleuse.de.

Marina Wolfsbruch, etwas außerhalb von Kleinzerlang. Sehr beliebtes und bestens besuchtes Best-Western-Resort bzw. Feriendorf rund um eine eckige Marina, mit künstlicher Halbinsel (Ferienhäuser) und Liegeplätzen für Gäste. Im Wald gelegen, neu und bestens organisiert. Mit Café, Restaurants, Bar, Boots- und Fahrradverleih, Yachthafen, Schwimmbad mit Innen- und Außenbecken sowie Wellnessbereich usw. EZ 109 €, DZ 145 €, Frühstück inkl. (in der Hochsaison mind. 3 Tage), Ferienwohnung/-haus ab 165 €. Im Wolfsbruch, 16831 Rheinsberg-Kleinzerlang, ☎ 033921-87, 🖷 033921-88845, www.marina-wolfsbruch.de.

Heidekrug, etwa 2 km südlich von Canow, im winzigen Flecken Grünplan (Anfahrt auf halbem Weg zwischen Diemitzer Schleuse und Canow nach Süden, dann ca. 500 m auf Pflastersträßchen durch den Wald, beschildert). Freundliches, gediegenes Hotel in ruhiger Lage, kleiner Bade- und Angelsee beim Haus, Restaurant mit Terrasse. EZ 67 €, DZ 85–93 €, Appartement 113 €, in der Dependance günstige Zimmer für 50–60 €, jeweils inkl. Frühstück. Dorfstr. 14, 17255 Grünplan, ☎ 039828-600, 🖷 039828-20266, www.hotel-heidekrug-gruenplan.de.

Camping Camp am Labussee, auf der Mirower Landstraße kommend ein knapper Kilometer vor Canow. Lang gestreckter, einfacher Campingplatz direkt am See, mit kleiner Badestelle und Bootsanleger. Erw. 5 €, Kinder bis 14 J. 1,50 €, Zelt 5–7 €, Wohnmobil 7 €, Hunde 1,20 €, Auto 2,50 €, Motorrad 2 €, Strom/Müllentsorgung 1,05 €. Ganzjährig geöffnet. Mirower Landstr. 4, 17255 Canow, ☎ 039828-20272, 🖷 039828-20644, www.camp-am-labussee.de.

Bootsverleih Canu-Center Canow, im Zentrum von Canow, vermietet werden z. B. 1er-Kajak 17 €/Tag, 3er-Kajak 26 €/Tag, 3er-Canadier 24 €/Tag, 4er-Canadier 33 €/Tag, stündliches Mieten möglich, bei mehreren Tagen wird es günstiger; auch führerscheinfreie Motorboote. Am Canower See 2, 17255 Canow, ☎/🖷 039828-20249, www.bootsverleih-canow.de.

Weiter nach Wustrow → S. 211 und nach Wesenberg → S. 214.

Auf dem Weg nach Rheinsberg durchquert man den nördlichen Teil des *Naturparks Stechlin-Ruppiner Land*. Die Landschaft ändert sich kaum, die Gegend ist vielleicht noch ein wenig waldreicher und das Gewirr aus Seen, Kanälen und Flussläufen noch ein wenig labyrinthischer. Auf halbem Weg nach Rheinsberg passiert man **Zechlinerhütte**. Der hübsch am See gelegene Ort mit Restaurants, Boots-/Fahrradverleih und Campingplätzen in den umliegenden Wäldern (einer befindet sich auf der gegenüberliegenden Halbinsel) wird vor allem mit einem Namen in Verbindung gebracht: *Alfred Wegener*. Der bedeutende Meteorologe, Geophysiker und Polarforscher verbrachte hier nicht nur die Ferientage seiner Kindheit, auch als Erwachsener kehrte er immer wieder nach Zechlinerhütte zurück. Wegener (geb. 1880 in Berlin, gest. 1930 im Eis Grönlands) wurde u. a. als Pionier der Polarforschung und durch seine Forschungsfahrten nach Grönland bekannt. Erst posthum wurde seine theoretische Leistung angemessen gewürdigt: Die von ihm formulierte Theorie der Kontinentalverschiebung (1915 erstmals veröffentlicht in „Die Entstehung der Kontinente und Ozeane") war die Grundlage für die heute weitgehend unumstrittene Theorie der Plattentektonik. In der ehemaligen Schule von Zechlinerhütte befindet sich das jüngst neu eröffnete *Alfred-Wegener-Museum* mit einer kleinen, aber unbedingt sehenswerten Ausstellung zum Leben des Forschers. Zu sehen sind neben informativen Schautafeln und historischen Fotografien u. a. ein Ballonkorb von 1905 (Wegener hielt mit seinem Bruder eine Zeitlang dank eines 52-stündigen Fluges den Weltrekord im Ballonfliegen). Camper werden die mächtigen Zeltheringe beeindrucken, die von einer Grönland-Expedition stammen. Eine weitere Sektion widmet sich den Themen Geophysik und Klimawandel.

Touristinformation Zechlinerhütte und **Alfred-Wegener-Museum**: Geöffnet Mi–So 10–16 Uhr (ganzjährig), Eintritt 1,50 €, erm. 0,50 €. Rheinsberger Str. 14, 16831 Zechlinerhütte, ☎ 033921-70217, www.zechlinerhuette.com.

Camping   Camping Schlabornhalbinsel, herrlich auf der anderen Seite des Sees gelegener Campingplatz, Stellplätze auf grüner Wiese (nicht überall Schatten) mit Seeblick, auch Bootsverleih (gut zum Einkaufen, da auf dem Landweg gut 2 km von Zechlinerhütte entfernt, beschildert). April bis Sept. geöffnet, 4,50 €/Pers., Kinder bis 14 J. 2 €, Zelt/Wohnmobil 4–5 €, Hunde 1,50 €. Bootsverleih: Ruderboot 5 €/Std., 20 €/Tag, 2-er Kajak 7 €/Std., 22 €/Tag, 4er-Kanu 9 €/Std., 30 €/Tag. Schlabornhalbinsel, ☎ 033921/70295, www.schlabornhalbinsel.de.

Geradewegs nach Süden (ob zu Wasser oder zu Land) erreicht man bald Rheinsberg. Wendet man sich bei Zechlinerhütte nach Westen, erreicht man den **Flecken Zechlin** und das **Dorf Zechlin**. Hier liegt der *Mühlenhof*, ein empfehlenswertes Restaurant mitsamt *Mühlenmuseum*. Im Garten der ehemaligen Mühle dreht sich noch das Wasserrad. Die Ausstellung des Museums erstreckt sich über drei Stockwerke, die man über steile Stiegen erreicht. Diverse Maschinen veranschaulichen die Arbeitswelt des Müllers.

Mühlenmuseum: Mi–Mo 12–19 Uhr, Di geschlossen. Eintritt 1,50 €. Eingang über das Restaurant Mühlenhof.

Übernachten/Essen   Mühlenhof, im Untergeschoss der alten Mühle befindet sich die urige Mühlenschänke. Schön sitzt man auch auf der idyllischen Terrasse (mitsamt sich drehendem Mühlrad). Zur Saison gibt es Spargel aus eigenem Anbau, zudem gute Fisch- und Fleischgerichte aus regionalen Zutaten (hervorragendes Gulasch), für das Gebotene geradezu günstig; zuvorkommender, freundlicher Service. April bis Okt. tägl. 12–22 Uhr geöffnet, Di Ruhetag. Im Nebengebäude werden Ferienwohnungen vermietet (für 2 Pers. 38–40 €/Tag). Am Kunkelberg 14, 16837 Dorf Zechlin, ☎ 033923-70267, ✆ 033923-71267, www.muehlenhof-zechlin.de.

Am Schloss von Rheinsberg

Abstecher nach Rheinsberg

ca. 8500 Einwohner

„Das Schloß! – Das Schloß mußte besichtigt werden."

Kurt Tucholsky, *Rheinsberg*

Wir werden es nicht wagen, Tucholsky zu widersprechen: Ja, das Schloss zu Rheinsberg sollte selbstverständlich besichtigt werden. Eingebettet zwischen dem Grienericksee, der herrlichen Parkanlage und dem Stadtkern, ist das Gesamtensemble freilich auch ohne eingehende Inspektion des feudalen Prachtbaus unbedingt einen Besuch wert. Dem Schloss schräg gegenüber gehen der weitläufige, baumbestandene Markt und der Triangelplatz ineinander über. Die zentrale Straße, die von Schloss und Markt aus parallel zum Ufer des Grienericksees nach Norden führt, heißt natürlich Königsstraße. Zurückversetzt vom Markt erhebt sich die Laurentius-Kirche, der man nicht ansieht, dass ihr Baukörper im Kern aus dem 13. Jh. stammt (in der Saison Mo–Sa 10–13 und 14–16 Uhr, So 13–16 Uhr). Am Kirchplatz erinnert eine Keramikmanufaktur samt Museum an die lange Tradition der Keramik- und Porzellanproduktion in Rheinsberg (die es übrigens noch heute gibt). Nördlich des Schlosses findet sich am Grienericksee ein kleiner Hafen mitsamt Uferpromenade.

Zuallererst sind es zwei Namen, die mit dicken Lettern in den Annalen von Rheinsberg vermerkt sind: *Friedrich II.* und *Kurt Tucholsky*. Bevor Friedrich, damals noch Kronprinz, an den Grienericksee kam, war Rheinsberg kaum mehr als ein kleines Kaff neben einem in die Jahre gekommenen Herrensitz. Unter Friedrich begann nicht nur der Ausbau der Residenz, auch den Markt ließ er pflastern, die Häuser mit Ziegeln decken und verputzen, den Park anlegen. Nachdem 1744 der Bruder des nunmehr regierenden Königs Friedrich II., *Prinz Heinrich*, das Rheinsberger Schloss bezog, wurden die Um- und Ausbaumaßnahmen noch intensiviert. Kurt Tucholsky dagegen setzte der Stadt ein literarisches Denkmal, als er die Erinnerung an ein paar unbeschwerte Rheinsberger Urlaubstage in der luftig-leichten Liebesromanze *Rheinsberg. Ein Bilderbuch für Verliebte* verdichtete.

Der Kronprinz in Rheinsberg

Als Friedrich nach Rheinsberg kam, war er noch nicht der Zweite und schon gar nicht der Große oder der Alte (Fritz nämlich). Er war nur Friedrich aus der Familie der Hohenzollern, Kronprinz von Preußen (1712–1786). Das bedeutete zum einen, dass er früher oder später für die Staatsgeschäfte des Königreichs verantwortlich zeichnen musste; und zum anderen, dass er vor seinen Ahnen zu bestehen hatte: Der Urgroßvater hatte sich den Beinamen *Der Große Kurfürst* erworben, der Großvater Brandenburg zum Königreich Preußen erhoben und der Vater Preußen dazu in Stand gesetzt, im europäischen Machtkonzert zu bestehen. Dass sich Friedrich seiner Ahnen als würdig erweisen und sie gar übertreffen würde, war zum Zeitpunkt seiner Ankunft in Rheinsberg nicht vorhersehbar, wenn nicht sogar unwahrscheinlich.

Der junge Friedrich war ein Schöngeist und so ganz der monarchische Gegenentwurf zum gestrengen Vater, König *Friedrich Wilhelm I.* (1688–1740), den man auch Soldatenkönig nannte. Der alte Hohenzoller war durch und durch Soldat, der junge liebte die französische Literatur; der alte hatte eine schlagkräftige Armee geformt, der junge spielte Querflöte; der alte war ein Protestant von calvinistischer Strenge, der junge ein Frei- und Feingeist. Entsprechend zerrüttet war das Verhältnis der beiden. Friedrich Wilhelm nannte seinen Sohn einen „Flötenspieler und Gecken", während der Sohn die Uniform, des Vaters Lieblingsgarderobe, als „Sterbekittel" bezeichnete. Der Konflikt fand seinen Höhepunkt in der versuchten Flucht des Kronprinzen während einer gemeinsamen Reise. Doch Friedrich wurde aufgegriffen, der Vater empfand die recht naive Aktion als Verrat wie auch als persönlichen Affront, und es heißt, es habe nicht viel gefehlt, und der aufbrausende Friedrich Wilhelm hätte seinen Sohn und Nachfolger hinrichten lassen. Seiner Majestät Wut bekam dafür ein anderer zu spüren: Hans Hermann von Katte, am Fluchtversuch beteiligter Vertrauter Friedrichs. Er wurde zum Tode verurteilt und der Kronprinz gezwungen, der Hinrichtung beizuwohnen. Da Friedrich aber in Ohnmacht fiel, blieb ihm erspart, der Vollstreckung ansichtig zu werden. Zu dem Zeitpunkt, an dem er die Schuld am Tod seines Freundes tragen musste und der eigenen Hinrichtung nur knapp entronnen war, war Friedrich 18 Jahre alt. In den folgenden Jahren übte sich Friedrich in Disziplin, versuchte dem Vater zu gefallen, heiratete auf Befehl, kam seinen militärischen Pflichten nach und führte ein Regiment in einen kurzen Feldzug.

Dann aber zog sich Friedrich zurück – nach Rheinsberg. Er widmete sich der Musik und seinen Büchern, er betrieb intensive philosophische und literarische Studien und verfasste seinen *Antimachiavell* (eine Streitschrift gegen die rohe Staatsräson in Machiavellis *Il Principe*). Er empfing Komponisten, Baumeister und Maler und begann einen regen Briefkontakt mit *Voltaire* (1694–1778), einem der führenden Köpfe der französischen Aufklärung. Vier Jahre sollte der Kronprinz in seinem Schloss in Rheinsberg verweilen und nannte diese Zeit die glücklichste seines Lebens. Am 31. Mai 1740 bestieg er als *Friedrich II.* den preußischen Thron. Noch im gleichen Jahr befand er sich im Krieg mit Österreich.

Zwar war Friedrich wohl der berühmteste der Rheinsberger Schlossherren, nicht minder nachhaltig aber wirkte sein Bruder *Prinz Heinrich* (1726–1802). 1744 hatte Friedrich II. Schloss Rheinsberg seinem kunstsinnigen Bruder vermacht. Die im Auftrag Heinrichs begonnene Erweiterung von Schloss und Park prägen das Gesamtbild der Anlage bis heute. Heinrich lebte mit seiner Prinzessin Wilhelmine im Rheinsberger Schloss bis zu seinem Tod im Jahr 1802.

Der musischen Ader der beiden Hohenzollern Friedrich und Heinrich geschuldet, hat sich in Rheinsberg bis heute eine lebendige Musiktradition erhalten. Den Spielplan füllen die Kammeroper Schloss Rheinsberg und ihr Internationales Festival junger Opernsänger, die Rheinsberger Musikakademie, die Rheinsberger Musiktage zu Pfingsten, die Lange Nacht der Künste, Kirchenkonzerte usw. (Infos unter www.kammeroper-schloss-rheinsberg.de und www.musikakademie-rheinsberg.de).

Es gibt also viele Gründe, um das schmucke Städtchen Rheinsberg zu besuchen. Vor allem aber, klar: Das Schloss muss besichtigt werden ...

Literatur Kurt Tucholsky, *Rheinsberg. Ein Bilderbuch für Verliebte.* Die vergnüglich zu lesende Lektüre über den vergnüglichen Aufenthalt von Claire und „Wölfchen" in Rheinsberg („Was isn diss?" „Nüchs, wie du dich auszudrücken beliebst." „Na, haber ..."). Tucholsky selbst bemerkte 1920 im Vorwort zur Neuauflage: „Aber was in dem Buch da ist: das weiß ich schon. Eine bessere Zeit und meine ganze Jugend." Unter anderem erschienen bei Rowohlt.

Information Tourist-Information im Kavalierhaus des Schlosses am Markt. Sehr freundlich und hilfsbereit. Mo–Sa 10–18 Uhr, So 10–16 Uhr. Im Winter Mo–Do 10–16 Uhr, Fr/Sa 10–18 Uhr, So 10–16 Uhr (12.30–13 Uhr geschl.). Am Markt, 16831 Rheinsberg, ✆ 033931-2059 oder 033931-39296, 📠 033931-34704, www.tourist-information-rheinsberg.de.

Die offizielle Webseite der Stadt lautet: www.rheinsberg.de.

Kurtaxe Zuletzt 0,90 € pro Pers., für 2012 ist eine Erhöhung auf 1,25 € geplant.

Ausflüge Fahrgastschifffahrt Rheinsberg (Reederei Halbeck), diverse Touren, z. B. nach Zechlinerhütte und zurück (in der Saison 2-mal tägl., 15 €/Pers.), die 2-stündige Rheinsberger Seenrundfahrt (10,50 €) oder – seltener – bis Strasen (6 Std., 17,50 €/Pers.) und nach Röbel an der Müritz (12 Std., 22,50 €). Kinder bis 14 J. erhalten 50 % Rabatt, Fahrrad/Hund 3 € pro Strecke. Weitere Infos und Termine im Büro am Markt 11, ✆ 033931-38619, 📠 033931-39406, www.schifffahrt-rheinsberg.de.

Bootsverleih Die **Reederei Halbeck** verleiht auch Boote, vom Tretboot (9 €/Std., 34 €/Tag) über Ruderboot (5 €/Std., 20 €/Tag), Kajak (5 €/Std., 24 €/Tag) und Kanu (7 €/Std., 28 €/Tag) bis hin zu Motorboot (20 €/Std., 120 €/Tag) und Yacht (ab 26 €/Std., ab 155 €/Tag). April bis Okt. 9–18 Uhr. Am Yachthafen (Kurt-Tucholsky-Str.), ✆ 033931-39390, 📠 033931-39406, www.schifffahrt-rheinsberg.de.

Einkaufen Kurt-Tucholsky-Buchhandlung **7**, sympathischer Buchladen unweit des Schlosses, kenntnisreich geführt, Mo–Fr 9–18 Uhr, Sa 9–15 Uhr (im Winterhalbjahr Sa nur bis 12.30 Uhr). Schlossstr. 6, ✆ 033931-2134.

Übernachten/Essen Der Seehof **4**, freundliches Hotel und Restaurant mit viel Charme. Schöne, helle Zimmer, z. T. mit Balkon zum See, W-LAN, sehr gemütliches Innenhof/Hofgarten, viel gelobtes Restaurant (Vorspeisen 6–8 €, Hauptgerichte 14–17 €), auch Vegetarisches, Wild etc. EZ 75 €, DZ 110 €, Suite 125 €, jeweils inkl. Frühstück. Seestr. 18, 16831 Rheinsberg, ✆ 033931-4030, 📠 33931-40399, www.seehof-rheinsberg.de.

**** Schlosshotel Rheinsberg **5**, zweifellos eine gute Adresse, hier soll schon Kaiser Wilhelm II. logiert haben (seither wurde natürlich kräftig renoviert); mit schicker Bar, überdachtem Atrium und Café (Tische auch draußen). Im stilvollen Restaurant wird gehobene Küche serviert. Sehr freundlicher Service. Zentrale Lage direkt am Markt, Seestraße/Ecke Königstraße. EZ 62,50–70 €, DZ 95–105 €, Juniorsuite 105–115 €, Prinz-Heinrich-Suite 115–125 €, Frühstück 7,50 € pro Pers. Seestr. 13, 16831 Rheinsberg, ✆ 033931-39059, 📠 033931-39063, www.schlosshotel-rheinsberg.de.

Haus Rheinsberg **1**, komplett behindertengerecht ausgestattetes und barrierefreies Hotel in schöner Lage direkt am See, mit Restaurant, Schwimmbad, Sauna, Sportprogramm, Massagen, Physiotherapie etc. EZ 89 €, DZ 170 €, Frühstück inkl., Halbpension 24 €/Tag (auch Diätküche). Hund 15 €/

Grienerick-

see

Kavalierhaus

Schlosstheater

Schloss

Tucholsky-
Literaturmuseum

Marstall

Salon

Schlosspark

Gartenportal

Fontanepromenade

Am Rosenplan

Peckhöbenweg

Donners-
marckweg

Feldstr.

Kurt- Tucholsky- Str.

Seestr.

Seestraße

Kirch-
platz

Schlossstraße

Triangel-
platz

Mühlenstr.

Lange Straße

Gartenstraße

Berliner Str.

Rhinstraße

Parkstraße

Fontane-
platz

Rhin

Damaschkeweg

Paulshorster Str.

Karlstraße

Augustraße

Berliner Straße

Schlossstraße

R.-Breitscheid-Str.

Poststraße

Königstraße

Kirchstraße

Am Markt

Feldstr.

*Zechlinerhütte,
Mirow, Wesenberg*

Rheinsberg

Berlin

80 m

Tag. Donnersmarckweg 1, 16831 Rheinsberg, ☎ 033931-3440, ✆ 033931-344555, www.
hausrheinsberg.de.

Ratskeller 6, das Restaurant ist auch dank
Tucholsky eine Institution, wenngleich der
Gasthof, den vor Tucholsky schon Fontane
kannte, abgerissen und an seiner Stelle ein
Neubau errichtet wurde. Heute fährt der Rats-
keller mit großer Speisekarte bei mittlerem
Preisniveau auf (Hauptgericht 10–16 €), auch
vegetarische Gerichte, freundlicher Service.
Tägl. ab 11 Uhr. Markt 1, ☎ 033931-2264.

Zum Fischerhof 3, zur örtlichen Fischerei
mit Fischhandlung und eigener Räucherei
gehört auch das Fischrestaurant am Hafen,

mit Terrasse, sehr beliebt und nicht teuer.
April bis Okt. Mi–So 12–22 Uhr, warme
Küche bis 21 Uhr; in der Nebensaison
Mo/Di Ruhetag. Seestr. 19 a, ☎ 033931-39586.

Zum Jungen Fritz 8, Gast- und Logier-
haus, heißt: zünftiges Wirtshaus mit acht
Zimmern. Im urigen Gasthaus kommt deftige märkische Küche auf den Teller, auch
saisonale Empfehlungen, nachmittags Kaffee und Kuchen, ein paar Tische auch draußen. Zentral gelegen. EZ ab 50 €, DZ ab 72 €.
Schlossstr. 8, 16831 Rheinsberg, ☎ 033931-
4090, ✆ 33931-40934, www.junger-fritz.de.

Pane e Vino 9, guter Italiener in der Schlossstraße, leckere Pasta, guter Wein, nicht

teuer, Küche bis 22 Uhr und bei Bedarf auch darüber hinaus. Tägl. mittags und abends geöffnet. Berliner Str. 2, ☎ 033931-189765.

Café Tucholsky 🄳, mit schöner Terrasse an der Hafenpromenade/Ecke Kurt-Tucholsky-Straße. Köstliche Kuchen, durchgehend warme Speisen, Live-Kaffeehausmusik und diverse Veranstaltungen. Auch Ferienwohnungen (75–85 €/Tag). Tägl. ab 12 Uhr geöffnet, in der Saison ab 9 Uhr, im Winter Mi/Do geschlossen. Kurt-Tucholsky-Str. 30 a, ☎ 033931-34370, www.tucholsky-cafe.de.

Sehenswertes

Schloss: Schon im 14. Jh. stand hier am See eine Burg zum Schutz der Ruppiner gegen die Mecklenburger im Norden. Zu Ruhm und Ehre kam Schloss Rheinsberg jedoch bekanntermaßen erst 1736, als Kronprinz Friedrich nebst seiner – ihm auf Geheiß des Vaters angetrauten – Gattin *Elisabeth Christine von Braunschweig-Bevern* das zuvor gründlich um- und ausgebaute Schloss als Residenz erhielt. Ab 1744 residierte hier Friedrichs jüngerer Bruder *Heinrich*, der bis zu seinem Tod im Jahr 1802 in Rheinsberg blieb, danach erhielt sein Bruder *Ferdinand* die Residenz. 1911 verhalf *Kurt Tucholsky* dem Schloss zu neuem Ruhm – ihm ist in einigen Räumen des Erdgeschosses eine Ausstellung gewidmet. Von 1953 bis 1990 diente das Schloss als Sanatorium für Diabetiker. 1991 wurde das Schlossmuseum eröffnet.

Der junge Fritz

Tucholsky-Literaturmuseum: Bei einem Besuch von Schloss Rheinsberg sollte man die kleine Ausstellung im Erdgeschoss des Nordflügels auf keinen Fall auslassen. Zu sehen sind Zeitdokumente zu Tucholskys Leben, darunter einige Originale der „Weltbühne" sowie Originalausgaben einiger Bücher und Schriften, die Tucholsky unter Pseudonym schrieb, Fotos und andere Dokumente. Zitate aus seinen Werken und Daten zu Tucholskys Leben runden die Ausstellung ab – und wer will, kann im ersten Nebenraum das beschwingte „Rheinsberg" als Hörbuch genießen (gelesen von Anna Thalbach).

Der *Rundgang* durch das Schloss führt – das Treppenhaus im Nordturm hinaufkommend – vom Spiegelsaal im ersten Stock durch unzählige Kammern, Säle und Gemächer, von denen die meisten noch in der Originalausstattung erhalten, aber nur noch teilweise möbliert sind (das meiste Mobiliar wurde nach Heinrichs Tod 1802 veräußert). Zahlreiche Gemälde und einige Gobelins sind noch zu sehen. Zu den Höhepunkten im ersten Stock – Friedrich und seine Gattin logierten hier in getrennten Wohnungen – zählen der repräsentative *Spiegelsaal* (der größte Saal des Schlosses) sowie das *Turmkabinett* im Südflügel, in dem Friedrich seine Korrespondenzen und Schriften verfasste (u. a. den „Antimacchiavell" und den Briefwechsel mit Voltaire). Den *Rittersaal* mit seinen militärischen Anspielungen ließ Friedrich extra für die Besuche seines Vaters anfertigen. Zu sehen sind auch die damalige Wohnung von Prinz Ferdinand sowie die *Bibliothek* von Prinz Heinrich und dessen rekonstruiertes *Schlafzimmer* – diese Räume entstanden alle nach Friedrichs Zeit. Im Erdgeschoss gibt es weitere Räume, die von Heinrich gestaltet und bewohnt wurden. Hier, in seiner Schlafkammer, starb er am 3. August 1802.

Im letzten Raum des Rundgangs dokumentieren Fotos die Zeit von 1949 bis 1990, als Rheinsberg ein Sanatorium war, und die damit verbundenen baulichen Maßnahmen bzw. die Zerstörung der Sommerwohnung von Prinz Heinrich, die sich hier im Erdgeschoss befand.

Schloss: 1. April bis 31. Okt. Di–So 10–18 Uhr (Einlass bis 17.30 Uhr), im Winter nur bis 17 Uhr (Einlass bis 16.30 Uhr) und über Mittag 12.30–13 Uhr geschlossen, Mo geschlossen. Eintritt 6 €, erm. 5 €, Führung oder Audioguide inkl. (Führungen werden meist für Gruppen angeboten, man kann sich als Einzelperson anschließen, ansonsten Audioguide), Familienticket 8 €, Fotoerlaubnis 3 €. Bei Bedarf werden auch kombinierte Schloss-/Parkführungen angeboten (7,50 €/Pers.). Kasse/Buchladen im früheren Marstall gegenüber vom Museum. Barrierefreier Zugang. Mühlenstr. 1, 16831 Rheinsberg, ☎ 033931-7260.

Tucholsky-Literaturmuseum: gleiche Öffnungszeiten wie das Schloss, Eintritt 3 €, erm. 2 €, Familienkarte 6 €.

Schlossgarten: Durch den Fluss *Rhin* vom Schloss getrennt, erstreckt sich der Schlossgarten am Südufer des Grienericksees. Zunächst wurde er während der Anwesenheit von Kronprinz Friedrich im barocken Stil angelegt. Prinz Heinrich ließ die Anlage auf ihre heutige Größe erweitern und ergänzte diversen architektonischen Schmuck. Ein Spaziergang durch schattige Laubengänge und Alleen, vorbei an ausdrucksvollen Statuen und kunstvoll geschnittenen Hecken zu Felsengrotte, Heckentheater oder zum offenen „Salon", am Ufer des Sees entlang oder bis hinein in den Boberow-Wald runden den Besuch in Rheinsberg ab.

Die Kleinseenplatte südlich von Wesenberg

Der östliche Teil der Kleinseenplatte, der sich südlich von Wesenberg erstreckt, ist weniger waldreich als die Gegend südlich von Mirow, doch öffnet sich hier eine nicht minder liebliche Landschaft: sanfte Hügel, überzogen von Feldern und kleinen Waldstücken, Wiesen in den Niederungen und Schilfgürtel an den Ufern der Seen und Flussläufe.

Auf halbem Weg zwischen Canow und Wesenberg erhebt sich weithin sichtbar die neugotische Kirche von **Wustrow**. Das typische mecklenburgische Straßendorf liegt am *Plätlinsee*, der für Motorboote komplett gesperrt ist. Das wenige Kilometer entfernte **Strasen** ist ein unaufgeregtes Dorf mit Gasthaus und eigenwilliger Kirche (ein turmloser, in der zweiten Hälfte des 18. Jh. erbauter Backsteinbau mit Fachwerkflanke – oder ein Fachwerkbau mit Backsteinfront, je nach Blickwinkel). Quasi am Ellbogen des Ellbogensees schließlich liegt **Priepert**, ebenfalls mit restaurierter Fachwerkkirche aus dem frühen 18. Jh. Der *Ellbogensee* ist eine Wasserstraßenkreuzung: Von Norden (Kratzeburg, Blankenförde, Wesenberg) kommt der Oberlauf der *Havel* über den Großen Priepertsee und fließt in südöstlicher Richtung weiter nach Fürstenberg. Nach Westen hin führt der Ellbogensee zur Schleuse von Strasen, die die Havel mit dem Pälitzsee und damit mit der *Müritz-Havel-Wasserstraße* verbindet.

Die Kleinseenplatte → Karte S. 195

Übernachten/Essen Pension Schloss Drosedow, Luftlinie nur wenige Kilometer westlich von Wustrow am Krummen Woklowsee gelegen, mit dem Auto aber ein gutes Stück zu fahren. Schöne Lage am See, mit Park, Springbrunnen und Liegestühlen am Wasser, Badehaus mit Sauna, Ruderboote und sogar ein schlosseigenes, kleines Motorboot für die Gäste, die geräumigen Zimmer/Suiten in gediegener Eleganz. Auf dem Gelände verteilt gibt es außerdem einige Ferienhäuser für 2 Pers. (100 €/Tag, ab sieben Nächten wird es günstiger). DZ/Suite 100–150 €, Frühstück inkl. Keine Haustiere. *Anfahrt*: von Wustrow am südlichen Ortsausgang rechts ab Richtung Canow, noch vor Neu-Canow rechts ab, durch Seewalde und den Ort Drosedow, hier am nördlichen Ortsrand rechts ab (beschildert). Dorfstr. 28, 17255 Drosedow,

„Die Brücke am Fluss" ...

039828-26953, 039828-26761, www.schloss-drosedow.de.

Zum Löwen, etwas älterer Neubau unweit der Schleuse in Strasen. Mit Restaurant, Café und sehr schönem Biergarten direkt am Wasser – viel Wasserwanderverkehr und somit ständig was zu sehen. Eine Kanustation gegenüber ist im Bau. Fahrradverleih (8 €/Tag). EZ 46 €, DZ 69 €, Dreibett-Zimmer 82 €, Haustier 8 € pro Aufenthalt. Schleusengasse 11, 17255 Strasen, 039828-20285, 039828-20391, www.loewenhotel.de.

Ferienpark Ellbogensee, direkt am Ufer des Ellbogensees. Gepflegtes und weitläufiges Gelände unter hohen Kiefern, Badebucht, Bootsanleger und Bootsverleih. Übernachten kann man in Blockhäusern. Langfristige Vermietung: 4 Pers. ab 120 €/Tag, in der Nebensaison deutlich günstiger, bei kürzerer Mietdauer deutlich teurer, Feiertagspauschale (4 Nächte) 340–440 €. Hund 4,50 €/Tag. Am Ellbogensee 1, 17255 Strasen, 039828-259150, 039828-259151, www.ferienpark-am-see.de.

Camping/Kanuverleih Kanuhof Wustrow, sympathischer und freundlicher Kanuverleih und Zeltplatz, nicht ausschließlich für Wasserwanderer. Sehr schöner Platz auf grüner Wiese mit Obstbäumen. Preisbeispiele für Boote: 1er-Kajak 7 €/Std., 18 €/Tag; 3er-Canadier 7 €/Std., 28 €/Tag, 4er-Canadier 9 €/Std; 35 €/Tag. Geöffnet Ostern bis Mitte Okt. tägl. 9–19 Uhr. Camping: Erw. 6 €, Kinder ab 4 J. 4 €, Jugendliche bis 15 J. 5 €, es gibt auch einen Bungalow (max. 4 Pers., 40 € pro Tag plus 20 € Endreinigung, hier keine Hunde). Am südlichen Ortsrand von Wustrow auf der rechten Seite. Dorfstr. 57 a, 17255 Wustrow, 039828-20083, 039828-26481, www.kanuhof-wustrow.de.

Naturcamping am Ellbogensee, erhöht über dem See mit schönem Blick. Der eher einfache Platz unter holländischer Leitung erfreut sich vor allem bei jungen Berliner Familien größter Beliebtheit, nicht zuletzt wegen des Bio-Ladens und Cafés mit Terrasse über dem See. Riesiger Kinderspielplatz und zwanglose Unaufgeräumtheit gepaart mit ein wenig Esoterik. Auch Wasserwanderplatz und Bootsverleih. Pro Pers. 4,95 €, Kinder unter 12 J. 3,10 €, Wasserwanderer 7,50 € (Kinder 3,75 €), Zelt 4,75–7,75 €, Wohnwagen/-mobil 8–11 €, Auto 3,25 €, Strom 2,95 €. Keine Hunde! *Anfahrt*: von Strasen 3,5 km in südöstliche Richtung durch den Wald nach Großmenow, hier noch vor dem Ort auf der linken Seite. Camp am Ellbogensee 1, 17255 Strasen, ✆ 033093-32173, www.ellbogensee.de.

Einkaufen 🐟 Naturladen Seewalde, im gleichnamigen Ort bei Wustrow. Das „Dorf Seewalde" ist eine Gemeinschaft von zurzeit 30 Menschen, z. T. mit geistiger Behinderung, mit Werkstatt, Landwirtschaft, kleinen Handwerksbetrieben, Ferienbungalows und eben dem Naturladen. Große Auswahl, während der Saison Mo und Do–Sa 9.30–12 Uhr, Mi 15–18 Uhr geöffnet, Di und So geschlossen. Anfahrt: von Wustrow nach Südwesten Richtung Canow, vor Neu-Canow rechts ab nach Seewalde, beschildert. 17255 Seewalde, ✆ 039828-26778, www.seewalde.de. ■

Richtung Norden auf dem Weg nach Wesenberg erreicht man schließlich das an sich unspektakuläre Dörfchen **Ahrensberg** am Drewensee (von Wesenberg aus auf einer 4 km langen, schönen Chaussee in südöstlicher Richtung). Ein Wasserwanderrastplatz befindet sich hier an der *Alten Havel* im Ort (mit Café), die Obere-Havel-Wasserstraße mündet südlich von Ahrensberg in den See. Im gut abgrenzten Ahrensberger Gutshof geht man heute der Pferdezucht nach. Schmuckstück des Ortes ist die ein wenig südlich gelegene *Hausbrücke* (ca. 1930), die Cineasten natürlich sofort an Meryl Streep und Clint Eastwood in „Die Brücken am Fluss" denken

... bei Ahrensberg

lässt. Darunter passieren täglich jede Mange Kanus. Die Brücke überspannt besagte Obere-Havel-Wasserstraße, ein äußerst beliebtes Wasserwanderrevier. Den südlich gelegenen Ort *Hartenland* muss man nicht gesehen haben, von hier sind es nur wenige Kilometer nach Strasen und Priepert (→ oben).

Anfahrt Hausbrücke   Von Ahrensberg Richtung Hartenland auf herrlich schöner Allee, nach 800 m links ab und nochmal 500 m auf schöner Allee zur Hausbrücke.

Wasserwandern/Essen   Rast beim Fischer, unterhalb der Hausbrücke, einfach nett und idyllisch gelegen, Fischbrötchen, Räucherfisch und Getränke, während der Saison tägl. 10–19 Uhr geöffnet.

Café Zur Alten Havel, im Ort an der Alten Havel. Kaffee, Kuchen, Eis und Kleinigkeiten, es gibt auch eine Zeltwiese und einen Kanuverleih: 2er-Kajak/Canadier 8 €/

Std., 26 €/Tag, 4er-Canadier 10 €/Std., 31 €/Tag. ✆ 039832-26252.

Camping   Am Drewensee, schöner, abgelegener Wald- und Wiesencamping mit Bootsanleger, Badestelle, Hundestrand, auch Wasserwanderplatz; mit kleinem Laden. Freundlich und familiär. Erw. 6,30 €, Kinder 2–14 J. 4,30 €, Stellplatz 5,70–12,10 €, Hund 4,60 €, Strom 3 €. Mitte April bis Anfang Nov. geöffnet. Gehört zu Haveltourist. An den Havelbergen 1, 17237 Groß Quassow/Userin, ✆ 03981-24790, 📠 03981-247999, www.haveltourist.de.

Wesenberg

ca. 3100 Einwohner

Inmitten der lieblichen Kleinseenplatte liegt Wesenberg, ein sympathisches Städtchen mit schmuck hergerichteter Altstadt samt Burg.

In Wesenberg geht es ruhig zu. Kleinstädtisches Flair verbreitet das kompakte Zentrum, das von der Ringstraße fast umschlossen wird. Vom weitläufigen Markt sind es nur ein paar Schritte zur beschaulichen Burg. Unterhalb davon erstreckt sich eine schöne, große Grünanlage (mit Spielplatz) bis zum kleinen Hafen für Wasserwanderer am Woblitzsee (ein größerer Anleger befindet sich in der lang gestreckten Grünanlage nördlich des Stadtkerns).

Wesenberg liegt an der Oberen Havel-Wasserstraße. Der Woblitzsee ist einer der großen Havelseen, die sich nördlich des Städtchens ausdehnen und teilweise bereits in den Müritz-Nationalpark hineinreichen.

Wesenberg ist eine relativ junge Stadt. Nach der ersten Teilung Mecklenburgs ließ Fürst Nikolaus I. von Werle um 1250 eine Burg an der für ihn wichtigen Handelsstraße errichten. Im Schatten der Burg entstand eine Siedlung, die bald das Stadtrecht erhielt (1278). Mehrmals fiel Wesenberg an Brandenburg, bis es endgültig Mecklenburg zugeschlagen wurde. Wie für so viele Städte war auch für Wesenberg das 17. Jh. kein gutes Jahrhundert. Die Schrecken des Dreißigjährigen Krieges, die Pest und schließlich mehrere schwere Stadtbrände suchten den Ort heim. Die vielleicht größte Feuersbrunst tobte 1706 und soll nur ein einziges Haus verschont haben, auch Kirche, Kirchturm und Burg wurden schwer in Mitleidenschaft gezogen. Auch am Ende des Zweiten Weltkriegs nahmen Burg und Häuser durch Brände schweren Schaden, wurden aber sorgsam mit viel Aufwand wiederhergestellt und ergeben heute ein sehenswertes kleinstädtisches Ensemble.

Sympathisches Café in Wesenberg

⌒ Basis-Info

Information Touristinformation, in der Burg, freundlich und hilfsbereit, es werden geführte Wanderungen und Radtouren angeboten. Von hier geht es auch in die Heimatstube und auf den Turm der Burg. Juni bis Sept. Mo–Fr 10–18 Uhr, Sa 10–14 Uhr, im Aug. auch So 10–14 Uhr; Mai und Okt. Mo–Fr 10–17 Uhr; Nov.–April Mo–Fr 10–16 Uhr geöffnet. Burg 1, 17255 Wesenberg, ✆ 039832-20621, ☏ 039832-20383, www.wesenberg-mecklenburg.de, www.klein-seenplatte.de.

Verbindungen Bahn: Die Linie R 6 der Privatbahn ODEG verkehrt ca. 8-mal tägl. zwischen Neustrelitz und Mirow. Bahnhof am nordöstlichen Ortsrand von Wesenberg.

Bus: Linie 650 fährt mehrmals tägl. zwischen Neustrelitz und Mirow mit Halt in Wesenberg. Linie 649 ebenfalls mehrmals tägl. von Neustrelitz via Wesenberg nach Wustrow, Priepert, Canow und Kleinzerlang.

Ausflüge mit der **Blau-Weissen Flotte** ab Anlegestelle Wesenberg (nördlich vom Hafen) im Sommer 2-mal wöchentlich nach Neustrelitz (3 Std.). Nähere Infos: ✆ 039833-22270, www.schiffahrt-mueritz.de.

Aktivitäten

Boots-/Kanuverleih   Jahn's Bootsverleih, am kleinen Hafen hinter der Burg. Kajaks ab 16 €/Tag, 2er- und 3er-Canadier ab 25,50 €/ Tag, mehrtägige Miete günstiger; auch *Wasserwanderrastplatz* (Zelten möglich: 3 € pro Pers., Kinder 1,50 €, Zelt 4 €, Hund 2,50 €). Vor dem Mühlentor 13, ✆ 039832-20568, www.jahns-bootsvermietung.de.

》 Unser Tipp: Kanu-Mühle, an der Straße Richtung Neustrelitz, über die Brücke, dann rechts und sogleich wieder rechts. Kajaks ab 18 €/Tag, Canadier ab 26 €/Tag (3er/4er-Canadier 31 €/Tag), auch stundenweise möglich, mehrtägige Miete günstiger; zudem geführte Paddeltouren im Angebot (auch mehrtägig), außerdem Kurse: Erw. 30 €, Kinder 12 €. Auch *Wasserwanderrastplatz*: Übernachtungsmöglichkeiten im Zelt auf der Campinginsel (6 €/Pers., Kinder 3,50 €), in der Holzhütte (wirklich nur eine kleine Hütte mit Bett und Tisch für 20 €/2 Pers.), in der Ferienwohnung (43–70 €) oder im schönen Bootshaus am See (60–80 €). Auch Imbiss mit Kaffee, Kuchen, Snacks. Kinderfreundlich. Havelmühle 1, ✆ 039832-20350, www.kanu-muehle.de. **《**

Marina Wesenberg, noch ein Stück südlich von der Kanu-Mühle Richtung Ahrensberg auf der rechten Seite, nicht zu übersehen, direkt am Havelkanal. Motorbootverleih (auch führrerscheinfrei), Kajaks und Canadier, Fahrräder, Bistro und Wohnmobilstellplatz. Ahrensberger Weg 11, ✆ 039832-26023.

Fahrradverleih   Fahrradservice Rehfeldt, ca. 7 €/Tag. Mo–Fr 9–12 Uhr. Hohe Str. 9, ✆ 039832-20430. Fahrradverleih bei der **Kanu-Mühle** und der **Marina Wesenberg** (→ oben) je 10 €/Tag.

Wasserwanderrastplatz   Unweit von Burg und Villa Pusteblume, netter Biergarten (→ unten) am Hafen, ab 3 Std. Aufenthalt Liegegebühr: 0,50–2,50 €, je nach Bootsgröße.

Baden   Strandbad Weißer See, mit riesiger Liegewiese, Fußball- und Beachvolleyballfeld, die ODEG fährt ab und zu hupend vorbei, Strandrestaurant oberhalb (→ unten). *Anfahrt*: von Wesenberg Richtung Zwenzow, bei der Abzweigung zum „Familienpark am Kleinen Labussee" rechter Hand geht es nun nach links zur Badestelle/ Strandrestaurant. Parkplatz nach 200 m, ab hier noch 300 m zu Fuß (auf dem Weg schon Liegewiese und einige Badestellen).

Feste/Veranstaltungen   Wesenberger Burgfest am ersten Wochenende im Juli.

> 🚶 Von Wesenberg aus lässt sich eine **(Rad-)Wanderung** (ca. 11 km, reine Gehzeit etwa 3,5 Std.; mit dem Fahrrad ca. 1,5 Std.) unternehmen. Eine ausführliche Wanderbeschreibungen finden Sie im (Rad-)Wanderführer am Ende des Buches (**Tour 9**, → S. 313–315).

Übernachten/Essen & Trinken

Es sind vor allem die Campingplätze der Umgebung, die Wesenberg als Standort interessant machen. Mit Hotels ist der Ort dagegen nicht gerade gesegnet.

Übernachten   B & B-Pension Wesenberg, nicht zentral, aber doch in Wesenberg; vier schöne DZ, im Haus gibt es auch eine Sauna, Parkplätze am Haus, Fahrradverleih für Hausgäste; sehr freundliche Leitung. *Anfahrt*: Zwenzower Weg Richtung Bahnhof, das B & B liegt noch vor dem Bahnhof auf der rechten Seite. DZ 55 €/Tag (bei längerem Aufenthalt günstiger), keine Hunde. Bahnhofstr. 15, 17255 Wesenberg, ✆/✉ 039832-20043, www.pension-wesenberg.de.

Die Kleinseenplatte → Karte S. 195

Außerhalb Borchard's Rookhus, Familienresort-Hotel 3 km nördlich von Wesenberg (Richtung Zwenzow), am Westufer des Großen Labussees. Liegewiese mit Sandstrand und Bootssteg, schöne Terrasse mit Seeblick, ruhige Lage zwischen Wald und See. Kinderbetreuung, Familienprogramm, Ausflüge, Sauna, Boots- und Fahrradverleih. Ganzjährig geöffnet. Pro Pers. 640–900 € pro Woche inkl. Halbpension. Am Großen Labussee 12, 17255 Wesenberg, ☎ 039832-500, 📠 039832-50100, www.rookhus.de.

Ferienwohnungen/Ferienhäuser Villa Pusteblume (→ Cafés); **Kanu-Mühle** (→ Boots-/Kanuverleih); **Camping und Ferienpark Havelberge** (→ Nördlich von Wesenberg, S. 218).

Camping Rund um Wesenberg gibt es mehrere Plätze, die meisten gehören zur "Campingkette Haveltourist (www.haveltourist.de). Wasserwanderer können ihre Zelte auch an den beiden Wasserwanderrastplätzen aufstellen (→ oben).

Ihr Familienpark – **Am Kleinen Labussee**, der einzige „independent" Platz rund um Wesenberg und ganz besonders nett, sehr ruhig und äußerst beliebt; Verleih von Fahrrädern, Tret- und Ruderbooten sowie Kanus und Kajaks; Kiosk und Imbiss, kleine Badestelle mit Bootsanleger, auch einfache Holzbungalows im Wald und Zimmer im neuen Haupthaus (dort auch die Sanitäranlagen). Geöffnet 1. Mai bis Anfang Okt. *Anfahrt*: Etwa 2 km vom Zentrum Wesenbergs entfernt, am Kleinen Labussee; zunächst Richtung Bahnhof fahren, davor dann links in den Zwenzower Weg abbiegen und immer geradeaus (Richtung Zwenzow), dann vom Ortsrand aus nach etwa 1 km rechts ab (beschildert). Erw. 4 €, Kinder 3–15 J. 2,50 €, Zelt 5–9 €, Wohnmobil/Wohnwagen 9–13 €, Hund 3 €, Auto 1 €, Strom 2 €; Bungalow für 4–5 Pers. 61–66 €/Tag, EZ 40 €, DZ/App. 50–65 €, Frühstück 6 € pro Pers. Am Kleinen Labussee 1 B, 17255 Wesenberg, ☎ 039832-20525, 📠 039832/26540, www.ihr-familienpark.de.

Camping am Weißen See, schöne, schattige Waldplätze unweit des Großen Weißen

Sees, dort schönes Strandbad mit Steg und großer Liegewiese; kleiner Kiosk und Gaststätte mit Blick auf den See; außerdem Shop bei der Rezeption, Kanu- und Fahrradverleih, hundefreundlich. Ganzjährig geöffnet. *Anfahrt*: Zwei Varianten möglich, eine über die Verbindungsstraße von Wesenberg nach Zwenzow (dann links, ausgeschildert). Oder von Mirow auf der Landstraße kommend vor Wesenberg links ab und am Kleinen Weißen See vorbei (Achtung: unbeschrankter Bahnübergang). Erw. 5,40 €, Kinder (2–14 J.) 3,80 €, Strom 3 €, Hund 3,60 €, Stellplatz 6,70–9,90 €, kleines Zelt 4,70 €, Familienplätze pauschal 15,80–22,60 €; W-LAN auf einigen Plätzen. Diverse Frühbucherrabatte! Geöffnet April bis Sept. Kontakt über Haveltourist, An den Havelbergen 1, 17237 Groß Quassow/Userin, ☎ 03981-24790, 📠 03981-247999, www.haveltourist.de.

Essen & Trinken/Cafés **Am Hafen**, schöner, beliebter und gemütlicher Biergarten bei der Grünanlage zwischen Hafen (gleich beim Wasserwanderplatz) und Burg, Getränke und Kleinigkeiten; nur zur Saison tägl. ab 11 Uhr geöffnet, ☎ 0173-2311918.

Villa Pusteblume, sehr nettes Gartencafé nur wenige Schritte vom Markt (Richtung Burg und Hafen), Kinderspielplatz davor. Man sitzt gemütlich zwischen Obstbäumen, köstliche hausgemachte Kuchen, netter Service. Geöffnet Ostern bis Ende Okt. tägl. 13–17 Uhr, Di Ruhetag. (Zum Spielzeugmuseum → unten). In der schönen alten Villa werden zwei **Ferienwohnungen** für jeweils 2 Pers. vermietet: 45–55 €/Tag, Endreinigung 20 €, Hund einmalig 10 €, dazu kostenlose Fahrräder und Paddelboote. Burgweg 1, 17255 Wesenberg, ☎ 039832-21305, 📠 039832-21360, www.villa-pusteblume-wesenberg.de.

Außerhalb Strandrestaurant Weißer See, direkt oberhalb der riesigen Badestelle am See, Treppen führen von hier auch hinauf zum Camping am Weißen See. Sehr beliebt, herzhafte (Fisch-)Küche zu günstigen Preisen, mit Terrasse. Zur Saison tägl. ab 12 Uhr durchgehend geöffnet, ☎ 039832-20405. Anfahrt wie zum Strandbad (→ oben).

Sehenswertes

Burg Wesenberg und Heimatmuseum: Die Burg wurde erstmals um 1250 errichtet. Immer wieder nahm sie mehr oder weniger Schaden durch Kriege und Stadtbrände. Ein letztes Mal brannte sie gegen Ende des Zweiten Weltkriegs aus. Heute sind in der Burg die Touristinformation, die Stadtbibliothek und das Heimatmuseum untergebracht.

„Schwanensee" bei Wesenberg

Die Kleinseenplatte → Karte S. 195

Das Wesenberger *Heimatmuseum* befindet sich in den Räumlichkeiten hinter der Touristinformation (und im Stockwerk darüber). Neben einer Fotoausstellung und Schautafeln mit Wissenswertem rund um den Kranich (zwei Brutpaare leben ganzjährig nicht weit von hier im Naturschutzgebiet „Rotes Moor") gibt es eine kleine Sektion über die Frühgeschichte, eine historische Schusterwerkstatt und eine forstwirtschaftliche Abteilung zu sehen. Im Nebengebäude befindet sich eine Ausstellung über die Geschichte der regionalen Fischerei. Im Eintrittpreis des Heimatmuseums ist auch die Besteigung des Burgturms enthalten, die man sich nicht entgehen lassen sollte – herrliche Aussicht über Stadt und See.

Juni bis Sept. Mo–Fr 10–18 Uhr, Sa 10–14 Uhr, im Aug. auch So 10–14 Uhr; Mai und Okt. Mo–Fr 10–17 Uhr; Nov. bis April Mo–Fr 10–16 Uhr. Eintritt 2 €, erm. 1 €. Burg 1, 17255 Wesenberg, ✆ 039832-20621, www.wesenberg-mecklenburg.de.

Marienkirche: Die auf einem Feldsteinfundament errichtete Backsteinkirche entstand weitgehend im 14. Jh. Dem fast quadratischen, dreischiffigen Langhaus wurde ein langer Chorraum angefügt, der von einem sehenswerten Netzgewölbe abgeschlossen wird. An der Südseite der Kirche verdeckt eine uralte Linde den Blick auf den gotischen Stufengiebel, der sich über dem Seitenportal erhebt. Der Turm wirkt recht gedrungen – bei einem Brand im frühen 18. Jh. wurde er derart in Mitleidenschaft gezogen, dass man sich nicht mehr die Mühe machte, die oberen Teile wieder aufzubauen. Der Brand verwüstete auch das Innere des Gotteshauses, weite Teile der Ausstattung stammen deshalb aus der Mitte des 19. Jh. Sehenswert ist die aus dem 18. Jh. datierende Orgel von Johann Michael Röder.

Im Sommer tägl. 8–18 Uhr, außerhalb der Saison erhält man den Schlüssel im Pfarrhaus. Hohe Str. 22, ✆ 039832-20431.

Spielzeugmuseum in der Villa Pusteblume: In zwei kleinen Räumen auf der Rückseite der Villa Pusteblume sind Spielsachen aus vergangenen Tagen zu bestaunen – Modelleisenbahnen und -autos, ein Modell des Wiener Prater-Riesenrads, alte

Grammophone und Schreibmaschinen, Radios und Klaviere in kunterbunter Anordnung.

Ostern bis Ende Okt. tägl. 13–17 Uhr, Di geschlossen. Besichtigung auch nach Vereinbarung unter ✆ 039832-21305. Eintritt frei, man freut sich aber über eine Spende.

Findlingsgarten: An der Straße nach Wustrow am südlichen Ortsausgang von Wesenberg befindet sich auf der rechten Seite ein Findlingsgarten mit etwa 30 Findlingen, alle aus der Umgebung von Wesenberg. Frei zugänglich, mit Schautafeln und überdachter Hütte, Storchennest nahebei.

Nördlich von Wesenberg: Rund um den Großen Labussee

Hinter den Quassower Tannen erstrecken sich westlich und nördlich von Wesenberg der *Große Weiße See*, der *Kleine Labussee* und der *Große Labussee*, an deren Ufer sich jeweils ein Campingplatz befindet. Die Orte Zwenzow und Klein Quassow am Ostufer des Großen Labussees sind nicht weiter der Rede wert, beide aber mit Badestelle und Dorfgaststätte, Zwenzow außerdem mit *Wasserwanderrastplatz*.

Übernachten/Essen Amy's Wohlfühlvilla, am südlichen Ortseingang von Zwenzow auf der rechten Seite, direkt in herrlicher Lage am See. Ideal für Hundebesitzer und Erholungssuchende. „Wohlfühlurlaub für Mensch & Hund" lautet der Slogan des Hauses mit großem Garten, Bade- und Anlegesteg, Hundestrand, großem Wellnessangebot mit Hallenbad, Sauna, Dampfbad, Massagen, Kosmetik etc., es gibt auch ein abgegrenztes Doggy Spa. Übrigens: Der Hund übernachtet kostenlos. Nur acht komfortable Zimmer sowie zwei Ferienhäuser im Garten (mit Seeblick). Ganzjährig geöffnet. EZ 79 €, DZ 125 €, jeweils inkl. Frühstück. Die Ferienhäuser (2–3 Pers.) sind wochenweise für 725–800 € zu haben, Frühstück extra (5 €/Pers.). Diverse Wellness-Arrangements, Halbpension ist im nahe gelegenen *Borchard's Rookhus* (→ oben) möglich. Zwenzow 50, 17237 Userin, ✆ 039832-28100, 📠 039832-281022, www.villa-mv.de.

Wesenberg: der Wasserwanderrastplatz (oben) und die Badestelle am Großen Labussee (unten)

Ferien- und Landhotel Labussee, in Klein Quassow. 13 einfache Ferienhäuser und zwölf weitere Ferienwohnungen in dem kleinen, unspektakulären Ort nahe dem Großen Labussee (Anlegestelle). Nebenan rustikale **Gaststätte** (im Sommer Terrasse), sehr freundlich und hilfsbereit, relativ günstig. Fahrrad- und Kanuverleih. Für Wasserwanderer: Der Einstieg ins Wasser ist etwa 200 m entfernt. Zelten ist im Garten möglich, Sanitäreinrichtungen vorhanden. Ferienwohnungen ganzjährig, die Gaststätte nur in den Sommermonaten tägl. 12–21 Uhr geöffnet. Ferienhaus für 4 Pers. 52 €/Tag, Ferienwohnung 58 €, für 6 Pers. 82 €. Zeltplatz (Erw. 6 €, Wohnmobil plus 2 Pers. 16 €). OT Klein Quassow, 17255 Wesenberg, ☎ 039832-20488, ✆ 039832-20760, www. labussee.de.

Camping Zu den Plätzen am Kleinen Labussee und am Großen Weißen See → Wesenberg/Camping.

Die folgenden Campingplätze gehören alle zur Haveltourist-Kette, Kontakt über die Zentrale: **Camping- und Ferienpark Havelberge**, 17237 Groß Quassow/Userin, ☎ 03981-24790, ✆ 03981-247999, www.haveltourist.de.

Camping Zwenzower Ufer, schöner Platz in Zwenzow an der Straße nach Wesenberg, lang gezogen direkt am Großen Labussee gelegen. Hohe Bäume spenden relativ wenig Schatten. Minimarket an der Straße, Imbiss, Badestelle und Wasserwanderrastplatz, sehr freundlich. Erw. 6,30 €, Kinder 2–14 J. 4,30 €, Stellplatz 5,70–12,10 €, Strom 3 €, Hunde 4,60 €. Ganzjährig geöffnet, Kontakt → oben.

Camping- und Ferienpark Havelberge, das Mutterschiff unter den Haveltourist-Campings liegt direkt am Wesenberger Haus-

see, dem Woblitzsee zwischen Wesenberg und Groß Quassow. Riesige, wohl organisierte Anlage mit zahllosen parzellierten und nicht parzellierten Plätzen, mehr als 70 Ferienhäuschen, dazu Restaurant, Badestelle, Plätze für Wasserwanderer, mehrere Bootsstege. Kanu- und Bootsverleih (auch organisierte Touren), Fahrradverleih und Hochseilgarten (→ unten), freundlicher Service, W-LAN (5 €/Tag, 15 €/Woche). Erw. 6,90 €, Kinder 2–14 J. 4,60 €, Stellplatz 6,40–13,80 €, Strom 3 €, Hunde 4,60 €; Ferienhaus für 4 Pers. 55–131 €, für 6 Pers. 107–142, Mobilheim (4 Pers.) 71–106 €, Mietwohnwagen 86 € (4 Pers.). Ganzjährig geöffnet, Kontakt → oben.

FKK-Camping am Useriner See, relativ kleiner, schöner Platz etwas nördlich von Zwenzow, mitten im Wald, völlig abseits und bereits im Müritz-Nationalpark gelegen. Schatten unter hohen Kiefern, Badestelle am Useriner See, auch Hundebadestelle; Fahrrad- und Kanuverleih und kleiner Laden, W-LAN (5 €/Tag, 15 €/Woche). Erw. 6,30 €, Kinder 2–14 J. 4,30 €, Stellplatz 5,70–21,10 €, Strom 3 €, Hunde 4,60 €, Kontakt → oben. Anfahrt: von Useriner Mühle kommend direkt nach dem Ortsschild Zwenzow in den Waldweg nach rechts hinein einbiegen und 1,3 km auf holpriger, aber planierter Waldstraße.

Klettern Hochseilgarten **Havelberge**, beim Campingpark Havelberge (→ oben), vier Kletterparcours im Kletterwald sowie ein Kleinkindparcours. Erw. 15 €, Kinder 6–13 J. 9 €, Jugendliche 14–17 J. 13 €, auch Familienkarten 27–38 €, Kleinkindparcours 4,50 €. April bis Okt. tägl. ab 10 Uhr geöffnet. Anmeldung (zur Hauptsaison ratsam) unter ☎ 03981-247933 oder über den Camping- und Ferienpark Havelberge (→ oben).

Zum Eingang in den Nationalpark bei Blankenförde/Kakeldütt siehe S. 185.

Userin: Das Dorf am Ostufer des Sees wirkt unspektakulär – mit Kiosk/Lebensmittelladen, Gaststätte „Dorfkrug" (Mo Ruhetag) und groß angekündigtem Eingang zum Nationalpark. Am Wasser breitet sich aber das pure Useriner Idyll aus: Nur zu Fuß geht es hier am Ufer entlang, mehrere Badestellen und Parkbänke säumen den Weg, auf der Landseite kleine, bunte Ferienhäuser inmitten üppig grüner Gärten. Der Useriner See ist einer der Großseen der Havel. Er befindet sich (wie der restliche Oberlauf der Havel) bereits im Müritz-Nationalpark und ist für Motorboote gesperrt. Der weitere Havel-Oberlauf darf auch von Paddlern streckenweise nur innerhalb der Betonnung befahren werden. Am südlichen Ufer des *Useriner Sees* liegt die gleichnamige Mühle, die aber, wenn überhaupt, eher Industrieromantik versprüht. Gegenüber davon ein Wasserwanderrastplatz mit Picknickbänken und Badestelle, ein Imbiss (die „Mustang-Bar") befindet sich auf der Rückseite der Mühle.

Die Kleinseenplatte → Karte S. 195

Neustrelitz und die Feldberger Seenlandschaft

Neustrelitz

ca. 21.000 Einwohner

Die gewissermaßen am Reißbrett geplante Residenzstadt präsentiert sich bis heute als beeindruckendes Gesamtkunstwerk. Das zur Residenz gehörende Schloss gibt es zwar nicht mehr, doch die einzigartige Stadtanlage und der schöne Schlosspark sind den Besuch unbedingt wert.

Wie bei barocken Planstädten üblich, ist der Grundriss der Stadt streng symmetrisch angelegt. Und so ist auch ihre Mitte symmetrisch, nämlich quadratisch gestaltet (mit einem kreisrunden Rondell im Zentrum), allerdings leicht abschüssig, dabei weitläufig und von klassizistischen Prachtbauten gesäumt. Acht Straßen erstrecken sich sternförmig vom Marktplatz aus, darunter die *Strelitzer Straße* neben dem Rathaus, die als Fußgängerzone und kleine Einkaufsmeile dient. Die *Seestraße* führt natürlich zum Hafen, und, wenig überraschend, trifft die *Schlossstraße* bald auf Orangerie und Schlossgarten. Letzterer ist alljährlich der Spielort für Deutschlands größtes Operettenschauspiel, die *Schlossgartenfestspiele*. Wer also den Schlossgarten besichtigen möchte, sollte die Spielzeit meiden, denn dann ist alles abgesperrt und eingezäunt.

Für einen relativ kleinen See wie den *Zierker See* erscheint der Stadthafen von Neustrelitz recht groß, modern und dadurch auch etwas deplatziert. Aber auch wenn es sich beim Zierker See um eine Wasserstraßen-Sackgasse handelt, hat er zumindest einen Ausgang: Durch den Kammer-Kanal ist der Zierker See mit dem Woblitzsee verbunden und damit mit der Oberen Havel-Wasserstraße.

Die Geschichte von Neustrelitz begann mit dem Brand des alten Strelitzer Schlosses 1712. Seitdem der „Hamburger Vergleich" 1701 den Erbfolgestreit beendet und das Herzogtum Mecklenburg-Strelitz geschaffen hatte, regierte der neue Herzog

vom alten Strelitz aus und stand nach dem Brand ohne Residenz da. Nach einigem Zögern beschloss der Herzog, das alte Schloss nicht wiederzuerrichten, sondern das Jagdschloss am Zierker See zu seiner neuen Residenz um- und ausbauen zu lassen. Ursprünglich hatte der Fürst vorgesehen, lediglich einen neuen Regierungssitz zu schaffen. Doch das erwies sich als wenig zweckdienlich, so dass dem neuen Schloss auch eine neue Stadt zur Seite gestellt wurde. Der federführende Baumeister von Schloss und Stadt war *Christian Julius Löwe*. Löwe schuf eine schmucke, spätbarocke Planstadt, die in ihren Grundzügen bis heute zu bewundern ist. Nur die Bürger blieben weg, so dass sich der Herzog genötigt sah, großzügig zu sein: kostenloser Baugrund, zehn Jahre Steuerfreiheit, kostenloses Bauholz – ein Paradies für alle, die unweit des Schlosses ein Eigenheim zu errichten gedachten. Und damals nicht minder bedeutend: Seinen Untertanen gewährte der Herzog Zunft- und Religionsfreiheit. Dennoch dauerte es mehrere Generationen und erforderte diverse architektonische Veränderungen, bis aus dem spätbarocken Dorf neben dem Schloss eine veritable Residenzstadt wurde.

Nach Löwe war es Baumeister *Friedrich Wilhelm Buttel* (1796–1869), der das Gesicht der Stadt prägte. Der in der preußischen Provinz geborene Buttel war im zarten Alter von 24 Jahren zum Architekten von Mecklenburg-Strelitz berufen worden. Vorher hatte er u. a. bei keinem Geringeren als *Schinkel* gelernt, und Preußens größter Baumeister war es auch, der den jungen Buttel für den Posten in Neustrelitz empfohlen hatte. Auch wenn Kritiker meinten, Buttel hätte ruhig noch etwas länger in Berlin lernen können, ist die Bilanz des Architekten ganz ordentlich, besonders vor dem Hintergrund der notorischen Geldnot des Herzogs. Bis zu seinem Tod 1869 blieb Buttel im Dienst der Mecklenburg-Strelitzschen Herzöge. Seine Bautätigkeit begann er mit einem Wäschehaus am See, bald baute er am Schloss an, prägte zahlreiche Gebäude der Stadt (wie das von ihm umgestaltete Rathaus) und rund um den Schlossgarten – und er errichtete und renovierte zahlreiche Kirchen in Neustrelitz sowie in der Region, z. B. die Schlosskirche in Neustrelitz oder die Klosterkirche in Malchow. Stilistisch war Buttel dem Klassizismus seiner Lehrer verpflichtet und versuchte doch wie Schinkel darüber hinauszugehen: Seiner Ansicht nach waren die Bauten der Antike perfekt und damit nicht zu verbessern. Also bediente er sich bei der Gotik, was beispielsweise an der elegant verspielten Fassade und den schlanken Türmchen der neugotischen Schlosskirche, dem Hauptwerk Buttels, deutlich zu Tage tritt.

Heute hat in Neustrelitz kein Großherzog mehr die politischen Fäden in der Hand, auch das Schloss gibt es nicht mehr. Es brannte in den letzten Tagen des Zweiten Weltkriegs ab und wurde abgetragen. Der schöne, teils von Buttel, teils von Lenné entworfene Schlossgarten aber erstreckt sich nach wie vor unterhalb des Schlosshügels.

Die Blume von Neustrelitz

Dass sich Neustrelitz mit einer exotischen Blume schmückt, hat einen weit gereisten Grund: Der schottische Botaniker *Francis Masson* entdeckte während seiner langjährigen Südafrika-Expedition eine hoch aufragende Blume, deren Blüte sich wie ein oranger Kamm auffächert. Mit zahlreichen anderen Stauden sandte er sie 1773 zurück nach England, wo ihr Joseph Banks, Chef der Königlichen Botanischen Gärten, einen Namen gab. Um seine Königin Charlotte, die geborene Sophie Charlotte von Mecklenburg-Strelitz und Gattin Georgs III., zu ehren, taufte er die bemerkenswerte Blume nach dem Mädchennamen der Königin. Seither trägt die südafrikanische Schönheit den Namen *strelitzia reginae* (auch Paradiesvogelblume oder Kranichblume), während die ganze Gattung *Strelitzie* genannt wird.

Die so Geehrte ließ es sich nicht nehmen, ihrer Familie einige Jahre später eine Strelitzienstaude zu übersenden. So kam die erste *strelitzia reginae* 1818 in die Orangerie von Neustrelitz. Seit 1995 ist sie die offizielle Stadtblume von Neustrelitz, und eine markante Skulptur gibt es auch: Auf dem Rondell am unteren Ende der Seestraße erhebt sich eine Edelstahl-Strelitzie über einen Globus.

Basis-Infos

Information Touristinformation um die Ecke vom Rathaus am Marktplatz in der Strelitzer Straße; umfängliches Infomaterial, auch (Wasser-)Wander- und Radtourkarten, Stadtführungen (auch abends) sowie geführte Radtouren (s. u.). Mai bis Sept. Mo–Fr 9–18 Uhr, Sa/So 9.30–13 Uhr, Okt. bis April Mo–Fr 9–12 Uhr, Mo–Do auch 13–16 Uhr, Sa/So geschlossen. Strelitzer Str. 1, 17235 Neustrelitz, ✆ 03981-253119, ✆ 03981-2396870, www.neustrelitz.de.

Nationalpark-Information Neustrelitz, angeschlossen an die Touristinformation, Mai bis Okt. geöffnet, gleiche Öffnungszeiten wie die Touristinformation, sehr freundlich, hilfsbereit und sachkundig, ✆ 03981-253106, www.mueritz-nationalpark.de.

Am Hafen befindet sich auch ein *Infopavillon* (hier auch der **Hafenmeister**, hier auch Fahrradverleih, Mai bis Sept. tägl. 8–20 Uhr, April und Okt. tägl. 9–18 Uhr, Stadthafen, ✆ 03981-262996.

Taxi ✆ 03981-22222.

Verbindungen Bahn: Neustrelitz ist an die nähere und weitere Umgebung hervorragend angebunden. Mit dem **Regionalexpress** der DB stündlich nach *Berlin (Hbf. tief)* sowie in anderer Richtung stündlich nach *Stralsund* via *Neubrandenburg;* alle 2 Std. nach *Rostock* via *Waren.* Zudem 1-mal tägl. ICE-Verbindung nach Rostock bzw. in Gegenrichtung über Berlin und Leipzig nach München.

Die **R 3** der Privatbahn ODEG verkehrt etwa 8-mal tägl. zwischen *Neustrelitz* und *Waren* (und weiter via *Malchow* nach *Parchim* und *Ludwigslust*). Die **R 6** fährt ca. 8-mal nach *Mirow* (in der Saison Sa/So bis zu 12-mal).

Bus: Stadtbusse starten am ZOB am Bahnhof, die rote Linie 1 fährt zum Hafen.

Fischadlerlinie, Rufbus (nur nach Voranmeldung) auf der Strecke von Neustrelitz via Kratzeburg und Granzin nach Boek und wieder zurück, Mai bis Sept. 2-tägl., ✆ 0174-8344338.

Farbenprächtiges Spektakel: die Schlossgartenfestspiele

(Aktivitäten und Veranstaltungen   (→ Karte S. 224)

Baden Das **Neustrelitzer Strandbad** befindet sich nicht, wie man meinen möchte, am großen Zierker See, sondern am kleinen Stadtsee, dem *Glambecker See*. Zentrumsnäher kann ein Badesee kaum liegen. Mit Sandstrand, Steg und Sprungturm, Liegewiese, Imbiss und Restaurant *Am Glammi* – nett. Zudem mit der Blauen Flagge für hervorragende Wasserqualität ausgezeichnet. Im Sommer bei entsprechendem Wetter tägl. 10–20 Uhr. Erw. 2 €, Kinder 4–13 J. 1 €. Adolf-Friedrich-Str., ✆ 03981-256988.

Bootsverleih Santana-Yachting, in der Marina Neustrelitz, von Ruderboot, Kanu oder Kajak (3 €/Std., 25 €/Tag) über Motorboote ohne Führerschein (ab 20 €/Std., ab 50 €/Tag) bis zur Yacht. Hier auch bewachte Parkplätze (10 €/Tag). ✆ 03981-205896, www.santanayachting-bootscharter.de.

Einkaufen Antiquariate im Speicher, im obersten Stock eines mächtigen Speichers am Stadthafen, immenser Bestand, für Bibliophile ein Fest. Mo–Sa 13–18 Uhr.

Königsmann, Whisky und Tabak, eigentlich ein typischer kleiner Zeitschriftenladen an der Ecke, entfaltet sich auf engstem Raum eine bemerkenswerte Auswahl von 420 vornehmlich schottischen Malts, darunter grandiose Islays, auch seltene und eigene Abfüllungen, sowie Whiskytastings. Eine gute Auswahl edler Tabakwaren gibt es im begehbaren Humidor. Unnötig zu erwähnen, dass man fachkundig beraten wird. Strelitzer Str. 52, ✆ 03981-205097, www.signatory-shop.de

Fahrgastschifffahrt Die **Neustrelitzer Fahrgastschifffahrt** bietet im Sommer mehrere Rundfahrten ab Stadthafen an, ✆ 03981-205896, www.santanayachting-bootscharter.de.

Fahrradverleih Im Infopavillon am Hafen (Hafenmeisterei), Rad 7 €/Tag, Mai bis Sept. tägl. 8–20 Uhr, April und Okt. tägl. 9–18 Uhr, Stadthafen ✆ 03981-262996.

Stadtführungen/Radtouren Eine Führung durch die Residenzstadt mit Besteigung des Turms der Stadtkirche bietet die Touristinformation an: von Mai bis Sept. jeden Sa um 10.30 Uhr, Juli auch So 11 Uhr. Erw. 4,80 €, Kinder frei, Kirchturmbesteigung 1,50 €.

Auf den Spuren von Königin Luise, Juli/Aug., Fr 15 Uhr, Erw. 4,80 €, Kinder frei, Kirchturmbesteigung 1,50 €. Start jeweils bei der Touristinformation.

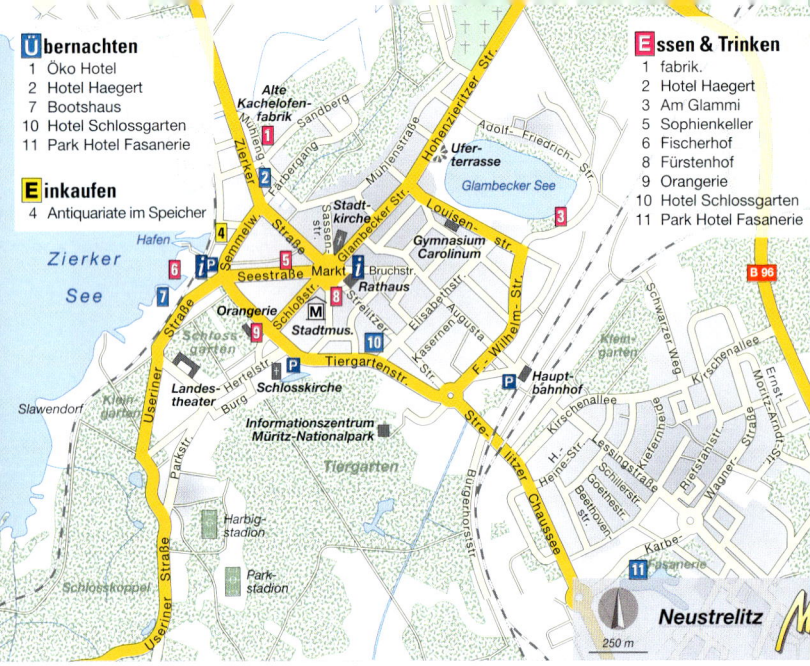

Übernachten
1 Öko Hotel
2 Hotel Haegert
7 Bootshaus
10 Hotel Schlossgarten
11 Park Hotel Fasanerie

Einkaufen
4 Antiquariate im Speicher

Essen & Trinken
1 fabrik.
2 Hotel Haegert
3 Am Glammi
5 Sophienkeller
6 Fischerhof
8 Fürstenhof
9 Orangerie
10 Hotel Schlossgarten
11 Park Hotel Fasanerie

Neustrelitz

250 m

Neustrelitz bei Nacht jeden Donnerstag: im Juni/Juli 21 Uhr, Aug. 20 Uhr. Start bei der Stadtkirche. Erw. 3 €, Kinder frei, Kirchturmbesteigung 1,50 €. Treffpunkt bei der Stadtkirche.

Geführte Radtour von Juni bis Aug. jeden Mittwoch: 35 km, ca. 6 Std. einschl. (Bade-) Pausen. Start um 10 Uhr an Touristinformation, zurück ca. 16 Uhr. Erw. 8 €, Kinder 4 €.

Wer auf eigene Faust die Residenzstadt erkunden möchte: Ein ausführliches *Faltblatt*, erhältlich in der Touristinformation, schlägt einen Rundweg vor und informiert über Schlossgarten, Gebäude und Straßenzüge.

Veranstaltungen Europas größte Operettenfestspiele, die **Schlossgartenfestspiele**, beginnen meist Mitte Juni und enden Mitte/Ende Juli. Begleitet werden die Aufführungen von einem auch über die Operette hinausreichenden musikalischen Programm. Infos und Tickets (ab 19 €) in der Touristinformation oder unter ☎ 03981-23930 bzw. www.schlossgartenfestspiele.de.

Das kulturelle Angebot der Stadt beschränkt sich nicht auf die Festspiele. Gemeinsam mit Neubrandenburg unterhält Neustrelitz ein **Theaterensemble** und eine **Philharmonie** (Infos unter www.theater-und-orchester.de).

Die **fabrik.** bietet alternatives Kulturprogramm, Kino, Kneipe, Galerie etc. Alte Kachelofenfabrik, Sandberg 3 a, ☎ 03981-203145, www.basiskulturfabrik.de.

Übernachten

*** **Hotel Schlossgarten** 🔟, stilvolles Hotel in einem hübschen klassizistischen Haus, ruhig in der Tiergartenstraße und dennoch zentral gelegen, nur 24 Zimmer, Reservierung daher empfehlenswert (zumal zur Festspielzeit). Im Haus befindet sich auch ein gehobenes Restaurant. EZ 66 €, DZ 99 €, inkl. Frühstück, in der Nebensaison deutlich günstiger. W-LAN. Tiergartenstr. 15, 17235 Neustrelitz, ☎ 03981-24500, 📠 03981-245050, www.hotel-schlossgarten.de.

Hotel Haegert 2️⃣, traditionsreiches Haus unweit des Zentrums (kurz vor der *fabrik*), innen gediegen; helle Zimmer, Restaurant mit schöner Terrasse im Hof, fahrradfreundlich (Bed & Bike: Fahrradgarage, Verleih, Werkstatt in der Nähe, Gepäcktransport etc.). EZ 65 €, DZ 70–75 €, inkl. Frühstück. Zierker Str. 44, 17235 Neustrelitz, ☎ 03981-203156, ≋ 03981-203157, www.hotel-haegert.de.

》》 Unser Tipp: 🌿 Öko Hotel **1**, sehr einladende, helle, zweckmäßig eingerichtete und günstige Zimmer, Ferienhäuser und Appartements in hübschen neuen, rot gestrichenen Holz-/ Lehmhäusern hinter dem Kulturzentrum *Alte Kachelofenfabrik* (die *fabrik*, zu der das Hotel auch gehört), dort auch ein sehr schöner Biergarten samt Kneipe/Restaurant sowie ein Programmkino (→ Essen bzw. Nachtleben). Hunde willkommen. EZ 48 €, DZ 58 €, Appartement 78 €, Ferienhaus (4 Pers.) 168 €, Frühstück extra (6,50 €/Pers.). Sandberg 3 a, 17235 Neustrelitz, ☎ 03981-203145, ≋ 03981-203175, www.basiskulturfabrik.de. 《《

****S Park Hotel Fasanerie **11**, großer, dreiflügeliger Backsteinbau außerhalb des Zentrums am Stadtrand, trotz der nahen Durchgangsstraße relativ ruhig, hinter dem Haus ein hübscher Garten mit kleinem Teich. Alles nicht mehr ganz taufrisch; professionell geführt, Konferenzräumlichkeiten, im Hotel ein leicht gehobenes Restaurant (regionale und internationale Küche). Sauna, Fahrradverleih, Lobbybar. 68 Zimmer, EZ 59–99 €, DZ 79–129 €. Frühstück 14 €/Pers. Karbe-Wagner-Str. 59, 17235 Neustrelitz, ☎ 03981-48900, ≋ 03981-443553, www.parkhotel-neustrelitz.de.

Kaisers Bootshaus **7**, schöne Lage direkt am Zierker See, mit gutbürgerlichem Terrassenrestaurant. Sieben schlichte Zimmer in Kiefernholzoptik unterm Dach. DZ 72 € inkl. Frühstück. Useriner Str. 1, 17235 Neustrelitz, ☎ 03981-239860, ≋ 03981-237843, www.kaisers-bootshaus.de.

Ein Wohnmobilstellplatz befindet sich am Stadthafen, 8 €/Tag, Wertmarken gibt es beim Hafenmeister im Infopavillon, Stadthafen, ☎ 03981-262996.

Essen & Trinken

》》 Unser Tipp: Fürstenhof **8**, hervorragendes, sympathische Restaurant direkt am Marktplatz. In dem ehrwürdigen Gebäude lebte der Komponist Engelbert Humperdinck für eine Weile. Draußen sehr schöne Terrasse, windgeschützt und mit Blick auf den Platz, innen unaufgeregt stilvoll. Rundum überzeugende Küche, wir probierten eine köstliche Suppe vorneweg, dann perfekt gebratenes Welsfilet mit Wurzelgemüse und einen überragenden Mecklenburger Rippenbraten. Auch der Service ist erstklassig, wie auch Aperitif und Snacks vorneweg. Leicht gehobenes Preisniveau, für das Gebotene geradezu günstig. Auch Kochkurse. Mittags und abends geöffnet, Mo Ruhetag. Markt 3, ☎ 03981-204774, www.fürstenhof-neustrelitz.de. 《《

Schlossgarten **10**, kleines, gehobenes Restaurant des gleichnamigen Hotels (→ oben). Tiergartenstr. 15, 17235 Neustrelitz, ☎ 03981-24500, ≋ 03981-245050, www.hotel-schlossgarten.de.

Café/Restaurant Orangerie **9**, in der ehemaligen Orangerie des Schlosses aus dem Jahr 1755, innen edles Ambiente, hinten schöne Caféterrasse zum Schlossgarten. Relativ kleine Auswahl, auch Flammku-chen, Hauptgerichte 12–17 €. Freundlicher Service. Tägl. 11.30–20 Uhr. An der Promenade 22, ☎ 03981-237487.

》》 Unser Tipp: fabrik. **1**, die Kneipe der Kulturfabrik präsentiert sich gelungen stylish, aber dennoch gemütlich, der Garten lauschig. Ideal nicht nur für den Absacker nach einem anstrengenden Urlaubstag. Man kann hier auch richtig gut essen: Der Tageskarte kann man im Prinzip blind vertrauen (besonders köstlich die Suppen), von der ständigen Karte überzeugten die Schupfnudeln mit Oliventapenade für 7,50 € – hohes Niveau zu günstigen Preisen, Bio-Produkte, nur die Fisch- und Fleischhauptgerichte fallen preislich etwas höher aus. Die kleine Whiskykarte kann sich durchaus sehen lassen, wie auch die Weinkarte ist in Ordnung, außerdem Cocktails. Zum Kulturprogramm → Nachtleben. Di–So ab 17 Uhr, Sandberg 3 a, ☎ 03981-237096, www.basiskulturfabrik.de. 《《

Sophienkeller und Suppen-Bar **5**, unten kleines, gemütliches Kellerrestaurant, oben Suppenküche (letztere nur werktags über Mittag, auch take away). Günstige Mittagsgerichte auch im Sophienkeller, abends große Karte, mecklenburgische Küche.

Der Hebetempel im Schlossgarten Neustrelitz

Zum Wochenende besser reservieren. Der Sophienkeller ist Mo–Fr 11–15 Uhr geöffnet, Mi–Fr auch ab 18 Uhr, Sa nur abends, So Rugetag. Seestr. 38, ☎ 03981-238238.

Am Glammi 3, schön gelegene Gaststätte mit bodenständiger Küche über dem (im Volksmund) gleichnamigen See (offiziell Glambecker See). Tägl. ab 11 Uhr, auch Cafébetrieb, nette Terrasse über dem See und dem Strandbad, Preise okay. Adolf-Friedrich-Str. 11, ☎ 03981-2399884, www.am-glammi.de.

Imbiss 🍃 Fischerhof **6**, Bistro und Verkauf der örtlichen Fischerei. Wo sollte der Fisch fangfrisch sein, wenn nicht hier? Im Bistro gibt es alles vom Fischbrötchen bis zum einfachen, aber reichhaltigen (und köstlichen) Fischgericht, außerdem hervorragende Fischsuppe. Günstig. Hauseigene Räucherei. Innen schlicht, außen schöner Garten mit ein paar Strandkörben direkt am Zierker See. Tägl. 11–21 Uhr, die Räucherei ab 7 Uhr. Seestr. 15a, ☎ 03981-200842, www.fischerei-neustrelitz.de. ■

Essen/Außerhalb 🍃 Forsthaus Strelitz, Restaurant, Café und Hofladen in der restaurierten Försterei. Innen urgemütliche Wohnzimmeratmosphäre, außen idyllischer Garten. In der Küche werden regionale Produkte veredelt, auf der wechselnden Karte

finden sich Lamm und Rind aus der Region, Wild nach Jagdsaison und Fisch aus nahen Gewässern, auch das Gemüseangebot richtet sich nach der Erntezeit. Sympathische Gastgeber. Für Kinder ein kleines Paradies: Freundliche Hunde, Enten, Hühner, Schafe und Esel tummeln sich auf dem Hof. Auch die nahe Bundesstraße hinter einem schmalen Waldstreifen stört nur wenig. Im Hofladen gibt es unter anderem Honig aus eigener Imkerei und selbst gemachte Marmelade. Auch Appartements (30 €/Pers.) und zwei Ferienwohnungen. Tägl. ab 12 Uhr geöffnet, Mo Ruhetag. *Anfahrt*: Von Neustrelitz auf der B 96 ein paar Kilometer nach Süden (beschildert). Berliner Chaussee 1, 17235 Neustrelitz, ☎ 03981-447135, www.forsthaus-strelitz.de. ■

Nachtleben Programmkino, Galerie und Kleinkunst, super Kneipe und gemütlicher Biergarten, kurzum: das alternative kulturelle Leben der Stadt findet im *Kulturzentrum Alte Kachelofenfabrik*, kurz: in der **fabrik. 1** statt. Sandberg 3a, ☎ 03981-203145, www.basiskulturfabrik.de.

Basement, Kneipe im Zentrum am Markt, Cocktails und im Sommer Biergarten, hier kann man auch essen (Fisch, Steaks, Salate etc.). Mo–Sa 18–24 Uhr geöffnet, So geschlossen. Am Markt 6, ☎ 03981-349753.

Sehenswertes

In Neustrelitz einzelne Sehenswürdigkeiten zu benennen ist schwierig, denn das spätbarocke bis klassizistische Stadtbild als Ganzes ist die eigentliche Sehenswürdigkeit der sympathischen Kleinstadt.

Schlossgarten mit Orangerie: Über den Schlossgarten verteilt finden sich zahlreiche Bauten, Brunnen, Büsten und Skulpturen. Im unteren Teil erhebt sich der zierliche Rundtempel, welcher der juvenilen Göttin Hebe geweiht ist. Der Hebetempel ist eine frühe Arbeit Buttels (um 1825) und bildete mit dem ehemaligen Schloss die zentrale Achse des Schlossgartens. Rechts davon liegt etwas erhöht die Gedächtnishalle für Königin Luise (→ S. 266f.). Auf der anderen Seite der Achse führt die Götterallee vom Zierker See zur Orangerie, die eine Handvoll Götterstatuen von Jupiter bis Mars flankieren. Am augenfälligsten ist natürlich die klassizistische Orangerie selbst, die, 1755 erbaut, ab 1842 von Buttel zum heutigen Prachtbau umgestaltet wurde und derzeit ein Café/Restaurant beherbergt. Oberhalb des Schlossgartens erhob sich auf dem Hügel einst das Schloss. Nur die erhaltenen Fundamentreste und eine Gerüstkonstruktion, die den ehemaligen Mittelbau andeutet, lassen die Ausmaße des Schlosses erahnen.

Schlosskirche: Das Hauptwerk von Friedrich Wilhelm Buttel. Die neugotische Kirche auf dem Schlosshügel entstand 1855–1859. Die reich verzierte Fassade schmücken schlanke Türmchen, Terrakotta-Ornamente und eine prächtige Rosette über dem Portal, flankiert von den vier Evangelisten. Heute wird die Schlosskirche als Skulpturengalerie mit wechselnden Ausstellungen und für Konzerte genutzt.
Geöffnet meist Mai bis Sept. Di–So 11-18 Uhr, bei Ausstellungswechsel (1- bis 2-mal im Jahr) eingeschränkt, Preise meist 3 €, erm. 2 €.

Marktplatz, Rathaus und Stadtkirche: Das schöne städtebauliche Ensemble säumt den weitläufigen Marktplatz. Die Anlage des quadratischen, spätbarocken Platzes selbst mit einem Rondell in der Mitte und acht Straßen, die symmetrisch in den Platz münden, stammt von Löwe. Die dominanten Gebäude, Rathaus und Kirche, wurden von Buttel errichtet bzw. von ihm geprägt: Das klassizistische Rathaus entstand 1841–1843 nach Plänen des großen Neustrelitzer Architekten. Die Kirche war zwar bereits 1778 weitgehend fertiggestellt, ihr Turm wurde jedoch erst 1827–1831 von Buttel angefügt. Eine Turmbesteigung führt über 207 Stufen hinauf zur Aussichtsplattform, die einen herrlichen Ausblick über die Stadt und den Zierker See und guten Überblick über die barocke Stadtanlage ermöglicht.
Stadtkirche/Turmbesteigung: Juli/Aug. Mo–Fr 10–12 und 15–17 Uhr (oder im Rahmen einer Stadtführung), 1,50 €/Pers. Aufstieg teils über enge und vor allem steile Holzstiegen hinauf.

Neustrelitz → Karte S. 224

Die Stadtkirche

Stählerne Strelitzie

Stadtmuseum: Gleich unterhalb vom Marktplatz in einem unscheinbaren Gebäude auf zwei bescheidene Stockwerke verteilt, residiert schon seit 1973 das Neustrelitzer Stadtmuseum. Die Räumlichkeiten im Erdgeschoss informieren über die Geschichte des Herzogtums und seiner jungen Residenzstadt vom frühen 18. bis ins 19. Jh., im Obergeschoss geht es um die „Verwandtschaft" im Hause Mecklenburg-Strelitz – u. a. dokumentiert mit Gemälden, Interieur und Alltagsgegenständen.

Mai bis Sept. Di–So 11–18 Uhr, Mo geschlossen; Okt. bis April Di–So 10–16 Uhr. Eintritt 2 €, erm. 1 €, Kinder bis 7 J. frei, Fotoerlaubnis 3 €. Schlossstr. 3, 17235 Neustrelitz, ☎ 03981-205874.

Slawendorf: Am Ufer des Zierker Sees kann man eintauchen in die Welt der vorchristlichen Slawen. Im von Palisaden umgeben Dorf aus Holz- und Lehmhütten gibt es nicht nur die Möglichkeit, den „Altslawen" bei ihrem historischen Handwerk zusehen, man kann auch selber schmieden und töpfern, weben, filzen und flechten, Kerzen drehen und Speckstein bearbeiten usw. Am Ufer liegt der weitgehend originalgetreue und fahrtüchtige Nachbau eines Slawenbootes. Einen schönen Ausblick hat man vom Turm bei der Anlegestelle. Vor allem Familien mit Kindern werden hier ihre Freude haben.

Mai bis Okt. Mo–Fr 10–17 Uhr, letzter Einlass 16.30 Uhr (zuletzt tatsächlich Sa/So geschl.). Erw. 3 €, Kinder 6–14 J. 1,50 €, Familienticket 8 €, halbstündige Fahrt mit dem Slawenboot zwischen 10 und 16 Uhr, 2 €/Erw. Kinder 1 € (nur bei gutem Wetter). Im Dorf wird übrigens mit Slawentalern gezahlt. Diese erhält man beim Einlass zum Wechselkurs von einem Euro zu einem Taler (die am Ende auch wieder zurückgetauscht werden können). ☎ 03981-237545 (außerhalb der Saison ☎ 03981-273135), www.slawendorf-neustrelitz.de.

Schlosskoppel: Ein urwüchsigeres Naherholungsgebiet als der Schlossgarten ist die Schlosskoppel, die sich im Rücken des Slawendorfes unweit des Zierker Sees ausdehnt. Ursprünglich eine Parkanlage des 19. Jh., hat sich das Waldgebiet über die Jahrzehnte wieder renaturiert. Durch den schönen Mischwald mit seinem vielfältigen Baumbestand (darunter die seltene Eibe und jahrhundertealte Eichen) führen mehrere Wanderwege.

Tiergarten: An den Schlossberg angrenzend, doch der Eingang befindet sich am oberen Ende der Tiergartenstraße (Richtung Bahnhof, ausgeschildert). Hier sind vor allem heimische (oder wieder heimische) Tiere wie Rotwild oder Luchse, aber auch ein paar Exoten wie Berberaffen oder Pumas zu bestaunen. Auf dem Areal gibt es einen Spielplatz und eine Gaststätte.

Mai und Sept. 9–18 Uhr, Juni bis Aug. 9–19 Uhr, Okt. bis April 9–16 Uhr. Erw. 4,50 €, erm. 3 €, Kinder 3–13 J. 2 €, Hunde 1,50 €, ☎ 03981-204490, www.tiergarten-neustrelitz.de.

Zierker See: Der 3,9 qkm große Haussee von Neustrelitz grenzt westlich an die Innenstadt. Vom Stadthafen starten die Bootsrundfahrten, hier beginnen auch beschilderte Rundwege, einer davon um den Zierker See herum (knapp 12 km): über die Weiße Brücke, das Slawendorf (→ oben) und die Schlosskoppel (→ oben), mit einem Abstecher über den Franzosensteig zum Aussichtspunkt am Südufer des Sees. Nach knapp der Hälfte der Strecke erreicht man das *Café Prälank* mit einem Findlingsgarten quasi nebenan. Die Rundwege verlaufen meist ein gutes Stück vom überwiegend sumpfigen Ufer entfernt.

Südöstlich von Neustrelitz

Nur rund 4 km südöstlich von Neustrelitz liegt das beschauliche *Fürstensee* am gleichnamigen See, dessen Ufer den Müritz-Nationalpark (Teilgebiet Serrahn) begrenzt. Zu sehen gibt es in dem überaus ruhigen Ortsteil von Neustrelitz nichts, doch lädt eine große Badestelle zum Sprung in den wunderbar klaren See ein. Die Ruhe kommt übrigens nicht von ungefähr: Motorboote sind auf dem Fürstenseer See mit seinem kaum bebauten Ufer verboten.

Nationalpark Müritz – Teilgebiet Serrahn

Östlich von Neustrelitz erstreckt sich das 62 qkm kleine Serrahner Teilgebiet des Müritz-Nationalparks. Als der Großherzog von Mecklenburg-Strelitz 1833 hier bei Serrahn ein Jagdschloss bauen ließ (1945 abgebrannt), wurde das gesamte Gebiet umzäunt und zur Privatjagd erklärt, die Unterkünfte der herzoglichen Forstaufseher („Heckenwärterhäuschen") im Parkgebiet aus der Zeit um 1850 sind noch zu sehen. Der Baumbestand interessierte die Großherzöge dabei weniger, man ließ einfach wild wachsen. So blieb der berühmte *Serrahner Buchenwald* erhalten, der am 25. Juni 2011 geadelt wurde. Die UNESCO erklärte fünf alte deutsche Buchenwälder zum *Weltnaturerbe* und stellte sie damit auf eine Stufe mit den bedeutendsten Naturschätzen der Welt. Zwei der neuen Schutzgebiete liegen in Mecklenburg-Vorpommern: der Buchenwald des Nationalparks Jasmund (Rügen) und der Serrahner Buchenwald des Müritz-Nationalparks. Eingebettet sind die wilden Buchenwälder in die Hügel einer Endmoränenlandschaft, umgeben von Feldern, Mooren und glasklaren Seen.

Information Nationalpark-Information im Forsthaus von Serrahn. Mai bis Okt. tägl. 10–17 Uhr. ☎ 039821-40343. In naher Zukunft soll eine Ausstellung zum Thema Buchenwälder entstehen.
Essen & Trinken Hinter dem Forsthaus gibt es eine kleine Imkerei mit Honigverkauf und (im Sommer) einem idyllischen, kleinen **Gartencafe**; auch Ferienwohnungen. Serrahn, 17237 Carpin, ☎ 039821-40204.

Anfahrt Von Neustrelitz auf der B 198 Richtung Woldegk – Zinow und Carpin liegen an der Strecke. Bei Zinow beginnt eine schöne Wanderung (→ unten bzw. Tour 8, S. 311), von Carpin rechts ab nach Serrahn, Goldenbaum und zur Steinmühle. **Busverbindungen** nur spärlich von Neustrelitz über Zinow

und Carpin nach Goldenbaum (werktags 1-mal tägl.). Besser in Neustrelitz ein Fahrrad ausleihen.

Wandern Das Serrahner Teilgebiet (wie auch das Kernland des Nationalparks) ist als Wandergebiet geradezu prädestiniert. Zu den interessantesten Touren zählt sicherlich die **Wanderung von Zinow nach Serrahn** und zurück (→ detaillierte Wegbeschreibung im Wanderführer auf S. 311, Tour 8 – 7,5 km, Markierung *roter Habicht*).

Weitere Wandermöglichkeiten gibt es u. a. von Goldenbaum zum Südufer des Schweingartensees (4 km, *gelbes Rehkitz*); vom Neustrelitzer Vorort Fürstensee führt eine 10 km lange Tour nach Goldenbaum im Herzen des Nationalparks (*blauer Habicht*).

Südlich des Nationalparkgebietes liegen verstreut in der ländliche Gegend kleine Dörfer wie *Wokuhl*, *Godendorf* und *Dabelow*, allesamt mehr oder minder unspektakulär, aber umgeben von kleinen Seen (mit Badestellen) und tiefen Wäldern. Eine Oase für Ruhesuchende ist das Inselhotel Brückentinsee (→ Übernachten).

Baden Überall in der Gegend finden sich mehr oder weniger versteckte Badestellen an kleinen Seen, z. B. im genannten Fürstensee oder um Wokuhl, am Dabelower See oder bei Kastaven südlich von Dabelow.

Verbindungen Ab Neustrelitz ZOB (am Bahnhof) mit **Bus 639** 3-mal tägl. über Fürstensee und Wokuhl nach Dabelow (und retour). Sa/So keine Verbindung.

Übernachten/Essen   **»» Unser Tipp:** Inselhotel Brückentinsee, die Oase liegt auf einer herzförmigen Insel im See. Schon die Anreise über die schmale Holzbrücke lässt hoffen, und in der Tat landet man hier in absoluter Ruhe und Einsamkeit. Das Inselchen lädt zum Spaziergang ein, darüber hinaus werden geführte Touren durch den Naturpark Feldberger Seenlandschaft angeboten, Angeln im Brückentinsee sowie eine Blockhaussauna direkt am Wasser, zudem Ruderboot- und Fahrradverleih; Live-Cam zum Fischadlerhorst. Zimmer im Haupthaus mit komfortabel-gediegener Einrichtung zu angemessenen Preisen. Restaurant mit Terrasse im Grünen, tägl. ab 12 Uhr durchgehend warme Küche. Natürlich kommen hier Fische aus dem Brückentinsee auf den Teller – verfeinerte Küche zu leicht gehobenen Preisen. *Anfahrt*: knapp 15 km von Neustrelitz, auf der B 96 in südliche Richtung, links abbiegen Richtung Godendorf/Dabelow. EZ 67 €, DZ 112–125 €, Dreibett-Zimmer 139–150 €, Vierbett-Zimmer 165–177 €, jeweils inkl. Frühstück. Wir empfehlen allerdings einen der beiden Bungalows in herrlicher Lage direkt am See, mit eigenem Badesteg und Ruderboot vor der Haustür (etwas teurer: 2 Pers. 195 €/Tag inkl. Frühstück). 17237 Wokuhl-Dabelow, ✆ 039825-20247, ✉ 039825-20240, www.inselhotel-brueckentinsee.de. **««**

Imbiss In Wokuhl findet sich an der Abzweigung nach Herzwolde **Rita's Lädchen**, hier gibt es Snacks, Getränke, Zeitungen, belegte Brötchen und Kaffee; kurzum: ein kleiner Imbiss, im Sommer mit ein paar Tischen im Garten. Mai bis Sept. tägl. 11–18 Uhr geöffnet (in der Nebensaison eingeschränkt).

Abstecher nach Brandenburg: Fürstenberg und Großer Stechlinsee

25 km südlich von Neustrelitz liegt die Wasserstadt **Fürstenberg** (ca. 6500 Einwohner), so der offizielle Name. Und tatsächlich wird Fürstenberg von Wasser nahezu umschlossen – vom Röblinsee, dem kleinen Baalensee und dem Schwedtsee mit stadteigenem Yachthafen, und die Havel fließt hier auch noch durch. Am Ostufer des Schwedtsees findet sich die Mahn- und Gedenkstätte Ravensbrück.

Ab November 1938 errichtete die SS hier das *Frauen-Konzentrationslager Ravensbrück*, in dem von Frühjahr 1939 bis 1945 insgesamt 132.000 Frauen und Kinder inhaftiert waren. Im Frühling 1941 wurde ein Männerlager gebaut, im Sommer 1942 ein zusätzliches Jugendlager mit zusammen nochmals 21.000 Häftlingen. Ebenfalls 1942 entstand im östlichen Bereich des Lagergeländes eine Textilfabrik für Zwangsarbeiterinnen. Fast 100.000 Menschen kamen in Ravensbrück ums Leben.

Am 12. September 1959 weihte die DDR die **Mahn- und Gedenkstätte Ravensbrück** ein, zu der zunächst nur die Skulptur „Tragende" von Will Lammert (direkt am Schwedtsee), die Mauer der Nationen, das Krematorium und das als Rosenbeet gestaltete Massengrab zählten, außerdem ein erstes Lagermuseum. 1984 wurde die Gedenkstätte um das „Museum des antifaschistischen Widerstands" in der ehemaligen SS-Kommandantur ergänzt. Heute ist hier eine große Dauerausstellung zu sehen, die statt der abstrakten Opferzahlen Gesichter und Lebensläufe zeigt.

Bis 1994 war das Gelände in der Hand des sowjetischen Militärs. Ab Mitte der 1990er Jahre wurden auf dem Gelände weitere Gebäude zugänglich gemacht, darunter Teile des Industriehofs mit Textilfabrik; andere Bereiche sind heute wechselnden Ausstellungen vorbehalten. Hinzu kommen ein umfangreiches Archiv und Depot mit Gegenständen der ehemaligen Häftlinge sowie eine Fotothek, Mediathek und Bibliothek, die den Besuchern offen stehen. Die SS-Wohnhäuser außerhalb der Lagermauern beherbergen seit 2002 eine internationale Jugendbegegnungsstätte. In einem der Häuser befasst sich eine Ausstellung mit dem weiblichen KZ-Personal – insgesamt gab es in Ravensbrück mehr als 3500 Aufseherinnen.

Das Gelände der Gedenkstätte ist von Mai bis Sept. tägl. 9–20 Uhr geöffnet, Okt. bis April tägl. 9–17 Uhr, Besucherzentrum und Ausstellungen im Sommer Di–So 9–18 Uhr, im Winter Di–So 9–17 Uhr, Mo geschlossen, Einlass bis 30 Min. vor Schließung. Eintritt frei. Straße der Nationen, 16798 Fürstenberg/Havel, ☎ 033093-6080, ✆ 033093-60829, www.ravensbrueck.de.

Anfahrt/Verbindungen 25 km südlich von Neustrelitz (B 96), vor Ort ausgeschildert. Mit der **Bahn** von 6 bis 16 Uhr stündl. von Neustrelitz bis Fürstenberg Hauptbahnhof, ab dort **Bus** nach Ravensbrück (ebenfalls ca. stündl.) oder in ca. 35 Min. zu Fuß (Beschil-

derung Gedenkstätte/Jugendherberge").

Übernachten Jugendherberge Ravensbrück, gegenüber der Gedenkstätte in den ehemaligen SS-Wohnhäusern. Auch **Jugendbegegnungsstätte** (v. a. Geschichtsprojekte und internationale/interkulturelle Workshops). 99 Betten, JH-Ausweis erforderlich, Doppel-, 3-Bett- und 4-Bettzimmer; DZ sollten frühzeitig reserviert werden. Übernachtung inkl. Bettwäsche und Frühstück 20 €, mit Halbpension 24,50 €, Lunchpaket 4,50 €, Senioren (ab 27 J.) zahlen zusätzlich 4 €/Nacht. Straße der Nationen 3, 16798 Fürstenberg/Havel, ☎ 033093-60590, ✆ 033093-60585, www.jh-ravensbrueck.de.

Von Ravensbrück/Fürstenberg sind es gerade mal 9 km ins südwestlich gelegene, beschauliche Dorf *Neuglobsow* und zum unglaublich klaren **Großen Stechlinsee**. Bei dem See (und den umliegenden Wäldern) handelt es sich um ein Naturschutzgebiet, das Gewässer darf nur von den örtlichen Fischern befahren werden. Der glasklare See ist natürlich auch ein interessantes Tauchrevier, eine Tauchbasis gibt es vor Ort (Infos ☎ 033082-70453, www.tauchbasis-stechlinsee.de).

Essen/Imbiss ⟫ Unser Tipp: Wir empfehlen vom Ort (einige Parkplätze mit Parkscheibe) ab der Badestelle einen Spaziergang mehr oder minder am Ufer entlang in nördliche Richtung zur **Fischerei Böttcher** (ca. 20 Min.) mit uriger Fischgaststätte und

Biergarten direkt am See. Leckere Fischgerichte, Räucherfisch, auch Direktverkauf. April bis Okt. Di–So 10–20 Uhr, im Winter nur Fr–So 11–18 Uhr, ☎ 033082-70422, www.fischerei-stechlinsee.de. ⟪

Weiter nach Rheinsberg → S. 206.

Neustrelitz und die Feldberger Seenlandschaft → Karte S. 234/235

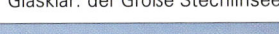
Glasklar: der Große Stechlinsee

Romantische Seenlandschaft

Feldberger Seenlandschaft

Die Feldberger Seenlandschaft (mit dem gleichnamigen Naturpark) ganz im Südosten der Mecklenburgischen Seenplatte präsentiert sich landschaftlich wunderschön: Große und kleinere, oftmals geradezu „verwunschene" Seen, uralte Buchenwälder, weite Felder und gleich mehrere Aussichtsberge, die herrliche Blicke auf die Landschaft erlauben, prägen das Bild. Die Gegend ist nicht nur durch Wanderwege bestens erschlossen, sondern auch ein wirkliches Paddelparadies – viele der glasklaren Seen sind durch Kanäle miteinander verbunden und ermöglichen damit auch die „Grand Tour" bis hinunter nach Brandenburg. Kurzum: Im Vergleich mit den bekannten Wasserwanderwegen Müritz und „Alte Fahrt" oder von Mirow nach Rheinsberg kann sich die Feldberger Seenlandschaft durchaus sehen lassen. Hauptort und touristisches Zentrum ist Feldberg.

Feldberg
ca. 4700 Einwohner

Der staatlich anerkannte Erholungsort liegt in bester Lage eingebettet zwischen grünen Wäldern am Südufer des *Haussees*, in den die Halbinsel *Amtswerder* wie eine Glühbirne hineinragt. Hier ist das Wasser nie weit – nur wenige hundert Meter südöstlich vom Zentrum liegt z. B. der *Schmale Luzin*, ein maximal 300 m breiter, sehr idyllischer eiszeitlicher Rinnensee mit bewaldeter Steilküste, der nur mit Ruder- oder Elektrobooten befahren werden darf. Oder der weiter nördlich gelegene *Breite Luzin*, einer der tiefsten Seen Mecklenburgs. Alle drei Seen sind durch Kanäle miteinander verbunden und damit ein Eldorado für Kanufahrer: Von hier kommt man auch bis hinunter zu Carwitzer See, Dreetzsee und Krüselinsee. Und wer sich lieber an Land bewegt, kann mit dem Fahrrad auf schmalen Straßen und Radwegen rund um den Haussee fahren und vom 143 m hohen Reiherberg an sei-

Naturpark Feldberger Seenlandschaft

Klare und fischreiche Gewässer, dichte Laubwälder, Hügel und Täler prägen den 347 qkm großen *Naturpark Feldberger Seenlandschaft* – ein Gebiet, das für ausgedehnte Wanderungen wie geschaffen ist. Einen besonders schönen Ausblick über die seenreiche Landschaft hat man vom 120 m hohen *Hauptmannsberg* nördlich von Carwitz.

Entstanden ist diese durch Endmoränen geformte Landschaft gegen Ende der letzten Eiszeit vor ca. 15.000 Jahren. Geologisch gehört das Gebiet zum heutigen *Naturpark Uckermärkische Seen*, der südlich und östlich an die Feldberger Seenlandschaft anschließt. Ebenfalls aus den Erdverschiebungen der letzten Eiszeit gingen die heutigen (teilweise sehr tiefen und schmalen) Seen hervor, wie auch der Flusslauf der Havel im heutigen Brandenburg.

Neben den insgesamt 69 Seen (und unzähligen Kleingewässern) mit bester Wasserqualität zählen die so genannten Kesselmoore und die urwüchsigen alten Buchenwälder zu den ökologischen Besonderheiten im Park. In ihrem Altholzbestand leben heute Arten, meist Insekten, die in jedem anderen Forstwald schon längst ausgestorben sind. Noch attraktiver zeigt sich die größere, manchmal auch sichtbare Fauna: Biber und Fischotter wurden hier erfolgreich angesiedelt, See- und Fischadler finden in den Feuchtgebieten einen reich gedeckten Tisch, sogar der seltene Schreiadler verbringt hier den Sommer – und Kraniche nutzen die feuchten Bruchwälder zur Brut.

Der 1997 gegründete Naturpark erstreckt sich grob zwischen Neustrelitz, Woldegk und Fürstenberg/Havel, im Westen deckt sich die Fläche des Parks mit der des Serrahner Teilgebiets des *Müritz-Nationalparks*. Gut die Hälfte der Fläche besteht aus Wald und Wasser, 45 % werden landwirtschaftlich genutzt und gerade mal 3 % entfallen auf Siedlungen, Straßen usw. Zentrum des Parks (auch touristisch) ist Feldberg, wo im Haus des Gastes die Naturpark-Informationsstelle residiert.

Naturpark Feldberger Seenlandschaft: Strelitzer Str. 42, 17258 Feldberger Seenlandschaft/OT Feldberg, ✆ 039831-52780, ✉ 039831-52789, www.naturpark-feld berger-seenlandschaft.de.

nem Nordufer den Blick genießen. Ein netter Spaziergang führt rund um die Halbinsel Amtswerder mit ihren Badeplätzen und dem beliebten Fischgasthaus.

Der von seiner Backsteinkirche aus dem Jahr 1875 überragte Ort zeigt sich schmuck und nett herausgeputzt, doch sind es sicher eher die umliegenden Naturschönheiten, die die Besucher anziehen. Feldberg ist heute das touristische Zentrum der Gegend. Gemeinsam mit den umliegenden Ortsteilen (Conow, Cantnitz, Carwitz, Fürstenhagen, Krumbeck, Lüttenhagen, Wittenhagen u. a.) bildet es die Großgemeinde Feldberger Seenlandschaft mit insgesamt rund 4700 Einwohnern. Etwa die Hälfte davon lebt in Feldberg.

Die Gegend um Feldberg war vermutlich schon in der Bronzezeit besiedelt. Als gesichert gilt, dass im 8. Jh. n. Chr. auf dem heutigen Schlossberg (am Südwestufer des Breiten Luzin) eine große slawische Burg entstand. Erste Besiedlungsspuren auf dem Amtswerder, dem ältesten Teil des heutigen Feldberg, reichen bis ins 13. Jh. zurück. Erstmals urkundlich erwähnt wird Feldberg im Jahr 1256. Nach dem Dreißigjährigen Krieg hatte der Ort schwer unter der Pest zu leiden.

Mitte des 19. Jh. erlebte Feldberg einen ersten Aufschwung als Wasserheilanstalt, die ersten Badegäste – zumeist aus Berlin – entdeckten die Sommerfrische. Es folgten Straßenbau (1869) und Anschluss an das Bahnnetz (1910), die Besucherzahlen stiegen mit Ausnahme der beiden Weltkriege kontinuierlich an. 1965 zählte man schon 12.000 Gäste, 1972 kam schließlich die Ernennung zum „staatlich anerkannten Erholungsort". Berühmtester Bürgermeister von Feldberg (wenn auch wider Willen) war übrigens *Hans Fallada*, der im Sommer 1945 von der sowjetischen Besatzungsmacht kurzzeitig zu dem Amt zwangsverpflichtet wurde.

Basis-Infos

Information Haus des Gastes, Touristinformation und Kurverwaltung von Feldberg, im Zentrum an der Hauptstraße (Strelitzer Straße). Hier auch Bücher und Kartenmaterial zur Gegend und Internet-Point, man kann auch eine Audio-Guide-Wanderung rund um Feldberg (um den Haussee und zum Schmalen Luzin) ausleihen: 11 km, ca. 4 Std., 3 € Ausleihgebühr. In der Hochsaison (Mitte Juli bis Anfang Sept.) Mo–Fr 9–18 Uhr, Sa 10–15 und So 10–13 Uhr, sonst Mo–Fr 9–18 Uhr, Sa 10–12.30 Uhr, So geschlossen. Strelitzer Str. 42, 17258 Feldberg, ✆ 039831-2700, 📠 039831-27027, www.feldberger-seenlandschaft.de.

Kurtaxe Von April bis Okt. 1,20 € pro Person (ab 18 J.) und Nacht.

Verbindungen Bus: Haltestellen im Zentrum an der Strelitzer Straße. Etwa 7-mal tägl. nach Neustrelitz, 3-mal über Burg Stargard nach Neubrandenburg (am Wochenende Rufbus), 3-mal nach Krumbeck und Bredenfelde, 5-mal Fürstenhagen (nach telefonischer Anmeldung) und 5-mal Carwitz. Rufbus unter ✆ 039820-30452, Fahrpläne unter www.vms-bus.de.

Die nächstgelegenen **Bahnhöfe** befinden sich in Neustrelitz und Fürstenberg/Havel.

Luzinfähre: Nur einen Katzensprung ist es von Feldberg zum Schmalen Luzin, wo man mit der handbetriebenen Fähre zum Hullerbusch (Hotel und Fußweg nach Carwitz) übersetzen kann. Das Boot verkehrt jede

volle und jede halbe Stunde, von Mai bis Okt. Mo–Fr 10–17 Uhr, Sa/So 9–18 Uhr, im Juli/Aug. Mo–Fr 10–18 Uhr, Sa/So 9.30–19 Uhr. Ab der Hullerbusch-Seite fährt die Fähre jeweils eine halbe Stunde später, von Nov. bis April nur nach Absprache. Pro Pers. 1 €, Kinder 0,50 €, Fahrrad 1 €. ✆ 039831-52877, www.luzinfaehre.de.

Neubrandenburg und die Feldberger Seenlandschaft

Friedland, Anklam

Aktivitäten

Baden Badestelle am Westufer des Amtswerders, weitere kleine und größere Badestellen am Schmalen Luzin östlich von Feldberg sowie am Südwestufer des Breiten Luzin unterhalb des Hüttenberges (nördlich von Feldberg). Ein weiterer Badestrand befindet sich am Nordufer des Breiten Luzins (Anfahrt Richtung Forsthaus am See).

Bootstouren Mit der **Feldberger Fahrgastschifffahrt** Rundfahrten auf dem Haussee, dem Breiten Luzin und dem Lütter See (bei entsprechender Nachfrage März bis Okt./Nov. tägl. 14 Uhr). Dauer ca. 2 Std., 7,50 €/Pers. Hinter dem Haus des Gastes am Anleger im Kurpark, hier auch Elektroboote (15 €/Std.), Wassertreter 5–7 €/Std., Ruderboote und Kajak/Kanu je 15 €/Tag, Fahrrad 6,50 €/Tag. Strelitzer Str. 40, ✆ 039831-20940, www.feldberger-fahrgastschifffahrt.de.

Naturkundliche Führungen Ranger **Tours**, Fred Bollmann bietet naturkundliche Touren im Elektroboot auf dem Schmalen Luzin an, Dauer ca. 2,5 Std., 12 €/Pers., Kinder 9 € (Abfahrt am Hotel Altes Zollhaus, mind. sechs Teilnehmer). Zudem gibt es naturkundliche Wanderungen (ca. 2 Std., 4 €/Person, Kinder 3 €, mind. 20 Teilnehmer) sowie ganztägige Kanutouren (mind. sechs Teilnehmer, je nach Teilnehmerzahl 40–66 €/Pers.); auch Workshops und Touren für Naturfotografen (und alle, die es werden wollen). Weitere Infos und Anmeldung: Ranger Tours, Fred Bollmann, Erfurthstr. 7, ✆ 039831-22174, 🖂 039831-22847, www.ranger-tours.de.

Auch **Albert Westphal** bietet naturkundliche Führungen durch den Naturpark Feldberger Seenlandschaft an: von Mai bis Okt. jeden Do um 14 Uhr. Dauer 2,5 Std., Erw. 5 €, Kinder 6–12 J. 3 €. Treffpunkt am Hullerbuscher Ufer der Luzinfähre. Weitere Infos: ✆ 039831-20760.

Kanu- und Fahrradverleih Ruhepuls **Sporttouristik**, auf der Halbinsel Amtswerder am Haussee, mit herrlicher kleiner See-

terrasse (→ Cafés). Im Angebot sind 1er- und 2er-Kajaks (7–9 €/Std. bzw. 18–25 €/Tag) sowie 2er- bis 4er-Canadier (8–11 €/Std. bzw. 23–29 €/Tag). Zudem Wanderruderboote verschiedener Größen und Flöße für max. 8 Pers. Auch Rückholung bei One-Way-Touren (gegen Gebühr). Mai bis Sept. (bei schönem Wetter auch bis Okt.), tägl. 9.30–19.30 Uhr, Mi und Sa bis 22.30 Uhr. Amtsplatz 50, ✆ 039831-22909, www.ruhepuls.com.

Bootsverleih am Schmalen Luzin, an der Feldberger Seite der Luzinfähre. Mai bis Sept. werktags ab 10 Uhr, Sa/So ab 9 Uhr, im Juli/Aug. tägl. ab 9 Uhr, im Okt. tägl. 12–17 Uhr. 1er-/2er-Kajak 5–6 €/Std. (15–20 €/Tag), 2er- bis 4er-Kanu 6–8 €/Std. (20–25 €/Tag), Ruderboot 4 €/Std. (15 €/Tag), Tretboot 8 €/Std. (25 €/Tag). Fahrrad 6 €/Tag. ✆ 039831-52877, www.luzinfaehre.de.

Boots-Berg, Bootsverleiher Horst Berg im Zentrum von Feldberg, Fahrrad 5 €/halber Tag, 9 €/Tag, E-Fahrrad 25 €/Tag, Elektroboot 10–15 €/Std., Kajak/Kanu 5 €/Std., 20 €/Tag, Ruderboot/Tretboot je 5 €/Std., 20 €/Tag. Auch **geführte Touren** mit dem Elektroboot (im Sommer tägl. 10 Uhr und 14 Uhr, 2–2,5 Std., 7–9 € pro Pers.). Strelitzer Str. 36, ✆ 039831-20554 oder 0171-3880726.

Tauchen Tauchcenter Feldberg im Hotel Deutsches Haus. Schnuppertauchen (35 €), Anfänger- und Fortgeschrittenenkurse (Open Water Diver), auch für Kinder. Kompletter Ausrüstungs- und Flaschenverleih, Flaschenfüllung. Tauchschüler erhalten im Hotel Sonderkonditionen. Strelitzer Str. 18, ✆ 039831-20340 oder 039831-22339, www.tauchcenter-feldberg.de.

Veranstaltungen Auf dem weit in den Feldberger Haussee hineinragenden Amtswerder befindet sich die Seebühne, hier im Sommer gelegentlich Konzerte; im Bistro Ruhepuls (→ unten) finden regelmäßig Konzerte statt. Seit 2009 findet immer am zweiten Samstag im Juli das **STATT-Fest** der Feldberger Unternehmer-Initiative „17zwo58" statt: kleines Fest in der Strelitzer Straße, Infos: www.17zwo58.de.

Wasserski Feldberg ist bekannt für seinen erfolgreichen Wasserskiclub, der seine Übungsbasis im Haussee am Amtswerder hat. Im Sommer häufig Wasserski-Schauen vor der Seebühne (und immer wieder auch die deutsche Meisterschaft), von Mitte Juni bis Anfang Sept. immer Mo 17–20 Uhr können auch Anfänger ihr Glück auf zwei Brettern versuchen.

Übernachten

1. Camping am Bauernhof
2. Jugendherberge
3. Altes Zollhaus
7. Drostenhaus (Appartements)
8. Landhaus Stöcker
9. Hotel Deutsches Haus
11. Haus Seenland (Appartements)
13. Hotel Hullerbusch

Essen & Trinken

3. Altes Zollhaus
5. Fischereihof
6. Fischstübchen
13. Hotel Hullerbusch

Cafés

4. Bistro am See 'Ruhepuls'
10. Kurparkcafé
11. Abendsegler
12. Kiosk und Bootsverleih am Schmalen Luzin

Feldberg

170 m

Übernachten

>> **Unser Tipp: Altes Zollhaus 3**, knapp 2 km nordöstlich von Feldberg am Damm zwischen Breitem und Schmalem Luzin, herrliche Lage am See, Restaurant und Café mit Seeterrasse (→ Essen). 32 Zimmer und ein separates Saunahaus am See, Boots- und Fahrradverleih. Sehr schicke Zimmer im Haupthaus, EZ 88 €, DZ 130–148 €, im deutlich einfacheren Gästehaus ein paar hundert Meter entfernt kostet das EZ 49 €, das DZ 80 €, jeweils inkl. Frühstück.

Hund 15 €/Tag. Geöffnet Ostern bis Mitte Nov. Am Erddamm 31, 17258 Feldberger Seenlandschaft, ☎ 039831-500, 📠 039831-50269, www.romantik-am-see.de. <<

Landhaus Stöcker 8, exklusivste Adresse in Feldberg, in einer Gasse im Zentrum. Nur wenige Zimmer, baumbestandener Garten direkt am See, mit Badestegen. Im Neubau nebenan weitere Zimmer und ein kleines Hallenbad mit Wellnessbereich. Nachmit-

Das Alte Zollhaus am Breiten Luzin

tags Café. EZ 100–110 €, DZ 120–150 €, im Nebenhaus 145 €, jeweils inkl. Frühstück, Halbpension ist nach vorheriger Anmeldung (ca. 2 Tage vorher) möglich. Keine Tiere. Strelitzer Str. 8–10, OT Feldberg, 17258 Feldberger Seenlandschaft,   ℡ 039831-2710,   ℻ 039831-271113, www.landhaus-stoecker.de.

Hotel Deutsches Haus **9**, unweit vom Landhaus Stöcker in der Strelitzer Straße; schon etwas älteres Hotel in zentraler Lage, absoluter Pluspunkt ist die schöne Terrasse direkt am See, hier befindet sich auch das Tauchcenter Feldberg (→ Tauchen). Nur elf Zimmer, auch Restaurant, Spezialität ist hier Räucherfisch. W-LAN. EZ 49 €, DZ 75 €, inkl. Frühstück, Hund 15 € pro Aufenthalt. Strelitzer Str. 18, 17258 Feldberg, ℡ 039831-20340, ℻ 039831-20972, www.deutscheshaus-feldberg.de.

Appartements Drostenhaus **7**, als der Amtswerder noch eine Insel war, befand sich hier das fürstliche Schloss, zu sehen sind noch die mittelalterlichen Fundamente eines Rundturmes. Das heutige Drostenhaus stammt aus dem späten 18. Jh. und wurde vor einigen Jahren restauriert, heute sind hier moderne und komfortable Ferienappartements untergebracht. Sauna am See, Liegewiese, Badestelle und Bootsanleger, Fahrrad- und Bootsverleih. Für 2 Pers. 75–85 €/Tag, 4 Pers. 85–110 €, 6 Pers. 130–

170 €, Frühstück 7,50 €/Pers. Amtsplatz 4, OT Feldberg, 17258 Feldberger Seenlandschaft,   ℡ 039831-52790,   ℻ 039831-52799, www.drostenhaus.de.

»» Unser Tipp: Haus Seenland **11**, herrliche Lage im Zentrum *und* direkt am See; mit großer Liegewiese und Badesteg. Sorgsam restauriertes altes Stadthaus, neu dagegen die Balkone zum See, im Inneren viel Holz und Dielenböden, altes Fachwerk. Komfortable Ausstattung, geschmackvolle Einrichtung, Appartements mit Küchenecke. Im Untergeschoss (zur Seeseite hin) befindet sich das Café Abendsegler (auch Kneipe, → unten). Appartement für 2 Pers. je nach Größe und Ausstattung 58–80 €/Tag, 4 Pers. 73–85 €, Hunde auf Anfrage, Frühstück (auf Anfrage) 6 €/Pers. W-LAN im Haus. Rezeption im Landladen im gleichen Haus, Strelitzer Str. 4, 17258 Feldberg, ℡ 039831-2222, ℻ 039831-22233, www. haus-seenland.de. **««**

Jugendherberge JH Feldberg **2**, ziemlich abseits oberhalb des Feldberger Haussees in einem Waldstück gelegen, gut 1 km nördlich vom Zentrum (nördliche Ortsausfahrt Richtung Schlicht, dann rechts ab, beschildert). Nicht mehr ganz neu, sehr ruhig, idyllischer Blick auf den See. Übernachtung 20,90 € inkl. Frühstück, Senioren 24,90 €;

plus 3 € für Halbpension. Robert-Kahn-Weg 1, 17258 Feldberg, ☎ 039831-20520, 📠 039831-22178, www.jh-feldberg.de.

Camping   Camping am Bauernhof **1**, relativ großer Platz ca. 2 km nordöstlich von Feldberg/Zentrum (noch vor dem Hotel Altes Zollhaus links ab, auf der Landenge zwischen dem Breiten Luzin und dem Haussee); nicht mehr ganz neu, aber okay. An den Bauernhof erinnert der Streichelzoo des Campings; eigene Badestelle und dazugehörige Liegewiese am Breiten Luzin. Ganzjährig geöffnet. Erw. 5 €, Kinder (2–13 J.) 3 €, Stellplatz 3–11 €, Hunde 3 €, Auto 2,50 €, Strom 2 €. Auch Bootsverleih (16–25 €/Tag) und Ferienwohnungen für 39–44 €/Tag. Hof Eichholz, 17258 Feldberg, ☎ 039831-21084, 📠 039831-21534, www.campingplatz-am-bauernhof.de.

Weiterer Campingplatz in **Carwitz** (→ S. 243) sowie am Südufer des **Dreetzsees** (→ S. 248).

Übernachten außerhalb   Alte Schule in Fürstenhagen → „Um den Carwitzer See".

Hotel Hullerbusch 13 →   „Carwitz/Übernachten" (→ S. 242).

Forsthaus am See, das ruhig am Lütter See (Seitenarm des Breiten Luzin) gelegene Haus beherbergt ein freundliches Hotel samt Restaurant (geöffnet 11–21 Uhr, Mi Ruhetag). Mit Badesteg und Sauna (Seezugang). Nur sechs Zimmer und eine Suite (Reservierung empfehlenswert), alle Zimmer mit Seeblick. *Anfahrt*: knapp 7 km vom Feldberger Ortszentrum Richtung Fürstenwerder, dann links ab. EZ 65–70 €, DZ 80–85 €, Suite 100 €. Frühstück inkl. Forsthaus am See 1, 17258 Feldberger Seenlandschaft, ☎ 039831-2222, 📠 039831-22233, www.hotelforsthaus.de.

Essen & Trinken (→ Karte S. 237)

Essen & Trinken   Altes Zollhaus **3**, beliebtes Restaurant in herrlicher Lage am Breiten Luzin, auch Café, mit idyllischer, schmaler Seeterrasse, Tische direkt am Wasser; innen rustikale, sehr gemütliche Holzromantik. Aus der Küche kommen v. a. Mecklenburger Gerichte bester Qualität, leicht erhöhtes Preisniveau, Ostern bis Mitte Nov. tägl. mittags und abends geöffnet. Auch Bootsverleih (5 €/Std., 20 €/Tag) und Fahrradverleih (10 €/Tag). *Anfahrt*: vom Kreisel im Ortszentrum gut 2 km Richtung Fürstenwerder. Auch Hotel (→ oben). Am Erddamm 31, ☎ 039831-500, www.romantik-am-see.de.

Fischereihof 5, auf dem Amtswerder, einfaches, beliebtes Gasthaus in einer kleinen Hütte mit schöner Terrasse zum See und Blick auf Feldberg. Nur wenige Tische, die schnell besetzt sind (abends besser reservieren). Günstige Fischspezialitäten aus eigenem Fang, eigene Räucherei (auch Verkauf). Die Feldberger Fischplatte ist hier für 9,50 € zu haben, das ist dann auch das teuerste Gericht auf der Karte. Di–So 11–2 Uhr, Mo Ruhetag. Fischereihof 2, ☎ 039831-20205.

Fischstübchen 6, noch ein Stück vor dem Fischereihof und etwas teurer als dieser (Hauptgerichte Fisch 9–13 €). Auch Ferienwohnungen (50–80 €). Mittags 11–15 Uhr geöffnet, abends 17–21 Uhr, dazwischen nur Imbiss, Di Ruhetag (im Winter Di und Mi). Amtsplatz 33, ☎ 039831-20876, www.fischstuebchen-feldberg.de.

Restaurant Hullerbusch 13 → S. 242.

Cafés/Snacks   Bistro am See „Ruhepuls" **4**, gehört zum gleichnamigen Boots- und Fahrradverleih (→ oben). An der Westseite des Amtswerders (wenige Gehminuten vom Parkplatz). Kaffee und Kuchen auf dem Holzsteg, herrlich zum Sitzen am See. Auch kleine Gerichte auf der Karte, im Sommer mehrmals wöchentlich abends Konzerte (zuletzt Di, Do und So). Mai bis Sept./Okt. tägl. 9.30–19.30 Uhr, bei Veranstaltungen länger. Amtsplatz 50, ☎ 039831-22909, www.ruhepuls.com.

Abendsegler 11, sehr schöne Terrasse zum See hin, im Sommer tägl. ab 14 Uhr geöffnet (im Winter nur abends ab 18 Uhr, So ab 14 Uhr, Mo/Di geschl.). Kaffee und tägl. frischer Kuchen, abends Kneipe (→ unten). Strelitzer Str. 4, ☎ 039831-22234, www.abendsegler.com.

Kurparkcafé 10, neben der Touristinformation und über dem Kurpark, Terrasse mit Blick, das etwas gediegenere Café in Feldberg. Kaffee, Kuchen, Torten, Eis. Im Sommer tägl. ab 11 Uhr geöffnet. Strelitzer Str. 42.

Luzinfähre 12, Kaffee und Kuchen sowie Snacks gibt es im Kiosk an der Feldberger Seite der Luzinfähre; von Mai bis Okt., werktags ab 10 Uhr, Sa/So ab 9 Uhr, Juli/Aug. tägl. ab 9 Uhr. Hier auch Boots- und Fahrradverleih (→ oben). ☎ 039831-52877, www.luzinfaehre.de.

Sehenswertes

Mit spektakulären Sehenswürdigkeiten ist Feldberg nicht gerade gesegnet, hervorzuheben ist aber die *Stadtkirche,* die kaum zu übersehen quasi als Wahrzeichen über dem Ort thront. Ursprünglich befand sich hier eine Fachwerkkirche, die aber 1870 niederbrannte und von 1872 bis 1875 als kreuzförmiger Backsteinbau im neugotischen Stil an gleicher Stelle wiedererrichtet wurde. In der Kirche finden regelmäßig Konzerte statt.

Mo–Fr 14–17 Uhr und zu Veranstaltungen.

Heimatstube Feldberg: Das winzige Museum auf dem Amtswerder widmet sich der Geologie und Geschichte der Stadt Feldberg von der Bronzezeit bis zu den Anfängen des Erholungstourismus. Weitere Schwerpunkte sind der Naturpark Feldberger Seenlandschaft sowie *Hans Fallada*, der im benachbarten Carwitz lebte und kurzzeitig Bürgermeister von Feldberg war.

Mai bis Sept. Mo, Mi, Fr 14–16 Uhr, Sa/So 10–12 und 14–16 Uhr, im Winter geschlossen. Eintritt 1 €, Kinder 0,50 €. Amtsplatz 36, 17258 Feldberg, ✆ 039831-20676.

Sehenswertes Feldberg/Umgebung

Waldmuseum „Lütt Holthus" in Lüttenhagen: Das 1999 eröffnete Museum im knapp 3 km westlich von Feldberg gelegenen Ort bietet viel Anschaulichkeit in Sachen Wald und allem, was dazugehört: Neben zahlreichen Präparaten der heimischen Fauna gibt es einen begehbaren Fuchsbau, originale Geräusche aus dem Wald, dazu Dokumentationen zum Baumbestand und dem Lebensraum Wald in den verschiedenen Jahreszeiten, alles kindgerecht und didaktisch gut aufbereitet. Ein weiterer Bereich ist wechselnden Ausstellungen vorbehalten, Sonderausstellungen auch in der Scheune nebenan. Eine besondere Attraktion befindet sich aber neben dem Museum: das von etwa Anfang April bis Mitte August bewohnte Storchennest, in das regelmäßig die ganze Storchenfamilie ein- und ausfliegt.

Naturschutzgebiet Heilige Hallen: Der vermutlich älteste Buchenwald Deutschlands, südlich des Waldmuseums gelegen, fiel schon vor 150 Jahren dem Strelitzer Großherzog Georg als besonders schützenswert auf. Seit 1938 sind die Heiligen Hallen Naturschutzgebiet. Einige der fast 50 m hohen Riesen stehen noch, sie sind teilweise über 350 Jahre alt, manche sind umgestürzt bzw. abgestorben. Der Name „Heilige Hallen" stammt aus dem 19. Jh., als die hohen Bäume noch ein dichtes Blätterdach bildeten. Wegen Abbruchgefahr alter Äste darf das Gebiet nicht betreten werden, ein beschilderter Forstweg führt um das Kerngebiet herum. Das Forstamt Lüttenhagen veranstaltet auch Führungen zum Naturschutzgebiet (s. u.)

Museum: Mai bis Sept. Di–So 10–18 Uhr, Mo geschl., Okt. bis April Di–Sa 13–16 Uhr, So/Mo geschl. Erw. 2 €, Kinder 1 €. Führungen zu den Heiligen Hallen Juni bis Aug. jeden Do 9.30–12.30 Uhr, Erw. 3 €, Kinder 1,50 €. Weitere Infos und Anmeldung beim Waldmuseum und unter ✆ 039831-59125.

Anfahrt   Von Feldberg nach Lüttenhagen und weiter Richtung Lychen, das Museum steht am Ortsrand von Lüttenhagen rechts der Hauptstraße. Den Parkplatz zu den Heiligen Hallen erreicht man, wenn man vom Museum weiter auf der Hauptstraße Richtung Lychen fährt, nach ca. 400 m auf der linken Seite.

Lenné-Park in Krumbeck: Nach einer langen Phase der Vergessenheit wurde der Garten 8 km nördlich von Feldberg erst 1989 aus Anlass des 200. Geburtstags seines Erschaffers rekultiviert. Der Park wurde 1832 nach Plänen von *Peter Joseph Lenné* (1789–1866) angelegt, einem der bedeutendsten Gartenarchitekten seiner Zeit. Eines seiner bekanntesten Werke ist der Park von Schloss Sanssouci in Potsdam. In Mecklenburg plante er u. a. die Parkanlagen Schloss Basedow und Schloss Kittendorf, auch Teile des Schlossgartens von Neustrelitz wurden nach seinen Vorgaben angelegt.

Ein Spaziergang durch den verwunschenen Park führt durch hohen, alten Baumbestand und über kleine Brücken, die die Teiche mit ihren schilfbestandenen Ufern überspannen. Der Fußweg zweigt beim renovierten Gutshaus ab, eine Tafel mit dem Lageplan des Parks findet sich an der einzigen Straße in Krumbeck.

Anfahrt Von Feldberg nach Möllenbeck, dort rechts ab auf die B 198 Richtung Woldegk; bei Bredenfelde wieder rechts, ab hier noch 2 km, beschildert. Die kürzere Strecke von Feldberg über Schlicht ist zwar nur 8 km lang, davon sind die letzten 4 km allerdings nicht asphaltiert, voller Schlaglöcher und für das Auto eine Tortur (mit dem Fahrrad kein Problem).

Carwitz ca. 300 Einwohner

Ein ungemein idyllisches Dorf, auf einem Hügelrücken zwischen vier miteinander verbundenen Seen gelegen und in Sachen Beschaulichkeit dem benachbarten – und ungleich größeren – Feldberg vorzuziehen. Hübsche, alte Bauernhäuser ziehen sich an der kopfsteingepflasterten Dorfstraße entlang, gleich am Ortseingang eine alte Windmühle, gegenüber der Badestrand am Schmalen Luzin. Das Dorfende markiert das unbedingt sehenswerte Fallada-Museum (→ S. 243) mit der Halbinsel Bohnenwerder dahinter.

Berühmt wurde der Ort, einst nur ein uraltes, kleines Fischerdorf, durch den Schriftsteller *Hans Fallada*, der Carwitz von 1933 bis 1945 zu seinem Zuhause gemacht hatte und hier einige seiner bedeutendsten Werke schrieb. Falladas Urne

ruht seit 1981 auf dem Carwitzer Dorffriedhof – ein stiller Platz ganz in der Nähe des Sees. Die benachbarte Kirche, ein Backsteinbau aus dem frühen 18. Jh., ist tagsüber leider meist geschlossen. Zwischen Mai und September finden hier die *Carwitzer Sommerkonzerte* statt (Programm in der Touristinformation Feldberg). Zudem werden Konzerte in der „Alten Scheune" und im „Carwitz Eck" (→ Essen & Trinken) veranstaltet.

Baden Große **Badestelle** mit Bootsanleger am westlichen Ortsrand von Carwitz am Südufer des Schmalen Luzin, außerdem eine Badestelle östlich von Carwitz auf der Halbinsel Bohnenwerder.

Einkaufen Schäferei Hullerbusch, hier gibt es im Prinzip alles vom Schaf: Lammkeule, Wurst und Käse, Rohwolle zum Selberspinnen oder auch fertige Socken und Hüttenschuhe. Außerdem aber auch Kaffee, Tee und Kuchen (ein paar Bänke vor dem Haus) und die selbst gemachten Marmeladen. Ostern bis Ende Okt. Mi–So 11–17 Uhr geöffnet, Mo/Di und im Winter geschlossen. Von Carwitz Richtung Hotel Hullerbusch, kurz davor auf der rechten Seite ist die Schäferei (ca. 1,5 km von Carwitz). Hullerbusch 2, ☎ 039831-20006, www.schaeferei-hullerbusch.de. ▪

Essen & Trinken Restaurant Hullerbusch, im gleichnamigen Hotel; 2 km nördlich von Carwitz, lohnt den Weg nicht zuletzt wegen der netten Terrasse. Mittags und abends geöffnet, mecklenburgische Hausmannskost zu mittleren Preisen, nachmittags Kaffee und Kuchen (→ Übernachten).

Ferien beim Fischer, einfache Fischgaststätte am nördlichen Ortsrand (direkt am Carwitzer See). Auch einige **Ferienwohnungen** (hauptsächlich für Angelgäste), hier auch Angelkarten, es werden auch Elektroboote an die Angler vermietet. Die Fischgaststätte: gutbürgerlich bei ebensolchem Ambiente und mittleren Preisen, auch Räucherei. April bis Okt. täglich 12–21 Uhr geöffnet, im Winter geschlossen. Jägerwörde 31 (am Carwitz Eck die Straße hinein und dieser ca. 300 m folgen), ☎ 039831-21154, www.ferien-beim-fischer.de.

Mehrere Cafés und Restaurants reihen sich entlang der Carwitzer Hauptstraße, z. B.:
Carwitz Eck, Kaffee, Kuchen und Eis auf der Terrasse, auch Restaurant. Im Sommer tägl. ab 12 Uhr, im Winter nur Fr–So. Carwitzer Str. 83, ☎ 039831-22198.
Alte Scheune, deftige Küche im Biergarten; Mo Ruhetag, im Sommer samstags Livemusik. Im Winter nur eingeschränkt geöffnet. Carwitzer Str. 33, ☎ 039831-20992.

Übernachten Hotel Hullerbusch, das abgelegene, stilvolle Hotel im Gutshaus gehört zwar von Amts wegen zu Feldberg, ist aber mit dem Auto ausschließlich über Carwitz (2 km nördlich des Orts) zu erreichen – wer unmotorisiert anreist, kann von Feldberg die Luzinfähre nehmen und ein gutes Stück abkürzen (*Achtung*: steiler Aufstieg von der Anlegestelle zum Hotel). Das strahlend weiße Gutshaus in ruhiger Waldlage (und mit parkartigem Garten) bietet historisches Ambiente mit ein wenig Jägerflair (am Portal grüßen zwei steinerne Hirsche). Im Erdgeschoss mehrere Speiseräume und

Idyllisches Carwitz

Malerisch: Schafherde am Hullerbusch im Abendlicht

eine besonders nette Terrasse. Acht Zimmer und zwei Suiten in gediegener Eleganz. Sauna und Fahrradverleih, zudem stehen Ruderboote und Angelausrüstung zur Verfügung. Freundlicher Service, nette Atmosphäre. April bis Ende Okt. geöffnet. DZ 90 €, Suite 100 €, jeweils inkl. Frühstück, Halbpension 19 € pro Pers. und Tag, Hunde willkommen. Hullerbusch 12, 17258 Feldberger Seenlandschaft, ☏ 039831-20866, www.hotel-hullerbusch.de.

Campingplatz am Carwitzer See, netter, einfacher Wiesencamping am Ortseingang von Carwitz auf der rechten Seite (von Feldberg kommend). Freundliche Betreiber, eigene Badestelle und Liegewiese, Ruderboot- und Kajak-/Kanuverleih am Platz. Lebensmittelkiosk. Ins „Zentrum" von Carwitz sind es ca. 400 m. Geöffnet Ende April bis Mitte Okt. Erw. 6 €, Kinder 4 €, Stellplatz 7 € (für Zelte 3,50–4 €), Auto 3,50 €, Motorrad 1,50 €, Strom 2 €, Hund 3 €. Carwitzer Str. 80, 17258 Feldberger Seenlandschaft, ☏ 039831-21160, www.campingplatz-carwitz.de.

Camping am Dreetzsee → „Um den Carwitzer See" (→ S. 248).

Verbindungen **Bus** etwa 6-mal tägl. von und nach Feldberg.

Parken, nur wenige Parkplätze im Ort, mit Parkscheibe.

Fähre: Die **Luzinfähre** verkehrt jede volle und jede halbe Stunde. Von Mai bis Okt. Mo–Fr 10–17 Uhr, Sa/So 9–18 Uhr, im Juli und Aug. Mo–Fr 10–18 Uhr, Sa/So 9.30–19 Uhr (ab der Hullerbusch-Seite Fähren jeweils eine halbe Stunde später). Von Nov. bis April nur nach Absprache. Erw. 1 €, Kinder 0,50 €, Fahrrad 1 €. ☏ 039831-52877, www.luzinfaehre.de.

Hans-Fallada-Museum

Hier hat er sich 1933 niedergelassen, der Schriftsteller *Rudolf Ditzen* alias *Hans Fallada*, dessen Roman „Kleiner Mann – was nun?" aus dem Jahr 1932 ihn zu Weltruhm brachte. Angesichts der Idylle, die der einstige kleine Bauernhof (Büdnerei) mit seinem herrlichen Seegrundstück bis heute ausstrahlt, wird man fast ein wenig neidisch auf das wunderschöne Domizil, in dem Fallada – so die einhellige Meinung seiner Biografen – die beste und produktivste Zeit seines Lebens verbracht haben soll, wenn auch von den Nationalsozialisten an der Veröffentlichung seiner oft sozialkritischen Literatur gehindert.

Carwitz und Umgebung hat Fallada in seinen Werken aus der Zeit 1933–1945 häufig verewigt, beispielsweise in seinen Erinnerungen *Heute bei uns zu Haus* (1943) und in dem Kinderbuch *Fridolin der freche Dachs* (1944). Das Carwitzer Anwesen kaufte Fallada von den Einnahmen seines Romans *Kleiner Mann – was nun?* im Jahr 1933 und siedelte mit seiner Frau und den beiden Kindern Ulrich und Lore von Berkenbrück hierher um. Es folgten mehrere Umbauten, z. B. der Anbau der Veranda

Hans Fallada (1893–1947)

Ein bewegtes Leben lebte der am 21. Juli 1893 in Greifswald geborene *Rudolf Ditzen*, besser bekannt unter seinem Pseudonym *Hans Fallada*, der Name, mit dem er später weltbekannt werden sollte. Mit 18 Jahren hatte der Sohn eines Reichsgerichtsrats nicht nur schon mehrere Gymnasien besucht, sondern auch einen gemeinschaftlichen Selbstmordversuch mit seinem Jugendfreund überlebt – den Freund dagegen hatte er im „Duell" erschossen. Es folgte der erste von vielen (Zwangs-)Aufenthalten in einer Nervenheilanstalt, die später durch diverse Entziehungskuren und Gefängnisstrafen ergänzt wurden. Ditzens erster Roman, *Der junge Goedeschal* erschien 1920 bereits unter Pseudonym – der *Hans* aus „Hans im Glück" und der *Fallada* aus der „Gänsemagd", beides Märchen der Gebrüder Grimm. Rudolf wollte mit dem Pseudonym wohl auch die leidgeprüften Eltern schonen, die kurz zuvor den jüngeren Sohn im Ersten Weltkrieg verloren hatten.

Rudolf Ditzen ...

In Berlin, wohin er inzwischen übersiedelt war, verlor sich Ditzen in schwieriger Gesellschaft: Zu exzessivem Alkoholkonsum kamen Drogen- und Tablettensucht, die ihn bald bei diversen Anstellungen auf Landgütern in Schlesien und Schleswig-Holstein begleiteten. Finanziert hat Ditzen seine Sucht immer wieder durch Unterschlagung, was ihn in den 1920er Jahren mehrfach ins Zuchthaus brachte. Die Wende brachten die geordneten Verhältnisse einer Anstellung als Lokalredakteur in Neumünster und die Heirat mit Anna „Suse" Issel im Jahr 1929. Ein Jahr später wurde das erste von drei gemeinsamen Kindern geboren, und Ditzen fand eine Anstellung bei seinem Verleger Ernst Rowohlt in Berlin, am Puls des damaligen literarischen Lebens in Deutschland.

Mit seinem im Sommer 1932 erschienenen Erfolgsroman *Kleiner Mann – was nun?* (der Geschichte eines kleinbürgerlichen Arbeitslosen, der mit Frau und Kind ums Überleben kämpft) traf Ditzen den Nerv der Zeit mit ihren politischen Wirren und explodierenden Arbeitslosenzahlen am Vorabend der nationalsozialistischen Machtergreifung. Das Buch wurde zum Bestseller und in mehrere Sprachen übersetzt. Nach einigen unerfreulichen Begegnungen mit der SA – Ditzen wurde im April 1933 ohne Angabe von Gründen für elf Tage inhaftiert – entschloss sich die Familie, den Großraum Berlin zu verlassen und fand bald das Anwesen im mecklenburgischen Carwitz, weit weg von der Hauptstadt.

In der selbst gewählten Abgeschiedenheit von Carwitz erlebte Ditzen zunächst eine produktive Schaffensperiode, zudem konnte er sich den lang gehegten Traum von einem eigenen kleinen Bauernhof erfüllen. 1934 erschien der Gefängnisroman *Wer einmal aus dem Blechnapf frisst*. Sein Verhältnis zu den Nationalsozialisten äußerte sich zunächst in einer Mischung aus innerer Emigration und anbiedernder Anpassung, wie sie sich in seinem vielfach kritisierten, regimegefälligen Vorwort zu diesem Buch zeigte. Doch bald drehte sich auch für Fallada der Wind, spätestens, als das Propagandaministerium die Entfernung seiner Bücher aus öffentlichen Bibliotheken verfügte, dazu kamen immer wieder feindselige Rezensionen seiner Werke.

Ditzen verlegte seine Erzählkunst auf Kinderbücher und Märchen, harmlos und unpolitisch, dazwischen litt er immer wieder unter Nervenzusammenbrüchen und Depressionen, gefolgt von mehr oder minder langen Sanatoriumsaufenthalten. An seinem Werk *Wolf unter Wölfen* (1937), einem Roman über die Inflation 1923 in der Weimarer Republik, fand Reichspropagandaminister Goebbels Gefallen. Doch schon den Folgeroman (*Der Eiserne Gustav*, 1938) musste Ditzen regimekonform umschreiben – der Druck auf den Autor wuchs zusehends. Den Plan einer Emigration immer wieder verwerfend, entschied Ditzen 1939, in Deutschland zu bleiben, und versuchte das Regime mit unpolitischen, historisch unverfänglichen Erzählungen zu bedienen – wobei er abwechselnd hofiert und schikaniert wurde. Die meisten Freunde waren da schon ins Exil gegangen (einige auch in Haft gestorben), und im beschaulichen Carwitz wurde es für die Ditzens zunehmend ungemütlich, zahlreiche Denunziationen machten ihnen das Leben schwer. Seine Autobiografie *Heute bei uns zu Haus* (1943) war das letzte Werk, das vor Kriegsende veröffentlicht wurde.

... und sein Arbeitsgerät

Nach dem Einmarsch der Sowjets im April 1945 in Feldberg bestellten diese den politisch unauffälligen Ditzen zum Bürgermeister des Ortes. Im Herbst des gleichen Jahren zog er – inzwischen geschieden und mit einer fast 30 Jahre jüngeren Fabrikantenwitwe neu verheiratet – nach Berlin um, wo Ditzen sein letztes großes Werk in Angriff nahm: *Jeder stirbt für sich allein* (1946), die Geschichte eines Ehepaars im Widerstand, seine persönliche Stellungnahme und der erste antifaschistische Roman in Deutschland nach 1945.

Rudolf Ditzen starb am 5. Februar 1947 an Herzversagen. Seine Urne ruht seit Sommer 1981 auf dem Dorffriedhof von Carwitz.

Das Fallada-Museum

im Erdgeschoss, der Umbau von Küche und Badezimmer, im Obergeschoss weitere neue Räume und ein Balkon, auch die Scheune wurde ausgebaut. Die Ditzens unterhielten hier eine kleine Landwirtschaft mit Hühnern und Gemüseanbau, einer Obstbaumplantage sowie eigener Imkerei, dazu Kutschpferd, Hund und Katze.

Nach der Scheidung 1944 und Falladas Tod im Jahr 1947 lebte seine ehemalige Frau Anna Ditzen noch einige Zeit hier, verkaufte das Anwesen aber 1965 an einen Verlag. Nach massiven baulichen Veränderungen entstand ein Ferienheim für Kinder. Ab 1996 wurde das Wohnhaus unter Mithilfe von Ditzens Söhnen und der 1983 gegründeten Hans-Fallada-Gesellschaft originalgetreu rekonstruiert und stellt heute den Zustand der Jahre zwischen 1933 und 1944 dar. Die Scheune wurde restauriert und beherbergt nun einen Veranstaltungsraum, das Archiv und den Sitz der Hans-Fallada-Gesellschaft.

Der *Rundgang* durch das Museum führt vom Eingangsbereich in die rekonstruierten Wohnräume der Familie: das Wohn- und Arbeitszimmer von 1938 mit Falladas Schreibtisch, das Esszimmer, in dem in einer Vitrine Falladas Totenmaske aufbewahrt wird, die für damalige Verhältnisse überaus moderne Küche und die einem Wintergarten ähnliche helle Veranda. Im Schlafzimmer sind alle Werke Falladas in Erstausgabe zu sehen, im Esszimmer zudem zahlreiche Fotos von Familie und Freunden, die der Schriftsteller z. T. selbst aufgenommen hat. Im Obergeschoss sind die Originalmanuskripte Falladas (ganz eng beschriebene, linierte Blätter) und Szenenfotos aus den Verfilmungen seiner Romane ausgestellt; in einem Nebenraum werden zwei Filme über Fallada gezeigt.

Wunderschön ist auch der Garten des Anwesens mit dreieckigem Blumenbeet, Obstbäumen und dem Sitzplatz am Seeufer – ein echtes Idyll! Ein Spaziergang führt vom Fallada-Haus in östlicher Richtung auf die Halbinsel Bohnenwerder, von deren Anhöhe sich ein schöner Ausblick bietet.

Alljährlich am Wochenende um den 21. Juli finden hier die *Hans-Fallada-Tage* mit diversen Veranstaltungen (Lesungen, Konzerte, Ausstellungen etc.) statt, außerdem im Sommer am Freitagabend immer die „Carwitzer Lesestunde". Nähere Infos und Programm im Museum sowie in der Touristinformation Feldberg.

April bis Okt. Di–So 10–17 Uhr, Nov. bis März Di–So 13–16 Uhr, Mo geschlossen. Weitere Öffnungszeiten nach Vereinbarung. Eintritt 4 €, erm. 3 €, Kinder bis 6 J. frei, Audioguide (ca. 1 Std.) 1,50 €, Foto-/Videoerlaubnis 1 €. *Carwitzer Lesestunde* von Mai bis Sept. jeden Fr um 20 Uhr in der Scheune. Zum Bohnenwerder 2, 17258 Feldberger Seenlandschaft/OT Carwitz, ✆/🖷 039831-20359, www.fallada.de.

An der Krüseliner Mühle

Um den Carwitzer See

Eine liebliche Landschaft erstreckt sich östlich und südlich von Feldberg und Carwitz. Rund um den Carwitzer See und den Dreetzsee verstecken sich zwischen einer Handvoll größerer und kleinerer Seen idyllische Dörfer in den Hügeln. *Fürstenhagen* ist beispielsweise so ein schmuckes Dorf mit schöner Feld- und Backsteinkirche von 1868/69 (tagsüber meist geöffnet), einer der letzten Bauten des Neustrelitzer Architekten *Friedrich Wilhelm Buttel*, und einem bemerkenswerten Hotel-Restaurant gleich dahinter.

Das an sich wenig spektakuläre *Wittenhagen* lohnt den Weg wegen seiner erstaunlich großen Kunsthalle im Gutshof des Ortes (bestens ausgeschildert). Im ungemein idyllischen Ort *Thomsdorf* ist mit dem *Kunsthandwerkerhof* und dem *Thomsdorfer Kunstkaten* mit seinem besonders schönen Garten ein wenig kulturelles Leben entstanden. Die heute turmlose Kirche von Thomsdorf stammt aus dem 13. Jh. und beherbergt einen spätgotischen Altar. Eine Badestelle und Tauchbasis gibt es bei Thomsdorf (nördlich vom Ort) am Südufer des Carwitzer Sees. Auf halbem Weg von Thomsdorf nach Carwitz findet sich am südlichen Ende des *Dreetzsees* ein großer Campingplatz im Wald. Noch weiter südlich und gänzlich ab vom Schuss liegt die beliebte Ausflugsgaststätte *Krüseliner Mühle* ganz idyllisch am Ufer des gleichnamigen Sees.

Übernachten/Essen/Einkaufen **Alte Schule**, hinter der Kirche von Fürstenhagen versteckt sich das seit Herbst 2011 mit einem Michelinstern geadelten Restaurant von Daniel Schmidthaler. Saisonale Küche mit regionalen Gerichten, 3-Gänge-Menü 40–44 €, 4-Gänge-Menü 52–56 €. Mi–So ab 18 Uhr geöffnet, Mo/Di Ruhetag. Auch Kochkurse (früh buchen!). Die Alte Schule ist auch ein Hotel mit acht schönen Zimmern. EZ 60 €, DZ 85 €, Dreibett-Zimmer 97,50 €, Vierbett-Zimmer 105 €, im neuen Gästehaus (Hochzeitsscheune) nebenan werden zehn Maisonette-Zimmer angeboten: als DZ 110 €, als Familienzimmer 115 €, Frühstück jeweils inkl., Hund 6 €/Tag. Zur

Im Thomsdorfer Kunstkaten

Alten Schule 5, 17258 Fürstenhagen/Feldberger Seenlandschaft, ☎ 039831-22023, ☏ 039831-22031, www.hotelalteschule.de.

Krüseliner Seeschänke, gegenüber der gleichnamigen Mühle, beliebte Ausflugsgaststätte mit schöner Seeterrasse, am abgelegenen Südufer des idyllischen Krüselinsees (Naturschutzgebiet, südlich von Carwitz), eingebettet zwischen Wasser, Wald und Wiesen. Nur Mitte April bis Ende Okt. tägl. ab 12 Uhr bis ca. 20 Uhr geöffnet. Boots- und Fahrradverleih, es werden auch einfache Ferienhäuser vermietet. Wer mit dem Auto anreist, sollte die Mühle von Carwitz aus anfahren, die Piste von Thomsdorf durch den Wald ist ziemlich mühsam. Krüseliner Mühle, 17258 Mechow, ☎ 039820-30441, ☏ 039820-30249, www.krueseliner-muehle.de.

Gutshof Conow, nicht im gleichnamigen Weiler, sondern in Wittenhagen. Hier findet man das **Gasthaus Zum Wildschwein** (innen urig, außen Biergarten) und der **Gutsladen** sowie ein Reitstall mit Pferdepension und die großräumige Kunsthalle im Obergeschoss (→ Kunst). Das Gasthaus ist tägl. außer Di geöffnet (☎ 039831-22165), der Gutsladen Mai bis Sept. tägl. 11–18 Uhr, So 13–18 Uhr, Okt. bis April nur Mo–Fr 10–16 Uhr. Zansenweg 4–7, 17258 Wittenhagen/Feldberger Seenlandschaft, ☎ 039831-22731, www.gut-conow.de.

Camping Camping am Dreetzsee, schattiger Waldplatz am südlichen Ufer des Dreetzsees. Badestelle, Liegewiese und Stege am See, Gaststätte, Shop, Tauchbasis (www.luzindiver.de) und andere Sportmöglichkeiten. Günstiger Fahrrad- und Bootsverleih (Kajaks, Canadier, Tret- und Ruderboote). Erw. 5,50 €, Kinder 4–14 J. 2,50 €, Zelt 3–5 €, Caravan/Wohnmobil 5–5,50 €, Komfortstellplatz 7 €, Auto 2 €, Hund 2 €, Strom 1,80 €, Auch kleine Holzhäuser für max. 4 Pers. werden vermietet (75 €/Tag). April bis Okt. geöffnet. In Thomsdorf beschildert, knapp 2 km westlich vom Ort. Thomsdorf 51, 17268 Boitzenburger Land, ☎ 039889-746, ☏ 039889-55106, www.dreetzseecamping.de.

Café Café Kostbar, an der „Kreuzung" in Thomsdorf, das kleine rote Häuschen (ehemals Krämerladen des Dorfes) ist nicht zu übersehen. Im Sommer mit Garten (und ab und zu Veranstaltungen), innen urig und mit Bollerofen und wechselnden (Foto-)Ausstellungen, leckerer Kaffee und Kuchen. Im Sommer Di–So geöffnet, im Winter nur Fr nachmittag und Sa/So ganztägig. Thomsdorf 38 a, ✆ 0174-5779170.

Kunst/Einkaufen Kunsthalle Wittenhagen, Kunst würde man hier, im Obergeschoss des Gutshofs Conow, wahrlich nicht vermuten. Geboten werden wechselnde Ausstellungen meist norddeutscher Künstler, Malerei und Plastiken; mit kleinem Buch-/Kunstladen nebenan (u. a. Aquarelle und andere Bilder, Keramik, Postkarten, Fotos, Drucke, Schmuck etc.). Tägl. 11–18 Uhr, Di geschlossen, Eintritt 3 €. Zansenweg 4, ✆ 039831-22831, www.gut-conow.de.

Kunsthandwerkerhof Thomsdorf, an der Durchgangsstraße, Keramik-, Kerzen und Filzwerkstatt auch zum Mitbasteln (Anmeldung erforderlich), Brotbacken im Steinofen, Kunsthandwerkermarkt (Termine tel. erfragen), Galerie (auch Malkurse) usw. Im Hof befindet sich auch das *Café Klönstuw.* Mai bis Sept. 11–18 Uhr geöffnet. Thomsdorf 36 a, ✆ 039889-86241, www.kunsthandwerkerhof-thomsdorf.de.

》》 Unser Tipp: Thomsdorfer Kunstkaten, Gemälde, Lithografien, Grafiken und Zeichnungen (Galerie und Verkauf), Skulpturen und Keramik, aber auch Schmuck und Souvenirs sowie eine Bilderrahmenwerkstatt. Besonders sehenswert ist der schöne Garten mit Teich, Skulpturen und Galeriehäuschen (Keramiken). April bis Okt. tägl. außer Mo 10–18 Uhr geöffnet. An der Kreuzung im Ort den südlichen Weg nehmen, dann eines der letzten Häuser auf der linken Seite. Thomsdorf 42, ✆/℡ 039889-4735, www.thomsdorfer-kunstkaten.de. 《《

Tauchen Atlantis Tauchbasis, am nördlichen Ortsrand von Thomsdorf (einmal durch den Ort hindurch), direkt am Südufer des Carwitzer Sees, neben dem Hotel Haus Thomsdorf. Schnuppertauchen 25 €, Einsteigerkurs (3 Tage) 199 €, im Sommer Mi–So ganztägig geöffnet, sonst nur am Wochenende. Hauptsitz der Tauchschule ist Berlin. Dorfstr. 17 a, 17268 Thomsdorf, ✆ 039889-726 oder 030-4252626, www.tauchbasis-thomsdorf.de.

Woldegk

ca. 3800 Einwohner

Die Mühlenstadt. Fünf historische Windmühlen stehen noch in dem Städtchen am Rand der *Helpter Berge* genannten Hügelkette. Doch außer der in der Tat hohen Dichte an Windmühlen ist Woldegk nicht weiter erwähnenswert. Drei der Mühlen stehen etwas erhöht über dem Ort pittoresk beieinander. In einer ist das *Mühlencafé* untergebracht (Mo Ruhetag), in einer anderen, einem schmucken, restaurierten Holländer aus dem Jahr 1883, das *Mühlenmuseum*. Auf der Wiese zwischen den Mühlen befindet sich ein großes Spielfeld. Doch hier wird natürlich nicht Gartenschach gespielt, sondern, klar, Mühle.

Museum in der Holländermühle: April bis Sept. tägl. 10–12 und 13–16 Uhr, März/Okt. Di–Fr 10–12 und 13–16 Uhr, Sa/So 13–16 Uhr, im Winter nur nach Anmeldung. ✆ 03963-211384.

Ein Paradies für Paddler: die Feldberger Seenlandschaft

Neubrandenburg und der Tollensesee

Neubrandenburg   ca. 65.500 Einwohner

Die „Vier-Tore-Stadt". Neubrandenburg, eines der Wirtschaftszentren Mecklenburgs, ist vor allem innerhalb der Stadtmauern sehenswert. Hier finden sich einige ansehnliche Beispiele Norddeutscher Backsteingotik.

Die kreisfreie Stadt ist, was man kaum vermuten möchte, mit über 65.000 Einwohnern nach Rostock und Schwerin die drittgrößte Stadt Mecklenburg-Vorpommerns und verweist die traditionsreichen Hansestädte Wismar, Stralsund und Greifswald auf die Plätze. In puncto Attraktivität wird es für Neubrandenburg allerdings schwieriger, einen Spitzenplatz zu erreichen – wer ist schon begeistert angesichts trostloser Plattenbauten an überdimensionierten Zufahrtsstraßen nebst einschlägigen Discountern, Tankstellen und Autowaschanlagen...

Hat man sich aber erst mal bis zu den mittelalterlichen Stadtmauern vorgearbeitet, zeigt die Stadt ihr zweites, deutlich schöneres Gesicht: Neben dem mächtigen, noch fast vollständig erhaltenen Stadtwall sind es vor allem die vier aufwändig gestalteten Stadttore aus dem 14. und 15. Jh., welche die architektonischen Glanzpunkte in Neubrandenburg setzen – nicht ohne Stolz nennt man sich deshalb auch „Vier-Tore-Stadt". Ebenso sehenswert sind die pittoresken mittelalterlichen Wiekhäuser, in die Stadtmauer eingebaute Fachwerkhäuser (und ehemalige Wehrtürme), die heute u. a. Restaurants und Kneipen beherbergen. Ein Spaziergang (innen) entlang der Stadtmauer lohnt also in jedem Fall, zumal die Gassen hier autofrei sind. Nicht ganz so idyllisch zeigt sich der Rest des Zentrums innerhalb der Stadtmauer. Die geradlinigen Straßenzüge mit Bauten aus der Nachkriegszeit wirken etwas eintönig, Blickfang am groß angelegten Marktplatz ist der so genannte Kulturfinger aus den 1960ern. Über drei Viertel der historischen Bausubstanz gingen beim Großbrand der Innenstadt im Frühling 1945 verloren – am heute so nüchtern wirkenden Markt stand einst das Rathaus aus dem 16. Jh. wie auch das herzogliche Palais aus

dem 18. Jh. Jüngste archäologische Grabungen beim Bau einer Tiefgarage am Marktplatz brachten diverse Zeugnisse des mittelalterlichen Marktplatzes wie auch des alten Rathauses und der herzoglichen Residenz zutage.

Verlässt man das Zentrum in südwestlicher Richtung, gelangt man nach gut 1 km an das Nordufer des *Tollensesees*, der einen Großteil der Freizeitqualität Neubrandenburgs bestimmt. Der schöne, weitläufige „Kulturpark", zwei Strandbäder, Ausflugsschiffe, ein Wassersportzentrum und Bootsverleiher bieten Entspannung, besonders Sportliche können den landschaftlich sehr reizvollen See auch auf dem Fahrrad umrunden (37 km, S. 261).

Geschichte

Die erste Ansiedlung am Nordufer des Tollensesees befand sich im heutigen Broda, als dort im Jahr 1170 das gleichnamige Kloster entstand. Die eigentliche, planmäßige Stadtgründung erfolgte aber erst 1248 durch den brandenburgischen Markgrafen *Johann I.,* dem Neubrandenburg seinen Namen verdankt: als „neues" Brandenburg. Es entstand ein typisches mittelalterliches Stadtgebilde mit Marktplatz, Stadtbrunnen, Zunfthäusern und Verkaufsbuden, mit etwas abseits gelegener Stadtkirche und dem Franziskanerkloster. Die Stadtbefestigung bestand zunächst aus einem kreisrunden Holzzaun, etwa ab 1300 wurde die Stadtmauer mit ihren Toren und Wiekhäusern sowie dem äußeren Wall gebaut – Schutz für eine wohlhabende Handelsstadt, die ihr Auskommen u. a. in der Tuchmacherei und Bierbrauerei hatte. 1298 fiel Neubrandenburg – ebenso wie das *Land Stargard*, zu dem es bis dahin gehörte – an das mecklenburgische Fürstenhaus. Im Zuge der Reformation wurde aus dem Franziskanerkloster ein Armenhaus; am Marktplatz entstand 1585–1588 das neue Rathaus im Renaissancestil.

Das 17. Jh. brachte für Neubrandenburg eine ganze Serie von Unglücken, angefangen mit einem Stadtbrand (1614) über die Pest bis hin zur Besetzung der Stadt im Dreißigjährigen Krieg – zunächst durch *Wallensteins* Truppen (1627), dann, noch verheerender, durch die Landsknechte des Grafen *Tilly.* Ein weiterer großer Stadtbrand im Jahr 1676, von dem gerade eine Handvoll Häuser verschont blieben, gab Neubrandenburg den Rest (ein drittes verheerendes Feuer ereilte die Stadt im Jahr 1737). 1701 entstand das neue Herzogtum Mecklenburg-Strelitz, ab 1708 vertrat Neubrandenburg den Stargarder Kreis im Landtag (als so genannte „Vorderstadt").

Backsteingotische Giebelkunst

Einen Aufschwung erlebte die Stadt, als sich 1775 *Herzog Adolf Friedrich IV. von Mecklenburg-Strelitz* für Neubrandenburg als Sommerresidenz entschied und hier sein Palais bauen ließ – die Stadt war mittlerweile zum bürgerlichen und kulturellen Zentrum der Gegend avanciert, hinzu kam die reizvolle Lage unweit des Tollensees. Zwar mussten für das Sommerpalais und seine Nebengebäude weite Teile des gewachsenen mittelalterlichen Marktplatzes weichen, doch schenkte der Herzog den Neubrandenburgern auch ein Schauspielhaus, heute das älteste Theater Mecklenburgs.

Der wohl bedeutendste norddeutsche Mundartdichter *Fritz Reuter* lebte und arbeitete von 1856 bis 1863 in Neubrandenburg. Gewohnt hat er u. a. in einem Eckhaus in der Stargarder Straße, unweit des Stargarder Tors (heute das Café im Reuterhaus).

1864 wurde eine Bahnlinie von Güstrow nach Neubrandenburg gebaut, in den folgenden Jahrzehnten schaffte man den Schienenanschluss nach Berlin, Lübeck, Stettin und Stralsund. Ende des 19. Jh. setzte dann im Zuge der Industrialisierung eine vergleichsweise rege Bautätigkeit außerhalb der Stadtmauern ein.

Kriegswichtig wurde Neubrandenburg unter den Nationalsozialisten ab 1939. Im selben Jahr entstand südöstlich der Stadt das Kriegsgefangenenlager Fünfeichen (ab 1945 sowjetisches Internierungslager, 1948 abgerissen), zwei Jahre später richteten die NS-Militärs auf dem Tollensee eine Torpedoversuchsanstalt ein (nach dem Zweiten Weltkrieg gesprengt). Seit 1943 befand sich in Neubrandenburg ein Außenlager des Frauen-Konzentrationslagers Ravensbrück, dessen Zwangsarbeiterinnen in der ansässigen Rüstungsindustrie arbeiten mussten. Bei der gewaltsamen Einnahme der Stadt durch die Rote Armee am 29. April 1945 wurden über 80 % der Altstadt durch einen Großbrand zerstört, darunter auch der Marktplatz mit Rathaus und herzoglichem Palais, in dem sich eine bis heute verschollene Kunstsammlung befand.

Seit 1952 war Neubrandenburg eine von 14 Bezirksstädten der DDR, womit eine schnell wachsende Industrie (Maschinenbau, Reifenherstellung, militärische Geräte) sowie der Neubau ganzer Stadtviertel (überwiegend „Platte") einhergingen; die Bevölkerung stieg sprunghaft und erreichte mit rund 90.000 Einwohnern im Jahr 1989 ihren Höhepunkt. Seitdem ist die Zahl der Bewohner um etwa 25.000. gesunken.

Mudder Schulten – Reuters resolute Bäckersfrau aus Neubrandenburg

Mudder-Schulten-Brunnen, Mudder-Schulten-Stuben und auch das Fahrgastschiff auf dem Tollensesee hört auf den Namen „Mudder Schulten" – der resoluten Dame begegnet man in Neubrandenburg quasi an jeder Straßenecke. Ihre Geschichte verdankt Neubrandenburg keinem Geringeren als Fritz Reuter, der die unerschrockene Bäckersfrau in seiner 1866 entstandenen Satire „Dörchläuchting" verewigte. Zugetragen haben soll sich die Geschichte in den 1770er Jahren, als Herzog *Adolf Friedrich IV.* hier seine Sommerresidenz bezog. Der Herzog kaufte bei Bäcker Schulze Brot in großen Mengen, dachte aber nicht daran, die dazugehörigen Rechnungen zu bezahlen, sondern ließ Jahr um Jahr anschreiben und reagierte auch auf schriftliche Zahlungserinnerungen nicht.

Schließlich kam es zum Showdown zwischen der Bäckersfrau und dem Herzog – auf der Straße und in aller Öffentlichkeit. Entschlossen baute sie sich vor ihm auf und präsentierte die offene Rechnung, der Herzog soll angesichts solcher Respektlosigkeit wutentbrannt „impertinentes Frauenzimmer" ausgerufen haben. Dargestellt ist eben jene Szene auf dem Mudder-Schulten-Brunnen (gegenüber dem Fritz-Reuter-Denkmal) am Platz zwischen Bahnhof und Innenstadt. 1923 stiftete ein Kaufmann den Brunnen für den Marktplatz, nach der Zerstörung der Innenstadt Ende des Zweiten Weltkriegs wurde er am Nordrand der Stadtmauer aufgestellt.

⎛ Basis-Infos

Information Touristinfo Neubrandenburg, am Markt im Zentrum. Umfängliches Informationsmaterial, kostenloser Stadtplan und Kartenvorverkauf für die Konzertkirche etc. *Stadtführungen* von Juni bis Aug. jeden Mi und Sa um 11 Uhr ab Treffpunkt Stadtinfo – mit „Mudder Schulten" durch die Altstadt (Dauer ca. 1,5 Std., 4 €/Pers., Kinder bis 10 J. frei). *Nachtwächterführungen* (bzw. mit der Frau des Nachtwächters im Juli und Aug. jeden Fr um 21 Uhr ab Haupteingang Konzertkirche, ca. 1:30 Std., 4 €/Pers., Kinder bis 10 J. frei). Infos und Anmeldung in der Stadtinfo. Geöffnet Mo–Fr 10–18 Uhr, Sa 10–16 Uhr, Juni bis Aug. auch So 13–16 Uhr. Stargarder Str. 17, 17033 Neubrandenburg, ✆ 0395-19433, ✉ 0395-5667661, www.neubrandenburg-touristinfo.de.

Verbindungen Bahn: zwischen 6.30 und 20.30 Uhr stündliche Verbindung über Burg Stargard nach Neustrelitz, mind. alle 2 Std. mit dem Regionalexpress (RE) weiter über Fürstenberg/Havel nach Berlin Hbf., stündl. mit dem RE über Demmin und Grimmen nach Stralsund, alle 2 Std. nach Stettin (Polen); stündl. über Stavenhagen, Malchin und Teterow nach Güstrow (im stündlichen Wechsel mit der Privatbahn „Ostseeland Verkehr"). Die Ostseeland Verkehr fährt auch ca. alle 2 Std. über Strasburg und Pasewalk nach Ueckermünde. Der Bahnhof befindet sich am Nordrand der Altstadt.

Bus: zentrale Haltestelle (ZOB) nur wenige Meter vom Bahnhof entfernt. Gute Verbindungen in die umliegenden Orte, u. a. etwa stündlich über Klein Nemerow und Groß Nemerow nach Waren, häufig auch über

Neubrandenburg und der Tollensesee → Karte S. 263

Penzlin nach Waren, Verbindungen auch über Woldegk nach Strasburg sowie nach Friedland. Darüber hinaus mehrmals tägl. Verbindungen nach Burg Stargard, Alt Rehse, Stavenhagen, Malchin und Teterow, nach Feldberg und Lüttenhagen sowie nach Altentreptow (und z. T. weiter nach Greifswald). In der Sommersaison (Ostern bis 30. Sept.) gibt es den **dat-Bus** (Linie 012) mit Fahrradanhänger, der ab ZOB alle zwei Stunden nach Waren, Röbel, Rechlin und retour verkehrt. Tickets am ZOB.

Schiff: Das *Linienschiff MS Rethra* verkehrt im Sommer 3-mal tägl. vom Badehaus (ca. 1,5 km südlich der Altstadt) über den Tollensesee mit Halt in Gatsch Eck, Klein Nemerow und Nonnenhof. 1-mal tägl. auch mit Fahrt nach Prillwitz (durch das Naturschutzgebiet). Infos und Buchung unter ☎ 0395-3500524, www.neu-sw.de.

Parken Kann man gebührenpflichtig im Zentrum u. a. in der Stargarder Straße.

Aktivitäten und Veranstaltungen

Ausflugsschiffe Mit der **Mudder Schulten** in den Sommermonaten 3-mal tägl. Rundfahrten auf dem Tollensesee mit Fahrt durch den Kanal in die Lieps (Naturschutzgebiet), im Mai und Sept. nur 2-mal tägl., am Mo und im Winter (von 4. Okt. bis 30. April) keine Fahrten. 12–14 €/Pers., Kinder unter 14 J. die Hälfte, Fahrrad und Hunde kostenlos. Abfahrt am Anleger beim Badehaus, Stopps sind an allen Anlegestellen des Sees möglich. Weitere Infos und Buchung: ☎ 0395-5841218; www.fahrgastschiff-mudderschulten.de.

Baden Zwei Bäder am Nord- bzw. Nordostufer des Tollensesees: Das **Strandbad Broda** ist zentrumsnäher am Nordufer

NEUBRANDENBURG

(nach der Oberbachbrücke) in der Seestraße (☎ 0395-5822166); das **Augustabad** liegt ca. 2,5 km südlich des Zentrums in der Lindenstraße (☎ 0395-3681831). Beide mit Restaurant/Café, Sandstrand, Liegewiese und Beachvolleyballfeld, die Wasserqualität ist sehr gut und wird seit vielen Jahren mit der „Blauen Flagge" ausgezeichnet. Nur in den Sommermonaten und bei entsprechendem Wetter geöffnet. Bademöglichkeit auch am **Reitbahnsee** nördlich des Zentrums.

Einkaufen The Quaich **2**, in der kleinen, gemütlichen Whisky-Lounge werden zahlreiche hervorragende Whiskys, vornehmlich schottische Malts angeboten; Whisky-Verkostung und Verkauf; freundliche, fachkundige Beratung. Mo–Fr 16–22 Uhr, Sa 19 Uhr. Neutorstr. 32, ☎ 0395-5553347, www.the-quaich.de.

Die Fußgängerzone Turmstraße und Treptower Straße (bis Kreuzung Dümperstraße) bietet das Übliche vieler deutschen Einkaufsstraßen mit den bekannten großen Marken, ebenso das Marktplatz-Center.

Fahrrad- und Bootsverleih U. a. beim **Freizeittreff im Kulturpark** am Nordufer des Tollensesees nahe der Oberbachbrücke. Fahrräder, Ruder-, Tret- und Elektroboote, Kiosk vorhanden. Mai bis Okt. bei halbwegs gutem Wetter tägl. 10–19 Uhr. Parkstr. 15, ☎ 0395-5665352, ☏ 0395-5708058, www. freizeittreff-behn.de.

Boots- und Fahrradverleih auch am **Wassersportzentrum Neubrandenburg**, ca. 2 km südlich vom Zentrum beim Augustabad. Ostern bis ca. Okt. (je nach Wetter) Mo–Fr 10–19 Uhr, Sa/So 9–20 Uhr geöffnet. Augustastr. 7, ☎ 0395-3683535 oder 0171-4013488.

Golf Golfclub Mecklenburg-Strelitz, 9-Loch-Platz am südöstlichen Ufer des

Tollensesees bei Groß Nemerow (→ „Rund um den Tollensesee").

Kanu- und Kajakverleih Kanuverleih, ein Stück nordwestlich vom Zentrum, Touren auf der Tollense bis hinauf nach Altentreptow und Rundtouren auf dem Tollensesee (auch geführte Touren). 1er-Kajak 20 €/Tag, 4er-Kanu 40 €/Tag, jeweils inkl. voller Ausstattung. Rückholservice 0,50 € pro km. April bis Okt. tägl. 9–21 Uhr geöffnet. *Anfahrt:* vom Friedrich-Engels-Ring in die Fritz-Reuter-Straße, dann links in die Robert-Blum-Straße und rechts in die Jahnstraße, dieser immer geradeaus folgen. Krügerkamp 3, ✆/✆ 0395-5841488, ✆ 0173-7983580, www.kanuverleih-nb.de.

Wasserski Wasserski-Seilbahn, am Reitbahnsee nördlich vom Zentrum, 2-Stunden-Ticket 18 € (unter 16 J. 12 €), ca. April bis ca. Ende Okt. geöffnet. Auch Kurse; Liegewiese, Self-Service-Restaurant und Café mit Terrasse am Wasser. **Anfahrt:** über die Demminer Str. stadtauswärts, dann links. Reitbahnweg 90, ✆ 0395-4216161, ✆ 0395-4216162, www.wasserski-seilbahn.de.

Veranstaltungen Im Rahmen der **Festspiele Mecklenburg-Vorpommern** finden im Sommer in der Konzertkirche (St. Marien) musikalische Veranstaltungen statt, aktuelle Programme bei der Touristinfo oder unter www.festspiele-mv.de.

Vier-Tore-Fest alljährlich am letzten Wochenende im August – hauptsächlich um die vier Stadttore und im Zentrum: zahlreiche Konzerte, Shows etc.

Neubrandenburger Jazzfrühling im März/April und **Kulturherbst am Tollensesee** im September. Programme zu beiden in der Touristinfo.

Weberglockenmarkt, der historische Weihnachtsmarkt in Neubrandenburg; ab dem ersten Adventswochenende.

Übernachten/Essen & Trinken

(→ Karte S. 255)

Übernachten Radisson SAS **1**, zentrale Lage direkt am Marktplatz, kaum zu übersehen, größtes Hotel der Stadt mit 190 sehr komfortablen Zimmern. Viele Geschäftsreisende, auch Tagungshotel, von allen Zimmern kostenloser Internet-Zugang (Kabel oder W-LAN). Hunde sind erlaubt (8,50 €/Nacht). EZ 77–100 €, DZ 95–118 €, jeweils inkl. Frühstück. Treptower Str. 1, 17033 Neubrandenburg, ✆ 0395-55860, ☏ 0395-5586625, www.radissonblu.com/hotel-neubrandenburg.

Wiekhäuser: ursprünglich Teil der Verteidigungsanlage ...

Badehaus **8**, gleich bei der Anlegestelle und direkt am See, mit Restaurant und sehr einladendem Biergarten (→ Essen & Trinken). Zwar ein Stück vom Zentrum entfernt, aber sicher die schönste Lage in Neubrandenburg, wie wir finden. 13 Zimmer und drei großzügige Suiten, modern und freundlich bunt eingerichtet, zumeist mit Balkon. Nicht teuer: EZ 60 €, DZ 80 €, Suite 90–140 €, jeweils inkl. Frühstück. Hunde sind erlaubt (8 €/Tag). Parkstr. 3 & 4, 17033 Neubrandenburg, ✆ 0395-5719240, ☏ 0395-57192422, www.badehaus-am-see.de.

Essen & Trinken Restaurant Lohmühle **7**, das uralte Mühlenhaus am Stargarder Tor wurde erstmals 1354 erwähnt, heute befindet sich hier ein einladendes Restaurant in historischem Ambiente und mit ausnehmend freundlichem Service. Gute Küche bei mittlerem Preisniveau. Im Sommer mit Biergarten. 11.30–22 Uhr durchgehend geöffnet, So nur mittags, kein Ruhetag. Stargarder Tor 4, ✆ 0395-5442843, www.lohmuehle-gasthaus.de.

Wiekhaus 45 **6**, in einem der in die Stadtmauer eingefügten mittelalterlichen Fachwerkhäuser (Wiekhäuser) findet sich dieses traditionsreiche Restaurant mit einladender Atmosphäre und sehr freundlichem Service. Nur 35 Plätze, im Sommer auch einige Tische draußen an der Stadtmauer. Auf den Teller kommt traditionelle mecklenburgische Küche zu mittleren bis leicht gehobenen Preisen, nachmittags auch Kaffee und Kuchen. Tägl. ab 11 Uhr durchgehend geöffnet. 4. Ringstr. 44 (am Ende der Pfaffenstraße), ✆ 0395-5667762, www.wiekhaus.de.

Mudder Schulten Stuben **3**, gutbürgerliches Restaurant gegenüber von Stadtmauer und den berühmten Wiekhäusern, äußerlich das genaue Gegenteil von diesen: ein nüchterner 1950er-Jahre-Bau. Erfreut sich dennoch großer Beliebtheit, gediegene Einrichtung, freundlicher Service und bekannt gute, relativ günstige mecklenburgische Küche; davor ein kleiner, schattiger Biergarten mit Blick auf Stadtmauer und Wiekhäuser. Tägl. ab 11 Uhr durchgehend bis ca. 23 Uhr. 4. Ringstr. 425, ✆ 0395-5823766.

Badehaus ⑧, Restaurant und Biergarten in herrlicher Lage direkt am Wasser, mecklenburgische Küche mit saisonalem Einschlag, auch Vegetarisches, mittleres Preisniveau. Tägl. 11–22 Uhr geöffnet, Sa/So 9–13 Uhr Brunch (10,80 €/Pers.). Parkstr. 3 & 4, ✆ 0395-5719240, www.badehaus-am-see.de.

Übernachten/Essen außerhalb Seehotel Heidehof in Klein Nemerow → „Rund um den Tollensesee" (→ S. 262).

Alte Münze, hervorragendes Restaurant und Hotel in der Burg Stargard (→ S. 264).

Nachtleben Foyercafé im Schauspielhaus ④, Kaffee, Cocktails und Snacks in schönem Ambiente vor oder nach dem Theater. Mit W-LAN, Raucher- und Nichtraucherbereich. Di–Do 18–2 Uhr, Fr/Sa 18 Uhr bis open end, So/Mo 20–24 Uhr, Pfaffenstr. 22, ✆ 0176-63045348, www.foyercafe.de.

Cocktailbar Winehouse ⑤, auf mehreren Etagen, neben dem Wiekhaus 45, im Sommer Tische draußen. Auch kleine Speisen. Mo–Do 19–2 Uhr, Fr/Sa 19–3 Uhr, So geschlossen. 4. Ringstr. 45, ✆ 0395-5683030, www.winehouse-nb.de.

Sehenswertes innerhalb der Stadtmauern

Zu besichtigen in der *Stadt der vier Tore* gibt es zunächst einmal selbige. Verbunden sind die mittelalterlichen Eingangs-

... heute Bars und Restaurants

pforten durch eine fast vollständig erhaltene *Stadtmauer* aus der Zeit um etwa 1300. Wir empfehlen einen Spaziergang entlang der Innenseite der Stadtmauer von Tor zu Tor – dabei passiert man auch die berühmten mittelalterlichen **Wiekhäuser**, die einst als Verteidigungsanlagen in regelmäßigen Abständen in die Mauer eingebaut und später als Fachwerkhäuser in Wohnraum umgewandelt wurden. Noch heute sind 24 der ursprünglich über 50 Häuser erhalten. Nach außen hin war die 2300 m lange und 7 m hohe Stadtmauer zusätzlich von einem 60 m breiten Wall umgeben, der bis heute als grüner Gürtel das Zentrum umgibt. Bemerkenswert an der fast kreisrunden Verteidigungsanlage ist, dass ihre vier Tore nicht symmetrisch angeordnet sind.

Das älteste Tor der Stadt ist das **Friedländer Tor** an der Nordostecke der Stadtmauer (um 1300). Zur Feldseite hin ist es noch romanisch geprägt, wohingegen die Stadtseite schon im gotischen Stil gestaltet ist. Im angrenzenden Zollhaus befindet sich heute das Tor-Café. Nur wenige Gehminuten in südliche Richtung stößt man auf das *Neue Tor:* Tatsächlich ist es das „neueste", also jüngste Tor der Stadt (zweite Hälfte des 15. Jh.), von dem aber – im Gegensatz zum noch fast vollständig erhaltenen Friedländer Tor – nur noch das Haupttor erhalten ist. Auffällig sind in den Blendnischen die acht etwa lebensgroßen Terrakotta-Backsteinfiguren mit erhobe-

nen Armen („Adorantenhaltung"), deren Bedeutung bis heute strittig ist. Sie findet man auch, diesmal neun an der Zahl, in den Blendnischen des **Stargarder Tors** (ca. 1350) am Südende der Stadtmauer. Ob es sich dabei um Engel oder Jungfrauen oder aber einfach um die Ratsherren der Stadt handelt, lässt sich nicht feststellen, ebenso wenig ist das Geschlecht der Figuren unter wallendem Gewand zu erahnen.

Das **Treptower Tor** an der Westseite der Stadtmauer ist das repräsentativste und höchste der vier Tore. Es entstand in der Blütezeit der Gotik Ende des 14. Jh., Anfang des 15. Jh. und beeindruckt nicht nur durch seine beachtliche Höhe von 32 m, sondern auch als besonders elegantes Beispiel Norddeutscher Backsteingotik. In seinem Inneren residierte seit 1873 das Städtische Museum, heute das **Regionalmuseum Neubrandenburg**: Die Ausstellung zur *Ur- und Frühgeschichte* zeigt zahlreiche Funde aus der Stein-, Bronze-, Germanen- und Slawenzeit, die meisten aus der Umgebung von Neubrandenburg; zudem sind Modellbauten und Nachbildungen zu sehen, Schautafeln erläutern die Besiedlungsgeschichte der Region. Der letzte Raum im obersten Stock widmet sich der Suche nach dem sagenumwobenen *Rethra*, dem Slawischen Heiligtum, das man hier am Tollensesee vermutet. Steile Stiegen führen die fünf Stockwerke des Museums hinauf, oben schöner Ausblick.

Di–So 10–17 Uhr, Mo geschlossen, Eintritt 3 €, erm. 1,50 €, Familienticket 6 €. Treptower Str. 38, 17033 Neubrandenburg, ✆ 0395-5551271, www.museum-neubrandenburg.de.

Gegenüber dem Treptower Tor (außerhalb der Stadtmauer) steht die **Vierrademühle** aus dem Jahr 1271. Im dritten Stock ist die *Ausstellung zur Stadt- und Regionalgeschichte* des Regionalmuseums untergebracht. Nach einer kleinen Sektion mit historischem Mobiliar und vor allem Instrumenten aus einer hiesigen Pianoforte-Fabrik werden berühmte Mecklenburger mit Schautafeln und Ausstellungsstücken porträtiert, darunter der Homer-Übersetzer Johann Heinrich Voß, der unvermeidliche Fritz Reuter, Friedrich Ludwig „Turnvater" Jahn und der Abenteurer und Samoa-Fahrer Bernhard Funk. Im folgenden Raum liefern Bilder und Fotos, Alltagsgegenstände, Waffen etc. die für Heimatmuseen typische Ausstattung, allerdings untypisch aufgeräumt. Ein weiterer Raum widmet sich Fünfeichen, während des Krieges Außenstelle des Konzentrationslagers Ravensbrück in Neubrandenburg, dann Kriegsgefangenen- und schließlich NKDW-Lager (Vorgängerorganisation des KGB).

Di–So 10–17 Uhr, Eintritt 3 €, erm. 1,50 €. Fotoerlaubnis 1,50 €. Infos über das Regionalmuseum Treptower Tor (→ oben).

Ganz am Nordende des Stadtrings – hier öffnet sich die Stadtmauer ohne Tor – stößt man etwa gegenüber dem Bahnhof auf das **Fritz-Reuter-Denkmal** von 1893.

Mecklenburgs berühmtester Schriftsteller lebte von 1856 bis 1863 in Neubrandenburg. Ihm gegenüber erinnert der **Mudder-Schulten-Brunnen** (1923) an Reuters literarische Satire „Dörchläuchting", in der die Bäckersfrau Mudder Schulten in aller Öffentlichkeit die Schulden des Herzogs einklagt, wie es die Szene der Brunnenfiguren darstellt (→ „Mudder Schulten", S. 253). Der Brunnen wurde erst 1945 hier aufgestellt, zuvor stand er auf dem durch den großen Brand zerstörten Marktplatz.

Von Denkmal und Brunnen sind es nur wenige Schritte in westlicher Richtung zum **Fangelturm** aus dem 15. Jh., ein 25 m hoher Wehrturm, der bestiegen werden kann (Näheres bei der Touristinfo). Sein Name rührt von den Gefangenen her, die hier bis ins 19. Jh. eingekerkert waren. Innerhalb der Stadtmauer stößt man unweit des Turms auf das ehemalige **Franziskanerkloster** (Mitte des 13. Jh.), von dessen ursprünglicher Bausubstanz jedoch nur wenig erhalten ist. Das heutige Gebäude stammt in weiten Teilen aus dem 14. Jh., im Lauf der Jahrhunderte diente es vor allem als Alten- und Armenhaus der Stadt. Die zugehörige **Klosterkirche St. Johannis** entstand ebenfalls Mitte

Repräsentativer Stadtzugang: das Stargarder Tor

des 13. Jh. und wurde nach diversen Bränden im 14. Jh. erweitert, im 15. Jh. entstand der Chorraum im gotischen Stil. Eine Renovierung im neugotischen Stil fand Ende des 19. Jh. statt. St. Johannis ist heute die Hauptkirche Neubrandenburgs.

Von hier sind es auf der Stargarder Straße in südliche Richtung nur wenige Gehminuten zum weitläufigen **Marktplatz**, den moderne Gebäude wie das Radisson-SAS-Hotel, das Marktplatz-Center, das **Haus der Kultur und Bildung** *(HKB)* und der so genannte *Kulturfinger* umrahmen. Letzterer stammt aus dem Jahr 1965 und ist mit 56 m eines der höchsten Gebäude der Stadt, von dessen Turmcafé im drittobersten Stockwerk man einen guten Blick über Neubrandenburg und den Tollensesee hat (Marktplatz 1).

Nur ein Stück weiter südlich (die Stargarder Straße weiter Richtung Stargarder Tor) liegt rechter Hand die **Marienkirche**, ein mächtiger gotischer Hallenbau aus dem späten 13. Jh., der im 17. und 19. Jh. mehrfach umgebaut und bei dem verheerenden Stadtbrand 1945 stark beschädigt wurde. Mitte der 1970er Jahre begann man mit dem Um- und Wiederaufbau des Gotteshauses, 2001 wurde hier schließlich die Eröffnung als **Konzertkirche Neubrandenburg** gefeiert. In den Sommermonaten ist die Konzertkirche Austragungsort der *Festspiele Mecklenburg-Vorpommern*, aber auch sonst finden hier in der Regel mehrmals wöchentlich oft hochkarätige Veranstaltungen statt – Konzerte, Oper, Operette, Ballett, Musical etc.

Veranstaltungsprogramm und Onlinetickets unter www.konzertkirche-nb.de; Infos/Tickets auch unter ✆ 0395-5595127 oder ✉ 0395-5595128. Besichtigungen sind mehrmals im Monat (unregelmäßig) möglich; an proben- und veranstaltungsfreien Tagen 10–17 Uhr, Eintritt 3 €; Infos bei der Touristinfo oder ✆ 0395-55950, ✉ 0395-5595126.

Kunstsammlung Neubrandenburg: Unweit der Konzertkirche in einem restaurierten Fachwerkgebäude in der Großen Wollweberstraße. Der Schwerpunkt der rund 6000 Werke umfassenden Sammlung (viele davon allerdings im Depot) liegt auf moderner und zeitgenössischer Kunst – überwiegend von nord- und ostdeutschen Künstlern. Im Erdgeschoss wechselnde Ausstellungen, im ersten Stock befindet sich die überaus sehenswerte Dauerausstellung mit Werken u. a. von *Otto Niemeyer-Holstein* und *Daniel Spoerri*. Darüber hinaus gibt es eine Fachbibliothek (Di 10–12 und 14–16 Uhr geöffnet).

Di–So 10–17 Uhr, Eintritt 3 €, erm. 1,50 €, Familien 6 €, Kombikarte mit Regionalmuseum 5 €. Führung 2,50 € (Termine auf Anfrage). Große Wollweberstr. 24, 17033 Neubrandenburg, ✆ 0395-5551290, ✉ 0395-5551299, www.kunstsammlung-neubrandenburg.de.

Für die Regionalmuseen Treptower Tor und Vierrademühle sowie für Konzertkirche und Kunstsammlung werden Kombitickets angeboten: Die erste Station kostet dann weiterhin 3 €, die zweite aber nur 2 € und jede weitere lediglich 1 €. Die Kombikarte ist 4 Wochen gültig.

Sehenswertes außerhalb der Innenstadt

Brigitte-Reimann-Literaturhaus: Unweit des Mauerrings, in der Gartenstraße (zweigt vom Friedrich-Engels-Ring ab) befindet sich das kleine Literaturmuseum an Stelle des ehemaligen Wohnhauses der 1973 im Alter von nur 39 Jahren verstorbenen Schriftstellerin, zu deren bekanntesten Werken der unvollendete Roman „Franziska Linkerhand" (posthum, 1974) zählt. 1968 bis zu ihrem Tod lebte Brigitte Reimann in Neubrandenburg. Zu sehen sind im 1999 eröffneten Museum Teile des Nachlasses der Schriftstellerin, darunter auch ihre Bibliothek.

Di 10–12 und 13–18 Uhr, Mi 10–12 und 13–16 Uhr sowie am ersten Sa im Monat 10–16 Uhr. Gartenstr. 6, 17033 Neubrandenburg, ✆ 0395-5719180, www.literaturzentrum-nb.de.

Kapelle St. Georg: Die kleine frühgotische Backsteinkapelle aus dem 14. Jh. befindet sich wenige Gehminuten westlich des Treptower Tors stadtauswärts an der viel befahrenen Rostocker Straße. Ursprünglich gehörte die Kirche zum *Kloster Broda* (am Tollensesee, nicht mehr erhalten) und diente als Spital für Kranke und Aussätzige. Der Turm wurde im Barock angefügt.

Broda: Westlich des Zentrums (Rostocker Straße stadtauswärts, dann links oder zu Fuß/mit dem Fahrrad am See entlang in westliche Richtung) liegt das recht beschauliche Wohnviertel Broda. Das *Amtshaus Broda* unweit des Sees auf dem Klosterberg entstand auf den Fundamenten des Klosters Broda aus dem Jahr 1244. Die Zeiten überstanden hat nur ein Keller mit Kreuzrippengewölbe, darüber wurde im 18. Jh. ein Fachwerkbau errichtet (nicht zugänglich). Unweit davon befindet sich das *Strandbad Broda* (Restaurant Seeperle oberhalb), ein Stück südwestlich über Treppen hinauf geht es zum *Belvedere*, einem klassizistischen Tempel nach griechischem Vorbild aus dem Jahr 1823, von dem man tatsächlich einen schönen Blick genießt. Im Sommer finden hier immer wieder Konzerte und sonstige Aufführungen statt.

Rund um den Tollensesee

In sanften Hügeln rollt das Land zu den Ufern des Tollensesees aus. Lang gestreckt liegt der See in der lieblichen, von eiszeitlichen Moränen geformten Landschaft. Bei einer Breite von durchschnittlich 2 km und einer Länge von etwa 11 km ist der See mit einer mittleren Tiefe von 20 m (maximal 33 m) vergleichsweise tief. Seine Entstehung wurde ursprünglich mit einer eiszeitlichen Gletscherzunge erklärt. Neuere Untersuchungen gehen jedoch davon aus, dass der See das Ergebnis eines riesigen Abflusskanals unter dem Gletscher ist, dass also abfließendes Schmelzwasser einen gewaltigen Tunnel unter dem Eis und zugleich das Becken des späteren Tollensesees ausgespült hatte.

Im Norden bei Neubrandenburg verbinden zwei Bäche den See mit dem Flüsschen Tollense (das bei Demmin wiederum in die Peene mündet), im Süden schließt die Lieps an, die als Teil des *Naturschutzgebiets Nonnenhof* für privaten Bootsverkehr gesperrt ist. Ein 800 m langer Kanal verbindet Tollensesee und Lieps.

In gewisser Weise flankiert wird der Tollensesee von zwei sehenswerten Burgen: zuvörderst die mittelalterliche *Burg Stargard* beim gleichnamigen Städtchen im Osten sowie die *Alte Burg* von *Penzlin* im Westen. Ganz im Süden findet sich das frühklassizistische *Schloss Hohenzieritz*, in dem heute eine Gedenkstätte an Königin Luise erinnert, die hier 1810 im Alter von 34 Jahren verstarb.

Idyllischer Zungenbrecher:
das Tollenseseer Seeufer

Neubrandenburg und der Tollensesee → Karte S. 263

Radtour um den Tollensesee

Die schöne Tour ist ca. 37 km lang und verläuft weitgehend auf Radwegen (beschildert). Beginnend in Neubrandenburg, führt sie zunächst ufernah durch das Nemerower Holz nach Klein Nemerow und weiter nach Süden am Golfplatz vorbei. Von hier aus geht es zur B 96 und ein Stück parallel zur Bundesstraße bis Usadel. Hier rechts ab und nahe am Südufer der Lieps entlang bis Prillwitz. Man durchquert Prillwitz wie auch das folgende Zippelow und biegt kurz darauf rechts ab. Der Weg führt bald durch Neu Wustrow und bis Alt Rehse. Von hier aus geht es wieder ufernah, diesmal aber am Westufer des Tollensesees, durch das Brodaer Holz zurück nach Neubrandenburg.

Übernachten/Essen Seehotel Heidehof, das Hotel in Klein Nemerow liegt direkt über dem Ufer des Tollensesees. Die Ruine der Klosterscheune nebenan erinnert daran, dass das heutige Hotel auf dem Grund eines ehemaligen Johanniterstützpunkts steht. Das Restaurant serviert gute Küche zu etwas gehobenen Preisen, auch Vegetarisches (tägl. 12–22 Uhr). Vom wintergartenähnlichen Anbau und von der Terrasse schöner Blick auf den See und die Anlegestelle. Auch Fahrradverleih (8 €/Tag). 42 Zimmer, EZ 60 €, DZ 80–90 € (je nach Größe), jeweils inkl. Frühstück, Hund 5 €/Tag. Seestr. 11, 17094 Klein Nemerow, ✆ 039605-2600, ✉ 039605-26066, www.see hotel-heidehof.de.

Hotel Bornmühle, Vier-Sterne-Haus mit großem Wellnessbereich und Restaurant beim Golfplatz. 66 Zimmer, alle mit W-LAN (kostenlos), EZ 78–80 €, DZ 110–120 € Frühstück inkl. Bornmühle 35, 17094 Groß Nemerow, ✆ 039605-600, ✉ 039605-60399, www.bornmuehle.de.

Sport Golfclub Mecklenburg-Strelitz, 9-Loch-Platz am südöstlichen Ufer des Tollensesees bei Groß Nemerow, etwa 10 km südlich von Neubrandenburg, Bornmühle 1 a, 17094 Groß Nemerow, ✆ 039605-27376, www.gc-mst.de.

Burg Stargard ca. 5000 Einwohner

Die Wehrarchitektur auf dem Hügel gab der Kleinstadt nicht nur ihren wehrhaften Namen, sie beschert ihr auch eine gewisse Bekanntheit unter den Reisezielen in Mecklenburg – die meisten Besucher kommen, um die mittelalterliche Burg zu besichtigen. Dabei ist das Siedlungsgebiet von Stargard ungleich älter. Schon 3000 v. Chr. lebten Menschen auf diesem Höhenzug, wie Grabungsfunde belegen. Nach der Völkerwanderung siedelten Slawen auf dem Burgberg, errichteten über vorgefundenen Ruinen eine Burganlage und gaben ihr den Namen *stari gard*, „alte Burg". Im 12. Jh. herrschten die Pommern über das stargardsche Land, Anfang des 13. Jh. nahmen die brandenburgischen Askanier die alte Burg, die nahe Siedlung und das umliegende Land in Besitz. Die Siedlung erhielt 1258 das brandenburgische Stadtrecht. Auf dem Hügel ließ der brandenburgische Markgraf zwischen 1236 und 1270 die (neue) Burg errichten, die im 13. und 14. Jh. zu den bedeutendsten Wehrbauten im Nordosten Deutschlands zählte und in ihrem Kern bis heute erhalten ist. Ende des 13. Jh. gelangte die Burg Stargard als Mitgift an *Heinrich den Löwen* und wurde mithin mecklenburgisch. Mitte des 16. Jh. wurde die Burg dann umgebaut und diente gut hundert Jahre später im Dreißigjährigen Krieg *General Tilly* zeitweilig als Hauptquartier. Danach wurde es still um die Burg. Teile der Anlage verfielen, andere werden bis heute genutzt. 1926 wurde die Burg von der Stadt Stargard aufgekauft (die sich seither Burg Stargard nennt). In den 1990ern wurde die Anlage gründlich saniert.

Die *Burg* Stargard ist die nördlichste Höhenburg Deutschlands. An mittelalterlicher Bausubstanz erhalten sind u. a. das *Untere Tor* (13. Jh.), über das man die Vorburg betritt, sowie die *Alte Münze* (13. Jh.) in der *Hauptburg*, ursprünglich das Brauhaus, im 18. Jh. die Münzpräge, heute ein hervorragendes und gemütliches Restaurant und Hotel, und schließlich die *Kapelle*. Das *Krumme Haus*, das wie die Alte Münze in die bis zu 4 m starke Außenmauer der Hauptburg integriert war (und wegen der Krümmung der Ringmauer seinen Namen erhielt), brannte 1919 ab und ist heute als Ruine erhalten. Auch der *Bergfried* stammt ursprünglich aus dem 13. Jh., brannte aber nach einem Blitzschlag 1647 aus und verfiel zur Ruine. *Friedrich Wilhelm Buttel* ließ ihn 1821–1823 zu einem Aussichtsturm ausbauen, von dem man bis heute einen prächtigen Ausblick genießt. Um 1500 wurde in der Vorburg der *Marstall* auf den Ruinen der mittelalterlichen Stallungen errichtet, der heute das *Museum* beherbergt. Aus der Zeit der großen Umbauarbeiten im 16. Jh. stammt das *Obere*

Neubrandenburg und
rund um den Tollensesee

Tor, über das man in den *Burghof* der Hauptburg gelangt. Angesichts der Burg-anlage, die direkt einem Ritterroman entsprungen sein und die perfekte Kulisse für eine mannhafte Tjoste darstellen könnte, wundert es nicht, dass hier einmal im Jahr ein Mittelalterfest stattfindet, bei dem es natürlich auch zu Lanzenstechen und Schwertkampf kommt.

Allerdings ist die Burg nicht der einzige Grund, der einen Besuch der kleinen *Stadt* rechtfertigen würde. Burg Stargard liegt idyllisch eingebettet zwischen den Hügeln einer eiszeitlichen Grundmoräne. Ein paar kopfsteingepflasterte Sträßchen erstre-cken sich rund um den zentralen Markt. Sein heutiges Aussehen bekam Burg Stargard vor allem in der zweiten Hälfte des 18. Jh., nachdem ein verheerender Brand 1758 große Teile des Städtchens zerstört hatte. Auch die Stadtkirche *St. Johannes*, im Kern aus dem 13. Jh., wurde in dieser Zeit wieder auf- und umgebaut. Unweit des Zentrums liegt in einem schönen Waldgebiet der *Tierpark Klüschenberg*. Am süd-östlichen Ortsausgang schlängelt sich eine *Sommerrodelbahn* den Hügel hinunter.

Information Touristinformation Burg Stargard, im Zentrum des Ortes, Mo–Fr 10–12 und 13–16 Uhr geöffnet, in den Sommer-monaten (Mai bis Sept.) auch Sa 9–13 Uhr. Am Markt 3, 17094 Burg Stargard, ✆ 039603-20895, 🖷 039603 28177, www.burg-stargard.de.

Audioguide Für die gesamte Burg (auch Burgkapelle, Gewölbekeller, Würz- und Krautgarten, Weingarten, Burgpark und Streuobstwiese unterhalb), Dauer ca. 45 Min., 3 €/Pers., 10 € Kaution, erhältlich beim Kassenhäuschen am Eingang zur Burg.

Burgführung Mai bis Sept. Sa/So um 14 Uhr, Treffpunkt am Parkplatz bei der Burg. Infos auch bei der Touristinformation.

Burgmuseum Museum der Stadt Burg Sargard, das Museum im Marstall der Burg präsentiert Gegenstände aus Arbeitswelt und häuslichem Alltag, darunter Hand-werksutensilien und eine historische Schlaf-stube. Daneben gibt es wechselnde Aus-stellungen. Mai bis Okt. tägl. 10–17 Uhr, Nov. bis April Di–Do 10–14 Uhr, Sa/So 13–16 Uhr. Erw. 3 €, Kinder 2 €, Familienticket 7 € (gilt auch für den Bergfried/Turm). Burg 1, 17094 Burg Stargard, ✆ Di–So 039603-22852.

Veranstaltungen Stargarder Burgfest, das wichtigste Fest in Stargrad und weit über die Stadtgrenzen hinaus bekannt. Fröhliches Mittelalterspektakel auf der Burg – mit Gauklern, Händlern, mittelalterlicher Musik, Falkenvorführungen und natürlich Ritterkämpfen und Lanzenstechen. Immer am zweiten Wochenende im August. Infos auch unter www.stargarder-burgverein.de.

Stadtfest, am ersten Juliwochenende.

Verbindungen Bahn, mit dem Regional-express stündl. nach Neubrandenburg und weiter nach Stralsund; in die andere Rich-tung ebenfalls stündlich nach Neustrelitz (und alle 2 Std. weiter direkt nach Berlin).

Übernachten/Essen »» Unser Tipp: **Zur Alten Münze**, Restaurant und Hotel in der mittelalterlichen Burg, sehr freundlich und urgemütlich. Das Restaurant von Koch Andreas Mahr ist etwas für Feinschmecker – wir probierten ein köstliches Zanderfilet und Hirschbraten mit hausgemachten Sem-melknödeln: hervorragend und für das Gebo-tene geradezu günstig (Hauptgerichte um 15–20 €). Auch die Übernachtungspreise sind (angesichts der exklusiven Unterbringung im mittelalterlichen Brauhaus, später Münzprä-ge) moderat, die 14 Zimmer frisch renoviert und gemütlich (besonders unterm Dach). EZ 55–62,50 €, DZ 65–71 €, großes Frühstück inkl., Hund 5 €/Tag. Das Restaurant ist Di–Fr ab 18 Uhr geöffnet, Sa/So ab 11.30 Uhr (nach-mittags keine warme Küche), im Sommer erweiterte Öffnungszeiten. Burg 2-3, 17094 Burg Stargard, ✆ 039603-27400, 🖷 039603-274027, www.hotel-burggasthof.de. ««

Jugendherberge, der große Bau an der Straße nach Dewitz wirkt ein wenig wie ein Sanatorium, tatsächlich diente die Jugend-stilvilla ursprünglich als Forst- und Garten-bauschule. Großes Außengelände mit di-versen Sportstätten, innen stehen ein gro-ßer Saal, Seminarräume, Billardzimmer, Partyraum und Sauna zur Verfügung. Über-nachtung 18,50 € inkl. Frühstück, 22,50 € für Senioren ab 27 J., auch Halbpension mög-lich (4–5 € Aufpreis); auch einige 2-Bett- und Familienzimmer mit Bad (Aufpreis 4–5 €). Dewitzer Chaussee 7, 17094 Burg Stargard, ✆ 039603-20207, 🖷 039603-20255, www.burg-stargard.jugendherberge.de.

Weit schweift der Blick über das Land, die Stadt und den Turnierplatz

Sommerrodelbahn, über 700 m ist sie lang, überwindet 30 m Höhenunterschied und bietet 8 Steilkurven. März bis Okt. tägl. 10–18 Uhr (Juli/Aug. bis 20 Uhr). Erw. 2 €, 6er-Ticket 10 €; Kinder (3–14 J.) 1,50 €, 7er-Ticket 8 €. Am Ortsrand Richtung Teschendorf rechts ab und vor dem Sportplatz gleich wieder links, beschildert. Rosenstr. 1 a, ✆ 039603-23226, www.rodelbahn-burgstargard.de.

Tierpark Klüschenberg, kleiner Tierpark in einem 10 ha großen Wald. Zu sehen sind heimische Tiere wie Uhus, Damwild und Frettchen, aber auch exotischere, wie Ozelot, Affen und Kängurus. Mai bis Sept. tägl. 10–17 Uhr (Sa/So bis 18 Uhr), April/Okt. tägl. 10–16.30 Uhr (Sa/So bis 17 Uhr), Nov. bis März tägl. 10–16 Uhr. Erw. 3 €, Kinder 2 €. Klüschenbergstr. 14, ✆ 039603-20666, www.tierpark-burg-stargard.de.

Hohenzieritz und Prillwitz

Strahlend weiß präsentiert sich das prächtige Schloss Hohenzieritz in der lieblichen Landschaft südlich des Tollensesees. Der Herzog von Mecklenburg-Strelitz ließ das barocke Herrenhaus in der zweiten Hälfte des 18. Jh. zu dem stattlichen, frühklassizistischen Schloss umbauen, das dann als beliebter Sommersitz diente. Dazu ließ *Herzog Karl* den herrlichen englischen Landschaftspark anlegen, unter Leitung des Engländers *Archibald Thomson*, der wahrscheinlich auf Vermittlung der Schwester Karls, der englischen Königin *Charlotte*, nach Mecklenburg kam. Untrennbar verbunden ist das Schloss Hohenzieritz mit dem Namen *Luise*, ihres Zeichens Prinzessin von Mecklenburg-Strelitz (Tochter von Karl von Mecklenburg-Strelitz) sowie Königin von Preußen (vermählt mit dem preußischen König *Friedrich Wilhelm III.*). Während eines Besuchs bei ihrem Vater auf Schloss Hohenzieritz nämlich verstarb Königin Luise 1810, gerade einmal 34 Jahre jung. Der trauernde Vater widmete drei Jahre nach ihrem frühen Tod seiner Tochter im Sterbezimmer eine Gedenkstätte, die bis 1945 existierte und schließlich im Jahr 2000 wieder eingerichtet wurde.

Königin Luise von Preußen (1776–1810)

Lange vor Regenbogenpresse und Paparazzi hatte Preußen seine Königin der Herzen. Schön und anmutig wie Romy Schneider, volksnah wie Silvia von Schweden, früh verstorben wie Diana. So blieb sie jung und schön in Erinnerung, ideal für einen Mythos. Als Königin Luise 1810 in Hohenzieritz starb, trauerte Preußen.

Wie keine andere Frau an der Seite eines preußischen Herrschers war Luise in den Blickpunkt der Öffentlichkeit gelangt, ganz ohne Skandale und Herrscher-Arroganz. Im Gegenteil. Ihr erster öffentlicher Auftritt mag dafür beispielhaft genannt sein: Zur Verlobung in Berlin angekommen, wird Luise unter großer Anteilnahme der Bevölkerung Unter den Linden ein Empfang bereitet, ein Mädchen trägt ihr dabei ein Gedicht vor. Allen Etiketten zum Trotz umarmt die Prinzessin das Kind in einer spontanen Geste. „Alle Herzen flogen ihr entgegen", berichtet der Dichter de la Motte Fouqué. Luise hatte in der Tat alles, um die Rolle als Liebling des Volks auszufüllen: Sie war hübsch und anmutig, dabei unprätentiös und warmherzig, liebenswürdig und bescheiden, nachgerade bürgerlich. Damit war sie genau die richtige Frau an der Seite des wohl bürgerlichsten unter den Herrschern der Hohenzollern. Ihr Ehemann *Friedrich Wilhelm III.* (1770–1840) fügte sich nur schwer in das Amt des preußischen Herrschers. Er war kein Soldatenkönig, kein Alter Fritz und schon gar kein moralisches Leichtgewicht wie sein Vater, *Friedrich Wilhelm II.* Vielmehr war er bescheiden, ein wenig bieder, aufrichtig und voller Zweifel ob der eigenen Fähigkeiten. Er zeigte sich selbst lieber als Familienvater denn als kraftstrotzender Souverän, und er bemühte sich um die Sittlichkeit zu Hofe, die sein Vater recht flexibel gehandhabt hatte.

Die 17-jährige Luise ehelicht den sechs Jahre älteren preußischen Kronprinzen am 24. Dez. 1793. 1795 wird der Thronfolger, der spätere *Friedrich Wilhelm IV.*, geboren – zehn Kinder wird Luise zur Welt bringen. Ein Jahr später reist die junge Familie

Das Schloss selbst ist heute Sitz des Amtes des Müritz-Nationalparks. Die Ausstellung im Schloss umfasst nur zwei Räume, einen Vorraum, in dem über Luisens Leben informiert wird, und das Sterbezimmer mit der liegenden Büste der toten schönen Königin. Der Umfang der ausgestellten Exponate hält sich allerdings in Grenzen, man sollte nicht zu viel erwarten – umso schöner kann sich ein Spaziergang durch den herrlichen Landschaftsgarten mit Luisentempel (2007 restauriert) gestalten. Im *Kastellanhaus* neben dem Schloss befindet sich eine Ausstellung zur Entstehung des Schlossparks.

Gedenkstätte: April bis Okt. Di–Fr 10–16 Uhr, Sa/So 12–17 Uhr, Eintritt 2,50 €, erm. 1,50 € (gilt auch für das Kastellanhaus), Fotografieren verboten. ✆/℡ 039824-20020. **Nationalparkamt**: Schlossplatz 3, 17237 Hohenzieritz, ✆ 039824-2520, ℡ 039824-25250, www.nationalpark-mueritz.de.

Unweit von Hohenzieritz liegt am Südufer der Lieps der kleine, unspektakuläre Weiler *Prillwitz* mit Bootsanlegestelle, kleinem Strandabschnitt und dem *Jagdschloss Prillwitz* (1888–1890). Die Lieps, durch einen Kanal mit dem Tollensesee verbunden, ist allerdings Teil des *Naturschutzgebietes Nonnenhof* und daher für den privaten Bootsverkehr gesperrt. Das Jagdschloss wirkt etwas gespenstisch, es könnte glaubhaft als Kulisse für einen Krimi à la „Mausefalle" dienen. Heute ist hier ein kinderfreundliches Hotel samt Restaurant untergebracht.

nach Neustrelitz und Hohenzieritz, um Luises Vater, mittlerweile Herzog von Mecklenburg, zu besuchen. Nachdem der „dicke Lüderjahn", wie Friedrich Wilhelm II. vom Volksmund genannt wurde, früh und verbraucht 1797 gestorben war, sah sich das Kronprinzenpaar, nunmehr in Amt und Würden, vor immensen Aufgaben. Der Staatshaushalt war zerrüttet, das Ansehen Preußens in Europa lädiert, die Verwaltung überfordert. Bei allen Herausforderungen schien das die Beziehung des Königspaars kaum zu ändern. Luise war Friedrich eine enge Vertraute. Ein Zeichen dafür war, dass sich König und Königin, in höfischen Kreisen kaum denkbar, duzten. Das Paar lebte bescheiden und gab sich in der Öffentlichkeit volksnah und bürgerlich.

Politisch spielt die eher überschaubar gebildete Luise nur eine indirekte Rolle. Sie setzt sich bei ihrem Gatten vehement für *Karl vom und zum Stein* und *Karl August von Hardenberg* ein und bereitet so ein Stück den Weg für die großen Reformer Preußens. Auch als Napoleon sich anschickt, die Grundfesten Europas zu erschüttern und Preußen in eine verheerende Niederlage stürzt, bleibt Luise ihrer Linie treu. Zuerst begleitet sie ihren Gemahl in den Krieg, flieht nach der Niederlage mit ihm zunächst nach Berlin, dann weiter nach Ostpreußen und reist schließlich persönlich (und auf Betreiben Hardenbergs) zum verhassten Korsen nach Tilsit. Zwar beeindruckten sich die charismatische Luise und Bonaparte gegenseitig, doch nützen sollte der Bittgang wenig. Napoleons Friedensbedingungen gegenüber Preußen sind hart. Und es sollte zwei Jahre dauern, bis der französische Kaiser dem preußischen König gestattet, in die preußische Hauptstadt zurückzukehren. Im Winter 1809 erreichen Friedrich Wilhelm und Luise Berlin, ein halbes Jahr später reist sie allein zu ihrem Vater nach Hohenzieritz, erkrankt schwer und stirbt überraschend am 19. Juli 1810. Schnell wurde die populäre Königin – nicht zuletzt geliebt wegen ihres so mutigen Tilsiter Canossagangs – zum Gegenstand fast mythischer Verehrung.

Übernachten/Essen Jagdschloss zu Prillwitz, im ruhig gelegenen Schloss stehen elf individuell eingerichtete Zimmer zur Verfügung. Im Restaurant wird mecklenburgische Küche (auch Wild und Fisch) zu leicht gehobenen Preisen serviert; innen gediegen, sehr schön sitzt man draußen auf der Terrasse. Im Garten Kinderspielplatz, außerdem Badesteg und Fahrradverleih (8 €/Tag). Das Restaurant ist während der Saison tägl. 12–20 Uhr (Küchenschluss) geöffnet, in der Nebensaison eingeschränkt (Mo und Di Ruhetag), sicherheitshalber anrufen. EZ 109 €, DZ 129 €, Familienzimmer (4 Pers.) 199 €, Frühstück inkl., Hund 7 €/Tag. Prillwitz 8, 17237 Hohenzieritz, ℡ 039824-20345, ✆ 039824-20346, www.jagdschloss-prillwitz.de.

Penzlin und die Alte Burg

Das kleine, beschauliche Städtchen Penzlin (ca. 4000 Einwohner), das im Jahr 1226 das Stadtrecht erhielt, entstand an einer einst wichtigen Handelsstraße. An der höchstgelegenen Stelle der Stadt und damit weithin sichtbar steht die im Kern frühgotische Kirche *St. Marien* (ganztägig geöffnet). Wegen ihres niedrigen Turms, der nach einem Brand im 18. Jh. ein ebenfalls niedriges Dach aufgesetzt bekam, wirkt sie recht gedrungen. Berühmtester Sohn der Stadt ist *Johann Heinrich Voß* (1751–1826), der, wenngleich in der Nähe von Waren geboren, hier aufwuchs. Der Dichter ist heute vor allem wegen seiner profunden Übersetzung antiker Texte in Erinnerung, darunter zuvorderst die kongeniale Übersetzung von Homers Ilias und der Odyssee.

Im Mittelalter entwickelte sich Penzlin im Schatten einer schmucken Burg. Bereits im 9. Jh. soll sich an dieser Stelle ein Wehrbau erhoben haben, ihre heutige Gestalt erhielt die *Alte Burg Penzlin* weitgehend im 16. Jh. Mit der Sanierung in den 1990er Jahren ordentlich verschönt, erhebt sich hier heute eine Ritterburg wie aus dem Märchenbuch. Weniger märchenhaft ist, wofür die Burg Penzlin in der frühen Neuzeit und dank des Museums auch heute wieder steht: Hexenprozesse und Hexenbrennen. In der Burg Penzlin fanden nicht nur Prozesse gegen „Hexen" statt, im Keller gibt es eigene Hexenverliese, in die Mauer eingelassene Nischen, in denen man die „Hexe" anketten konnte, ohne dass sie den Boden berührte. Das war laut dem „Hexenhammer", der inoffiziellen Gebrauchsanweisung für Hexenjäger aus dem Jahr 1486, notwendig, um zu verhindern, dass die Hexe über die Erde Kraft vom Teufel schöpfen konnte.

Das *Museum für Magie und Hexenverfolgung in Mecklenburg* präsentiert zwar nicht allzu viele Ausstellungsstücke, informiert aber mittels Schautafeln über die „Hexen", Hexenverfolgung und -prozesse in Mecklenburg. Allerweltsmagie, Hexerei in der Kunst und als Topos in den Werken von Barlach sind weitere Themen. Sehr interessant zeigen sich die Innenräume der Alten Burg selbst: die rußgeschwärzte Küche gleich am Eingang, der Rittersaal, natürlich der (Folter-)Keller und das Verließ der Burg. Vor der Burg gibt es einen kleinen Spielplatz und einen Kräutergarten, die *Burgschänke* war zuletzt und bis auf weiteres geschlossen, andere Gastronomie gibt es um die Burg leider nicht.

Museum Alte Burg Penzlin: Mai bis Sept. tägl. 10–18 Uhr, April und Okt. tägl. 10–17 Uhr, Nov. bis März Mo–Fr 10–15 Uhr und Sa/So 13–16 Uhr. Erw. 5 €, Kinder 3 €, Familienkarte 9,50 €. Auch Führungen (ca. 40 Min., im Eintrittspreis enthalten). Warener Chaussee 55 a, 17217 Penzlin, ☎ 03962-210494, www.penzlin.de. Das **Burgfest** findet jedes Jahr am vorletzten Augustwochenende statt.

Übernachten außerhalb ≫ Lesertipp: Schloss Marihn, *Chambre d'hôtes* in Mecklenburg: „wunderschön restauriertes Schloss, umgeben von einem sehenswerten Landschaftspark. Diese Unterkunft ist sehr persönlich geführt." Es gibt lediglich sechs Zimmer/Suiten; sehr freundlich Hausleitung; der Park ist im Sommer auch für Nicht-Hausgäste geöffnet (Mai bis Mitte Okt. 10–18 Uhr). DZ mit Frühstück ab 115 €. Anfahrt: 8 km westlich von Penzlin Richtung Waren. Schloss Marihn, Flotower Str. 1, 17219 Marihn, ☎ 03962-221930, www.schlossmarihn.com. ≪

Slawendorf Passentin

In der Nähe des kleinen Dorfs Passentin findet sich seit einigen Jahren das historische Projekt Slawendorf. Die Wahl des Ortes war nicht zufällig, archäologische Funde legen eine frühmittelalterliche Besiedlung nahe. Zahlreiche Lehm- und Holzbauten auf dem weitläufigen Gelände, belebt mit historischem Handwerk, lassen den Besucher in die Lebenswelt des Mittelalters eintauchen. Die Hütten demonstrieren die Bautechnik der Slawen, vom Fachwerk mit Lehmziegeln über lehmverputztes Weidegeflecht bis zum stabilen Blockbau. Die Handwerkstechniken darf man auch selbst ausprobieren, vom Filzen, Töpfern und Schmieden bis zum Spinnen (Anmeldung notwendig). Einige der Hütten dienen zudem als Heuhotel. Und für das leibliche Wohl ist in dem freundlichen Slawendorf auch gesorgt, u. a. mit ganz slawen-untypischem Kaffee und Kuchen.

Slawendorf Passentin, ca. Ostern bis Ende Sept. geöffnet, evtl. etwas länger (u. a. wetterabhängig). Mo–Fr 9.30–18 Uhr, Sa/So 10–17 Uhr, Erw. 3 €, Kinder 3–14 J. 2 €, Familienkarte 8 €. Historisches Handwerk zum Mitbasteln nach Voranmeldung. *Anfahrt*: Auf halber Strecke zwischen Neubrandenburg und Penzlin bei Mallin nach Westen abbiegen, dann noch 2 km bis Passentin (beschildert). Dorfstraße, 17127 Passentin, ☎ 03962-210105.

Alt Rehse
ca. 350 Einwohner

Am südwestlichen Ufer des Tollensesees steht ein Dorf wie aus dem Bilderbuch: schmucke, backsteinerne Fachwerkhäuschen, rohrgedeckt, von Bäumen beschattet und von gepflegten Gärten umgeben – ein Musterdorf samt Gutshaus und idyllischem Park. Doch die Geschichte von Alt Rehse ist weniger idyllisch. 1934 wurden die Eigentümer des Gutshofs enteignet, das Gelände dem Hartmannbund, dem Berufsverband der Ärzte, übertragen, das alte Dorf abgerissen und als ein Musterdorf wiederaufgebaut, um hier schließlich 1935 die „Führerschule der Deutschen Ärzteschaft" zu eröffnen. Einige der schmucken Häuser tragen Aufschriften wie „errichtet im 3./4. Jahre" – gemeint ist damit eine Zeitrechnung der Machtergreifung der Nationalsozialisten im Jahr 1933. Alt Rehse war zum medizinischen Zentrum der nationalsozialistischen Rassenlehre geworden: Hier wurden junge Ärzte, aber auch Apotheker, Hebammen und gesundheitspolitische Funktionäre in „Erbbiologie" und „Rassenhygiene" geschult und die Grundlagen für Euthanasie, Zwangssterilisation und medizinische Menschenversuche in der NS-Diktatur gelegt. Eine vom gemeinnützigen Verein „Erinnerungs-, Bildungs- und Begegnungsstätte Alt Rehse e. V." initiierte Ausstellung dokumentiert die nationalsozialistische Vergangenheit des Dorfes, derzeit noch in einem neueren Gebäude am Ortsrand, nach der Renovierung des Gutshauses dann in selbigem (wann genau das sein wird, ist noch unklar). Der riesige Park mit Schloss und etwa 20 Häusern wird seit 2006 von der alternativen Gemeinschaft „Tollense Lebenspark" bewohnt und bewirtschaftet (Näheres unter www.tollense-lebenspark.de).

Ausstellung im Gutshaus: April bis Aug. tägl. 10–18 Uhr, im Sept. Di–So 10–18 Uhr, Mo geschl., Okt. bis März Di–So 10–16 Uhr. Eintritt frei, man freut sich über eine Spende. Gutshof 1, 17217 Alt Rehse, ☎ 03962-221123, www.ebb-alt-rehse.de. *Anfahrt*: Im Ort links um das (noch baufällige) Gutshaus herumfahren bzw. -gehen und der schmalen Straße durch das kleine Neubaugebiet folgen, das größere Gebäude auf der linken Seite ist nicht zu übersehen.

Westlich und nördlich von Neubrandenburg

Reuterstadt Stavenhagen
ca. 5900 Einwohner

Reuterplatz und Reuterstraße, ein Reutermuseum und davor eine Reuterstatue, Reuterschule, Reuterapotheke, Reuter-Eiche... ganz offensichtlich befindet man sich in einer Reuterstadt.

In Stavenhagen geboren, prägt er das Erscheinungsbild des Städtchens bis heute: Fritz Reuter, *der* Dichter Mecklenburgs. Natürlich gab es ein Stavenhagen vor Fritz Reuter – im Jahr 1230 wurde es erstmals erwähnt, 1264 mit dem Stadtrecht ausgestattet, im Dreißigjährigen Krieg zerstört. Tatsächlich aber ist die beschauliche Stadt, die seit 1949 offiziell den Namen Reuterstadt trägt, ohne ihren berühmten Sohn kaum denkbar. Ihm zu Ehren steht, genauer gesagt: thront seine Statue über dem Marktplatz und vor dem ehemaligen Rathaus, das (ihm zu Ehren) in ein Literaturmuseum umgewandelt wurde. Für die Stadtverwaltung bedeutete das keinen Abstieg, zog sie doch nur um die Ecke in das schmucke Schloss um, das weitgehend aus dem 18. Jh. stammt. Ebenfalls aus dem 18. Jh. stammt die Stadtkirche von Stavenhagen, nur einen Steinwurf vom Markt entfernt. 2010 war übrigens ein Festjahr

Neubrandenburg und der Tollensesee → Karte S. 263

für das Städtchen, denn da feierte Stavenhagen und mithin ganz Mecklenburg Reuters 200. Geburtstag. Aber nach so viel Reuter hätte wohl auch Fritz selbst gesagt: Nu is auch man wieder gut!

Information Stadtinformation, im Hof des Literaturmuseums, Mo–Fr 9–17 Uhr, Sa/So 10–17 Uhr. Markt 1, 17153 Stavenhagen, ☎ 039954-279835, 🖷 039954-279834, www.stavenhagen.de.

Verbindungen Bahn: etwa stündl. nach Neubrandenburg und in anderer Richtung ebenso häufig via Malchin und Teterow nach Güstrow.

Sehenswertes

Fritz-Reuter-Literaturmuseum: Das im ehemaligen Rathaus von Stavenhagen am Marktplatz untergebrachte Museum ehrt den größten Sohn der Stadt, der (als Bürgermeistersohn) in diesem Gebäude geboren wurde. Im Obergeschoss sind in mehreren Räumen Reuters Handschriften, Möbel, Bilder und sonstige Zeitdokumente sowie Zeichnungen von Fritz Reuter selbst zu sehen. Schautafeln informieren über sein Leben und seine Zeit. Ein Teil der Ausstellung befasst sich auch mit der Franzosenzeit in Mecklenburg von 1806 bis 1813, zu sehen sind militärhistorisch interessante Exponate wie kolorierte Lithografien von Uniformen, eine umfangreiche Waffensammlung, aber auch Alltagsgegenstände, Zeichnungen, Gemälde und literarische Zeugnisse dieser Jahre. Zum Museum gehört eine über 15.000 Bände umfassende Fachbibliothek. Es finden regelmäßig Lesungen, Vorträge und weitere Veranstaltungen statt.

Im Nebengebäude ist in zwei Räumen eine sehenswerte Ausstellung zu Leben und Werk des mecklenburgischen Malers *Ernst Lübbert* (1879–1915) zu sehen. Lübbert verbrachte seine Jugend in Stavenhagen.

Fritz-Reuter-Literaturmuseum: Mo–Fr 9–17 Uhr, Sa/So 10–17 Uhr (letzter Einlass jeweils 16.45 Uhr). Führungen nur nach Anmeldung (mind. 10 Teilnehmer). Erw. 4 €, Kinder 1 €. Markt 1, 17153 Stavenhagen, ☎ 039954-21072, www.fritz-reuter-literaturmuseum.de.

Schloss: Unweit vom Marktplatz, ein Stück hinter dem Rathaus (oberhalb), steht das von einem kleinen Park umgebene Stavenhagener Schloss. An der Stelle einer mittelalterlichen Burg, die im 17. Jh. in Ruinen lag, wurde um 1740 das barocke Schloss errichtet, in dem heute die Stadtverwaltung untergebracht ist. Stavenhagen und seinem Schloss setzte Reuter ein Denkmal mit seiner Erzählung *Ut de Franzosentid* (Aus der Franzosenzeit, 1859), die sich die Zeit der napoleonischen Besatzung zum Thema nimmt.

Stavenhagen/Umgebung

Ivenack: Wenige Kilometer östlich von Stavenhagen findet sich in dem schmucken, komplett unter Denkmalschutz stehenden kleinen Ort ein weitläufiges, feudales Ensemble mit Schloss, Marstall, Teehaus und Kirche, das teils noch der Renovierung harrt. Eine weite, von Backsteinhäuschen gesäumte Straße aber führt zur eigentlichen Attraktion, den berühmten *Ivenacker Eichen*. Schon Fritz Reuter schwärmte von dem lichten Wald, und die Bäume in dem um 1800 angelegten Park sind in der Tat eindruckvoll und altehrwürdig. So manche der Eichen bringt es auf 500 bis 1000 Jahre, manche haben einen Stammumfang von bis zu 9 m. Freilaufend und wenig scheu streunt Damwild durch dieses Waldidyll am Ivenacker See. Im Park finden sich auch ein Café und ein barocker Pavillon, in dem eine Ausstellung über Eichen zu sehen ist.

Park: Tägl. 9–18 Uhr, Sa/So 10–18 Uhr, Eintritt 3 € (mit Ausstellung), unter 18 J. frei. **Café**: April bis Okt. tägl. 11–18 Uhr (Kaffee, Kuchen und Snacks). **Ausstellung**: April bis Okt. Mo–Fr 9–18 Uhr, Sa/So 10–18 Uhr. Gebührenpflichtiger Parkplatz am Eingang.

Fritz Reuter – Mecklenburgs Dichter

Der Dichter, der mit seiner volksnahen, humorvollen Erzählweise seine Zeitgenossen einnahm, hat bis heute überall in Mecklenburg Spuren hinterlassen. Kaum ein Ort im Land, den Reuter auch nur flüchtig bereiste, der nicht an den großen niederdeutschen Erzählers erinnert. Fritz Reuter wurde am 7. November 1810 als Sohn des Bürgermeisters von Stavenhagen geboren. Ab 1824 besuchte er mit mäßigem Erfolg das Gymnasium zunächst in Friedland, dann in Parchim. Es folgte ein lustlos betriebenes Studium der Rechte in Rostock, später in Jena – der Vater wollte den Sohn in seinen Fußstapfen sehen, der Sohn sah lieber in den Krug. Wegen der Mitgliedschaft in einer Burschenschaft wird Reuter 1833 verhaftet, zum Tode verurteilt und sogleich zu 30 Jahren Festungshaft begnadigt. Es ist die Zeit der Reaktion, in der der Ruf nach (nationaler) Einigkeit und Recht und Freiheit als Hochverrat und Majestätsbeleidigung geahndet wird. Aus den 30 Jahren Festungshaft werden, dank der Begnadigung durch Friedrich Wilhelm IV., sieben Jahre. Doch die waren hart genug, auch wenn Reuter (auf Betreiben des Vaters) die letzten davon unter erleichterten Haftbedingungen in der Festung Dömitz verbrachte.

Nach der Entlassung fiel es Reuter schwer, sich wieder einzugliedern. Die Wiederaufnahme des Studiums in Heidelberg scheiterte an schweren Alkoholproblemen. Reuter brach das Studium zum Leidwesen des Vaters ab und ging bei seinem Onkel, Pastor in Jabel bei Malchow, gewissermaßen in Reha. Nach einer Weile begann Reuter in Demzin als „Strom" (Volontär) in der Landwirtschaft zu arbeiten. In dieser Zeit traf er *Hoffmann von Fallersleben*, der ihm riet, seine humoristischen Anekdoten auch und gerade über die Festungshaft zu Papier zu bringen. Nach einem weiteren alkoholbedingten Zusammenbruch folgte ein erneuter Aufenthalt beim Onkel und später ein bescheidener Neuanfang als Lehrer in Treptow (heute Altentreptow). Reuter, inzwischen verheiratet, begann nun ernsthaft und mit zunehmendem Erfolg zu schreiben. 1856 zog das Paar nach Neubrandenburg, wo Reuter seine produktivsten Jahre erlebte. Mit dem Verleger *Dethloff Carl Hinstorff* in Wismar begann eine für beide Seiten lukrative Zusammenarbeit. Von nun an lebte Reuter nicht nur von seiner Schreiberei, er avancierte auch zu einem der meistgelesenen Schriftsteller seiner Zeit. In Neubrandenburg entstand zunächst das Poem *Kein Hüsung* (1856), dann seine erste längere Erzählung in niederdeutscher Sprache *Ut de Franzosentid* („Aus der Franzosenzeit", 1859). 1862 griff Reuter von Fallerslebens Anregung auf und schrieb über seine Festungszeit *(Ut mine Festungstid)*, kurz darauf folgte der erste Teil des autobiografisch gefärbten Gesellschaftsromans *Ut mine Stromtid*. Diesen Roman schloss er in Eisenach ab, wohin die Reuters 1864 gezogen waren. Mit dem distanzierten Blick von Eisenach nach Mecklenburg schuf er 1866 mit *Dörchläuchting* eine bissige Satire über seine Heimat.

Reuters Arbeit auf komödiantische Mundartdichtung zu reduzieren hieße jedoch, die politische und soziale Dimension seines Werks zu verkennen. Der volkstümliche Humor Reuters zeigt sich immer wieder durchsetzt von einem scharfsinnigen und kritischen Blick auf die gesellschaftlichen Verhältnisse des 19. Jh. Fritz Reuter starb am 12. Juli 1874 in Eisenach.

Die Mecklenburgische Schweiz

Sanfte Hügel, Felder und Weiden, uralte Bäume, stattliche Gutshäuser und Schlösser – und hier und da spiegelt die Oberfläche eines Sees das satte Grün der Wiesen und Wälder. Wer Ruhe in unmittelbarer Naturnähe sucht, ist hier genau richtig.

So hat also auch Mecklenburg seine Schweiz. Doch neben den vielen kleinen und mehr oder weniger unbekannten „Schweizen" gehört die mecklenburgische zu der Handvoll Landschaften mit eidgenössischem Namenszusatz, die auch touristisch von Interesse sind. Die Mecklenburgische Schweiz kann sich getrost in die illustre Reihe mit der Fränkischen, Sächsischen oder Holsteinischen Schweiz stellen. Es heißt, die Bezeichnung ginge auf *Georg von Strelitz* zurück. Zur Zeit der Romantik und darüber hinaus war es schick, hügligen Gegenden die Bezeichnung Schweiz anzuhängen – so schick, dass eine Generation später Theodor Fontane witzeln sollte, die Schweizen würden immer kleiner... Georg von Strelitz nun ließ sich bei einem Besuch auf Burg Schlitz angeblich zu dem Ausruf hinreißen: „So hat auch Mecklenburg seine Schweiz!" Hätte er es nicht getan, hieße die Gegend vielleicht Ulrichshusener Gebürg, Basedower Berge oder Teterower Alpen, so aber ist es eben die Mecklenburgische Schweiz geworden und geblieben.

Das typisch Schweizerische an der Mecklenburgischen Schweiz fällt allerdings ziemlich reliefarm aus. Mehr als 110 m Höhenunterschied sind nirgendwo zu überwinden, jedenfalls nicht am Stück. Aber das muss in einem Bundesland, dessen höchste Erhebung 179 m misst, wohl genügen. Nichtsdestotrotz wird man bei einem Abstecher in die Mecklenburgische Schweiz mit einer zauberhaften Landschaft belohnt. Rund um die beiden großen Seen erstreckt sich der 1997 gegründete *Naturpark Mecklenburgische Schweiz und Kummerower See*. Geologisch gesehen gehören der Malchiner und der Kummerower See zusammen, sie entstanden durch einen eiszeitlichen Tunnel unter dem Gletscher, durch den Schmelzwasser abfloss und die Niederung aus dem Land spülte. So erstreckt sich zwischen ihnen auch heute noch

eine von Kanälen durchzogene Senke, die nur unwesentlich über dem Meeresspiegel liegt. Hier befindet sich mit *Malchin* auch das unspektakuläre Zentrum der Gegend. Der *Malchiner See* ist mit einer Wassertiefe von durchschnittlich kaum mehr als 2 m (max. 11 m) ausgesprochen flach, während der deutliche größere *Kummerower See* im Schnitt 8 m und max. etwa 25 m tief ist.

Um die Seen herum und besonders um den südlich gelegenen Malchiner See findet sich das Herzstück der Mecklenburgischen Schweiz. Über sanften Hügeln erstrecken sich Felder und Wiesen, Weiden und Mischwälder. Dazwischen finden sich kleine Dörfer mit alten Backsteinkirchen – und immer wieder prächtige Schlösser mit alten Parkanlagen. Die Dichte feudaler Prachtbauten rund um den Malchiner See ist beachtlich: Hier erheben sich mit Ulrichshusen, Burg Schlitz und Basedow, um nur die wichtigsten zu nennen, eindrucksvolle Zeugnisse aus vergangener gutsherrlicher Zeit. Letztere ist zwar eindeutig vorbei, doch dienen die meisten repräsentativen Bauten bis heute als exklusive Behausung, zumeist als noble Schlosshotels.
www.naturpark-mecklenburgische-schweiz.de

Malchin

ca. 8000 Einwohner

Die Stadt zwischen Kummerower und Malchiner See ist neben Teterow eines der Zentren der Mecklenburgischen Schweiz. Der Ort geht auf eine slawische Siedlung zurück und erhielt 1236 das Stadtrecht. Bis 1918 traf sich im alten Rathaus – immer abwechselnd mit dem Rathaus von Sternberg – der mecklenburgische Landtag. Das heutige Rathaus aber ist nur noch im Kern, respektive im Keller, gotisch, der zeitgenössische Bau stammt aus der ersten Hälfte des 20. Jh. Generell sollte man in Malchin nicht zu viel Sehenswertes erwarten, im Zweiten Weltkrieg wurde das Städtchen gründlich zerstört. Den Krieg überdauert haben Teile der mittelalterlichen Stadtbefestigung, darunter auch zwei Stadttore und der *Fangelturm* aus dem 15. Jh., sowie die Kirche *St. Johannis.* Die backsteingotische dreischiffige Basilika wurde in der ersten Hälfte des 15. Jh. über den abgebrannten Resten eines romanischen Vorgängerbaus errichtet. Das imposante Bauwerk erhebt sich auf einem eigenwilligen Grundriss. Der wuchtige Turm mit der barocken Haube steht nämlich nicht mittig im Schiff, sondern rechts abschließend, da er von der angebauten Kapelle abgedrängt scheint. Die einschiffige Marienkapelle erstreckt sich anschließend an den Turm im rechten Winkel zur Johanniskirche und erzeugt so ein eigenwilliges „L" im Grundriss. Im Inneren sind vor allem der kostbare geschnitzte Altar aus dem 14. Jh. und die prächtige, zum Teil barocke Orgel bemerkenswert. Die Kirche ist Mo–Fr 11–17 Uhr geöffnet (im Winter nur bis 15 Uhr).

Mecklenburgische Schweiz

Information Die **Touristinformation Malchin** befindet sich in der Sakristei der Johanniskirche, sehr freundlich und hilfsbereit, Mitte Mai bis Mitte Sept. Mo–Fr 10–

17 Uhr (Juli/Aug. auch Sa 9–11 Uhr), in der Nebensaison nur Mo–Fr 10–12 und 13–16 Uhr. Am Markt 1, 17139 Malchin, ☏ 03994-640111, www.malchin.de.

Auch vom nahen Dorf *Remplin* an der B 104 sollte man nicht zu viel erwarten. Das Gutshaus ist blass und umgeben von Platte, auch der Lenné-Park wirkt einfallslos. Wenigstens gibt es einen Fußballplatz, möchte man meinen, gäbe es da nicht dieses eigentümliche Türmchen – mit dem es folgende Bewandtnis hat: Ende des 18. Jh./Anfang des 19. Jh. herrschte mit *Friedrich II. Hahn* (nach 1802 Friedrich II. Graf von Hahn) ein aufgeklärter Fürst über das Land. Sein Interesse für Astronomie ließ ihn nahe seinem Gutshaus eine Sternwarte errichten. Im 20. Jh. zur Ruine verfallen, konnten seit den 1980er Jahren dank eines engagierten Fördervereins noch die Reste des Rundturms von 1802 gesichert und wieder aufgebaut werden. So kommt es, dass im beschaulichen Remplin heute die älteste erhaltene Sternwarte Deutschlands steht (www.sternwarte-remplin-ev.de).

Keine 2 km südwestlich von Remplin steht in einem winzigen Weiler eine romantische, überwucherte Kirchenruine. Der malerische und fotogene Backsteinbau von *Alt Panstorf* stammt wahrscheinlich aus dem späten 14. Jh.

Um den Kummerower See

Am Westufer des Kummerower Sees fallen die hügeligen Ausläufer der Mecklenburgischen Schweiz jäh in eine Senke ab, die das Schmelzwasser eines eiszeitlichen Tunnels unter den gigantischen Gletschern ausspülte. Durch den See fließt die Peene in nordöstliche Richtung zur Ostsee. Mit seinen 32,5 qkm, ca. 10 km lang und max. 25 m tief, ist er der viertgrößte See Mecklenburg-Vorpommerns. Während das Westufer stark versumpft und verschilft und somit kaum zugänglich ist (Ausnahme ist Salem am Südwestufer), finden sich in den Weilern am

Die Mecklenburgische Schweiz → Karte S. 274/275

Ostufer einige Campingplätze und Hotels. Von den Orten am See besitzt *Verchen* am Nordufer einige touristische Relevanz, neben zwei Stränden mit Liegewiesen gibt es am See auch ein Kinder- und Jugendhotel (mit 140 Betten), Restaurants, Cafés sowie Kanu- und Fahrradverleih. Etwa 1 km westlich von Verchen befindet sich die *Aalbude*, hier fließt die Peene aus dem See und weiter nach Demmin. Eine kleine Fähre (s. unten) führt übers Wasser (Restaurant am anderen Ufer, dort auch Wasserwanderrastplatz) – zum Glück: Wanderer und Fahrradfahrer ersparen sich so einen immensen Umweg, da Dargun sonst nur über die Stadt Demmin zu erreichen wäre.

Gravelotte am Ostufer des Sees besteht in der Hauptsache aus dem gleichnamigen Hotel und Camping am See. Idyllischer ist allerdings das etwas landeinwärts gelegene *Meesiger*, ein kleines Dorf mit alten Häuschen. Das südlich gelegene *Sommersdorf* ist eine wenig spektakuläre, weitläufige Gemeinde mit schmuckem Gutshaus; etwa 1 km entfernt befindet sich ein netter Campingpark direkt am See. *Kummerow* dagegen gibt sich gänzlich unspektakulär.

Am Westufer bietet *Salem* mit seiner Kolping-Familienferienstätte einen der wenigen direkten Zugänge zum Wasser, hier endet auch die Draisinenstrecke ab Dargun (s. unten). Auf schmalem Sträßchen geht es über weite Felder, bis plötzlich der mächtige Kirchturm von *Neukalen* auftaucht. Der 2000-Einwohner-Ort liegt am Peenekanal und gut 2 km westlich des Sees mit seinen sumpfigen Ufern, Blickfang von Neukalen ist die besagte Kirche, eine gotische Backsteinkirche aus dem 14. Jh., aber auch die fotogenen Bootshäuschen an der Peene. Ein Fahrradweg führt von hier zur *Aalbude*, wo man im Sommer mit der Fähre nach Verchen übersetzen kann.

Essen & Trinken Gaststätte Aalbude, bei Verchen auf der anderen Seite der Peene, die hier den Kummerower See verlässt. Ausflugsrestaurant mit Terrasse, Fisch und Fischbrötchen. Von der Darguner Seite nur zu Fuß oder mit dem Fahrrad zu erreichen, von der Verchener Seite aus mit der Fähre. Aalbude 2, ☏ 039959-27679.

Sonstiges Draisinenstrecke → Dargun (→ S. 278).

Übernachten/Camping Hotel Gravelotte, das einzige Hotel auf weiter Flur, direkt am See gelegen. Alpenländisches Flair mit dunklen Holzbalkonen, Restaurant und Wellnessbereich, Garten und Streichelzoo. EZ ab 57 €, DZ ab 67 €, Familienzimmer 92 €, jeweils inkl. Frühstück, Hunde 10 €. Am Kummerower See, 17111 Gravelotte, ☏ 039994-7210, ✆ 039994-721127, www.hotel-gravelotte.de.

Camping Meesiger Gravelotte, fast direkt am See, mit Strand; weitläufiger Platz, unterteilt in Plätze für Zelte und Wohnwagen/-mobile, auch Wasserwanderrastplatz. Schattiges, nicht immer ebenes Gelände, Kiosk, Anlegestelle, Bootsverleih und Fahrradverleih. Geöffnet April bis Sept. Pers. 3,50 €, Zelt 2–2,60 €, Wohnwagen 3 €, Auto

2 €. Am Kummerower See, 17111 Meesiger, ☏ 039994-10732, ✆ 039994-10721 www.campingplatz-meesiger-gravelotte.de.

Campingpark Sommersdorf, schöner Platz etwa 1 km nordwestlich des gleichnamigen Ortes direkt am See gelegen, nette, abgeschiedene Lage, sehr freundliche Betreiber. Mit Strand und Anlegestelle, Spielplatz, kleiner Laden und Imbiss. Auch Wohnmobilhafen (ab 12 €). Ganzjährig geöffnet. Erw. 5,50 €, Kinder die Hälfte, Stellplatz 8,50 €, „Camp and Bike" 4,50 €, Pkw 2,60 €, Hund 2,85 €. 17111 Sommersdorf, ☏ 039952-2973, ✆ 039952-2974, www.campingtour-mv.de.

Verbindungen Bus, bescheidene Verbindungen: von Malchin aus mehrmals tägl. nach Kummerow, zudem mehrmals tägl. über Salem und Neukalen nach Dargun, z. T. auch weiter nach Demmin. Von dort nach Verchen, Meesiger und Sommersdorf. Keine Busverbindung zwischen Sommersdorf und Kummerow.

Fähre Aalbude, von 10. April bis 31. Aug. tägl. 9–21 Uhr, 1. Sept. bis 20. Okt. tägl. 10–18 Uhr; Fahrten jeweils nach Bedarf, im Winter kein Verkehr. Erw. 0,80 €, ermäßigt 0,50 €, Fahrrad 0,50 €.

Dargun

An einem nordwestlichen Ausläufer der Senke, in die der Malchiner und der Kummerower See eingebettet sind, liegt das Städtchen Dargun, flankiert vom schlanken Klostersee, der im 13. Jh. aufgestaut worden war. Dargun entwickelte sich im Schatten einer einst mächtigen Klosteranlage mit wechselvoller Geschichte. Bereits 1172 gründeten Mönche aus Dänemark hier ein Kloster. Schon eine Generation später (1199) verließen die Mönche ihr Kloster und schlossen sich den Gründern des Klosters von Eldena an. Zehn Jahre später reaktivierten Zisterzienser aus Bad Doberan das Darguner Kloster, das in der Folgezeit aufblühte und sich zu einem der bedeutendsten Klöster in Mecklenburg entwickelte. Nach der Reformation wurde das Kloster nicht nur säkularisiert und mithin aufgelöst, sondern zu einer vierflügligen Schlossanlage umgebaut (Mitte des 16. Jh.). 1945 fielen *Schloss* und *Klosterkirche* einem Großbrand zum Opfer. Übrig geblieben von beiden sind die imposanten Ruinen, umgeben von einem hübschen barocken *Schlossgarten* (einst der Klostergarten) mitsamt *Pavillon*, der heute als Standesamt dient. Von der Straße aus führt eine Kastanienallee am Schlosspark vorbei auf das *Gelbe Tor* (17. Jh.) zu, dahinter stehen die noch erhaltenen Wirtschaftsgebäude, so das Brau- und Kornhaus, in dem heute u. a. ein Café untergebracht ist. Dem Gelben Tor gegenüber erhebt sich die Schlossruine, deren Innenhof als Spielort für Konzerte dient. Am kleinen Parkplatz beim Schlossgarten finden sich die Überreste des ehemaligen Pforthauses (13. Jh.). Daneben beherbergt das einstige Gästehaus des Klosters das *Heimatmuseum* von Dargun *(Uns Lütt Museum)*. Zu sehen sind u. a. Exponate zum häuslichen Alltag, zur handwerklichen und landwirtschaftlichen Arbeitswelt sowie zur historischen Eisenbahn.

Information Stadtinformation in der Kloster-/Schlossruine; Mitte Mai bis Ende Sept. Di–Fr 10–12 und 13–17 Uhr, Sa/So 13.30–16.30 Uhr, Mo geschl., Okt. bis Mitte Mai Mo–Fr 10–12 Uhr, Mo–Do auch 13–16 Uhr. Sa/So geschlossen. Führungen zuletzt Mi

10 Uhr, Treffpunkt am Gelben Tor. Kloster- und Schlossanlage, 17159 Dargun, ☎ 039959-22381, 📠 039959-21389, www.dargun.de.

Aktivitäten Uns Lütt Museum, April bis Okt. Sa/So 13.30–16.30 Uhr (Juli/Aug. auch Mi/Do), Erw. 2 €, Kinder 0,50 €, Führungen

Noch als Ruine wuchtig: Dargun

sind auch außerhalb der Öffnungszeiten möglich (einschl. Kloster- und Schlossanlage). Auskünfte unter ☎ 039959-20381.

Draisinenbahn, der Bahnhof von Dargun ist Startpunkt und Ausleihstation für eine Draisinenstrecke. Auf den stillgelegten Bahngleisen führt die 17 km lange Tour von Dargun nach Salem am südwestlichen Ufer des Kummerower Sees. Ausleihe 9–11 Uhr, Rückgabe 14–18 Uhr, zuletzt von Mitte April bis Ende Okt. Pro Tag und Draisine 40 €. ☎ 039959-27804, www.naturparkdraisine.de.

Um den Malchiner See

Rund um den Malchiner See befindet man sich im Herzen der Mecklenburgischen Schweiz. Viele der herrschaftlichen Schlösser in der Umgebung sind heute Nobelherbergen. Um den schilfgesäumten See stehen inmitten einer lieblichen Landschaft die stattlichen Schlösser Basedow und Schorssow sowie etwas weiter entfernt Ulrichshusen, Blücherhof und Burg Schlitz. Eine Radtour rund um den See ist sowohl von Teterow als auch von Malchin aus möglich.

Basedow

Das Dorf unweit des Malchiner Sees hat nicht nur angesichts seiner Größe (kaum 800 Einwohner) erstaunlich viel Sehenswertes zu bieten. Ins Auge fällt natürlich zuerst das fotogene *Schloss* mit seiner detailreichen Fassade. Der klassizistische

Ein imposanter Bau – Schloss Basedow

Marstall sowie der herrliche Lenné-Park schließen sich an. Auf der anderen Seite des Dorfteichs befindet sich die alte Schmiede, die inzwischen restauriert ist und heute als Café dient, ein weiteres Café hat sich im geräumigen früheren Schafstall aus dem 18. Jh. eingerichtet. Und zu guter Letzt ist auch die schmucke Kirche von Basedow einen Besuch wert.

Erstmals urkundlich erwähnt wird die Siedlung 1247. Von 1337 bis 1945 war Basedow im Besitz der Familie Hahn (seit 1802 Grafen). Die für die Region bedeutende Familie machte Basedow zu ihrem Stammsitz und zeichnete für die rege Bautätigkeit verantwortlich. Von der früheren Burg sind allerdings nur noch ein paar Ruinen übrig, die sich malerisch in den Landschaftsgarten einpassen und Ziegen als Refugium dienen. Die Ursprünge des heutigen Schlosses gehen auf die Zeit um 1550 zurück. In den folgenden Jahrhunderten wurde es immer wieder umgebaut und erweitert, zuletzt Ende des 19. Jh. im verspielten Stil der Neorenaissance. So präsentiert sich das prächtige Schloss heute in der Architektur verschiedenster Stile und mit einer abwechslungsreichen, detailfreudigen Fassade – ein Foto dieses vielgestaltigen Baudenkmals fehlt heute in keiner Werbebroschüre zur Mecklenburgischen Schweiz. Angrenzend an das Schloss erstreckt sich der ebenso bemerkenswerte Landschaftspark, der ab 1825 von dem großen Gartenarchitekten *Peter Joseph Lenné* angelegt wurde.

Auch der *Kirche* ist die Jahrhunderte dauernde Bautätigkeit anzusehen. Ihr ältester Teil ist ein spätromanischer, feldsteinerner Chor aus dem 13. Jh., dem ein schmucker backsteingotischer Giebel aufgesetzt wurde. Wie der Chorgiebel stammt auch das Langhaus aus dem 15. Jh., der Backsteinbau erhebt sich auf einem Feldsteinsockel und ist zum Chor hin ebenfalls mit einem Blendgiebel geschmückt. Auch der Sockel des Kirchturms stammt aus dem Mittelalter, der Turm selbst wurde Mitte des 19. Jh. gebaut und zeigt sich neugotisch verspielt. Bemerkenswert ist die prächtige Innenausstattung des Gotteshauses: Die aufwändig gestalteten Epitaphien wurden von der Familie Hahn gestiftet, um fromm an verstorbene Familienmitglieder zu erinnern. Harmonisch schließt ein kostbarer Renaissance-Altar den Chorraum ab. Das Prunkstück aber ist die reich verzierte, barocke Orgel.

Kirche: Mai bis Okt., im Sommer Mo–Sa 11–17 Uhr, So 13.30–17 Uhr, in der Nebensaison eingeschränkt, zuletzt Di–Sa 12–16 Uhr, So 14–16 Uhr.

Führungen Führungen durch Dorf und Schlosspark veranstaltet Christel Müller bis zu 6-mal tägl., zuletzt wurden auch ein paar noch nicht restaurierte Zimmer des Schlos-

Die Mecklenburgische Schweiz → Karte S. 274/275

ses besichtigt. Treffpunkt vor dem Schloss, Anmeldung ratsam, die genauen Termine hängen aus oder unter Dorfstr. 31, ✆ 039957-20150, www.gaestefuehrerin-mueller.de.

Essen & Trinken/Einkaufen Alter Schafstall, rustikales Café samt Bauernmarkt, neben Kaffee und frischem Kuchen auch einfache Gerichte wie Eintopf. Zudem kann man neben landwirtschaftlichen Produkten auch Kunsthandwerkliches und Naturkosmetik erwerben. Das Café ist tatsäch-

lich in einem großen, renovierten Stall untergebracht, schön kann man auch draußen sitzen. April bis Okt. tägl. 10–18 Uhr. ✆ 039957-20454, www.alter-schafstall-basedow.de.

Marens Café-Schmiede, auch in der restaurierten früheren Schmiede am Dorfteich (gegenüber vom Schloss) ist ein hübsches Café untergebracht; Kaffee, Kuchen und Imbiss. Mai bis Okt. tägl. ab 10 Uhr. ✆ 039957-29856.

Südlich um den Malchiner See herum

Folgt man der Straße von Malchin weiter südlich um den Malchiner See, passiert man etwa 2 km nach der Abzweigung Richtung Basedow das in einem kleinen Waldgebiet gelegene *Seedorf*. In dem Weiler findet sich in einem Backsteinhaus ein uriger Tante-Emma-Laden – nach Basedow die einzige Verpflegungsmöglichkeit weit und breit – sowie ein etwas abseits im Wald wie auch am Seeufer gelegener Campingplatz. Nach weiteren 6 km ist *Dahmen* erreicht, ein unspektakulärer Ort, der aber über einen einfachen Campingplatz direkt am See, über eine Jugendherberge und einen schönen Hofladen mit Café verfügt. Bei *Ziddorf* trifft die Straße dann auf die B 108, die von Waren nach Teterow führt – hier eine alte Wassermühle aus dem Jahr 1866, heute Kunsthalle und Gaststätte, und die Abzweigung zum Schloss Schorssow am nördlichen Ufer des Malchiner Sees (siehe unten, S. 284).

Einkaufen/Café Hof-Café Klinder, von der B 105 kommend kurz vor Dahmen, auf dem Hof in Alleinlage gibt es einen Hofladen mit Produkten vom Biobauernhof (Marmelade, Wurstwaren, Kunsthandwerk etc.) und dazu ein nettes, kleines Café; im Sommer auch schön zum Draußensitzen; sehr freundliche Leitung. Zur Saison Di–So 8–18 Uhr geöffnet, in der Nebensaison Do–So 8–17 Uhr, Jan./Febr. geschlossen. Dorfstraße 2, 17166 Dahmen, www.bio-bauernhof-klinder.m-vp.de. ∎

Camping Campingpark Seedorf, ein Stück hinter dem Ortsausgang von Seedorf (Richtung Dahmen), rechts ab; von der Landstraße führt eine Straße zu dem netten, einfachen und unparzellierten Platz, ca. 200 m vom Malchiner See entfernt. Schöne Badestelle samt Liegewiese, Kiosk, Imbiss, Kanu- und Fahrradverleih. Der Platz gehört zum Campingplatz in Dahmen, die Preise sind nahezu identisch (→ Campingplatz Dahmen). Geöffnet Anfang April bis Ende

Okt. Campingplatz 1, 17139 Basedow/OT-Seedorf, ✆ 039957-29139, 🖷 039957-29486, www.campingpark-seedorf.de.

Campingplatz Dahmen, einfacher Campingplatz direkt am See mit Badestrand, unparzelliert, auch Fahrrad- und Bootsverleih (8 €/Std., 25 €/Tag), Biergarten. Es gibt auch einfache Ferienwohnungen. Geöffnet Anfang April bis Ende Okt. Erw. 4,90 €, Kinder 2–12 J. 2,90 €, Zelt 4,10–4,90 €, Wohnwagen 5,30 €, Wohnmobil 6,90 €, Auto 2 €, Strom 2 €. Am Erlengrund 1, 17166 Dahmen, ✆ 039957-29139, 🖷 039957-29486, www.campingplatz-dahmen.de.

Jugendherberge Jugendherberge Dahmen, große, schön abgelegene Anlage mit über 120 Betten; zahlreiche Sportmöglichkeiten. Auch DZ mit Bad vorhanden, die man aber früh buchen sollte. Übernachtung ab 17,50 € inkl. Frühstück, Senioren ab 27 J. 21,50 €. Dorfstr. 14, 17166 Dahmen, ✆ 039933-70552, 🖷 039933-70650, www.djh-mv.de.

Schloss Ulrichshusen

Ganz idyllisch erhebt sich Schloss Ulrichshusen über die liebliche Landschaft. Hier findet sich auf engstem Raum all das, was die Mecklenburgische Schweiz ausmacht: ein romantisches Hotel, eingebettet in einen Landschaftspark, beide male-

„Ulrichs Haus" beherbergt heute ein Hotel

risch am Ufer eines kleinen Sees inmitten sanfter Hügel gelegen. Ein Idyll: Sträßchen mit Kopfsteinpflaster, weite Felder, verwachsene Waldstücke, Weiden und Wiesen und hie und da ein kleines Bauerndorf wie das nahe *Rambow*.

Der Name lässt richtig vermuten: Ulrichshusen war in der Tat „Ulrichs Haus" – Ulrich von Maltzans bescheidenes Eigenheim, das er 1562 als mit Wall und Graben befestigtes Herrenhaus errichten ließ. Mehrfach abgebrannt (zuerst im Dreißigjährigen Krieg, zuletzt 1987), erwarben 1993 Nachkommen der von Maltzans das bis auf die Grundmauern zerstörte Anwesen und begannen mit dem Wiederaufbau. Der Bauherr holte namhafte Künstler, darunter bereits 1994 – noch am Anfang der Renovierungsphase – Yehudi Menuhin samt Publikum nach Ulrichshusen und etablierte das Schloss und die zur Konzerthalle umgebaute Feldsteinscheune als ein Zentrum der *Festspiele Mecklenburg-Vorpommern*. Bis ins Jahr 2001 wurde das Schloss zu einem Hotel umbaut, das wohl zu den schönsten Mecklenburgs zählt. Auch der Landschaftspark um das Schloss zeigt sich wieder gepflegt und belebt. Jenseits der Reste des Burggrabens ist in dem ehemaligen (komplett umgestalteten) Pferdestall heute ein gemütliches Restaurant untergebracht, die Konzertscheune nebenan dient nach wie vor als Veranstaltungsort der Festspiele Mecklenburg-Vorpommern.

Übernachten/Essen   ⟩⟩ Unser Tipp:

Schloss Ulrichshusen, stilvolle und individuell eingerichtete Zimmer liegen im *Schloss* selbst, im ehemaligen *Pferdestall* sowie in der *Stellmacherei*. Frühstück gibt es unter dem Dach des Schlosses und – wenn man ein Plätzchen ergattert – in der aussichtsreichen Spitze des Turmes. Zudem stehen Appartements im unweit gelegenen *Gutspark* zur Verfügung. Im einstigen Pferdestall residiert auch das empfehlenswerte Restaurant *Am Burggraben*, hier gibt es regionale Küche in urgemütlichem Ambiente, schön und mit Blick auf das Schloss sitzt man auf der Terrasse; auch Cafébetrieb. Um das Schloss erstreckt sich ein herrlicher Park, am See liegt auch eine Badestelle. Die *Konzertscheune* ist eine der Hauptspielstätten der Festspiele Mecklenburg-Vorpommern (Programm unter der Internetseite des Hotels sowie unter www.festspiele-mv.de). EZ 130 €, DZ 140 € (außerhalb der Hauptsaison deutlich günstiger), jeweils inkl. Frühstück. Seestr. 14, 17194 Ulrichshusen, ✆ 039953-7900, ✉ 039953-79099, www.ulrichshusen.de. ⟨⟨⟨

Die Mecklenburgische Schweiz → Karte S. 274/275

Blücherhof und Umgebung

Südlich des Weilers *Klocksin* (unweit der B 105, auf halbem Weg von Waren nach Teterow links ab) befindet sich der *Blücherhof*. Das ehemalige Rittergut aus dem späten 18. Jh. wurde Anfang des 20. Jh. im neobarocken Stil umgebaut. Zum Schloss (heute in Privatbesitz) gehören eine nahezu vollständig erhaltene Gutsanlage mit ehemaligen Stallungen und großem Wirtschaftsgebäude sowie ein sehenswerter Park. Das Wirtschaftsgebäude wurde und wird Stück für Stück restauriert und beherbergt bereits Ferienwohnungen. Inmitten der Gutsanlage steht ein bemerkenswertes kleines Türmchen, das *Dubenhus*, das ehemalige Taubenhaus, heute ein sehr hübsches Café. Hinter dem Blücherhof ließ der frühere Besitzer, der Zoologieprofessor Alexander König, Anfang des 20. Jh. einen außergewöhnlichen dendrologischen Park anlegen, in dem bis heute zahlreiche heimische und exotische Gehölze zu bewundern sind.

Der Park war zuletzt zugänglich von April bis Okt. 9–18 Uhr, Nov. bis März 10–16 Uhr, Eintritt 2 €. Leser berichteten allerdings von willkürlichen Schließzeiten.

Südlich von Klocksin erstreckt sich eine kleine Seenkette: Östlich des Blücherhofs liegt der *Flache See*, gefolgt vom *Tiefen See*, der in den *Hofsee* übergeht, an den wiederum der *Bergsee* anschließt. Hier befindet man sich bereits am Rand der Nossentiner Heide (S. 117).

Zwischen Hofsee und Bergsee liegt das verschlafene Dorf *Alt Gaarz*. Am Ortsrand gibt es am Ufer des Bergsees eine schöne Badestelle, um den See herum führt ein Rundwanderweg durch das *Naturschutzgebiet Seen- und Bruchlandschaft südlich Alt Gaarz*. Der benachbarte 120-Einwohner-Flecken *Neu Gaarz* ist der Hauptort der hiesigen Gemeinde. Im wenigen Kilometer entfernten *Sommerstorf* (hier wurde

Blücherhof mit Taubenhaus

Zimmer mit Aussicht

1751 *Johann Heinrich Voß* geboren, vgl. S. 180) schließlich findet sich eine schmucke gotische Feld-Backsteinkirche aus dem frühen 14. Jh. sowie inmitten einer lieblichen Landschaft das Hotel *Alter Landsitz* samt Reitanlage, das in einer Vorabendserie problemlos als Kulisse dienen könnte.

Übernachten/Essen Hotel Alter Landsitz, freundliches Landhotel bei Sommerstorf mit großer, ausnehmend schöner Reitanlage. 38 helle Zimmer, Wellnessbereich mit finnischer Sauna und umfassendem Angebot. Schön ist auch das Restaurant *Le Jardin* mit Wintergarten und Terrasse; gute Küche zu angemessenen Preisen, freundlicher Service (tägl. mittags und abends geöffnet). Reitunterricht (Schnupperkurse, Arrangements oder Einzelunterricht für Anfänger und Fortgeschrittene), Gastboxen, Reithalle, Turnierplatz sowie „Arrangements für Reiter und Pferd". EZ ab 60 €, DZ ab 80 € jeweils inkl. Frühstück, Hunde 4 €, Pferdebox 15 €. Zum Reiterhof 2–4, 17194 Grabowhöfe/OT Sommerstorf, ✆ 039926-840, 🖷 039926-84116, www.hotelambiente.com.

Ferienwohnungen im Blücherhof, mehrere ordentliche, günstige Ferienwohnungen im ehemaligen Wirtschaftsgebäude des Blü-

cherhofs sowie im nahen Bauernhaus. Sehr freundlich und vor allem sehr ruhig. Wohnungen für 2–6 Pers., ab 35 €/Nacht (2 Pers.) plus Endreinigung. Herberge Blücherhof, Parkstr. 3, 17194 Klocksin/OT Blücherhof, ✆ 039933-71908, 🖷 039933-71910, www.herberge-bluecherhof.de.

》 Unser Tipp: Café Dubenhus, inmitten des Blücherhofs ist das kleine, malerische Café im schmucken ehemaligen Taubenhaus untergebracht, sehr sympathisch und freundlich. Die köstlichen und raffinierten Kuchen- und Tortenvariationen sind hausgemacht und uneingeschränkt zu empfehlen, auch Sanddornprodukte. Innen sehr gemütlich, im Sommer auch Tische draußen im Hof. Während der Saison tägl. 11–18 Uhr (je nach Besucheraufkommen auch länger), April und Okt. ab 13 Uhr, März nur Sa/So ab 13 Uhr (im Winter geschl.). ✆ 0170-5486588, www.cafe-dubenhus.de. 《

Weiter nach Waren → S. 150.

Burg Schlitz

Mit Burg Schlitz erhebt sich inmitten eines grünen Landschaftsparks ein strahlend weißes, prachtvolles Schloss. *Graf Hans von Schlitz* ließ es ab 1806 errichten – und es sollte 18 Jahre dauern, bis der Bau vollendet war: eine dreiflügelige, klassizistische Anlage, die der Graf der romantischen Befindlichkeit der Zeit entsprechend „Burg" Schlitz nannte. Ebenfalls aus einer romantischen Laune heraus soll hier der Name „Mecklenburgische Schweiz" geprägt worden sein (S. 272). In den 1990er Jahren wurde das Schloss komplett saniert und beherbergt heute eines der nobelsten Hotels Mecklenburg-Vorpommerns samt Gourmetrestaurant im Rittersaal – das Mitführen angemessener Garderobe versteht sich hier von selbst.

Von der Verbindungsstraße von Waren nach Teterow erreicht man Burg Schlitz über eine herrschaftliche Allee. In dem das Schloss umgebenden weitläufigen Landschaftspark versteckt sich die ein oder andere sehenswerte Architektur, beispielsweise der elegante *Nymphenbrunnen*, der 1903 in Berlin entstanden war und in den 1930er Jahren nach Burg Schlitz umzog. Unweit des Schlosses erhebt sich die hübsche, kleine *Karolinenkapelle*.

Die Bären sind los – vor dem Portal der „Burg"

Übernachten/Essen   Schlosshotel Burg Schlitz, luxuriöse und exklusive Herberge mit eleganten und selbstverständlich individuell eingerichteten Räumlichkeiten, teils mit Biedermeier-Mobiliar – edel vom Parkett bis zum Kronleuchter. Zudem schicke Salons, Spa-Lounge und stilvolle Bar. Das Schlosshotel beherbergt das Gourmetrestaurant *Wappen-Saal* (nur abends, Mo/Di Ruhetag, Reservierung ratsam). Günstiger, aber noch immer gehoben isst man in der Brasserie „Louise" (Mo/Di 12–21 Uhr, Mi–So 12–17 Uhr, auch Café). All der Luxus hat natürlich seinen Preis: EZ 99–120 €, DZ 198–240 €, Suite 280–480 € (exklusives Frühstück). Burg Schlitz, 17166 Hohen Demzin, ℡ 03996-12700, ✉ 03996-127070, www.burg-schlitz.de.

Am Nordufer des Malchiner Sees

Und noch ein Schloss, das als schickes Hotel inmitten der Mecklenburgischen Schweiz zum Entspannen einlädt: Schloss Schorssow. Vorher aber passiert man in *Ziddorf*, einem Straßendorf an der B 105 von Waren nach Teterow, eine alte *Wassermühle* aus dem Jahr 1866, die heute Kunsthalle und Gaststätte/Café beherbergt.

Kunsthalle Ziddorf, in der Alten Mühle ist auf mehreren Etagen Platz für wechselnde Ausstellungen, auch Veranstaltungen. Tägl. 11.30–20 Uhr geöffnet. Mühlenstr. 10, 17166 Ziddorf, ℡ 039933-70221, www.wassermühle-ziddorf.de

Hinter Ziddorf zweigt die Straße zum Weiler *Schorssow* ab. Bevor man ihn erreicht, gelangt man zunächst zum *Schloss Schorssow*. Ursprünglich ein Herrenhaus aus der Mitte des 18. Jh., wurde es ab 1808 im klassizistischen Stil zur heutigen dreiflügeligen Schlossanlage umgebaut. Malerisch liegt das Anwesen am Ufer des kleinen *Haussees*. In Schorssow selbst, das nur aus einer Handvoll Häuser besteht, gibt es einen Landgasthof und diesem gegenüber eine Badestelle am Haussee. Von der mittelalterlichen *Kirchenruine* sollte man nicht allzu viel erwarten.

Folgt man der Straße am Nordufer des Malchiner Sees weiter, erreicht man die winzigen Flecken Bülow und Bristow. Beide bestehen nur aus wenigen Häusern, in beiden finden sich unsanierte Gutshöfe sowie bemerkenswerte kleine Dorfkirchen. Zuerst wird *Bülow* erreicht, dessen prächtiges Gutshaus zuletzt noch erhabene Patina ausstrahlte und geduldig der Restaurierung harrte. Am Ufer des Malchiner Sees gibt es eine Anlegestelle. Die Bülower Kirche stammt aus der zweiten Hälfte des 13. Jh.

Die sehenswerte Kirche in *Bristow* (Ende 16. Jh.) gehört zu den ersten Kirchen Mecklenburgs, die nach der Reformation gebaut wurden und zählt damit zu den ältesten protestantischen Kirchen des Landes. Die für eine Dorfkirche ungewöhnlich prächtige Renaissanceausstattung rund um den ca. 1600 geschaffenen Schnitzaltar stiftete die Familie Hahn (→ Basedow, S. 279).

Kirche Bristow, zuletzt Mo, Di und Do 11–13 Uhr sowie Sa 10–11 Uhr geöffnet, zuständig ist das Pfarramt Bülow, Infos auch unter ℡ 039933-70345, www.bristow.de.

Essen &Trinken **Wassermühle Ziddorf**, die Gaststätte in der Kunsthalle ist innen schlicht gehalten, aber nicht ungemütlich. Sehr schön ist der große Garten hinter der alten Wassermühle, der im Sommer auch als idyllischer Biergarten dient. Aus der Küche kommt herzhafte, günstige Hausmacherkost, zum Kaffee gibt es auch selbst gebackenen, leckeren Kuchen. Tägl. 11.30–20 Uhr, Do Ruhetag. Mühlenstr. 10, 17166 Ziddorf, ℡ 039933-70221, www.wassermühle-ziddorf.de.

Übernachten/Essen **Schloss Schorssow**, stilvolles, aber nicht abgehobenes Hotel in klassizistischem Gebäude, herrliche Lage direkt am Haussee inmitten eines kleinen Landschaftsparks. Mit Wellnessbereich. Sehr freundlicher Service. Die Zimmer befinden sich im Schloss selbst sowie, etwas günstiger, im Residenzgebäude nebenan. Gehobenes, ausgezeichnetes Restaurant *Moltke's* (Gault Millau, Slowfood), für weniger festliche Anlässe gibt es die *Schatzkammer* (das Schlossbistro mit Bar). Schöner Wintergarten, Terrasse am See, Fahrrad- und Tretbootverleih. Im Schloss EZ 128 € (mit Seeblick 148 €), DZ 140 € (mit Seeblick 160 €), Suite ab 255 €. Im Residenzgebäude EZ ab 88 €, DZ ab 100 €, jeweils inkl. Frühstück, in der Nebensaison günstiger. Am Haussee 3, 17166 Schorssow, ℡ 039933-790, ℡ 039933-79100, www.schloss-schorssow.de.

Landhotel Schorssow, bodenständiges, freundliches Hotel am Ortseingang von Schorssow rechter Hand, jüngst renoviert; zum Haus gehört ein Restaurant, das leicht gehobene mecklenburgische Küche serviert (Hauptgericht um 16 €), das Restaurant ist abends geöffnet, am Wochenende auch über Mittag, nachmittags auch Cafébetrieb, mit Terrasse. Fahrradverleih für Hausgäste. EZ 49 €, DZ ab 74 €, mit Terrasse 79 €, jeweils inkl. Frühstück. Am Haussee 4, 17166 Schorssow, ℡ 039933-70645, ℡ 039933-70327, www.landhotel-schorssow.de.

Teterow

ca. 8900 Einwohner

„Urlaub im Mittelpunkt" – das touristische Motto von Teterow ist wörtlich zu verstehen. Das hübsche Städtchen gilt als geografischer Mittelpunkt des Landes. Womit die Teterower weniger gerne werben: Die Stadt am Teterower See gilt auch als das Schilda von Mecklenburg.

Teterow liegt am südlichen Rand des Teterower Beckens, einer von eiszeitlichen Gletschern ausgeschliffenen Senke. Diese ist, anders als das benachbarte Malchower Becken, heute weitgehend verlandet. Nur unmittelbar nördlich der Kleinstadt erstreckt sich der Teterower See mit seinem zergliederten, weitgehend sumpfigen Ufer. Teterow und die weitflächige Niederung markieren den nordwestlichen Rand der Mecklenburgischen Schweiz. Schon in slawischer Zeit gab es auf der Insel im Teterower See eine Burg, von der aber kaum mehr bekannt ist, als dass sie 1171 zerstört wurde. Eine Siedlung auf dem heutigen Stadtgebiet wird erstmals 1272 erwähnt, sie lag damals wie heute an der Straße von Rostock nach Malchin.

Im Mittelalter war die Stadt befestigt, wie sich am Grundriss des Zentrums gut erkennen lässt: Der ehemaligen Stadtmauer folgend, führt die Ringstraße kreisrund um die Altstadt. Von der Verteidigungsanlage sind noch zwei der drei Stadttore erhalten: das Rostocker und das Malchiner Tor. Zwischen beiden verläuft die Hauptstraße über den Marktplatz mit dem neubarocken Rathaus, das 1910 an Stel-

Die Mecklenburgische Schweiz → Karte S. 274/275

le des marode gewordenen alten Rathauses errichtet wurde. Heute ist Teterow eine muntere Kleinstadt mit einem sehenswerten, kompakten Zentrum. Motorsportfreunden ist der traditionsreiche *Teterower Bergring* ein Begriff: Die berühmte Grasbahn ist Austragungsort für international besetzte Motorradrennen.

Der Teterower Hecht

Die Geschichte vom Teterower Hecht steht beispielhaft für den Ruf des Städtchens, das Schilda von Mecklenburg zu sein. Und die Geschichte geht so: Vor vielen, vielen Jahren fing ein Teterower Fischer im Teterower See einen kapitalen Hecht. Der Fisch war für den Geburtstag der Bürgermeisterin bestimmt, doch für die Festgesellschaft war der Hecht viel zu gewaltig, wäre doch die ganze Stadt davon satt geworden. Also vereinbarten die Ratsherren mit dem Fischer, den opulenten Fang für das Schützenfest aufzuheben. Doch bis dahin waren es noch ein paar Tage. Wie aber sollte man den prächtigen Fisch bis dahin frisch halten? Guter Rat war teuer, aber den Teterowern kam eine wunderbare Idee, die das Problem lösen sollte: Sie beschlossen, dem Hecht eine Glocke um den Hals zu binden und ihn wieder in den See zu setzen. Und um die Stelle auch schnell wieder finden zu können, schnitzten die findigen Teterower eben dort eine Kerbe in ihr Boot.
Nach dem Hecht sucht man noch heute – es wird vermutet, dass er die Glocke abstreifen konnte...

Inmitten dieser übersichtlichen Straßenführung – innerhalb der Ringstraße ein fast symmetrisches Gitter mit zentralem, quadratischem Marktplatz – fällt der Standort der Stadtkirche auffallend aus dem Rahmen: Im Grundriss der Stadt steht sie ziemlich schief hinter dem Rathaus. Die legendenreichen Teterower haben dafür eine einleuchtende Erklärung: Ursprünglich sei die Kirche nicht *am*, sondern *auf* dem Marktplatz errichtet worden, also in der Stadtmitte, wie es sich gehört. Die Bürger aber, die schnell von Tor zu Tor wollten, waren nun gezwungen, um die Kirche herumlaufen. Doch weil man eine Kirche, wenn sie im Weg steht, nicht einfach wieder abreißt, *verschob* man sie mit vereinten Kräften – und holte dabei etwas zu viel

Wegweiser zum Motorradrennen

Schwung. Das gewichtige Bauwerk schlitterte weiter als geplant und kam, so schief, wie es heute vorzufinden ist, zum Stehen. Und tatsächlich: Steht man vor dem Rathaus auf dem Marktplatz, kann man beide Tore sehen. Bei der Kirche erinnert eine kleine Skulptur an die übereifrige Krafttat der lauffaulen Bürger. Ein weiteres Denkmal, das Teterow auch nicht wirklich zur Ehre gereichen steht auf dem Marktplatz: der *Hechtbrunnen*.

Information   Touristinformation am Marktplatz, sehr freundlich und hilfsbereit. Mai bis Sept. Mo–Fr 9–18 Uhr (Juli/Aug. auch 10–13 Uhr), Okt. bis April Mo–Fr 9–17 Uhr. Markt 9, 17166 Teterow, ✆ 03996-172028, ✉ 03996-187795, www.teterow.m-vp.de.

Einkaufen   Buchhandlung Steffen, gut sortierter, kleiner Buchladen in der Malchiner Straße 15, ✆ 03996-172598.

Essen & Trinken   Gasthaus Stadtmühle, ein Stück unterhalb der Kirche in schöner Lage am Stadtteich. Das hübsche, gemütlich-rustikale Gasthaus ist, wie der Name verrät, in Teterows ehemaliger Mühle untergebracht. Hier gibt es einen schmackhaften Mecklenburger Rippenbraten. Freundlicher Service. Tägl. mittags und abends geöffnet. Mühlenstr. 1, ✆ 03996-152300.

Ein freundliches **Café** findet sich auf dem Marktplatz gegenüber vom Rathaus.

Übernachten   Jugendherberge Teterow, nördlich der Altstadt auf dem Weg zu Teterower See und Burgwallinsel, unweit der Badestelle am See; die „Herberge am See" besteht aus zwei Backsteingebäuden.

Übernachtung 18,50 €, Senioren ab 27 J. 21,50 €, jeweils inkl. Frühstück. Es gibt auch DZ (3 € Aufschlag) sowie die Möglichkeit, auf dem Gelände zu zelten. Am Seebahnhof 7, 17166 Teterow, ✆ 03996-172668, ✉ 03996-158812, www.jugendherberge-teterow.de.

Übernachten außerhalb   Schloss Teschow, Golf- und Wellnesshotel, umgeben von zwei Golfplätzen (9- und 18-Loch). Feinschmecker-Restaurant, Bar und rustikale Gutsschänke. Letztere ist gemütlich in einer restaurierten Scheune untergebracht (freundlicher Service, bodenständige mecklenburgische Küche, gutes Bier). Außerdem großer Spa-Bereich. EZ ab 100 €, DZ ab 140 €, Suite ab 180 €, jeweils inkl. Frühstück, zahlreiche Arrangements im Angebot. Gutshofallee 1, 17166 Teschow, ✆ 03996-1400, ✉ 03996-140100, www.schloss-teschow.de.

Veranstaltungen   Bergring-Rennen, traditionelles Motorradrennen am Bergring alljährlich zu Pfingsten. Infos unter ✆ 03996-172935, www.bergring-teterow.de.

Hechtfest, alljährlich am Wochenende vor Pfingsten.

Sehenswertes

Kirche St. Peter und Paul: Die dreischiffige Backsteinkirche, in ihrem Kern spätromanisch, entstand weitgehend im 14. Jh. Mitte des 14. Jh. wurde der Chor eingewölbt, aus dieser Zeit stammen auch die verblassten Reste der Wandmalereien im Kreuzrippengewölbe. Auch über das Hauptschiff spannt sich ein schönes Kreuzrippengewölbe (vermutlich frühes 15. Jh.). Zur Zeit der Reformation verlor St. Peter und Paul vieles von seiner Innenausstattung. Erhalten geblieben ist u. a. der gotische Schnitzaltar aus dem frühen 15. Jh.
Mai bis Mitte Okt. Mo–Sa 10–17 Uhr geöffnet.

Rostocker Tor, Malchiner Tor: Die beiden schmucken Backsteinbauten liegen an der alten Handelsstraße zwischen Rostock und Malchin, die mitten durch die Altstadt führt. Beide wurden im 15. Jh. gebaut, beide sind im Grundriss quadratisch und mit schönen gotischen Giebeln geschmückt. Das Malchiner Tor, dessen Giebel im 17. Jh. abgerundet wurden, diente ab dem 19. Jh. bis 1945 als Stadtgefängnis, heute ist hier das Stadtmuseum untergebracht, das über die slawische Burganlage und die Arbeitswelt der hiesigen Handwerker und Ackerbauern informiert; der Kerker ist noch erhalten und erinnert an die frühere Nutzung des Turms.
Stadtmuseum im Malchiner Tor: Di–Fr 10–12 und 13–17 Uhr, So 14–17 Uhr, Mo und Sa geschlossen. Das Museum war zuletzt wegen Renovierung geschlossen. Am Südring 1, ℡ 03996-172827.

Teterower See, Burgwallinsel: Nördlich von Teterow erstreckt sich der buchtenreiche *Teterower See*, der mit einer mittleren Tiefe von 4 m relativ flach ist und dessen Ufer weitgehend von Schilf bestanden ist. Im See liegt lang gestreckt die

Burgwallinsel. Ihren Namen verdankt sie einer slawischen Burg, die hier einstmals stand, von der aber nur noch Teile des Walls erhalten sind. Die Insel ist vom westlichen Ufer aus mit einer Seilfähre erreichbar. Auf dem Weg dorthin passiert man bei der Jugendherberge eine kleine Badestelle. Auf der Burgwallinsel befindet sich heute das Ausflugsrestaurant *Wendenkrug*.

Fähre/Wendenkrug: Das kleine Fährboot fährt von April bis Okt. tägl. ab 10 Uhr (April bis 19 Uhr, Mai bis Aug. bis 20 Uhr, am Wochenende bis 22 Uhr, Sept./Okt. bis 17 Uhr). Erw. 0,50 €, Kinder 0,25 €. ℡ 03996-157705, www.burgwallinsel-teterow.de.

Bergring: Berühmt ist das Städtchen auch wegen des *Teterower Bergring-Rennens*. Das Motorradrennen fand erstmals 1930 statt und lockt alljährlich zu Pfingsten etwa 30.000 Motorsportfreunde in die Mecklenburgische Schweiz. Der 1877 m lange Bergring gilt als die schönste Grasbahnstrecke Europas.
Infos unter www.bergring-teterow.de.

Glückliches Gänseleben – dank Johann Heinrich von Thünen

Umgebung von Teterow: Thünen-Museum Tellow

Ein land(wirt)schaftliches Idyll. Die weitläufige Gutsanlage, ca. 11 km nordwestlich von Teterow, ist gewissermaßen das Flächenmonument eines wegweisenden Projekts aus dem 19. Jh. Der 1783 geborene *Johann Heinrich von Thünen* war ein sattelfester Agrar- und Wirtschaftswissenschaftler, der nicht nur als Landwirtschaftstheoretiker wirkte, sondern in Tellow ein Mustergut aufbaute und führte. Thünen gilt als Begründer der landwirtschaftlichen Betriebslehre, er forschte an Theorien zur landwirtschaftlichen Produktion und Raumstruktur. Außerdem setzte er sich für angemessene Löhne ein und machte sich als Sozialreformer einen Namen, als er für seine Gutsarbeiter 1848 beispielsweise eine Altersversicherung einführte. Thünens 1826 publizierter, erster Teil seines Hauptwerks trägt den ausladenden Titel *Der isolierte Staat in Beziehung auf Landwirtschaft und Nationalökonomie, oder Untersuchungen über den Einfluß, den die Getreidepreise, der Reichthum des Bodens und die Abgaben auf den Ackerbau ausüben.*

Die malerische Gutsanlage lädt zu einem Spaziergang ein. Im Gutshaus informiert eine Ausstellung über Johann Heinrich von Thünens Leben und Wirken. Hinter dem Gutshaus dehnt sich ein schöner, kleiner Landschaftspark rund um einen malerischen Teich aus. Am Eingang zur Anlage sind in einer ehemaligen Scheune ein Café und ein Laden untergebracht (Museumskasse); auch die *Speichergalerie* findet sich hier, die zuletzt eine Fotoausstellung zu den Gutshäusern der Umgebung zeigte.

Museum: Mai bis Sept. tägl. 9–17 Uhr, Okt. bis April tägl. 9–16 Uhr. Erw. 3 €, erm. 1,50 €. Museumskasse im Gutsladen (s. u.).
Das Thünengut ist nicht nur ein landwirtschaftliches Museum, hier gibt es auch einfache, günstige **Ferienwohnungen**, eine Jugendbegegnungsstätte, Tagungsräume, Veranstaltungen etc.

Thünen-Museum Tellow, 17168 Tellow, ✆ 039976-5410, ✆ 039976-54116, www.thuenen-museum-tellow.m-vp.de. Fachportal zu Johann Heinrich von Thünen: www.thuenen.de.

Zum **Café** in der Thünenscheune gehört ein **Gutsladen**, der Marmeladen und Honig, Wurst, Kosmetika, Töpferwaren und andere Souvenirs verkauft (✆ 039976-54122). Hier befindet sich auch die Kasse für das Museum. ∎

Anfahrt: Das Thünengut liegt etwa 11 km nordwestlich von Teterow; von Teterow auf der B 108 Richtung Rostock, dann links ab (beschildert).

Die Mecklenburgische Schweiz → Karte S. 274/275

Im Müritz-Nationalpark

Kleiner Wanderführer

Beim Müritzhof (Tour 2)

Kleiner (Rad-)Wanderführer für die Mecklenburgische Seenplatte

Die Highlights des Wandergebietes Mecklenburgische Seenplatte finden sich natürlich im Müritz-Nationalpark. Zahlreiche Rad- und Wanderwege erschließen das Naturparadies. Aber eine der schönsten Wanderungen in Mecklenburg-Vorpommern überhaupt liegt abseits in der Feldberger Seenlandschaft.

In Feldberg beginnt eine herrliche Rundwanderung und führt durch die schönsten Ecken im Naturpark Feldberger Seenlandschaft um den Schmalen Luzin, über den man mit einer kleinen Personenfähre übersetzt (Tour 10). Von Waren aus kann man in den Müritz-Nationalpark Wanderungen unternehmen. Eine der beliebtesten Touren führt zum idyllischen Müritzhof (Tour 2), eine weitere verläuft rund um die Feisneck (Tour 3). Auch die „Königsetappe" für Radwanderer, die Müritz-Umrundung (Tour 4), beginnt in Waren; diese fast 90 km lange Radtour ist auch als Zwei-Tages-Variante durchführbar. Des Weiteren führen im Osten des Nationalparks eine kurze Rundwanderung von Ankershagen zum Havel-Quellgebiet (Tour 5), eine etwas längere in die Gegend um Kratzeburg (Tour 6) sowie im Süden eine Wanderung von Boek über die Fischteiche zur Zartwitzer Hütte (Tour 7). Eine kleine, idyllische Rundwanderung erschließt das Serrahner Teilgebiet des Müritz-Nationalparks (Tour 8). Und schließlich verläuft nördlich von *Wesenberg* eine Rundtour zum Großen Labussee (Tour 9) und ganz im Westen umrundet eine Radtour den Krakower See (Tour 1).

Nur zum Wandern geeignet sind die Touren 3, 5 und 8; ebenfalls radelbar sind die Touren 2, 7 und 9; reine Radtouren (allein wegen der Länge) sind die Touren 1 und 4; nur bedingt für's Rad geeignet (sandige Wege, teils Schiebestrecken etc.) sind die Touren 6 und 10.

Zusätzlich zu den hier ausführlich vorgestellten Touren finden Sie im Buch zahlreiche weitere Tipps und Hinweise zum Thema Wandern und Radfahren.

Literatur Wer sich weiterführend über die Wandermöglichkeiten im Müritz-Nationalpark informieren möchte, dem sei die Publikation *Wandern im Müritz-Nationalpark* empfohlen, herausgegeben vom Nationalparkamt (2004, 12 €).

Tour 1: Radwanderung rund um den Krakower See

Charakteristik: Sehr schöne, kaum anstrengende Fahrradtour auf durchgehend asphaltierten Wegen und wenig befahrenen Seitenstraßen, keine nennenswerten Steigungen. **Länge/Dauer:** 20 km, reine Fahrzeit ohne Abstecher ca. 2 Std. **Einkehr:** In Krakow, bei einem Abstecher durch das Nebeldurchbruchstal auch in Kuchelmiß (→ S. 114). **Start/Fahrradverleih:** Start ist an der Seepromenade in Krakow am See, hier gibt es den Fahrradverleih *Schade* (→ S. 112).

Wegbeschreibung: An der Seepromenade von Krakow am See beginnt die Radtour vor dem *Seehotel* (WP 01) und führt linker Hand auf einem Pflasterweg an einer kleinen Parkanlage vorbei. Es geht an dem Hotel *An der Seepromenade* und dem Restaurant *Zum Hüdenhus* vorbei. Dann halbrechts halten (WP 02) und am See bleiben. Der Weg führt an hübschen Holzhäusern – teils umgebaute Bootshütten – vorbei. Wenn der Promenadenweg zu einem asphaltierten Weg wird, geht es nach wenigen Metern links ab (WP 03, Beschilderung „Radweg Berlin–Kopenhagen") in den Möwenweg. Man trifft auf die Bundesstraße (B 103), neben der ein Radweg verläuft (WP 04). Kurz darauf biegt man rechts ab Richtung Teterow (WP 05) und beim Campingplatz „Am Krakower See" noch einmal rechts auf eine kleine Straße (WP 06). Das Sträßchen führt zuerst am Campingplatz und dann an Ferienhäusern entlang, bis man schließlich in einen Wald kommt (weiterhin asphaltiert), vorbei am Hotel/Restaurant *Ich weiß ein Haus am See*. Die folgende Abzweigung ignorierend (Ausbau Seegrube) gelangt man wieder aus dem Wald heraus. Auch die nächste Abzweigung wird ignoriert, stattdessen geht es halblinks weiter an Pferdekoppeln und Kuhweiden vorbei und mit herrlichem Blick auf den See.

Tour 1: Radwanderung um den Krakower See

800 m

Schließlich erreicht man den südlichen Zugang zum *Nebeldurchbruchstal* (WP 07). Hier bietet sich ein kleiner Abstecher zur *Kuchelmißer Mühle* an (WP 08) – allerdings für Fahrräder auf nicht immer idealem Untergrund.

> **Durch das Naturschutzgebiet Nebeldurchbruchstal:** Markierter Weg (gelber Punkt) von WP 07 in nördliche Richtung durch den Wald, auf einer hölzernen Brücke über die Nebel und am idyllischen Fluss entlang; an einer weiteren Holzbrücke nach links der Beschilderung „Kuchelmißer Wassermühle" folgen; an zwei Teichen vorbei gelangt man wieder zur Nebel und an ihr entlang schließlich zur Mühle (WP 08); einfache Strecke ca. 45 Min. zu Fuß; auf gleichem Weg zurück (→ S. 114).

Weiter geht es auf der Straße nach *Serrahn*, durch den Ort und bei der abbiegenden Vorfahrtsstraße geradeaus und aus dem Ort heraus Richtung *Zietlitz*. Auf einer wenig befahrenen Straße geht es dicht am See und an Badestegen entlang, dann an Golfplatz und Golfhotel vorbei. Weiter in leichtem Auf und Ab bis in den Ortsteil *Neu Zietlitz* und hinter der Häusergruppe rechts ab (WP 09, Beschilderung u. a. Neu-Dobbin). Man passiert den Aussichtsturm mit dem sperrigen Namen *Reuter's Paradiesgartenblick am alten Melkstand*. Bei der folgenden T-Kreuzung (WP 10) geht es rechter Hand weiter auf Asphalt.

Anschließend fährt man durch den Weiler *Neu Dobbin* hindurch, bis das Sträßchen schließlich in die Landstraße mündet (WP 11). Hier rechts abbiegend gelangt man auf der Landstraße zurück nach Krakow, zunächst über die Brücke, die zwischen den beiden Seehälften verläuft, dann auf einem Radweg neben der Straße und an der „Alten Schule" (→ S. 114) vorbei; schließlich rechts und wieder links in die Plauer Straße zum Marktplatz (WP 12) und wieder zurück zum Ausgangspunkt (WP 01).

Tour 2: In den Nationalpark – von Waren zum Müritzhof und zurück

Charakteristik: Sehr schöne, kaum anstrengende Wanderung entlang der kleineren Moorseen im Müritz-Nationalpark – ideal für die Vogelbeobachtung, die von mehreren Ständen aus möglich ist. Ziel ist der idyllische *Müritzhof*, in dessen Gartenwirtschaft man bei schönem Wetter Stunden verbringen möchte. **Länge/Dauer:** 14,5 km, reine Gehzeit etwa 4 Std., mit Abstechern zu den Beobachtungsständen etwa 4,5 Std. Mit dem Fahrrad knapp 2 Std., teilweise holpriger oder sandiger Untergrund, auf dem man auch mal schieben muss. **Einkehr:** Relativ zu Anfang der Wanderung in der Pension *Zur Fledermaus* möglich, vor allem aber natürlich in dem herrlich gelegenen und unbedingt empfehlenswerten Ausflugslokal *Müritzhof*. **Start/Info/Fahrradverleih:** Am Waldparkplatz Specker Straße (gebührenfrei); in der Nationalpark-Infohütte können auch Räder gemietet werden (April bis Okt. tägl. 9–17 Uhr), ansonsten Fahrradverleih in Waren (→ S. 154).

Wegbeschreibung: Vom Ausgangspunkt, der Nationalpark-Infohütte am *Waldparkplatz Specker Straße* (WP 01), den Waldweg nehmen und die gleich folgende Abzweigung nach halblinks ignorieren und geradeaus weitergehen. Auf breitem Waldweg geht es zwischen Nadelwald leicht bergab, schon bald ist die Pension *Zur Fledermaus* auf der rechten Seite erreicht (WP 02): mit Kiosk/Café, von der erhöht gelegenen Terrasse bietet sich ein schöner Blick auf den Moorsee *Teufelsbruch*. Ruhesuchende können in der *Fledermaus* auch übernachten (→ S. 174).

Gleich nach der *Fledermaus* wird eine Weggabelung erreicht, an der man sich links hält (Markierung: *lila Blume*). Es geht nun auf einem Feldweg ein ganzes Stück an der Wiese um den Teufelsbruch entlang, rechter Hand erstreckt sich Wald, dann

Am Warnker See

Tour 2: Wanderung von Waren zum Müritzhof
Tour 3: Wanderung rund um die Feisneck

700 m

folgt ein kurzes Stück durch einen Birkenwald, bis schließlich die Abzweigung zu einem Beobachtungsstand erreicht ist (WP 03); hier an dem Abzweig laden Tische und Bänke zu einer Rast ein. Auf schmalem Pfad erreicht man nach ca. 100 m den Beobachtungsstand *Warnker See*. Zurück auf dem Hauptweg verläuft die Wanderung nun zwischen zwei eingezäunten Wiesen, bei einer erneuten Markierung (WP 04) geht es bei dem Pfahl nach rechts ab auf einen schmalen Waldpfad (Markierung: *oranges Bambi*). Durch lichten Wald, rechter Hand eine üppige Wiese, führt der Pfad zum *Beobachtungspunkt* für einen Kranichrast- und Schlafplatz (WP 05), an dem sich zu bestimmten Zeiten etwa 7000–10.000 Kraniche aufhalten – der Platz zählt zu einem der größten dieser Art im mecklenburgischen Binnenland. Von hier aus geht es auf dem Pfad geradeaus weiter (nicht links ab auf dem breiten Weg bergauf). Weiter durch lichten Wald und mit Blick auf die Wiese rechter Hand, macht der Pfad bald eine Biegung nach links hinauf, vorbei an einem Holzhaus und trifft sogleich auf einen breiten Feldweg (WP 06), in den man nach rechts einbiegt. Kurz darauf ist schon der idyllische *Müritzhof* erreicht (WP 07): eine alte Ziegelei aus dem Jahr 1848, später ein Bauernhof, der heute von der Lebenshilfe Waren als Ausflugsrestaurant und „Landschaftspflegehof" betrieben wird (→ S. 175).

Zurück geht es nun auf dem breiten Forstweg, auf dem man das letzte Stück gekommen ist. An einer Abzweigung (WP 08) – hier links ginge es wie auf dem Hinweg auch wieder zurück – geradeaus weiter, nun ein ganzes Stück auf lichtem Waldweg (Markierung: *lila Blume*). Bei einer erneuten Abzweigung (WP 09) führt ein Pfad in ca. 100 m zu einem Pfahlbau – von diesem Beobachtungsstand hat man die Nordseite des *Warnker Sees* im Blick.

Weiter auf dem Waldweg öffnet sich bald darauf noch einmal ein schöner Blick auf den Teufelsbruch, dann geht es im Wald leicht bergan und geradeaus weiter. An einer bald folgenden Kreuzung (WP 10) verlässt man den Hauptweg und folgt dem Pfad nach links in den Wald (Markierung: *lila Blume*). Sehr schön und recht einsam verläuft der Pfad erst durch Wald und dann am Teufelsbruch entlang (Abzweigungen nach rechts in den Wald hinein ignorieren). Bald kommt die Pension *Zur Fledermaus* wieder ins Blickfeld, ca. 500 m davor geht es nun aber nach rechts und wieder in den Wald hinein (WP 11, *lila Blume*). Diese Abkürzung mündet nach wenigen hundert Metern auf die breite und sandige Forststraße (WP 12), auf der die Wanderung begonnen wurde. Hier rechts einbiegen und zurück zum Ausgangspunkt (WP 01).

Tour 3: Rundwanderung von Waren um die Feisneck

Charakteristik: Schöne und wenig anstrengende Rundwanderung, in deren Verlauf immer wieder kleine Badestellen zu einem Sprung in den See einladen. Überwiegend auf schattigen Waldpfaden, ist die Strecke auch im Hochsommer leicht zu bewältigen. Wer baden will, sollte dies gleich am Nord- und Ostufer am Anfang der Wanderung tun, am Südufer werden die Badestellen rar, das letzte Stück der Wanderung verläuft nicht mehr am See entlang. **Länge/Dauer:** 8,5 km, für die man etwa 2,5–3 Stunden veranschlagen sollte. **Einkehr:** Nur in Waren. **Start:** An der Jugendherberge von Waren (südlich des Zentrums, Richtung Ecktannen). Parkplätze in der näheren Umgebung.

Wegbeschreibung: Vom Ausgangspunkt Jugendherberge (WP 01) geht man in die Sackgasse *An der Feisneck* (Markierung: *gelber Schmetterling*), zunächst an Wohnhäusern vorbei. Nach 600 m erreicht man eine beliebte Badestelle mit Badesteg und kleinem Sandstrand, die im Sommer von der DLRG bewacht wird. Hier endet die Asphaltstraße, geradeaus geht es weiter auf einem schmaleren Pfad. An einigen kleineren Badestellen vorbei wird ein Tor (WP 02) erreicht, durch das man hindurchgeht (wieder verschließen), der Pfad führt nun über eine Schafweide. Erneut vorbei an mehreren kleineren und größeren Badestellen (auch textilfrei), von denen die kleine Burgwallinsel im See zu sehen ist, geht es bald wieder durch ein Tor (WP 03) aus der Weide heraus: Man steht auf einem großen, freien Feld, auf dem man sich rechts hält (Markierung: *gelber Schmetterling*). Nach ca. 50 m wendet man sich wieder nach rechts auf einen schmalen Pfad, rechter Hand verdeckt Schilf den freien Blick. An einem kleinen Teich namens „Pumpe" entlanggehend eröffnet sich bald darauf wieder der Blick auf die Feisneck, kurz darauf geht es durch einen Torbogen zu einer weiteren Badestelle, doch die Wanderung führt auf dem nun breiteren Feldweg geradeaus weiter.

Nach einer markanten Kiefer geht es nach rechts auf eine Betonstraße *(gelber Schmetterling)* und gleich darauf – nach einem Trafohäuschen – wiederum nach rechts auf einen schmalen Pfad (WP 04, *gelber Schmetterling*). Der Weg führt zunächst durch den Wald, dann über eine Strommasten-Schneise und an ihr entlang, über eine Lichtung und wieder durch den Wald, auf mal breiterem, mal schmalerem Pfad. Schließlich erreicht man einen Zaun mit grünem Gittertor (WP 05), eine Art Kreuzung, an der man sich nicht – dem gelben Schmetterling folgend – nach links bergauf auf einen breiteren Weg wendet, sondern geradeaus zwischen zwei Zäunen hindurch weitergeht (Beschilderung: *Rundwanderung Feisneck*). Gleich hinter dem Zaun folgt eine Badestelle, der Weg biegt hier nach links ab (noch einmal mit Blick auf Feisneck und Burgwallinsel). Gleich darauf geht es zwar direkt am Wasser entlang, dieses ist jedoch durch viel Gestrüpp nicht zugänglich und auch kaum zu sehen. Nun kommt man aus dem Wald heraus und auf einen Wiesenweg, der am Waldrand entlangführt.

Bald wird ein hoher Zaun erreicht, hier geht es nach links, an einer grünen Schranke vorbei und nach wenigen Metern auf die Specker Straße (WP 06), auf die man nach rechts einbiegt. Die Specker Straße geht bald in die Straße „Am Seeufer" über. Das letzte Stück der Wanderung verläuft nun an Häusern entlang auf dem Bürgersteig und zurück zu unserem Ausgangspunkt an der Jugendherberge (WP 01).

Badestelle an der Feisneck

Mit dem Fahrrad durch den Nationalpark

Tour 4: Große Radwanderung rund um die Müritz

Der Klassiker unter den Radtouren auf der Mecklenburgischen Seenplatte: einmal rund um das „Kleine Meer". Zunächst geht es quer durch den Nationalpark, dann auf der anderen Seite durch eine sanfte, ländliche Gegend zurück. Immer wieder öffnen sich dabei herrliche Ausblicke auf die Müritz.

Wer die Tour an einem Tag schaffen will, sollte über ein wenig Kondition verfügen, schließlich sind über 80 km zu radeln. Hinzu kommt, dass man zwar fast durchgehend auf Radwegen unterwegs ist, doch ist deren Untergrund nicht immer ideal, manchmal sandig, manchmal unebener Waldboden. Im Folgenden wird die Radtour in zwei Etappen beschrieben: *von Waren bis Röbel* und *von Röbel nach Waren*. In oder vor Röbel kann man entweder übernachten – oder aber mit Bus oder Schiff zurück nach Waren fahren.

Etappe 1: Von Waren bis Röbel

Charakteristik: Herrliche Radtour vor allem durch den Nationalpark, meist auf (teils sandigen) Radwegen. **Länge/Dauer:** 52 km, die Fahrzeit ist natürlich abhängig von Kondition und Pausen, etwa 5 Stunden sollte man ohne Pausen rechnen. **Einkehr:** In Cafés und Restaurants in den Nationalparkdörfern Federow (→ S. 176), Schwarzenhof (→ S. 178) und Boek (→ S. 187). Eine urige Gastwirtschaft, die *Müritzquelle,* findet sich in Vipperow (→ S. 191). **Start/Fahrradverleih:** Start ist in Waren am Yachthafen, ein Radverleih befindet sich unweit des Marktplatzes (→ S. 154).

Varianten/Rückfahrt: Zurück geht es entweder weiter auf dem Fahrrad (→ Etappe 2) oder mit dem Schiff (→ S. 140).

Wegbeschreibung: Die Tour beginnt am Yachthafen von *Waren* (WP 01). Von hier geht es in südöstlicher Richtung (also mit Blick auf die Müritz rechter Hand) auf einem Radweg entlang, der parallel zur Straße (*Am Seeufer*) verläuft. Man passiert

Kleiner (Rad-)Wanderführer

eine Badestelle und nach der Landenge rechter Hand die abzweigende *Fontanestraße* (ignorieren), bis man (nunmehr entlang der *Speckstraße*, weitere Gabelung rechter Hand ignorieren) auf asphaltiertem Radweg in den Wald und damit in den Nationalpark hineinfährt (Beschilderung: *Federow*). Alle Abzweigungen ignorierend, gelangt man nach ein paar Kurven aus dem Wald heraus und fährt durch Heidelandschaft, bis man am südlichen Ortsrand von *Federow* (WP 02) die Straße überquert. Für einen Abstecher in das Dorf muss man links abbiegen, die Radtour aber führt rechter Hand parallel zur Straße weiter. Wenn man kurz später wieder in den Wald fährt, gelangt man zu einer Weggabelung (WP 03), hier rechts der Beschilderung *Schwarzenhof* bzw. *Speck/Boek* folgen. Auf gut befahrbarem Waldweg und ein Stück entlang einer Schneise unter einer Stromleitung erreicht man schließlich nach knapp 4 km ab Federow *Schwarzenhof* (WP 04).

Nachdem man den kleinen Weiler auf der Straße durchquert hat, geht es kurz vor dessen Ende (und etwas vor dem Hotel/Restaurant *Kranichrast*, hier ist auch ein Imbiss möglich) rechter Hand auf einem Fahrradweg ab, Beschilderung *Specker Horst* und *Boek* (WP 05). Zunächst fährt man auf einem Waldweg, dann auf einem Plattenweg, alle Abzweigungen und Kreuzungen ignorierend, weiter. Bald verlässt man auch den Wald und gelangt – nunmehr auf gut befahrbarer Piste – zum ersten *Aussichtsturm* (WP 06). Hier befindet man sich im Herzen des Müritz-Nationalparks: Man radelt durch eine stille, scheinbar unberührte Landschaft zwischen Heide und Moor und weder Wald noch Müritz sind allzu weit entfernt. Nach etwa 1 km geht es am Herrmannskanal entlang und ein weiterer *Aussichtsturm* (WP 07) wird erreicht. Nach einer Weile (streckenweise kerzengerade) kommt man auf schlechter werdendem Untergrund an eine Kreuzung (WP 08, etwas mehr als 2 km nach dem zweiten Turm), rechter Hand geht es zur Aussichtshütte *Doppelkiefergraben*. Die Tour aber führt weiter geradeaus. Bald ist der Ortsteil *Boeker Sender* erreicht (und damit der Nationalpark verlassen); es geht zunächst auf einem Plattenweg, dann auf asphaltiertem Untergrund weiter nach *Boek* (knapp 9 km ab Schwarzenhof).

Am Kreisverkehr (WP 09) zwischen Gutshaus und Hotel (hier auch ein Kiosk) führt rechts ein asphaltierter Radweg weiter durch die Ortsteile *Boeker Mühle* und *Bolter Schleuse* (Fischrestaurant mit Imbiss) und endet nach 6 km am Ortsrand von Rechlin (WP 10). Hier überquert man zuerst die Straße und durchquert dann den Ortsteil *Rechlin Nord*: Dazu geht es zunächst nach einer Kurve auf eine Kaserne zu, davor rechts und am Ende des Zauns links auf einen Radweg, der am kleinen Claassee (hier die Marina Müritz) entlangführt, bis man schließlich zum Luftfahrtmuseum gelangt. Vom Museum aus ist es noch 1 km nach *Rechlin* selbst (WP 11).

Zunächst geradeaus in den Ort hinein, dann nach 100 m rechts in die Seitenstraße *Am Höpen* abbiegen. Der Weg durch ein Klinkerhäuschenidyll beschreibt eine Linkskurve und endet an einer T-Kreuzung; hier links und gleich wieder rechts auf die *Fritz-Reuter-Straße*. Kurz nach einem Spielplatz biegt man dann rechts in den Park ab (Beschilderung: *Müritzrundweg*), passiert den Seglerverein und erreicht am Ende des Parks einen Parkplatz (WP 12), hier rechts in einen Weg hinein. Der schmale, holprige Weg führt um eine Pferdekoppel herum und an Brachland vorbei, biegt beim Friedhof rechter Hand ab und mündet schließlich in die Landstraße. Es geht ein kurzes Stück rechter Hand auf der Straße entlang, die ihrerseits im Ortsteil Vietzen in die Bundesstraße 198 mündet. Diese bei der Ampel überqueren (WP 13) und rechts auf dem Radweg Richtung Vipperow.

Tour 4: Radwanderung rund um die Müritz
Etappe 1: Von Waren bis Röbel
Etappe 2: Von Röbel bis Waren

Nach etwa 1,5 km erreicht man den Damm, der über den Müritzarm führt, und an dessen Ende bei der Kanustation das Dorf *Vipperow*. Kurz vor der Ortsausfahrt (Straßenseite wechseln) zweigt rechts eine Straße ab (WP 14). Hier beginnt der eigentliche Ort, man radelt durch ein dörfliches Idyll, passiert eine hübsche Feldsteinkirche mit Fachwerkturm und kommt an dem rustikalen Gasthaus *Müritzquelle* vorbei.

Ein Stück hinter dem nördlichen Ortsausgang von Vipperow zweigt rechts ein Weg ab (WP 15). Kurz auf einem Plattenweg, dann auf einem Feldweg, schließlich auf einer unangenehm zu fahrenden Bepflasterung durch ein Moorgebiet, gelangt man zur Jugendherberge südlich von *Zielow* (WP 16). Weiter geht es in den Ort hinein und geradeaus hindurch, die abzweigende Landstraße wird ignoriert! Am nördlichen Ortsausgang beginnt ein asphaltierter Radweg, der abseits der Straße an Wiesen und Feldern entlangführt.

Nach 3 km, meist mit schönem Blick auf die Müritz, erreicht man in der Nähe eines Campingplatzes eine T-Kreuzung (WP 17). Hier geht es linker Hand nach *Ludorf*. Nach 1 km fährt man am Park des Gutshauses entlang, biegt im Ort vor der ungewöhnlichen Kirche links ab und erreicht schließlich das Gutshaus (WP 18). Hier rechts ab und aus dem Ort hinaus.

Wer es nun eilig hat, fährt geradeaus auf der Landstraße nach Röbel. Eine sehr viel schönere Strecke führt am südlichen Ufer der Röbelschen Binnenmüritz entlang. Dazu fährt man, wenn man vom Gutshaus kommend auf die abbiegende Vorfahrtsstraße trifft, rechts ab (Beschilderung *Röbel* und *Gneve*) in den *Gneverweg*. Es geht aus dem Ort heraus und auf einer Schotterpiste weiter, bei einer Weggabelung auf der Schotterpiste bleiben (Markierung: *blauer Balken auf weißem Grund*). Die Piste beschreibt einen weiten Bogen nach links (Abzweigung ignorieren), führt an einem Aussichtspunkt (WP 19) vorbei und ist bald nur noch ein holpriger Feldweg. Schließlich kommt man bei einer Schranke zu einer Weggabelung (WP 20). Hier geht es rechts herunter Richtung Röbel, erst ein Stück durch einen Waldstreifen nahe am Wasser, dann auf und ab auf einem asphaltierten Fahrradweg. Teils nahe an der Binnenmüritz hat man mitunter einen malerischen Blick auf Röbel. Doch sollte man sich nicht zu früh freuen – auch wenn man das Ziel vor Augen hat und meint, es müsse zum Greifen nah sein, ist es doch noch ein ganzes Stück zu radeln: Mit der Wünnow ist nämlich noch eine Seezunge zu umrunden, die tief in das Land hineinragt.

Endlich erreicht man (gut 9 km nach Ludorf) die ersten Bootsschuppen von *Röbel*. Am Ortsrand folgt man am besten nicht der asphaltierten Straße, sondern biegt, wenn man auf Schrebergärten zufährt, rechts ab auf einen Weg, der an einer Pferdekoppel entlangführt (WP 21). Es geht durch die Schrebergärten hindurch, bis man bei einem Autohaus auf der Straße herauskommt. Hier rechts ab in den Ort hinein, bis man bei der Post auf die Hauptstraße trifft (WP 22). Nochmals rechts fährt man durch die Altstadt, an den Kirchen vorbei und hinunter bis zum Hafen von Röbel (WP 23).

Wer noch Luft hat, kann die folgende Etappe anschließen, um zurück nach Waren zu kommen und die Rundfahrt um die Müritz abzuschließen. Ansonsten empfiehlt sich das Schiff zur Weiterreise.

Etappe 2: Von Röbel bis Waren

Charakteristik: Leichte Radtour, meist auf Fahrradwegen mit solidem Untergrund, teils aber recht holprig. **Länge/Dauer:** 30 km, reine Fahrzeit ca. 3–3,5 Stunden. **Einkehr:** Im Dorf Sietow und in Klink. **Start oder Rückfahrt/Fahrradverleih:** Start ist der Hafen von Röbel, im Ort auch ein Fahrradverleih (→ S. 140). Wer Waren als Zielort hat, kommt am besten mit dem Schiff wieder zurück nach Röbel.

Wegbeschreibung: Los (oder weiter) geht es am hübschen *Yachthafen von Röbel* (WP 23). An dessen nördlichem Ende fährt man (oder schiebt, wenn viel los ist) über die Hafenpromenade an einem Hotel vorbei. Richtung Norden führt der Weg immer nahe am Wasser über eine Straße und durch eine kleine Parkanlage mit Spielplatz, dann auf einer Allee, an einem Campingplatz, dem Strandbad und schließlich einer Ferienanlage vorbei, bis man auch den letzten Ausläufer von Röbel hinter sich gelassen hat. Am Ende des gepflasterten Weges geht es rechts hinunter auf einen Feldweg (WP 24).

Bei der folgenden T-Kreuzung links (der Weg rechter Hand führt zwar am Ufer entlang, war aber zuletzt unbefestigt) und nun ein kurzes Stück auf schlechtem, da sandigem Untergrund, bis man die Straße im Weiler *Marienfelde* erreicht (WP 25). Hier rechts und aus dem Ort wieder heraus, zunächst auf einem Fahrradweg, dann auf einer wenig befahrenen Straße nach Gotthun. Der Abstecher in der Kurve bzw. hinter dem Waldstück (WP 26) zu einem der beiden Campingplätze ist wegen der Wegbeschaffenheit nicht zu empfehlen.

Fahrradrast

In *Gotthun* biegt man links ab auf die Straße, die durch den Ort führt, und kurz darauf rechts in den Wiesenweg (WP 27). Aus dem Dorf wieder heraus geht es erneut auf schönem, kurvigem Radweg auf und ab (Abzweigungen ignorieren, das letzte Stück war zuletzt noch nicht ausgebaut). Bald erreicht man die Bundesstraße, neben der man ein kurzes Stück herfährt, bis es rechter Hand wieder auf einen Feldweg geht. Dieser führt in einem weiten Bogen nach *Zierow* (WP 28). Geradeaus geht es in das Dorf hinein, dann rechts und auf wenig befahrener Landstraße ins Nachbardorf *Sietow*. An dessen Ortseingang befindet sich links ein netter Imbiss (mit dem nunmehr vielleicht verlockenden Namen *Radlerstop*), von dem aus es geradewegs in den Ortskern und zur Kirche geht (WP 29). Vor der Kirche führt ein

Kleiner (Rad-)Wanderführer

Der Weg ist das Ziel: (Rad-)Wanderweg im Nationalpark

Weg hinunter zu Hafen und Gaststätten, die Radtour aber geht erst geradeaus weiter, an der Kirche vorbei und dahinter bei der Weggabelung rechter Hand in nordöstlicher Richtung aus dem Ort heraus.

Der Weg ist zunächst asphaltiert, wird dann aber zu einer holprigen Piste, die durch einen sumpfigen, lichten Wald führt. Wenn man wieder herauskommt, folgt man dem Schotterweg rechts (nicht geradeaus) und erreicht nach ca. 1,5 km *Sembzin*. Es geht quer durch den kleinen Ort und beim Hotel/Restaurant *Sembziner Hof* rechts hoch (WP 30). Erst etwas ansteigend und asphaltiert, führt die Strecke nun bald wieder nahe am Wasser entlang. In einem lichten Waldstreifen erreicht man auf etwas holprigem Weg nach knapp 2 km (ab Sempzin) den Ort *Klink* (WP 31) – und für alle, die schon die Etappe 1 in den Beinen haben, etwas (mehr oder weniger) Tröstliches: Es sind keine 10 km mehr bis Waren, sondern nur noch 9,8 km...

Nun geht es immer geradeaus am Schloss, dann an Restaurants und am Yachthafen vorbei, zunächst auf Asphaltweg, dann kurz auf Schotter und weiter an Sportplatz, Klinik und Hotel vorbei und durch eine kleine Fußgängerzone bei der Anlegestelle (hier das Restaurant *Am Kleinen Meer*), bis man schließlich eine Ferienhaussiedlung passiert, die trotz der knalligen Farben der Häuschen etwas trostlos wirkt. Hinter der Siedlung geht es links auf Asphalt und dann auf einem Waldweg wieder rechts (WP 32). Nun fährt man auf kurvenreicher Strecke gut 3 km durch den Wald, bis man (fast) die Bundesstraße erreicht. Ca. 50 m vor der B 192 zweigt rechter Hand ein Weg ab (WP 33), der bald ein kurzes Stück neben der Bundesstraße verläuft – nicht schön zu fahren, aber besser als den Reeckkanal zu durchschwimmen, denn beim Weiler Eldenburg überquert man die Brücke über den Wasserweg und fährt gleich dahinter wieder rechts in den Wald hinein (WP 34). Während man zunächst eine ganze Weile auf gutem Weg fährt, führt schließlich ein Steg über ein Feuchtgebiet (hier ein Stück schieben), hinter dem man das Volksbad von *Waren* erreicht (hier links und gleich wieder rechts).

Nun geht es noch ein ganzes Stück immer geradeaus die Gerhart-Hauptmann-Allee entlang, bis schließlich das Müritzeum erreicht ist. Von hier aus gelangt man rechter Hand zum Yachthafen von Waren (WP 35 und Startpunkt von Etappe 1).

Tour 5: Wanderung von Ankershagen zum Havel-Quellgebiet

Tour 5: Kleine Rundwanderung von Ankershagen zum Havel-Quellgebiet

Charakteristik: Leichte Wald- und Wiesenwanderung, meist auf guten Wegen, keine nennenswerten Steigungen. **Länge/Dauer:** Ca. 6 km, reine Gehzeit ca. 1,5–2 Stunden. **Start/Parken:** Start ist die Nationalpark-Informationsstelle im Gutshaus Friedrichsfelde (am Rand des gleichnamigen, nordwestlich gelegenen Ortsteils von Ankershagen). Hier auch zahlreiche Parkplätze.

Wegbeschreibung: Vor dem Gutshaus Friedrichsfelde stehend (WP 01), beginnt die Wanderung rechter Hand auf einem von Kastanien bestandenen Feldweg (Markierung *oranges Bambi*). Man passiert einen Gesteinsgarten auf der linken Seite und wendet sich an der nach knapp 500 m folgenden T-Kreuzung rechts (WP 02). Kurz darauf biegt man am Waldrand links ab (Beschilderung *Mühlensee*). Der Weg führt zunächst am Waldrand entlang und beschreibt dann, etwas bergab, eine leichte Biegung in den Wald und gleichzeitig in den Nationalpark hinein (WP 03, Markierung weiterhin *oranges Bambi*). Auf einem schönen Waldweg geht es nun ein Stück (alle Abzweigungen ignorieren), bis eine Weggabelung erreicht ist (WP 04); auch hier weiter auf dem Hauptweg bleiben.

Kurz darauf ist der Mühlensee erreicht. Hier geht an einer T-Kreuzung links ein schöner Weg am Ufer entlang und an einem Beobachtungsstand im Wasser (*Zum Entenschnapper*) vorbei (WP 05). Ein kurzes Stück führt der Weg vom Ufer weg und wird zu einem schmalen Pfad. Auf diesem bleiben und alle Abzweigungen ignorieren. Man überquert einen kleinen Bach, den Mühlengraben, über den eine kleine Holzbrücke führt (hier Picknickbänke), und erreicht wieder das Ufer des Sees. Bald werden eine kleine Badestelle mit Steg und Picknickbänke passiert (WP 06), kurz darauf trifft man auf eine Piste. Eine nahe Steinstele markiert die Havelquelle und gleichzeitig die Wasserscheide zwischen Ostsee und Nordsee.

Bei der folgenden Abzweigung rechts abbiegen. Bald gelangt man wieder aus dem Wald heraus und passiert rechter Hand einen Parkplatz. Hinter dem Parkplatz führt der Weg kurz auf Asphalt geradeaus weiter, bis man nach 20 m links auf einen Feldweg abbiegt. Nun geht es über einen sanften Hügel an Feldern vorbei, bis der Feldweg zu einer Asphaltpiste wird.

Wenn schließlich ein Feldweg kreuzt (WP 07), kann man entweder geradeaus zum Ausgangspunkt zurückgehen (an einem Sportplatz und ein paar Bauruinen vorbei, dann links) und dabei die Bambi-Markierung verlassen – oder man folgt dieser rechter Hand noch ein Stück für einen Abstecher zum Schliemann-Museum in Ankershagen.

Tour 6: Rundwanderung bei Kratzeburg

Charakteristik: Schöne Waldwanderung durch den Müritz-Nationalpark östlich von Kratzeburg, bei der man an einigen Waldseen vorbeikommt. Wenig anstrengend, aber recht lang. Mit dem Mountainbike gut machbar, mit einem anderen Fahrrad muss man teilweise schieben. **Länge/Dauer:** 12,5 km, reine Gehzeit etwa 4 Std. **Einkehr:** In Kratzeburg Café und Gaststätte, in Liepen (etwa auf halber Strecke) gibt es außerdem einen Imbiss am Ortsrand. **Start:** An der Bushaltestelle in der Dorfmitte von Kratzeburg. Hier parken, die Beschilderung *rotes Eichhörnchen* führt in die befahrbare Pflasterstraße gegenüber der Bushaltestelle hinein, dieser folgen.

Wegbeschreibung: Von der Bushaltestelle in *Kratzeburg* (WP 01) folgt man der Pflasterstraße in nordöstlicher Richtung aus dem Dorf hinaus und auf den Wald zu, rechter Hand einige Häuser und Gärten, auf der linken Seite eine Wiese. An der T-Kreuzung (WP 02), der Straße nach Pieverstorf, geht es geradeaus weiter und auf dem sandigen Pfad halblinks bergan, links eine Wiese, rechts Kiefern und Birken. Nach etwa 50 m führt der Weg in einen lichten Wald hinein. Auf dem rechter Hand einmündenden Weg (WP 03) wird man am Ende der Tour herauskommen, aber die Wanderung führt hier geradeaus weiter durch Kiefern und Birken. Hier wie auch an jeder weiteren Kreuzung, Abzweigung oder Einmündung ist der Weg mit einem *roten Eichhörnchen* gekennzeichnet.

An der bald darauf folgenden Gabelung (WP 04), linker Hand eine Wiese, geht es nun nach halbrechts und dann leicht bergab durch lichten Wald auf einem grasbewachsenen Weg, an einer Art Kreuzung (WP 05) dann links halten. Gleich darauf glitzert der Lehmsee rechter Hand durch die Bäume. An seinem Ufer geht es nun ein Stück entlang, dann führt der Waldweg leicht bergauf durch Kiefern und noch niedriges Laubgehölz, dann leicht bergab. Der Weg beschreibt nun eine starke Rechtskurve, dann wieder bergauf und knapp 1 km nach WP 05 kommt man auf eine Anhöhe mit Kreuzung (WP 06). Hier geht es geradeaus weiter und bergab, gleich darauf erscheint links eine Wiese mit Soll, rechter Hand ein Buchenwald.

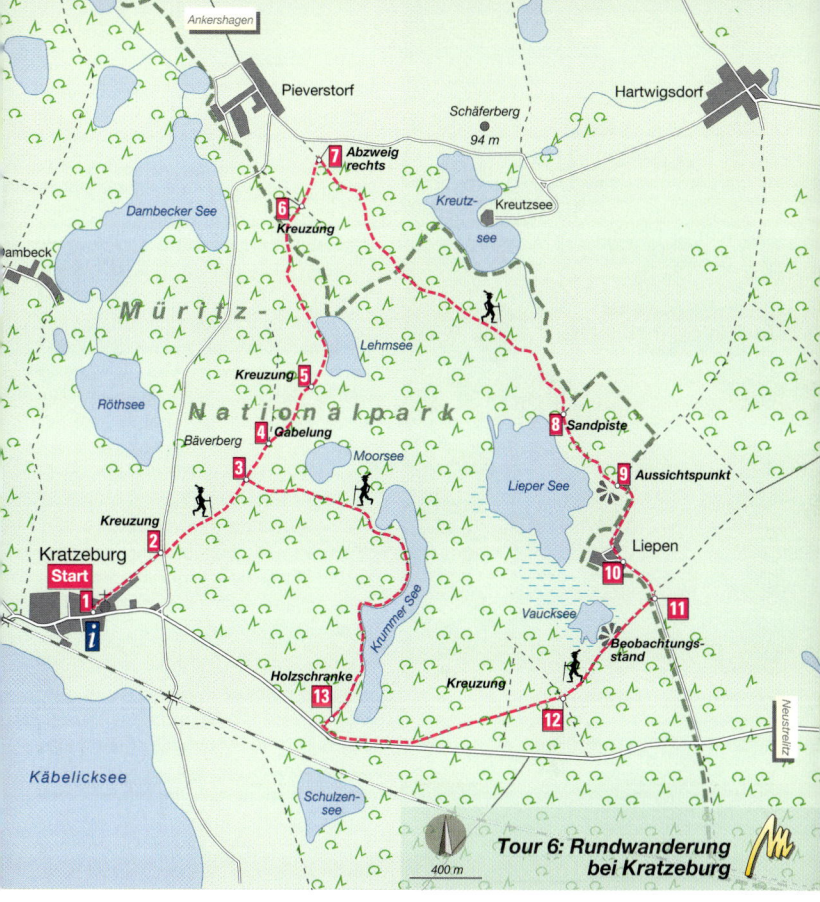

An der gleich darauf folgenden T-Kreuzung (WP 07) – links geht es nach Pieverstorf – biegt man nach rechts ab auf den Waldweg (Beschilderung *Liepen, 3 km*). Im Folgenden geht es nun auf bequemem Forstweg relativ unspektakulär auf und ab, bis man eine Moor-/Schilfwiese mit Hochsitz auf der linken Seite erreicht. An dieser geht es nun ein Stück entlang (Elektrozaun, viele Schnaken), dann kommt man an einer Wiese rechter Hand vorbei. Von links mündet hier eine Sandpiste auf unseren Weg (WP 08), der führt aber geradeaus weiter in den lichten Wald. Nach ca. 500 m verlässt man den Wald wieder und kommt zu einer *Infotafel* (WP 09) mit Picknickplatz, rechts von uns erscheint das Dorf *Liepen,* auf das man nun, nach rechts abbiegend und zwischen Weiden und Feldern, zugeht. Vom Lieper See in unmittelbarer Nähe sieht man zuerst nichts, erst beim Dorf kann ein Stück Wasser erspäht werden. Auf dem Hauptweg (Hauptstraße wäre übertrieben) geht es nun durch das idyllische, winzige Dorf mit einer Handvoll Häuser, ein paar Datschen und der – leider verschlossenen – Feldsteinkirche aus dem 13. Jh. (WP 10). Ein kleiner Kiosk/Imbiss ist im Dorf ausgeschildert.

Gut ausgeschildert

In Liepe

Nun auf einem Plattenweg aus dem Dorf hinaus, ca. 250 m nach dem Ortsrand die Straße nach links ignorieren und gleich darauf nach rechts auf einen Feldweg abbiegen (WP 11, Beschilderung *Kratzeburg 3,2 km*). Es geht leicht bergab, rechts und links erstrecken sich üppige Wiesen, bevor man in den Wald und gleich darauf zu einem *Beobachtungsstand* gelangt mit Blick auf den überwucherten, zugewachsenen *Vaucksee*. Von hier geht es weiter geradeaus auf gleichem Weg durch den Wald. Bei einer Waldkreuzung (WP 12) geht es geradeaus – und dann für eine ganze Weile schnurgerade durch den Wald. Dann gelangt man zur *Straße*, kurz davor biegt der Weg rechts ab und verläuft auf kaum sichtbarem Wiesenweg unter der Stromleitung entlang, rechts Kiefernwald, links parallel besagte Straße.

Ab Höhe des Parkplatzes auf der gegenüberliegenden Seite verläuft der Weg nun für ca. 100 m auf der Straße, dann geht es (Achtung: Markierung und Beschilderung auf der linken Straßenseite, leicht zu übersehen!) nach rechts hinunter in den Wald, an einer Holzschranke (WP 13) vorbei. Auf dem grasbewachsenen Waldweg leicht bergab, bald ist rechter Hand der *Krummer See* zu sehen. Nun geht es ein ganzes Stück direkt am bewaldeten Ufer entlang. Gegenüber einer Holzbank kommt man direkt ans Ufer und hat einen Blick über den gesamten See. Nachdem es zuvor häufig durch Buchenwald ging, besteht der Wald hier wieder aus Kiefern und noch niedrigem Laubgehölz, rechts erstreckt sich dichtes Nadelgehölz. Noch ein kurzer Aufstieg und man kommt zurück zu besagter Abzweigung am Anfang der Wanderung (WP 03), hier links ab und auf dem zuvor schon begangenen Weg zurück nach Kratzeburg.

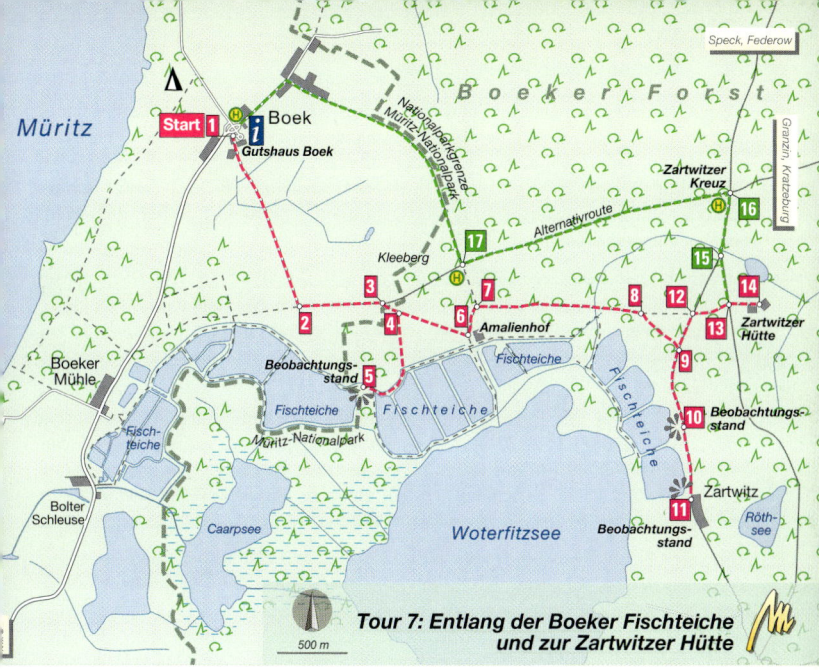

Tour 7: Entlang der Boeker Fischteiche und zur Zartwitzer Hütte

Tour 7:
Entlang der Boeker Fischteiche zur Zartwitzer Hütte

Charakteristik: Einfache Wald- und Wiesenwanderung entlang der Boeker Fischteiche zur Zartwitzer Hütte. Auf dem Weg bieten sich Abstecher zu drei Beobachtungsständen an den Fischteichen an; die Chancen hier Fischadler, Kormorane oder Graureiher zu beobachten sind vergleichsweise gut. Auch als kurze Radtour gut machbar. **Länge/Dauer:** 7 km, reine Gehzeit etwa 2 Std. (einfach, als Rundtour und mit allen Abstechern 14 km). **Einkehr:** Café/Imbiss in der Zartwitzer Hütte, sonst nur in Boek selbst. **Start/Fahrradverleih:** Am Gutshaus von Boek, hier auch die Nationalpark-Information samt Fahrradverleih (→ S. 188).

Wegbeschreibung: Die Wanderung beginnt am *Gutshaus von Boek* (WP 01). Davor stehend führt rechter Hand eine Straße an einigen Häusern vorbei aus dem Dorf. Einen guten Kilometer geht es auf einem Plattenweg und zwischen jungen Bäumen, die noch eine Allee werden wollen, entlang. Wenn der Weg eine Kurve beschreibt (WP 02), dieser folgen und den Feldweg rechts ignorieren. Nach gut 500 m auf schöner Eichenallee, zweigt rechts, wenn der Wald beginnt, ein Forstweg ab (WP 03), diesem folgen (Markierung: *gelber Falke*).

Nach 150 m bietet sich die erste Möglichkeit für einen *Abstecher* zu einem Beobachtungsstand an. Es zweigt rechts ein grasbewachsener Feldweg ab (WP 04) und ein kleines Holzschild weist den Weg zu einem *Beobachtungsturm*. Dieser ist nach knapp 800 m erreicht (es geht geradeaus und bald an einem Feld entlang, der Weg beschreibt eine Rechtsbiegung und führt dann an einem Zaun entlang). Der Turm (WP 05) erhebt sich unweit eines der größeren Fischteiche. Auf gleichem Weg geht es zurück zum Abzweig (WP 03).

Weiter geht es auf genanntem Forstweg, der zur staubigen Piste wird. Bald erreicht man an einer T-Kreuzung eine Häusergruppe, den *Amalienhof* (WP 06). Hier links und 150 m weiter bei einer Dreierkreuzung am Waldrand (WP 07) rechts ab (Holzschild: *Zartwitzer Hütte 2,7 km*; Markierung *blaues M*). Auf einem breiten Forstweg mit feinkiesigem Untergrund geht es nun geradewegs durch den Wald, bis man auf eine Kreuzung trifft (WP 08).

Geradeaus weiter geht es zur Zartwitzer Hütte. Rechts führt ein *Abstecher* zu zwei weiteren Beobachtungsständen. Zuerst trifft man nach etwa 200 m auf eine breite Sandpiste (WP 09), auf der man nach weiteren 200 m auf den ersten Stand und ein Picknickbänkchen (WP 10) trifft. Noch ein Stück weiter erreicht man den zweiten Stand (WP 11), beide mit gutem Ausblick auf die Fischteiche.

Auf der Sandpiste geht es dann wieder zurück, an der Einmündung (WP 09) vorbei und zur Kreuzung (WP 12), auf die man getroffen wäre, hätte man auf den Abstecher verzichtet. Rechter Hand geht es auf dem Forstweg weiter (Markierung nun *roter Pilz*). Bald trifft man erneut auf eine Piste (WP 13) und erreicht halbrechts die idyllische *Zartwitzer Hütte* (WP 14).

Rückweg: Entweder auf gleichem Weg, mit dem Bus (Haltestelle am Zartwitzer Kreuz bei WP 16, Fahrpläne beachten!) oder aber auf der Straße nach Boek (etwas langwierig zu laufen, angenehm mit dem Fahrrad): Zurück zu WP 13, dann rechts, bei der Mündung auf die andere Piste (WP 15) halbrechts, also nach Norden und zur Straße. Auf die trifft man am *Zartwitzer Kreuz* (WP 16): rechts geht es nach Granzin, geradeaus nach Speck und links nach Boek. Nach 2 km kann man dann bei der nächsten Haltestelle (WP 17) rechts abbiegen und von Osten her zurück nach Boek wandern oder wie eingangs der Wanderung ab WP 03 zurück (in beiden Fällen nochmals 2 km).

Rast an der Zartwitzer Hütte

Tour 8: Rundwanderung im Serrahner Wald

Charakteristik: Herrliche Wanderung durch den Serrahner Teil des Müritz-Nationalparks, seit 2011 Weltnaturerbe (*Alte Deutsche Buchenwälder*); wenig anstrengend und sehr abwechslungsreich. **Länge/Dauer:** 7,5 km, reine Gehzeit etwa 2,5 Std. **Einkehr:** Im Sommer provisorisches Gartencafé bei der Imkerei beim Nationalparkhaus. **Start/Anfahrt:** Am Parkplatz in Zinow, etwa 8 km östlich von Neustrelitz (über die B 196), im kleinen Weiler rechts (Beschilderung Serrahn), kurz über Kopfsteinpflaster, dann Sandpiste, dann am Waldrand rechts auf den Parkplatz.

Wegbeschreibung: Oberhalb des *Parkplatzes* (WP 01) erreicht man, wenn man dem Feldweg folgt, bald eine Abzweigung (WP 02). Hier führt ein beschilderter Wanderpfad (*roter Falke*) links ab in den Wald und den Nationalpark. Diesem folgen und kurz darauf die Abzweigung links ignorieren. Rechts erstreckt sich eine Fichtenschonung, links hohe Kiefern und niedrige Eichen. Anfangs steigt der Waldweg, der als Lehrpfad immer wieder von informativen Tafeln flankiert wird, noch an, bis man die Kuppe der Endmoräne erreicht und der Pfad wieder abfällt. Bei der folgenden Kreuzung (WP 03) – mit „Lauschecke", einem ausgehöhlten Stamm mit ein wenig Akustik – links und sofort wieder rechts (Beschilderung weiterhin *roter Falke*).

Am Rand des Moores bei Serrahn

Die Wanderung führt nun von der Schonung weg und durch einen herrlichen Mischwald. Man kreuzt einen Forstweg (WP 04), hier halbrechts weiter und kommt bald erneut zu einer Kreuzung (WP 05). Nun geht es linker Hand auf dem größeren Waldweg weiter. Nach etwa 250 m erreicht man eine T-Kreuzung (WP 06), hier rechts, und etwa 500 m darauf eine weitere T-Kreuzung (WP 07), hier geht es links weiter (rechts zum Waldparkplatz, WP 14). Der breite Weg wird schmaler und geht bald in einen Steg aus Holzmulch über, der durch ein Feuchtgebiet und zu einem *Aussichtsturm* am Moor um den *Großen Serrahnsee* führt (WP 08).

Vom Aussichtspunkt knickt der Mulchsteg nach rechts und mündet in einen Wanderpfad, der durch einen herrlichen alten Buchenwald führt. Man passiert die Stelle, an der einst das Dorf *Saran* stand (WP 09), hier rechts ab und weiter dem *roten Falken* folgen. Nach einer Weile tritt man aus dem Wald heraus (WP 10) und kann auf der anderen Seite der großen Lichtung bereits das Nationalparkhaus sehen. Linker Hand erreicht man den schönen *Moorsteg* (WP 11). Kleine Tafeln

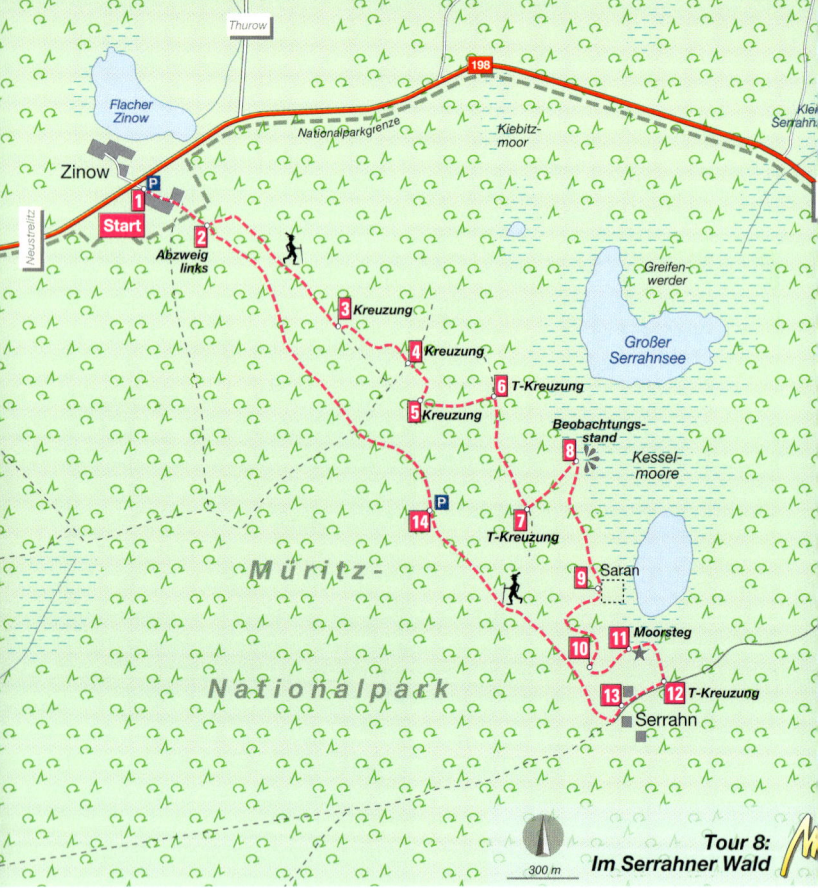

Tour 8:
Im Serrahner Wald

300 m

bezeichnen die Moorfauna und informieren über die einzelnen, teils seltenen Pflanzen, die entlang des Steges im Moor zu sehen sind, z. B. den Sonnentau.

Auf der anderen Seite des Moorsteges geht es auf einem Waldpfad weiter. Hier rechts halten und bei der folgenden T-Kreuzung (WP 12) ebenfalls rechter Hand auf dem Forstpfad weiter.

> Mittlerweile befindet man sich am Rand des Buchenwaldgebietes, das von der UNESCO in den Rang des Weltnaturerbes erhoben wurde. Wer sich diesen alten Buchenwald genauer ansehen, muss sich nach dem Moorsteig und bei der Mündung auf den Forstweg (WP 13) nach links wenden.

Der Forstpfad führt bald an einer kleinen Imkerei – im Sommer mit improvisiertem Gartencafé (selbst gebackener Kuchen) – vorbei zum *Nationalparkzentrum Serrahn* (WP 13).

Weiter geht es auf der anderen Seite des Nationalparkweilers. Bei der Weggabelung wendet man sich auf breitem, sandigem Forstweg nach rechts (Beschilderung *roter*

Der Weg zum Aussichtsturm am Großen Serrahnsee

Falke und *Zinow 3 km*). Der Weg führt in sanftem Auf und Ab über die Moränen-hügel, alle Abzweigungen werden ignoriert. Etwa auf halber Strecke passiert man den Waldparkplatz (WP 14) und gelangt schließlich geradewegs zum Ausgangs-punkt zurück (WP01).

Tour 9:
Rundwanderung/Radtour nördlich von Wesenberg

Charakteristik: Einfache, kaum anstrengende Wanderung über Felder und am See und Waldrand entlang. Das letzte Stück führt durch Wald. **Länge/Dauer:** ca. 11 km, reine Gehzeit etwa 3,5 Stunden. Mit dem Fahrrad ca. 1,5 Std., gut befahrbare Strecke. **Einkehr:** Beim Camping *Am Kleinen Labussee* ein Imbiss/Kiosk, außerdem in Wesenberg. **Start/Info/ Fahrradverleih:** Start am Marktplatz in Wesenberg (Parkplatz in der Nähe), Radverleih bei Fahrradservice Rehfeldt wenige Schritte oberhalb des Marktplatzes, Hohe Str. 9 (→ S. 215).

Wegbeschreibung: Am Marktplatz in *Wesenberg* (WP 01) biegt man an dessen unterem Ende nach links in die Seestraße ein, dieser ca. 200 m folgen, bei der T-Kreuzung (WP 02) rechts hinunter und bei der nächsten Möglichkeit wieder rechts in die Grabenstraße; kurz darauf erscheint linker Hand ein Parkplatz, hier geht es in den Radweg hinein (Beschilderung: *Anlegestelle*). Man folgt nun einer schönen, schattigen Allee, rechts liegt der See (der hier aber nicht zu sehen ist), links eine Reihe von Schrebergärten, bis man bei einem Parkplatz nach links (Beschilderung *Groß Quassow*) in die Straße *In den Wällen* einbiegt. Leicht bergauf geht es nun an einer großen Bushaltestelle mit Wendeplatz und einer Kindertagesstätte vorbei, bis man auf die Hauptstraße stößt (WP 03), in die man nach rechts einbiegt (Lindenstraße). Es geht an Wohnblocks vorbei, bald sieht man die Bahnschranke vor sich. Wenige Meter vor den Bahngleisen nach rechts auf den Fahrradweg nach Groß Quassow/Woblitzrundweg (WP 04) abbiegen und hier den schmalen Fußgän-ger-/Radweg nehmen.

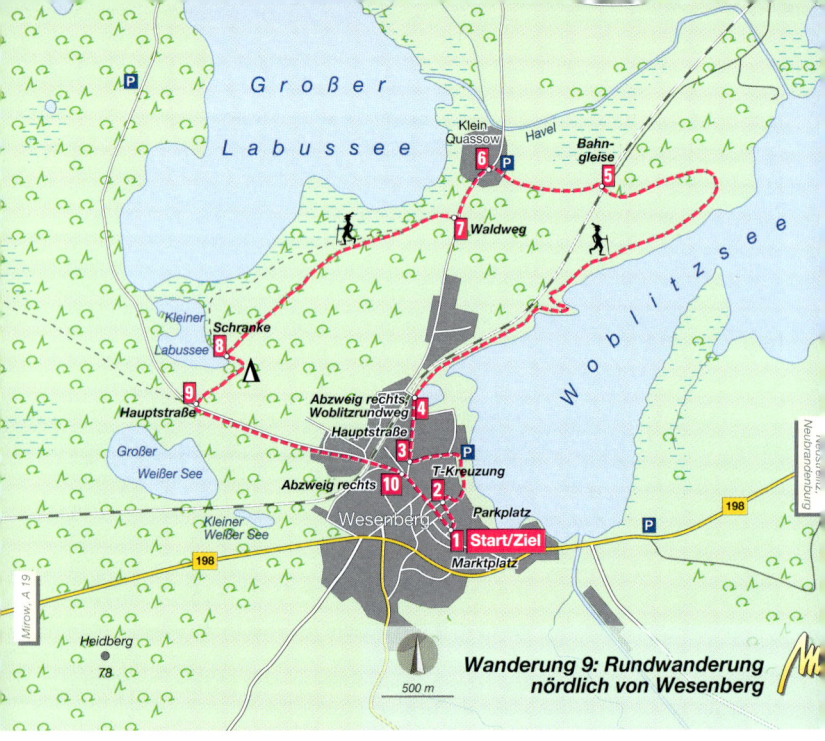

Wanderung 9: Rundwanderung
nördlich von Wesenberg

500 m

Ein gutes Stück geht es nun an den Bahngleisen entlang, nach rechts fällt der Blick auf den nahen Woblitzsee, dann durch ein Birkenwäldchen und an Bootshäusern vorbei. An einer Picknickstelle kommt man rechter Hand nach wenigen Metern zum See, unser Weg führt hier aber geradeaus weiter an den jetzt oberhalb verlaufenden Bahngleisen entlang. Nach einem langen Holzsteg, der *Erlengrundbrücke*, entfernt sich der Weg von der Bahn und verläuft nun längere Zeit parallel zum See. Links erstrecken sich Felder, rechts Bäume und Uferdickicht, dazwischen schimmert blau der See. Nach einer Linksbiegung geht es zwischen Feldern leicht bergauf, bald darauf ist ein lichter Kiefernwald erreicht, an dessen Rand entlang der Weg verläuft (links Felder). Man passiert eine Jagdhütte und gelangt nach einer Rechtskurve über eine Kuppe: Hier sind schon die Dächer von *Klein Quassow* zu sehen. Über die Bahngleise (WP 05) – nahebei ein Rastplatz – gelangt man nun auf breiterem Feldweg in den Ort.

An der Hauptstraße von *Klein Quassow* mit Parkplatz (WP 06) biegt man nach links Richtung Wesenberg ab. Wenige hundert Meter nach dem Ortsschild geht es bei einem Warnschild nach rechts ab in einen Waldweg hinein (WP 07), eine verrostete, rot-weiße Schranke muss hier umgangen werden. Nun immer auf diesem lichten Waldweg bleiben (etwas langweilig), bis man nach 2 km (ab WP 07) erneut zu einer rot-weißen Schranke kommt (WP 08, Markierung *rotes Eichhörnchen*). Der Weg führt jetzt über den netten Campingplatz am *Kleinen Labussee*, der See schimmert rechter Hand durch die Bäume. Durch den Camping hindurch und gleich darauf auf Asphaltstraße kommt man nach wenigen hundert Metern zur Hauptstraße (WP 09), in die man nach links Richtung Wesenberg einbiegt (Gehweg neben der Straße).

Das letzte Stück der Tour verläuft nun auf der wenig befahrenen Straße, bald sind die ersten Häuser von Wesenberg zu sehen; über die Gleise und geradeaus, bis die Hauptstraße (WP 10) erreicht ist, in die man nun nach rechts einbiegt. Nach etwa 150 m geht es geradeaus weiter (nicht dem Rechtsknick der Hauptstraße folgen) in Richtung Fußgängerzone und Marktplatz, dem Endpunkt und Startpunkt der Wanderung (WP 01).

Tour 10:
Rundtour von Feldberg nach Carwitz und zurück

Charakteristik: Eine schöne, abwechslungsreiche Wanderung, die auch als Ganztagestour geeignet ist: Zahlreiche Picknick- und Badestellen liegen auf dem Weg; in Carwitz lockt das sehenswerte Hans-Fallada-Museum (→ S. 243);. Auf dem Rückweg kann, wer noch Energie hat, an der Luzinfähre ein Boot mieten. Nur wenige Steigungen auf der Strecke, herrliche Aussichtspunkte, teilweise auch einsame Wegabschnitte im Wald. Für Radler nicht durchgehend geeignet, teils sandiger und unebener Waldboden (Fahrradverleih → S. 236). **Länge/Dauer:** Ca. 14 km Länge, reine Gehzeit ca. 4,5 Std. **Einkehr:** In Feldberg mehrere Cafés und Restaurants (→ S. 239), ebenso in Carwitz (→ S. 242), gegen Ende der Wanderung im Restaurant/Café Hullerbusch (schöne Terrasse) sowie an der Anlegestelle der Luzinfähre; zwischendurch zahlreiche Picknickplätze. **Start/Parken:** Startpunkt ist der Kreisel in Feldberg, wo es zur Halbinsel Amtswerder geht. Parkmöglichkeit am Weidendamm (Straße Richtung Halbinsel) oder auf der Halbinsel selbst. Weiterer Parkplatz (WP 03) oberhalb der Fähre am Schmalen Luzin, wer dort parkt, beginnt die Wanderung entsprechend später.

Wegbeschreibung: Vom Ausgangspunkt (WP 01), dem besagten Kreisel im Zentrum von *Feldberg,* an dem auch die Gemeindeverwaltung residiert, folgt man ein kurzes Stück der Prenzlauer Straße stadtauswärts (in südöstliche Richtung). Nach ca. 150 m geht es – gegenüber der Bushaltestelle – rechts hinauf auf den *Fischersteig* (WP 02). Der führt, erst gepflastert, dann als Sandweg in einer Allee zwischen Wohnhäusern, stetig bergauf. Am Ortsrand erscheinen ein Schild *Schma-*

Zwischenstopp in Carwitz

Kleiner (Rad-)Wanderführer

ler Luzin – Fähre und eine *gelbe Markierung.* Wenige Meter später geht man geradeaus in den Wald hinein – *nicht* dem Verlauf des größeren Weges folgen, dieser biegt nach links ab.

Auf steinigem Weg geht es nun geradeaus durch eine schöne Allee, bald darauf gelangt man zu einem *großen Parkplatz* (WP 03), von dem es hinunter zur Fähre

Tour 10: Rundwanderung von Feldberg nach Carwitz

geht. Hier biegt man jedoch nach rechts auf einen Pfad ab (Beschilderung *Ziegenwiese 2 km*). Dieser schmale Pfad verläuft zunächst an einem Feld entlang, dann aber in den Wald hinein und am Hochufer entlang – links unterhalb blitzt der Schmale Luzin durch die Bäume. Nach knapp 2 km erreicht man eine Wiese und einen Feldweg am Waldrand, in den man nun nach links einbiegt (WP 04), die Wiese liegt rechter Hand.

Aus dem Feldweg wird nun ein schmalerer Weg, der – nach einer Holzbegrenzung – hinunter führt zu einer einladenden Badestelle mit Liegewiese: *Das Schmal,* so genannt, da sich hier die schmalste Stelle des Schmalen Luzin befindet (WP 05), der See ist hier nur 70 m breit. Die angrenzende Liegewiese ist übrigens die besagte Ziegenwiese, eine beliebte Anlege- und Badestelle bei Kanufahrern.

Der Pfad führt direkt am Ufer entlang in südliche Richtung, vorbei an ein paar Badestegen und Badestellen, bis man aus dem Wald heraus zu einer großen *Liegewiese mit Badestelle* gelangt (WP 06) – die angrenzenden Häuser gehören schon zum Ort *Carwitz.* Oberhalb der Liegewiese angekommen, biegt man nach links in die Hauptstraße von Carwitz ein und folgt dieser ganz durch den Ort hindurch bis zum *Hans-Fallada-Museum* (WP 07).

Zurück vom Museum auf der Hauptstraße geht es gegenüber von Spielplatz und Feuerwehrhäuschen rechts hinauf, der Beschilderung *Hullerbusch 2,0* folgen. Nach wenigen hundert Metern auf Asphaltstraße geht man bei einem Schild (WP 08) einen Pfad von der Straße rechts hinauf zum *Naturschutzgebiet Hauptmannsberg* (beschildert). Auf sandigem Pfad verläuft die Wanderung nun an Wiesen und lichtem Baumbestand vorbei, bald erreicht man ein bronzezeitliches Hügelgrab (unspektakulär) und gleich darauf den *Aussichtsplatz am Hauptmannsberg* (WP 09) mit herrlichem Blick auf den Carwitzer

See mit seinen kleinen Inseln. Tische und Bänke unter schattenspendenden Bäumen laden hier zum Picknick ein.

Weiter dem Pfad folgend, geht es nun bergab und in den Wald hinein, an einer Abzweigung führt der Weg geradeaus zu einem weiteren schönen Rast- und Aussichtsplatz (nur wenige Meter entfernt). Unser Weg führt aber nach *links* weiter. Ein schöner Weg durch lichten Wald, bald darauf passiert man den weiten *Zansen-Blick* (Aussichtspunkt). Bergauf und bergab geht es dann wieder durch den Wald, bis man zu einer *Wegmündung* gelangt (WP 10). Rechts ab geht es hier zum *Lehrpfadabschnitt Hullerbusch* – wer noch einen oder zwei Kilometer dranhängen will, kann den schönen Abstecher noch mitnehmen (an der Straße dann links zurück) – doch die Wanderung verläuft linker Hand auf dem breiteren Waldweg *(Markierung: schräger grüner Balken).*

An zwei kleinen und ungemein idyllischen Gehöften vorbei erreicht man das einladende *Hotel Hullerbusch* rechts des Weges und dort sogleich eine Asphaltstraße, in die man nach rechts einbiegt, um dann sofort halblinks dem *Pfad zur Luzinfähre* zu folgen. Auf dem Pfad durch den Wald und anschließend über viele Treppen hinunter, gelangt man schließlich zur Fähre.

Die **Luzinfähre** verkehrt jede volle und jede halbe Stunde. Von Mai bis Sept. Mo–Fr 10–17 Uhr, Sa/So 9–18 Uhr; im Juli und Aug. Mo–Fr 10–18 Uhr, Sa/So 9–19 Uhr; im Okt nur bei schönem Wetter und ab 12 Uhr. Von Nov. bis April nur nach Absprache. Erw. 1 €, Kinder 0,50 €, Fahrrad 1 €. ☎ 039831-52877 oder 0170-3070128 (mobil), www.luzinfaehre.de.

Nach dem Übersetzen mit der Fähre bietet sich der Imbiss an der Anlegestelle für eine kleine Rast an (hier auch Kanu- und Fahrradverleih → S. 236). Ansonsten geht es über Treppen hinauf zum Parkplatz und von dort auf dem Fischersteig zurück zum Startpunkt.

Fährmann hol über –
die Personenfähre über den Luzin

Oder doch die Abkürzung?
Mit dem Kanu über den Schmalen Luzin

Was haben Sie entdeckt? Welches Gasthaus hat Ihnen besonders gut gefallen? In welcher Unterkunft haben Sie sich wohlgefühlt? Haben Sie einen schönen Wanderweg oder eine idyllische Badestelle entdeckt? Wenn Sie Ergänzungen, Verbesserungen oder neue Tipps zum Buch haben, lassen Sie es uns bitte wissen!

Schreiben Sie an: Sabine Becht, Sven Talaron, Stichwort „Mecklenburgische Seenplatte" | c/o Michael Müller Verlag GmbH | Gerberei 19, D – 91054 Erlangen | becht.talaron@michael-mueller-verlag.de

Vielen Dank! Für die freundlichen Zuschriften an Manfred Decher, Sybille Dietrich, Tom Fleischhauer, Pamela Fröhlich, Elisabeth v. Gleichenstein, Renate Koepke, Patrick Krützen, Eva Muehleck, Bianka Paul, Heide Plail, Birgit Pfister-Binz, Ellen Schreyer und Klaus Krass, Bernhard Rosenberg, Dirk Süßenbach, Hans-Joachim Unglaub, Agnes Wronski-Keizers.

Herzlichen Dank für die Bereitstellung von Fotomaterial an Nina Heinrich und Katharina Posavec vom Mecklenburgisches Staatstheater Schwerin, den Tourismusverband Mecklenburgische Seenplatte und das Stadtmarketing Schwerin.

Besten Dank auch an Dirk Thomsen für den Textbeitrag zu Georg Adolph Demmler.

Und vielen herzlichen Dank an Klaus Klemmer und Heidi Goerlt für die vielen Tipps und Hinweise.

Register

Die (in Klammern gesetzten) Koordinaten verweisen auf die beigefügte Karte.

Die in diesem Reisebuch enthaltenen Informationen wurden von den Autoren nach bestem Wissen erstellt und von ihnen und dem Verlag mit größtmöglicher Sorgfalt überprüft. Dennoch sind, wie wir im Sinne des Produkthaftungsrechts betonen müssen, inhaltliche Fehler nicht mit letzter Gewissheit auszuschließen. Daher erfolgen die Angaben ohne jegliche Verpflichtung oder Garantie der Autoren bzw. des Verlags. Autoren und Verlag übernehmen keinerlei Verantwortung bzw. Haftung für mögliche Unstimmigkeiten. Wir bitten um Verständnis und sind jederzeit für Anregungen und Verbesserungsvorschläge dankbar.

ISBN 978-3-89953-703-1

© Copyright Michael Müller Verlag GmbH, Erlangen 2012. Alle Rechte vorbehalten. Alle Angaben ohne Gewähr. Druck: Stürtz, Würzburg.

Aktuelle Infos zu unseren Titeln, Hintergrundgeschichten zu unseren Reisezielen sowie brandneue Tipps erhalten Sie in unserem regelmäßig erscheinenden Newsletter, den Sie im Internet unter **www.michael-mueller-verlag.de** kostenlos abonnieren können.